DIW BERLIN

2

Vierteljahrshefte zur Wirtschaftsforschung 2.2012

Riester-Sparen: Kontroverse Sichtweisen aus Wissenschaft, Politik und Wirtschaft

Duncker & Humblot · Berlin

DIW Berlin – Deutsches Institut
für Wirtschaftsforschung e. V.

Mohrenstraße 58, 10117 Berlin
Tel. +49-30-8 97 89-0
Fax +49-30-8 97 89-200
www.diw.de

Verantwortlich für das vorliegende Heft
Kornelia Hagen
Johannes Geyer
Dorothea Schäfer

VERLAG DUNCKER & HUMBLOT GMBH
Carl-Heinrich-Becker-Weg 9
12165 Berlin

GESTALTUNG
Edenspiekermann

SATZ UND TECHNISCHE REDAKTION
Alfred Gutzler
Ellen Müller-Gödtel

DRUCK
2012 bei AZ Druck und Datentechnik
Sportfliegerstraße 6
12487 Berlin

Printed in Germany

Gedruckt auf FSC-zertifiziertem Papier

ISSN 0340-1707 (Printausgabe) / 1861-1559 (Onlineausgabe)
ISBN 978-3-428-14015-2

Quo vadis? Offenlegungen und Klarstellungen im Streit um das Riester-Sparen

KORNELIA HAGEN UND DOROTHEA SCHÄFER

Kornelia Hagen, DIW Berlin – Deutsches Institut für Wirtschaftsforschung, E-Mail: khagen@diw.de
Dorothea Schäfer, DIW Berlin – Deutsches Institut für Wirtschaftsforschung, E-Mail: dschaefer@diw.de

1 Das Riester-Sparen zwischen Eigenverantwortung von Privatpersonen, Gewinninteressen von Anbietern sowie Schutz der Sparer durch den Staat

2001 – vor gut einer Dekade – wurde die freiwillige, kapitalgedeckte und staatlich geförderte Altersvorsorge, das Riester-Sparen, eingeführt. Dies wurde teilweise als Paradigmenwechsel des deutschen Alterssicherungssystems, teilweise auch „nur" als Fortführung bereits in den Jahren zuvor eingeläuteter Veränderungen der Alterssicherung beurteilt. Der gesellschaftliche Hintergrund und Ausgangspunkt für das Riester-Sparen war, dass Deutschland – wie die meisten hochentwickelten Volkswirtschaften – aufgrund niedriger Geburtenraten und zugleich steigender Lebenserwartungen eine alternde Bevölkerung und die damit verbundenen Kosten zu bewältigen hat. Nach der mehrheitlichen Auffassung in Wissenschaft und Politik gab es unter Berücksichtigung der Gerechtigkeit zwischen den Generationen dafür nur eine Lösung: Erstens wurde in der gesetzlichen Rentenversicherung von einer „ausgabenbezogenen Einnahmepolitik" zu einer „einnahmebezogenen Ausgabenpolitik" umgesteuert, was unter anderem mit einer Festschreibung der Beitragssätze auf eine Obergrenze bis zum Jahr 2030 einherging. Zweitens wurde die Mischfinanzierung der Alterssicherung etabliert. Diese besteht darin, dass die umlagefinanzierte gesetzliche Rentenversicherung, in der die Altersrenten aus den laufenden Beitragszahlungen der Versicherten finanziert werden, um eine kapitalgedeckte freiwillige Vorsorge für das Alter ergänzt wurde, in der jede Generation einen Kapitalstock anspart und das Kapital in der Zukunft als Rente ausgezahlt bekommt.

Das Altersvermögensgesetz markierte 2001 den Einstieg in das freiwillige private und kapitalgedeckte Riester-Sparen, für das unter Einhalten bestimmter Regeln für die Nachfrager und Anbieter des Riester-Sparens (etwa weitgehender Kapitalerhalt bis zum Ende der Ansparphase, regelmäßige Einzahlung eines Mindesteigenbetrages) eine staatliche Förderung (eine persönliche Zulage, eine Kinderzulage oder alternativ zur Zulage ein steuerlicher Sonderausgabenabzug) gezahlt wird. Daraus entstand ein sogenannter „Wohlfahrtsmarkt" der privaten Altersvorsorge (siehe dazu beispielsweise Lamping 2009 mit weiteren Nachweisen). Dort treffen drei nach gänzlich unterschiedlichen ökonomischen Zielen, Verhaltensweisen und Prinzipien handelnde Akteure aufeinander.

Als Initiator des privaten geförderten Sparens nimmt der *Staat* beim Riester-Sparen die Rolle des Förderers eines privaten Sparanreizes ein. Zugleich verfolgt der Staat sozial- und rentenpolitische Ziele, trotz Freiwilligkeit neben der gesetzlichen und betrieblichen Rente eine weitere Säule – die private geförderte Altersvorsorge – zu schaffen, die in der Bevölkerung insgesamt, aber vor allem in unteren Einkommensgruppen und unter Bildungsfernen möglichst umfassende Verbreitung finden soll. Schließlich ist der Staat in der Rolle des Schützers der Verbraucher. Seine Mitverantwortung für die private Altersvorsorge bringt er durch eine verbraucherpolitische Flankierung zum Ausdruck. Diese umfasst eine gesetzlich vorgeschriebene Zertifizierung der Produkte entlang einiger formaler Kriterien (siehe dazu beispielsweise den DIW Wochenbericht 47/2011 von Hagen und Kleinlein). Zur verbraucherpolitischen Begleitung des Riester-Sparens gehören zudem spezifische Bildungs- und Informationsangebote, unter anderem auch die Bereitstellung zusätzlicher Mittel für anbieterunabhängige Produkttests durch die Stiftung Warentest und für den Ausbau von Beratungskapazitäten bei den Verbraucherzentralen.

Nachfrager der privaten geförderten Altersvorsorge sind die zu den privaten Haushalten gehörenden *(potentiellen) Sparer*. Deren Interesse muss es sein, optimal für das Alter vorzusorgen. Die Anbieterseite wird von den *privatwirtschaftlichen Unternehmen der Finanzdienstleistungsindustrie* präsentiert. Deren prinzipielle Unternehmensrationalität darin bestehen muss, mit den Altersvorsorgeprodukten möglichst gute Gewinne zu erwirtschaften. Bei den Riester-Produkten, die es in insgesamt fünf Produktsparten gibt, treten insbesondere Anbieter aus der Versicherungswirtschaft auf. Über 70 Prozent der heute bestehenden Riester-Verträge wurden über Produkte im Marktsegment der klassischen und fondsgebundenen Rentenversicherungen abgeschlossen.

2 Der (potentielle) Riester-Sparer: Auswahl unter extremer Unsicherheit

2.1 Personenbezogene Unsicherheiten

Mit der teilweisen Übertragung der Altersvorsorge in die Eigenverantwortung des einzelnen Bürgers muss sich dieser in einem neuen Segment des Marktes, dem für Altersvorsorgeprodukte und damit zwischen einer Reihe von Produktalternativen zurechtfinden und seine Auswahl treffen. Die Entscheidung, ob und welches Produkt der Einzelne für seine Altersvorsorge kaufen möchte, unterliegt allerdings sehr großen Unsicherheiten. Diese liegen erstens in der Person selbst und in ihrer gegenwärtigen und – erschwerend – der künftigen Lebenssituation, etwa im Hinblick auf Familie, Gesundheit, individuelle Lebenserwartung, Beruf, Einkommen, Konsumausgaben. Nur zum Teil sind diese Faktoren von der einzelnen Person beeinflussbar und kalkulierbar und damit auch nur sehr bedingt zu prognostizieren. So hängen die berufliche Situation von der Arbeitsmarktlage und das persönliche Einkommen von der Lohnentwicklung und beides von dem gesamtwirtschaftlichen Wachstum ab. Die individuelle Lebenserwartung wiederum ist beeinflusst durch die Entwicklung in der Gesundheitsforschung. Sie wird geprägt durch die zur Verfügung stehende Pflegeinfrastruktur, wird aber auch familiär determiniert. Schließlich weiß der potentielle Sparer nicht, ob er lange oder nur kurz leben wird.

Bereits diese personenbezogenen Unsicherheiten führen dazu, dass eine eigenverantwortliche Auswahl über eine angemessene ergänzende private kapitalgedeckte Altersvorsorge nicht – wie von vielen Ökonomen für wirtschaftliches Handeln unterstellt – rational, also allein an dem individuellen Nutzen des potentiellen Sparers, ausgerichtet sein wird, denn dies würde eine vollständige Information über alle die zuvor genannten und weitere Einflussfaktoren voraussetzen. Vielmehr kann die Entscheidung nur zufällig gut und glücklich oder falsch getroffen werden und den individuellen Wohlstand des Einzelnen vermehren (oder mindern).

2.2 Produktbezogene Unsicherheiten: Private Altersvorsorge und Riester-Produkte sind Vertrauensgüter – ihre Qualität ist für den Sparer kaum zu erkennen

Nun ist es aber keineswegs so, dass der (potentielle) Sparer „nur" personenbezogene Abwägungen zu klären hat. Er muss darüber hinaus auch konkret über Produktwissen verfügen. Um eine sachgerechte und wohlstandsmehrende Entscheidung treffen zu können, müsste der Sparer einen Überblick über den Markt der Altersvorsorge haben und Sparwillige sowie Sparer müssten die Qualität der Produkte erkennen. Diese ergibt sich einerseits aus den Kosten, andererseits aus den Leistungen des Produktes. Nun ist allerdings für ein Produkt der privaten Altersvorsorge charakteristisch, dass der Kauf (Abschluss eines Vertrages) und die Bezahlung des Produktes (Ansparphase) sowie die Leistung aus diesem Vertrag (Auszahlphase, Rentenleistung) zeitlich – zum Teil erheblich – auseinanderfallen. Anders als bei einem Tisch oder einer Brille weiß der Sparer oder die Sparerin direkt nach dem Vertragsabschluss (Kauf des Produktes) keineswegs, was er letztlich alles in allem abschließend für diesen Vertrag für Kosten gehabt haben und welche Leistungen er oder sie letztlich daraus erhalten haben wird.

Bezogen auf die Riester-Produkte bekommt er zwar – dank einer gesetzlichen Schutzregelung durch den Staat – eine Garantierente zu den Bedingungen (Kosten, Zins), die bei Abschluss des Vertrages gelten. Ihm wird aber von den Anbietern darüber hinaus angepriesen, dass der Vertrag auch Überschüsse generieren würde, die erst die konkrete Höhe seiner späteren Rentenleistung ausmachen würden. Ob und in welchem Umfang dies allerdings zutreffen wird, kann der Sparer nicht beeinflussen, es hängt beispielsweise davon ab, wie sich der Kapitalmarkt entwickelt, welche Menschen einen Sparvertrag abschließen, wann diese sterben, welche Kosten der Anbieter für seine Leistung kalkuliert und davon, wie lange der Sparer lebt.

Hinzu kommt, dass viele Menschen nicht über das finanzielle Wissen verfügen, um Kostenquoten oder Renditeangaben für ihre Entscheidungen strukturierend nutzen zu können. Im Falle der Riester-Produkte erhalten Sparer vor dem Abschluss des Kaufes und während des Bestehens des Vertrages eine Reihe von Konditionen über das Produkt mitgeteilt, dazu sind die Anbieter gesetzlich verpflichtet. Damit scheint es so, also ob der Sparwillige auf der Grundlage dieser Informationen gut über die Qualität des Produktes informiert sein müsste. Dies ist allerdings ein Irrtum, denn eine Reihe der Leistungsbestandteile realisieren sich erst im Verlauf und bei Ablauf der Leistungserbringung, also in der Rentenphase oder am Ende dieser Phase, also beim Tod des Sparers. Dieser ist also – anders als es den Anschein erweckt – keineswegs über die Qualität des gesamten Produktes informiert. Manche Parameter der Produktqualität, beispielsweise auf welchen Annahmen zur Lebenserwartung die Kalkulation des Anbieters für das Produkt basiert, kann der durchschnittliche Verbraucher überhaupt nicht erkennen, er erhält darüber auch selbst auf Nachfrage keine aufschlussreichen Erklärungen oder kann solche Informationen aufgrund ihrer Komplexität nicht verarbeiten und seiner Produktauswahl zugrunde legen.

Diese Art von Produkt wird von Ökonomen als Vertrauensgut klassifiziert (im Gegensatz dazu kann die Qualität von Suchgütern beim Kauf festgestellt werden und die Qualität von Erfahrungsgütern nach dem Kauf durch die eigene Erfahrung). Dem Käufer bleibt nichts anderes übrig, als dem Verkäufer zu vertrauen, dass die Qualität so ist, wie sie ihm vom Verkäufer offeriert wird. Auch entstehen bei einem Vertrauensgut „private Altersvorsorge" aufgrund der zuvor beschriebenen Zusammenhänge und weil es in der Regel nur einmal im Leben gekauft wird, nur bedingt eigene oder kollektive Lernprozesse. Diese wären aber dafür erforderlich, dass die Produktauswahl durch Korrektur – beispielsweise durch einen Verkauf oder einen Anbieter- und/oder Produktwechsel – im Hinblick auf die Produktqualität optimiert werden kann. Dies wäre eine systemische Voraussetzung für einen funktionierenden transparenten und gute Qualität produzierenden Markt. Anders ausgedrückt: Typisch für diese Altersvorsorgeprodukte ist, dass die Sparer über die Qualität dieser Produkte deutlich weniger informiert sind als die Anbieter, die bezogen auf ihre Produkte über professionelles und spezialisiertes Wissen verfügen. Es besteht also eine ausgeprägte Informationsasymmetrie zuungunsten der Sparer.

Das Zusammenspiel zwischen den drei Akteuren kann also aufgrund der Besonderheiten des Produktes und des hohen Grades an Unsicherheit über die Qualität des Produkts keineswegs in einem harmonischen Dreiklang oder gar zum Wohle der Verbraucher verlaufen. Der Ökonom und Nobelpreisträger Akerlof (1970) zeigte, dass Märkte, auf denen Unsicherheit über die Qualität der Produkte besteht, zusammenbrechen. Eine nur informationspolitische Regulierung, etwa eine Verbesserung der Transparenz, ist zwar hilfreich, löst aber nicht das grundlegende Problem, das auf dem Markt für private (und geförderte) Altersvorsorge herrscht. Eine Lösungsstrategie würde daher auch nur in einer strikten verbraucherpolitischen Regulierung liegen.

3 Wissenschaft und Verbraucherorganisationen reklamieren Verbraucherschäden

Von Sozial-, Verbraucher- und Versichertenorganisationen wurden auf der Grundlage ihrer praktischen Erfahrungen mit einem steigenden Bedarf an Beratung von Verbrauchern zur privaten kapitalgedeckten Altersvorsorge verschiedene Stellungnahmen veröffentlicht, die dem Riester-Sparen eine Reihe von Mängeln bescheinigen (beispielsweise Stellungnahmen des Verbraucherzentrale Bundesverbandes (vzbv)). Um den zehnten Geburtstag des Riester-Sparens herum wurden auch aus verschiedenen Forschungsfeldern (Wirtschafts-, Sozial-, Politik-, Rechtswissenschaften, Soziologie und Psychologie) vermehrt Bestandsschauen auf das Riester-Sparen durchgeführt. Auch eine Reihe dieser Analysen kommt zu dem Ergebnis, das Riester-Sparen weise eklatante Defizite auf.

Beispielsweise wird hinsichtlich der Akzeptanz und Verbreitung vom Riester-Sparen gemahnt, dass Geringverdiener, Personen mit niedrigem Bildungsabschluss und Migrationshintergrund seltener „riestern" als der Durchschnitt der Bevölkerung (Geyer 2011). Es soll hier der Vollständigkeit halber darauf hingewiesen werden, dass diesem Befund teilweise auch widersprochen wird (beispielsweise in verschiedenen Veröffentlichungen der Deutschen Rentenversicherung auf der Grundlage von Daten der Zentralen Zulagenstelle für Altersvermögen insbesondere von Rieckhoff oder auch Wels und Rieckhoff, verschiedene Jahrgänge).

Andere Kritikpunkte beziehen sich auf die Marktumsetzung des Riester-Sparens. Diesbezüglich wird vielfach davon gesprochen, das Riester-Sparen sei nicht verbraucherverträglich oder, wie es in Entwürfen der Regierung zur Verbesserung der Riester-Rente heißt, nicht „verbraucherfreundlich". Im Einzelnen wird als Kritik vorgetragen, der Markt sei nicht transparent (siehe Abschnitt zuvor und Leinert 2012), die Produkte seien teilweise sehr teuer und es würde einer Lotterie gleichen, ein günstiges Riester-Produkt zu finden (Oehler 2009) und die Renditen würden nur spärlich fließen (verschiedene Produkttests durch ÖKO-TEST). Von den Anbietern, insbesondere dem Gesamtverband der Deutschen Versicherungswirtschaft (GDV) werden die vorgetragenen kritischen Befunde regelmäßig in Zweifel gezogen.

Eine besonders nachhaltige Auseinandersetzung über das Riester-Sparen hat sich im letzten Jahr auch an einer Veröffentlichung von Hagen und Kleinlein im DIW Wochenbericht 47/2011 „Riester-Rente: Grundlegende Reformen dringend geboten" entzündet. Auf der Grundlage der Berechnung einer Rendite „Zielalter" für Riester-Rentenversicherungen für Modellpersonen wurde der Befund vorgetragen, dass Sparer, die heute einen Riester-Vertrag abschließen, weniger Leistungen aus dem Sparvertrag zu erwarten haben als vergleichbare Sparer, die in den ersten Jahren der Riester-Förderung einen Vertrag abgeschlossen haben. Ein weiterer Befund war, dass viele Sparer nicht damit werden rechnen können, mehr an Rentenleistungen ausgezahlt zu bekommen, als sie selbst eingezahlt haben und ihnen im Rahmen der staatlichen Förderung auf ihr Sparkonto während der Ansparphase gutgeschrieben wurde abzüglich der Kosten für den Vertrag inklusive der Garantieverzinsung. Der Grund für diese Situation wurde in den von den Lebensversicherern sehr hoch kalkulierten Lebenserwartungen, in einer Veränderung der Verteilung der Überschussanteile zuungunsten der Riester-Sparer, in der Senkung des Garantiezinses sowie in unzureichenden Zertifizierungsvorgaben gesehen. Eine Schlussfolgerung im Wochenbericht des DIW war daher, dass sich das „riestern" für viele nicht lohnen und oft nicht besser sein würde, als das Geld in den Sparstrumpf zu stecken. Das Konzept des Zielalters und die daraus von Hagen und Kleinlein abgeleiteten Bewertungen des Riester-Sparens sowie eine weitere Schlussfolgerung von Wagner (2011) in einem Kommentar, der davon sprach, dass sich Geringverdiener unter Umständen rational verhielten, wenn sie nicht „riestern" würden, lösten eine Welle zum Teil heftiger Vorwürfe insbesondere aus der Versicherungswirtschaft aus (siehe dazu GDV 2011, 2012a, 2012b sowie beispielsweise Schwark 2012a, 2012b in diesem Heft). Es folgte eine breite Diskussion, die sich in den Artikeln dieses Heftes wiederfindet, über die Kritik an dem Riester-Sparen, über die Ursachen von Mängeln des Riester-Sparens, sowie darüber, mit welchen Zielen das Riester-Sparen eingeführt wurde und wie der Erfolg oder auch ein Scheitern des Riester-Sparens angemessen zu beurteilen ist.

4 Runder Tisch und Vierteljahrsheft-Beiträge zur „verbraucherfreundlichen Altersvorsorge"

Mit der Durchführung eines Runden Tischs, der am 1. Juni 2012 im DIW Berlin zum Riester-Sparen stattfand, gaben wir den Kontrahenten – eingeladen waren Verbraucher-, Sozial- und Rentenexperten aus Politik, Wissenschaft und Wirtschaft – die Möglichkeit, sich über ihre Sichtweisen im direkten Gespräch auszutauschen (siehe im Anhang das Programm des Workshops „Riester-Rente: Grundlegende Reform dringend geboten!?“). Wie der Runde Tisch versteht sich auch das Vierteljahrsheft zur Wirtschaftsforschung über das Riester-Sparen als ein Beitrag zur Aufarbeitung unterschiedlicher Auffassungen. Im Nachklang zum Runden Tisch und am Ende der Arbeiten am Vierteljahrsheft zum Riester-Sparen bleibt festzuhalten, dass noch viele Fragen zum Thema unbeantwortet oder ungenau belegt sind, dass auch heute noch deutliche Differenzen in der Beurteilung des Riester-Sparens bestehen und dass der Dialog zwischen Wirtschaft, Politik und Wissenschaft keineswegs frei von Spannungen ist.

Im Kontext der Auseinandersetzungen um das Riester-Sparen wurde wiederholt angemerkt, dass Verbraucher durch den Streit um das Riester-Sparen verunsichert werden und Vertrauen in die private geförderte Altersvorsorge verlieren würden. Dieser Zusammenhang lässt sich zum einen nicht fundieren, zum anderen halten wir es für sehr gewagt, eine komplexe Komponente wie Vertrauen eindimensional und mechanistisch zu erklären. Unseres Erachtens – und hier berufen wir uns auf Erkenntnisse der Risikoforschung und auf psychologische Forschungen – lässt sich Vertrauen in kontroverse Sachverhalte nur darüber gewinnen, dass die verschiedenen Befunde und Sichtweisen offengelegt und klargestellt werden. Wir hoffen mit beidem, dem Runden Tisch wie auch dem vorliegenden Vierteljahrsheft, konstruktiv zu einer Klarstellung der Kontroversen und zum Abbau von Unsicherheiten sowie letztlich zu einer „verbraucherfreundlichen“ Altersvorsorge beitragen zu können. Oder um es mit den Worten eines Teilnehmers an dem Runden Tisch auszudrücken:

> *„... Je konkreter und klarer die Kritik am Konzept Riester wird, desto eher können die Betroffenen auch konkret reagieren. Aktuell lähmt uns die Pauschalkritik in den Medien, und ich tue mich schwer noch in weitere Produktverbesserungen zu investieren, da ich als Einzelanbieter nicht mehr mit meinem Produkt und mit meiner Leistung wahrgenommen werde, sondern immer gemeinsam mit der Kaste Riester an den Pranger gestellt werde für Dinge, die ich weder verantworten noch beeinflussen kann. Je mehr sich die Kritik hier verfeinert und wenn Ross und Reiter genannt werden, dann werden wieder positive Impulse in den Markt gesendet, und die Anbieter haben konkrete Anreize etwas zu ändern. Wer wird schon gerne namentlich in der Presse kritisiert, und wer würde nicht gerne gelobt? Auch bei den Versicherern gibt es hier ja Licht und Schatten. Einigen Anbietern nehme ich ab, dass sie „den Schuss“ gehört haben und sich ernsthaft verbessern wollen. Die Kritiker sollen ganz kurz mal versuchen, sich mit dem Gedanken anzufreunden und solche Entwicklungen positiv begleiten/kommentieren. Im Gegenzug sollten schwarze Schafe konkret benannt werden für ihre konkreten Verfehlungen. Nur so wird ein Wettlauf um mehr Qualität und Fairness daraus“ (Frank Breiting, Leiter Private Altersvorsorge, DWS Investments).*

Im Vierteljahrsheft werden die schriftlichen Fassungen der auf der Veranstaltung gehaltenen Vorträge präsentiert. Das Heft enthält zudem Einzelbeiträge von Teilnehmern des Runden Tisches. Über die Einzelartikel hinaus wurde über die im Workshop stattgefundenen Diskussionen eine *Dokumentation der Diskussionsbeiträge auf dem Workshop des DIW Berlin zum Thema „Riester-*

Rente – Grundlegende Reform dringend geboten!?" zusammengefasst. Diese Dokumentation ist als elektronische Fassung auf der Verlagsseite von Dunker & Humblot, wo das Vierteljahrsheft erscheint, unter http://ejournals.duncker-humblot.de/toc/vjh/81/2 abrufbar. In das Vierteljahrsheft selbst haben wir schließlich auch die Artikel einiger Autoren aufgenommen, die nicht Teilnehmer an dem Workshop waren, mit ihren Artikeln aber den inhaltlichen Fokus des Runden Tisches abdecken. Anmerken möchten wir noch, dass in einigen Artikeln in diesem Heft Maßnahmen des Staates für ein verbraucherfreundliches „riestern" angesprochen wurden und dass dabei insbesondere auf eine beabsichtigte Einführung eines standardisierten Produktinformationsblatts (PIB) hingewiesen wurde. Ende September 2012 wurde im Bundeskabinett eine Änderung des Altersvorsorgeverträge-Zertifizierungsgesetzes beschlossen. Diese umfasst auch einen Entwurf für eine „Verordnung über Produktinformationsblätter und weitere Informationspflichten bei zertifizierten Altersvorsorge- und Basisrentenverträgen (Altersvorsorge-Produktinformationsblätter-Verordnung – AltvPIBV)". Diese Entwicklung konnte in den verschiedenen Artikeln nicht mehr berücksichtigt werden, da für die meisten Artikel des vorliegenden Vierteljahrsheft zeitgleich Ende September der Redaktionsschluss war.

5 Vorstellung der Beiträge zum Riester-Sparen

Von den Anfängen des Riester-Sparens bis heute

Auf dieses Thema konzentrieren sich in diesem Vierteljahrsheft zur Wirtschaftsforschung drei Beiträge. Der Eröffnungsbeitrag *Anmerkungen zur Geschichte und zur aktuellen Diskussion der Riester-Rente* von *Gert G. Wagner* ist eine persönliche Sicht auf die Rentenreform von 2001 und auf die Riester-Rente. Die Leser sollten wissen, dass er 1999 bis 2000 Riester beraten hat und auch 2002 bis 2003 in der sogenannten Rürup-Kommission Mitglied war. Eine halbwegs objektive Rückschau zu halten, sei damit kaum möglich. Wagner führt aus, dass es im DIW Berlin von Anfang an Skepsis gegenüber der Freiwilligkeit beim Riester-Sparen gegeben habe, dass aber das Schlagwort von einer „Zwangsrente" in den Medien eine politische Umsetzung einer Verpflichtung zum Riester-Sparen verhindert hätte. Der Autor führt aus, das zentrale Argument für die Einführung einer ergänzenden privaten kapitalgedeckten und staatlich geförderten Altersvorsorge sei in der Wissenschaft gewesen, dass sich die Umlage künftig nicht mehr rentieren würde, hingegen die Kapitaldeckung vom demografischen Wandel nicht beeinflussbar sei. Später wurde diese Sicht etwas differenzierter gesehen und die Kapitaldeckung als eine wichtige ergänzende Säule der Alterssicherung und eine Mischung aus Kapitaldeckung und Umlage als Diversifikation der Gefahren der Altersvorsorge angesehen. Nach Wagner führt die Freiwilligkeit zu Problemen mit der Transparenz, was eine verbraucherpolitische Begleitung erforderlich machen würde und zu einer unterdurchschnittlichen Beteiligung von Geringverdienern.

Wagner geht in seinem Beitrag auch auf die Analysen zur Renditeberechnung aus dem DIW Berlin ein. Aus gesellschaftlicher Sicht sei es nicht zu bestreiten, dass die Zulage die Rendite senken würde. Wird allerdings die individuelle Rendite betrachtet, dann würde sich in der Tat die Frage stellen, ob die Zulage als Eigenmittel des Sparers zu berücksichtigen sei oder nicht. Im Beitrag wird sodann die Situation von Geringverdienern aufgegriffen, einerseits bezüglich einer möglichen Anrechnung auf eine Grundsicherung und andererseits bezüglich ihrer niedrigeren Lebenserwartung. Wagner schließt seinen Beitrag mit Vorschlägen an die Politik. Er spricht sich für einen besseren Verbraucherschutz aus und für eine Reform der Grundsicherung, die allerdings keine perfekte Lösung schaffen wird, da sich immer die beiden Prinzipien reiben werden, wie viel Grundsicherung „bedingungslos" gegeben wird, ohne gleichzeitig die Eigenvorsorge empfindlich zu stören. Schließlich wird eine Evaluation angemahnt, aus der Schlüsse für eine Verbesserung der Altersvorsorge gezogen werden könnten.

Der zweite Eröffnungs- und Impulsbeitrag im Heft ist von *Bert Rürup*, sein Thema ist *Die Riester-Reformen – Genese, Wunsch und Wirklichkeit*. In zehn Thesen werden Licht und Schatten der Riester-Diskussion und des Riester-Sparens betrachtet. Eingangs führt der Autor aus, die Riester-Reform würde sich nahtlos in die Reihe der Rentenreformgesetze der Jahre vor der Rentenreform von 2001 einfügen. Ausgehend von einer „doppelten Bevölkerungsalterung" wäre die zentrale Zielgröße der Politik nicht mehr ein stabiles Leistungsniveau, sondern der langfristige Pfad der Entwicklung des Beitragssatzes. Der Autor vertritt auch, die Riester-Treppe würde hinsichtlich der dämpfenden Wirkungen des Anstiegs des Beitragssatzes und der das Rentenniveau senkenden Effekte nicht anders als der abgeschaffte „demografische Faktor" des Rentenreformgesetzes 1999 gewirkt haben. Rürup trägt auch vor, der Name „Altersvermögensgesetz" habe einen seines Erachtens falschen Eindruck entstehen lassen können, die Leistungsrücknahmen bei der gesetzlichen Rente durch die Riester-Treppe würden dem Aufbau staatlich subventionierter kapitalgedeckter Altersvorsorge dienen. Schwer wiege nach Rürup, dass die Riester-Rente nicht obligatorisch eingeführt worden sei, um die Leistungsrücknahmen für alle nach 1970 Geborenen nicht nur zu kompensieren, sondern das mischfinanzierte Alterseinkommen der mittleren und jüngeren Alterskohorten auch zu verbessern. Rürup führt aus, dass eine Verbesserung voraussetzen würde, dass die bei einer freiwilligen Versicherung höheren Verwaltungs- und Vertriebskosten und die Kosten der adversen Selektion kompensiert werden können. Dies würde aber nur gelingen, wenn die am Kapitalmarkt erzielte Verzinsung über dem Lohnwachstum liegen würde. Der Autor vertritt weiter, trotz Finanzkrise würde es angesichts der Alterung der Bevölkerung und eines international zu beobachtenden Rückgangs der Lohnquoten dabei bleiben, dass eine umlagefinanzierte Basissicherung und ergänzende kapitalgedeckte private und betriebliche Zusatzversicherungen richtig wären.

Im Weiteren befasst sich Rürup mit der Verbreitung des Riester-Sparens sowie mit den Kosten und der Rendite von Riester-Produkten. Der Autor weist darauf hin, Analysen mit Daten des Sozio-oekonomischen Panels (SOEP) scheinen Mitnahmeeffekte zu belegen. Kritische Befunde über die Rendite von Riester-Rentenversicherungen ließen sich dem Autor zufolge darüber erklären, dass Riester-Produkte durch die Freiwilligkeit Push-Produkte mit entsprechenden Vertriebskosten seien. Hinzu kämen Kosten der Selbstselektion, und die Lebenserwartungen müssten mit Sicherheitsmargen kalkuliert werden. Die Berechnung der Rendite durch ein Zielalter weist nach Rürup den Fehler auf, dass auf der Basis eines willkürlich gesetzten Sterbealters in Form eines Zielalters (fiktiver Ex-post-Daten) gerechnet wird, in ansonsten mit Erwartungswerten arbeitenden Ex-ante-Analysen. Bei den Anbietern hingegen wären eine intransparente Dokumentation von Annahmen und Kosten wie auch unzureichende anbieterneutrale Produkttests zu beklagen.

Zum Thema Geringverdiener und einer Anrechnung der Riester-Rente auf eine Grundsicherung vertritt Rürup, dies sei kein Konstruktionsfehler der Riester-Rente, denn alle Einkünfte würden auf die Grundsicherung im Alter angerechnet werden. Über die Angemessenheit der Regelsätze oder die Höhe des Schonvermögens ließe sich diskutieren, eine Einführung eines Freibetrages sei aber mit hohen Kosten verbunden und würde zu Ungerechtigkeiten gegenüber Bestandsrentner führen. Rürup regt abschließend an, die Anbieter sollten über eine Revitalisierung der Riester-Produkte nachdenken, beispielsweise Verträge ohne Provision und Abschlusskosten anbieten, Selektions- und Sicherheitsaufschläge deutlich ausweisen sowie Risikogewinne korrekt erfassen und zeitnahe den Versicherten zu mehr als den jetzigen 75 Prozent gut schreiben.

Der Beitrag *Die Riester-Rente: Was wollte der Gesetzgeber, wo besteht Änderungsbedarf? Eine Antwort auf die Kritik des DIW* von *Walter Riester* ist auch eine Erinnerungsarbeit. Der Autor eröffnet seinen Beitrag mit Ausführungen zum Rentenniveau. Er vertritt die Meinung, dass die meisten Menschen den Lebensstandard im Alter noch nie allein über die gesetzliche Rente sichern konnten. Auch würde die Rentenreform 2001 keine erkennbare Absenkung des Rentenniveaus ausgelöst haben. Daher sei auch die zusätzliche kapitalgedeckte und staatlich geförderte Altersvorsorge kein Ersatz, den die Rentenreform erforderlich gemacht hätte, sondern eine notwendige Ergänzung der gesetzlichen Rente, um eine höhere Rücklagenbildung für das Alter zu erreichen. Riester erinnert weiter, dass er eine obligatorische Versicherung einführen wollte, dieses Vorhaben hätte aber keine politischen Mehrheiten gefunden. Da es nicht um beliebiges Sparen, sondern um sichere Produkte und eine zweckgebundene Leibrentenversicherung ging, habe er gegen die Widerstände der Finanzwirtschaft strikte Gesetzesauflagen für die Produkte durchgesetzt, die allerdings auch zusätzliche Kosten begründen.

Im Beitrag folgt eine Kritik einer Beurteilung des Erfolgs der Riester-Rente auf der Grundlage der Renditekennziffer „Rendite für ein Zielalter“, da diese – so der Autor – das Ziel des Gesetzgebers, eine lebenslange ergänzende Zusatzrente zu sichern, komplett ausblenden würde. Riester trägt auch vor, die Anbieter von Riester-Produkten würden trotz verschiedener Zusatzleistungen keine zusätzlichen Kosten erheben, die Versicherer würden nicht mit zu hohen Lebenserwartungen kalkulieren und die Sterblichkeitsgewinne seien in den letzten Jahren nicht gestiegen. Das Sparen in einem Sparstrumpf als Alternative zu Riester-Produkten mit geringer Rendite bezeichnet er als obskuren Vorschlag, der in erheblichem Maß zu Kündigungen und Stornierungen geführt haben soll. Riester kritisiert, das DIW Berlin hätte Geringverdienern den Rat gegeben, nicht zu „riestern“. Im Beitrag wird auch ausgeführt, dass eine Umleitung der Mittel der Zulagenförderung – wie vom DIW Berlin zur Diskussion gestellt – in die gesetzliche Rentenversicherung für eine Förderung von Geringverdienern, auf der Beitrags- wie auf der Leistungsseite wirkungslos bleiben würde. Riester fände eine obligatorische Versicherung auch heute noch die bessere Lösung für eine ergänzende private Altersvorsorge. Allerdings gäbe es dafür auch heute keine politischen Mehrheiten. Prinzipiell befürwortet der Autor eine Evaluierung des Riester-Sparens, sie müsse aber an den Zielen orientiert sein, die der Gesetzgeber für die staatlich geförderte Altersversorgung formuliert hat.

Verbraucherpolitische und versicherungswirtschaftliche Sicht auf das Riester-Sparen: Transparenz, Kosten und Rendite der Riester-Produkte

Die Marktorganisation der Riester-Produkte und damit verbraucherpolitische und versicherungswirtschaftliche Aspekte des Riester-Sparens sind der Schwerpunkt der sechs folgenden Artikel. Der erste Vortrag zu diesem Themenschwerpunkt befasst sich mit der Intransparenz des Riester-Marktes. *Johannes Leinert* liefert in seinem Beitrag *Transparenz von Riester-Produkten – Theoretische Fundierung und Befunde einer Anbieterbefragung* eine theoretische Erklärung zur Funktionsweise des Marktes für Riester-Produkte und stellt die Ergebnisse einer Anbieterbefragung zur Transparenz der Riester-Produkte vor. Er führt aus, es würde sich bei einem Riester-Produkt um ein Vertrauensgut und ein hochkomplexes Finanzprodukt handeln. Die Informationen über diesen Markt seien asymmetrisch verteilt. Die Anbieter wären durch ihre Professionalität und Spezialisierung im Vorteil. (Potentielle) Sparer hingegen würden kaum über eine ausreichende finanzielle Bildung verfügen und verfügten auch nur über wenig eigene Erfahrungen bezüglich der Auswahl und Qualität dieses Produktes. Daher wüssten Verbraucher nicht, ob es sich um kostengünstige oder teure Produkte handeln würde. Ihre Auswahl würde daher nur unter großen Unsicherheiten zu treffen sein. Leinert trägt vor, für die Anbieter gäbe es keine Anreize, kostengünstige Produkte anzubieten, vielmehr würden sogar Anreize bestehen, Kostenüberschüsse zu generieren, da die Anbieter an diesen partizipieren würden. Eine Auflösung der Informationsasymmetrie etwa durch das Angebot glaubwürdiger Informationen durch unabhängige Produkttests würde ins Leere laufen, da der Verbraucher keinen Marktdurchschnitt kennen und damit keine tatsächliche Vergleichsmöglichkeit haben würde. Für Anbieter, leitet der Autor ab, wäre es die beste Wettbewerbsstrategie, auf die Transparenz der Kosten zu verzichten. Problematisiert wird auch, dass einem Abbau des Informationsdefizits des Verbrauchers durch Beratung ebenfalls Grenzen gesetzt sind, unter anderem, weil die Beratung auf der Basis von Provisionen oder Zielvorgaben der Anbieter stattfinden würde. Leinert zieht den Schluss, dass der Markt allein die Intransparenz nicht nennenswert abbauen kann und daher eine staatliche Verpflichtung für alle Anbieter, leicht verständliche und vergleichbare Produktinformation dem Verbraucher zur Verfügung zu stellen, erforderlich sei.

In dem Artikel werden zudem die Befunde einer Befragung einer kleinen Gruppe von Anbietern Ende 2009/Anfang 2010 zum Thema Transparenz von Riester-Produkten vorgestellt. Dieser Untersuchung zufolge würden Anbieter mehrheitlich Transparenz langfristig für den Absatz für förderlich halten, sie würden auch fast ausnahmslos die meisten Informationspflichten an den Kunden als hilfreich bewerten. Hingegen würden viele der Befragten finden, der Kunde müsse den Überblick über die Informationen verlieren und die Darstellung der Kosten sei sehr undurchsichtig. Viele halten Kostenangaben für Zusatzleistungen und eine Kostenquote für hilfreich. Leinert trägt auch vor, dass sich nur wenige Anbieter für gesetzlich vorgegebene Normrenditen aussprechen, die meisten Befragten aber ein standardisiertes Produktinformationsblatt (PIB) sinnvoll finden würden. Berichtet wird schließlich auch über den Stand der Umsetzung eines standardisierten PIB durch den Gesetzgeber. Leinert zufolge sollte ein standardisiertes PIB nicht nur für ab 2013 neu zertifizierte Produkte eingeführt werden, weil ansonsten noch über viele Jahre intransparente Altprodukte angeboten werden könnten. Letztlich findet Leinert, dass standardisierte PIB nicht alles wären, erforderlich wäre auch eine flächendeckende Förderung der finanziellen Allgemeinbildung.

Der zweite Artikel befasst sich mit den Kosten und der Rendite von Riester-Produkten. *Peter Schwark* setzt sich in seinem Beitrag *Die Riester-Kritik – Fachlich fundiert oder politisch motiviert?* mit vier Kritikpunkten an der Riester-Rente und insbesondere mit der Berechnungsmethode für die Kennziffer „Zielalter“ auseinander. Erstens wendet er sich gegen die Kritik, die Zulagen würden systematisch durch Kosten aufgezehrt, seines Erachtens sei dies eine fehlerhafte Verallgemeinerung von Spezialfällen. Auch würde das Verhältnis Zulagen zu Kosten wegen der Unterschiedlichkeit der Zulagenquoten zunächst nichts über die Effizienz der Produkte aussagen. Der Autor führt höhere Kosten auf eine teilweise aufwändige vertragsbezogene Zulagenverwaltung zurück, auf zulagenbedingte Optimierungen der Verträge, auf kleine Vertragsgrößen, die eine Amortisation der Fixkosten eines Vertrages erschweren würden sowie auf politisch gewollte Reformen. Der Autor stellt zusammenfassend fest, dass selbst mit höheren Verwaltungskosten Riester-Verträge gegenüber nicht geförderten Verträgen vorteilhaft seien. Zweitens greift der Autor die Kritik auf, die Versicherer würden mit zu hohen Lebenserwartungen kalkulieren. Er argumentiert: Lebensversicherer müssten im Interesse ihrer Kunden vorsichtig kalkulieren und bei Projektionen der Lebenserwartung den Trend zu steter Verminderung der Sterbewahrscheinlichkeit und die zunehmende Zahl der Menschen mit hohem Alter berücksichtigen. Beide Trends würden sich auf die Erkenntnisse der demografischen Forschung stützen. Schwark trägt auch vor, bei einer freiwilligen Vorsorge würden Selbstselektionseffekte auftreten, die ebenfalls kalkuliert werden müssten.

Im Artikel wird des Weiteren das Konzept und die Berechnung der Renditekennziffer „Zielalter" als fehlerhaft sowie in der Öffentlichkeit als verzerrt kommuniziert beurteilt. Kritisiert wird, dass es sich bei der Kennziffer „Zielalter" um ein Partialmodell handeln würde, mit dem gesetzlich vorgeschriebene Risikoüberschüsse ignoriert würden und die zu erwartenden Leistungen der Versicherer nicht vollständig zu erfassen wären. Dem Autor zufolge würde die Riester-Rentenversicherung auch ohne Förderung eine ordentliche Rentabilität einbringen und die Aussage, „riestern" würde sich für viele Sparer nicht lohnen, sei plakativ und würde den Versicherungscharakter der Produkte verkennen, die eine lebenslange Altersvorsorge bieten. Mit der Berücksichtigung der Zulagen wie einen Eigenbeitrag der Sparer wird dem Autor zufolge die Wirkung der Förderung für die Produktrendite herausgerechnet, seines Erachtens ein schwerwiegender Fehler des Renditekonzeptes Zielalter.

Der Beitrag schließt mit der Auffassung, mit einem ungeeigneten Analysekonzept sei in den politischen Meinungskampf eingegriffen worden und es sei zu einem massiven Einbruch bei Vertragsabschlüssen gekommen. Schwark kritisiert die politische Schlussfolgerung der Analyse des DIW Berlin, das die Riester-Förderung abschaffen und die Fördermittel in die gesetzliche Rentenversicherung umleiten wollen würde. Für den Autor offenbare dies eine politisch motivierte statt eine wissenschaftlich fundierte Politikberatung, das DIW Berlin würde damit eigene verteilungspolitische Wertvorstellung an die Stelle sozialpolitischer Ziele des Gesetzgebers setzen und damit statt Wirtschaftsforschung selber Rentenpolitik betreiben.

Die Riester-Versorgung ist deutlich besser als ihr Ruf, das ist die Kernaussage des Beitrags *Die Riester-Versorgung ist grundlegend – Sie sollte konstruktiv kritisiert, aber nicht zerredet werden* von *Thomas Dommermuth*. Die Grundgedanken in diesem Beitrag sind, dass wegen gravierender demografischer Veränderungen ein umlagefinanziertes Rentensystem schneller an seine Grenzen gerät als ein Kapitaldeckungsverfahren und daher beide Systeme ihre Existenzberechtigung haben. Die Kritik an hohen Verwaltungskosten, an der versicherungsmathematischen Kalkulation der Produkte, an einer hohen Komplexität, am Absinken des Garantiezinses, an der Behinderung des Produkt-/Anbieterwechsels und die Auffassung, dass Geringverdiener aufgrund einer Anrechnung der Riester-Rente auf eine mögliche Grundsicherung umsonst sparen, werden von Dommermuth einzeln beleuchtet und im Ergebnis als vermeintliche Probleme beschrieben. Auch habe der Gesetzgeber tatsächliche Probleme bereits beseitigt, zur Beseitigung bereits einen Gesetzesentwurf vorgelegt oder eine Problemlösung in Aussicht gestellt. Kritisch hinterfragt werden die Renditeberechnung von Hagen und Kleinlein (2011) und die Aussage, die Rendite der Produkte der Riester-Rentenversicherung sei nicht besser als bei einem Sparstrumpf.

Die Renditeberechnung, führt der Autor aus, sei eine in der Investitionsrechnung und Finanzmathematik nicht übliche Verfahrensweise. Die kritisierte Renditeberechnung müsse zwangsläufig dazu führen, dass viele Produkte nicht mehr rentabel sind, da nur noch der Nachteil durch die Zulage hervorgerufener spezifischer Verwaltungskosten, nicht aber der spezifisch bewirkte Vorteil der Zulage in diese Berechnung eingehen würde. Eigene Berechnungen des Autors zur Rendite (Rentenrendite) der Riester-Produkte (Riester-Versicherungen, Fondsspar- und Banksparpläne) würden zeigen, dass die tatsächlichen am Markt vorzufindenden effektiven Renditen nach Steuerwirkungen deutlich höher seien als bei nicht geförderten Produkten der Altersvorsorge. Der Autor räumt ein, dass die Produkte jedoch von Anbieter zu Anbieter und zwischen den verschiedenen Produktarten erhebliche Unterschiede aufweisen würden. Sein Fazit ist, dies wäre allerdings kein Problem, denn es würde ausreichend Informationen geben, zum Beispiel von Finanztest, auf deren Grundlage eine informierte Kaufentscheidung zu treffen sei.

Eine Gegenposition zu der Kritik an den Berechnungen der Rendite durch das Zielalter und insbesondere zu den Ausführungen von Schwark vertritt *Axel Kleinlein* mit seinem Beitrag *Verschärfung der Ineffizienz der Riester-Angebote 2012 und in den Folgejahren*. Der Autor erweitert in seinem Artikel die Bestandsaufnahme und Effizienzanalyse zur Riester-Rente, die von ihm in einer Studie der Friedrich-Ebert-Stiftung (Kleinlein 2011) durchgeführt worden war und in einer sich darauf beziehenden Analyse von Hagen und Kleinlein (2011) verwendet worden war. Der Befund auf der Grundlage von Kleinleins Aktualisierung lautet, 2012 wird kaum ein Riester-Sparer das hinreichende Alter erzielen, um eine Rendite zu erreichen, die auch einen Inflationsausgleich bietet und aus 2012-Verträgen wird nur eine schlechtere Rentabilität der garantierten wie auch der Leistungen inklusive Überschussbeteiligung zu erzielen sein als aus 2011 abgeschlossenen Verträgen. Als Gründe dafür gibt der Autor die Senkung des Höchstrechnungszinses an und in geringerem Umfang eine leichte Erhöhung der durchschnittlichen Lebenserwartung, die in der für die Kalkulation herangezogenen Sterbetafel im Vergleich zu 2011 vorgenommen worden sei.

In einer weiteren Rechnung zeigt Kleinlein für klassische Produkte auf der Grundlage verschiedener Konstellationen zur Zahl der Kinder, das Zielalter nimmt rechnerisch mit der Höhe der Zulage ab. Anschließend setzt sich der Autor mit dem Vorwurf auseinander, die staatliche Zulage sei in der Effizienzanalyse (2011) für den Sparer nicht beachtet worden. Der Autor führt dazu aus, die Riester-Rente könne aus einer übergeordneten ökonomischen Sichtweise nur dann als erfolgreich beurteilt werden, wenn auch die Zulage – bei der es sich um Steuergelder handele – effizient eingesetzt werden würde. Eine Effizienzanforderung an die Zulage würde sich – folgt man dem Autor – zwangsläufig aus dem Zertifizierungskriterium des „Kapitalerhalts zu Rentenbeginn" ergeben, das sich ausdrücklich auf den Eigenbeitrag wie auch auf die Zulagen beziehen würde. Damit würde der Staat deutlich gemacht haben, dass er eine Renditeerwartung auch an die Zulagen hat. Aus dieser Absicht des Staates würde sich zwingend ableiten lassen, dass diese Absicht dann auch für eine Rendite unter Einbezug der Verrentungskosten gelten müsste. Sein Fazit ist: Wird eine Rendite nur auf das Eigenkapital des Sparer berechnet, lässt sich damit nur zeigen, welche Familien- und Einkommenskonstellationen von einer Zulage profitieren würden und welche nicht.

Im Beitrag wird auch auf die Kritik an den 2011er Analysen eingegangen, in den Berechnungen würde eine Zunahme der Lebenserwartung nicht hinreichend berücksichtigt werden. Kleinlein vergleicht die angenommenen Steigerungen der Lebenserwartung in der Sterbetafel des Statistischen Bundesamtes mit der in der Sterbetafel der Deutschen Aktuarvereinigung. Danach würden zwischen den beiden Sterbetafeln kaum Unterschiede auszumachen sein. Die von den Versicherungen zur Kalkulation ihrer Produkte angesetzten Sterbetafeln würden aber höhere – stetig zunehmende Sicherheitspuffer – einrechnen und von einer höheren Steigerung der Lebenserwartung ausgehen. Das Fazit des Autors ist, die Versicherungswirtschaft würde nicht nur die aktuellen Lebenserwartungen drastisch überzeichnen, sondern auch die Zunahme der Lebenserwartung. Dies würde zu einer weiteren Verschlechterung der Ineffizienz der Produkte führen. In seinem Ausblick regt Kleinlein an, dass geprüft werden sollte, wie sich das Verhältnis von im Verlauf generierten und investierten Steuereinnahmen darstellt. Um eine Subvention des Marktes der privaten Altersvorsorge würde es sich handeln, wenn weniger Steuereinnahmen generiert als zuvor investiert worden seien.

Aus der Sicht einer anbieterunabhängigen Testorganisation stellt *Barbara Sternberger-Frey* auf der Grundlage selbst durchgeführter Tests Befunde und Beispielrechnungen über die Rendite von Riester-Produkten vor. Die Autorin beginnt ihren Beitrag *Was bringen Riester-Produkte dem Verbraucher? Analyseergebnisse einer anbieterunabhängigen Testorganisation* mit ihrer Sicht über das Ziel einer Einführung der Riester-Rente. Dies sei das Erreichen einer zumindest teilweisen Kompensation der zeitgleichen Kürzungen bei der gesetzlichen Rente. Ein Versprechen bei der Einführung der Riester-Rente sei gewesen, eine kapitalgedeckte Altersvorsorge würde effizienter sein als die gesetzliche Rentenversicherung. Allerdings würde die Aufweichung der paritätischen Finanzierung der Alterssicherung, die Altersvorsorge für den Arbeitnehmer deutlich verteuern. Im Beitrag wird sodann Bezug genommen auf die „Zielalter"-Analyse (von Hagen und Kleinlein) und auf das Konzept der „Individualrente" des GDV. Ihr zu Folge würde mit einer sogenannten „Individualrendite", bei der die staatliche Zulage als Zusatzertrag behandelt werden würde, nicht zu ermitteln sein, ob die Riester-Rente dem Ziel gerecht werden würde, wirtschaftlich erfolgreicher zu sein als die gesetzliche Rentenversicherung. Die Rendite würde zudem umso besser aussehen, umso höher die staatliche Zulage sei, selbst wenn das Produkt gar nicht kostengünstig wäre. Die Behandlung der Förderung als Zusatzertrag sei auch politisch fragwürdig, da die Förderung keinesfalls ein Geschenk sei, vielmehr würde der Staat damit Nachteile teilweise ausgleichen, die dem Bürger mit dem Ausstieg aus der paritätischen Finanzierung erst auferlegt worden seien und die Rentenleistung müsse später versteuert werden. Ausnahmen davon wären nur Geringverdiener, die später in der Regel keine (hohe) Steuerlast haben werden.

Die Kosten für Riester-Rentenversicherungen würden nach Sternberger-Frey allein in der Ansparphase im Durchschnitt um die zwölf Prozent der Einzahlungen (Eigenbeiträge und Zulagen) betragen, sie würden auch vielfach entgegen aller „Lippenbekenntnisse" der Versicherer intransparent angegeben werden. Als Kostenquote würde von den Anbietern oftmals die sogenannte Reduction in Yield (RiY) – eine prozentuale Minderung der Rendite durch Kosten – ausgewiesen, die zu Fehlentscheidungen des Verbrauchers führen könne. Die Autorin plädiert daher für den Ausweis der sogenannten Reduction in Payment (RiP), die für alle Riester-Produkte ermittelt werden könnte und angeben würde, wie viel Kapital dem Vorsorgesparer bis zu seinem Rentenbeginn durch Vertragskosten verloren gehen würde. Die Kosten sollten nicht nur in Prozent, sondern auch in Euro und Cent angegeben werden. Diese Kostenquote würde zeigen, dass die Vertragskosten teilweise (fast) die gesamten Zulagen aufzehren. Schließlich sei nach Berechnungen der Autorin die in den Riester-Rentenversicherungen kalkulierte Lebenserwartung zuungunsten der Sparer übervorsichtig und würde nicht die Lebenswirklichkeit der Deutschen reflektieren. Auch sei – da eine Auszahloption für den Sparer wegen der Förderung kaum gegeben sei – die Kalkulation von Selektionseffekten nicht angemessen. Kritisch sei der Autorin zufolge zu sehen, dass die Verteilung der Risikogewinne zulasten der Kunden ginge und Sparer nach ihren Berechnungen für eine nicht geförderte Rentenversicherung meist mehr Rentenleistung erhalten würden als für eine Riester-Rentenversicherung. Die Autorin kommt zu dem Schluss, eine grundlegende Überarbeitung der Förderregeln und Produktvorschriften sei geboten. Eine Alternative zu den Riester-Produkten wäre ein Altersvorsorgekonto, wie es auch von der Verbraucherkommission Baden-Württemberg vorgeschlagen wird, das von einer Institution ohne Absicht zur Gewinnerzielung angeboten werden sollte.

Der letzte Beitrag mit einem verbraucherpolitischen Fokus ist von *Kornelia Hagen*. In ihrem Beitrag *Streitfall Bewertung des Riester-Sparens* gibt die Autorin eine Antwort auf die Kritik an der Renditeanalyse von Hagen und Kleinlein. Sie bezieht sich dabei insbesondere auf Kritik von Riester, Rürup und Schwark. Die Autorin vertritt, dass die Lebenserwartung und Selektionseffekte bei Riester-Rentenversicherungen zu hoch kalkuliert sind und die Senkung der Überschussanteile nicht zu begründen ist. Der Autorin zufolge ist problematisch, dass die Forschung wie auch die (potentiellen) Riester-Sparer keine Transparenz über diese Kalkulationsparameter erhalten würden. Sie argumentiert, eine rein versicherungsmathematische oder – wirtschaftliche Sicht auf die Rendite von Riester-Rentenversicherungen würde der sozial- und rentenpolitischen Besonderheit des Produktes nicht angemessen sein. Die Autorin geht auch auf konkrete einzelne Kritikpunkte zum Konzept des Zielalters ein. Sie argumentiert, aus gesellschaftlicher Sicht sei die Zulage zweifelsfrei auch unter Renditeaspekten zu beleuchten, da es um Steuergelder gehen würde, die wirtschaftlich verwendet werden müssten. Des Weiteren vertritt sie, die Zulage würde auch für den Einzelnen unter Renditeerwägungen relevant sein, da für den Sparer nicht von Interesse sei, woher das Geld auf seinem Sparkonto käme – ob aus eigenen Mitteln oder aus Steuermitteln –, sondern wie gewinnbringend das Geld für sein Alter sei. Gegen den Einwand, das Riester-Sparen sei auf Sicherheit und Langlebigkeit ausgelegt und nicht auf Vermögensaufbau, führt sie an, dass diese beiden Ziele nicht im Widerspruch zueinanderstehen müssten und dass der Einzelne ein möglichst rentables Produkt erwerben möchte.

Auch mit Blick auf die Inhalte einer wissenschaftlich unabhängigen Evaluierung schlägt Hagen eine an den Zielen des Riester-Sparens orientierte Gesamtschau auf das Riester-Sparen vor. Dabei müsste in der Politik wie auch in der Wissenschaft der Blick über den jeweils eigenen Tellerrand hinaus gewagt und sozial-, renten- und verbraucherpolitische Aspekte ebenso berücksichtigt werden wie der wirtschaftliche Erfolg. Dazu gehören würde zumindest die Verbreitung des Riester-Sparens, die Inanspruchnahme der Förderung, die Frage, ob das Riester-Sparen die Rentenlücke schließt, die Transparenz, Kosten und die Rendite, die auch die Kosten im Rentenbezug berücksichtigen müsste sowie weitere Faktoren der Marktlage (Kündigung, Wechsel, Beschwerden). Abschließend erörtert Hagen die Auffassung von Schwark, die Kommunikation der Befunde sei politische Stimmungsmache und mit der Analyse würde das DIW Berlin den Raum der Politikberatung verlassen und selbst Rentenpolitik betrieben haben. Diese Auffassung, vertritt die Autorin, sei der Versuch, das Riester-Sparen gegen kritische Analysen zu immunisieren und würde dem Interesse an der Erkenntnis entgegenstehen. Ihr Verständnis von forschungsbasierter Politikberatung sei, an gesellschaftlichen Problemen anzuknüpfen, diese systematisch und im Hinblick auf ihre Ursachen zu analysieren und Problemlösungen zu unterbreiten, die der Politik Denkanstöße liefern können.

Sozialpolitische Sicht auf das Riester-Sparen: Die Verbreitung des Riester-Sparens

Die beiden folgenden Artikel haben einen sozialpolitischen Fokus, sie befassen sich mit verschiedenen Aspekten der Verbreitung des Riester-Sparens. In seinem Artikel *Riester-Rente und Niedrigeinkommen – Was sagen die Daten?* untersucht *Johannes Geyer* auf der Basis der Daten des Sozio-oekonomischen Panels (SOEP) die Anreizwirkung der Riester-Förderung auf Geringverdiener, eine Einkommensgruppe, die im Durchschnitt ein höheres Altersarmutsrisiko aufweist und für die daher eine private Altersvorsorge besonders relevant ist. Der Autor kommt zu dem Befund, dass die Verbreitung der Riester-Rente bei Personen und Haushalten mit geringem Einkommen bezogen auf die Gesamtbevölkerung unterdurchschnittlich ist. Diesen Befund findet er in einer Reihe anderer Analysen auf der Basis von SOEP – oder unter Verwendung von SAVE-Daten in der Tendenz bestätigt. Den gegenteiligen Befund, dass Menschen mit geringem Einkommen die Zulagenförderung in erheblichem Maß in Anspruch nehmen würden, erklärt Geyer damit, dass dieser Befund auf Auswertungen auf der Grundlage der administrativen Daten der Zulagenstelle für Altersvermögen (ZfA) beruht, die nur Geringverdiener unter den Riester-Sparern berücksichtigt. Somit könnten keine Rückschlüsse auf die Bevölkerung insgesamt gezogen werden. Die Gruppe der Riester-Sparer habe jedoch eine völlig unterschiedliche Einkommensverteilung, als sie sich in der Bevölkerung insgesamt ergeben würde.

Des Weiteren beschäftigt sich Geyer unter Verwendung eines multivariaten Modells mit den Faktoren, die den Abschluss eines Riester-Vertrages beeinflussen. Berücksichtigt werden Arbeitsmarkterfahrung, Erwerbstätigkeit, Arbeitslosigkeit und Gesundheit. Diese Faktoren üben danach keinen signifikanten Effekt auf die Wahrscheinlichkeit aus, eine Förderung in Anspruch zu nehmen. Hingegen nehmen Personen mit Migrationshintergrund die Förderung seltener in Anspruch als Menschen ohne diesen Hintergrund. Der Autor stellt auch fest, je geringer das Einkommen und der Bildungsabschluss ist, umso geringer wäre die Inanspruchnahme der Förderung, während sie mit der Anzahl der Kinder zunimmt. Geyer zeigt diese Befunde für verschiedene Einkommenskonzepte, für das nominale und äquivalenzgewichtete Haushaltseinkommen sowie für das individuelle Monatsbruttoeinkommen und für den Bruttostundenlohn. Weitere Forschungen – so der Autor – sollten sich der Frage widmen, ob die Riester-Rente überhaupt zu zusätzlicher Ersparnis beiträgt und das gesamte Altersvorsorgeverhalten in den Blick nehmen.

Auch *Christian Pfarr* und *Udo Schneider* setzen sich in ihrem Beitrag *Riester-Rente: (k)ein Kinderspiel!* mit der Verbreitung der Riester-Rente auseinander. Sie untersuchen anhand von Daten der SAVE-Studie den Zusammenhang zwischen eigenen Kindern und der finanziellen Bildung und der Inanspruchnahme der Förderung. Pfarr und Schneider verwenden für ihre Analyse die SAVE-Datensätze der Jahre 2007 bis 2009. Für die Analyse der Wirkungen der Förderung im Kontext finanzieller Bildung der förderfähigen Riester-Sparer verwenden die Autoren drei Fragen, die im Wesentlichen auf ökonomischen Modellen zum Sparverhalten und der Portfoliotheorie abstellen. Ihrer deskriptiven Analyse zufolge ist die finanzielle Bildung in der untersten Einkommensklasse am niedrigsten. Auch würde mit steigender Bildung die finanzielle Bildung steigen und Förderberechtigte mit einem Riester-Vertrag würden ein höheres finanzielles Wissen aufweisen als Förderberechtigte ohne Riester-Vertrag. Einen direkten Zusammenhang zwischen der Anzahl der Kinder und der persönlichen finanziellen Bildung finden die Autoren nicht.

Pfarr und Schneider untersuchen die Anreizwirkungen auch in einer multivariaten Regression. Auch hierbei würde ein positiver Effekt der Anzahl der Kinder im Haushalt auf die Wahrscheinlichkeit einen Riester-Vertrag zu besitzen, festzustellen sein, dieser positive Effekt sei umso größer, je mehr Kinder dem Haushalt angehören würden. Daraus schließen die Autoren, dass die Kinderzulage eine starke Anreizwirkung hat. Hingegen finden die Autoren keinen signifikanten Effekt für Kinder, die 2008 und später geboren wurden, für die Riester-Sparer eine höhere Kinderzulage erhalten als für Kinder, die zuvor geboren wurden. Auch die Befunde der deskriptiven Analyse zur finanziellen Bildung können bestätigt werden, es gibt einen eindeutig positiven Einfluss der finanziellen Bildung auf die Wahrscheinlichkeit zu „riestern".

Die Autoren vermuten, dass es eine gewisse Korrelation zwischen dem persönlichen Bildungsniveau und der finanziellen Bildung gibt, während der schulischen Bildung kein positiver Effekt zugewiesen werden kann. Im Hinblick auf das Einkommen bestätigt sich ein negativer Effekt für die unterste Einkommensklasse. Als ursächlich dafür vermuten Pfarr und Schneider die Anrechnung der Leistungen aus der Riester-Rente auf eine mögliche Grundsicherung im Alter. Über eine Änderung dazu sollte ihres Erachtens nachgedacht werden. Wichtig, aber nicht ausreichend, sei eine Verbesserung der Transparenz über das Riester-Sparen durch ein standardisiertes Produktinformationsblatt, vielmehr – so die beiden Autoren – sei mittelfristig eine verstärkte Aufnahme wirtschaftspolitischer und finanzieller Themen in den Lehrplan von Schulen erforderlich.

Rentenpolitische Sicht auf das Riester-Sparen: Schließt die Riester-Rente die Rentenlücke

Die Schließung der Rentenlücke durch das Riester-Sparen ist der thematische Schwerpunkt von zwei Artikeln. *Tim Köhler-Rama* vertritt in seinem Beitrag *Kann die Riester-Rente die Absenkung des Rentenniveaus kompensieren?* die Meinung, dass die Kritik an dem Riester-Sparen zwar möglicherweise berechtigt sei, aber nicht an die eigentliche Zielsetzung der Riester-Förderung – die Leistungsrücknahmen der ersten Säule zu kompensieren (Gesamtversorgungsniveau) – anknüpfen würde. Diese sollte aber einer Beurteilung des Erfolgs der Riester-Förderung zugrunde liegen. Einer solchen Evaluierung würde allerdings die offizielle Berichterstattung der Bundesregierung entgegenstehen, die weder das „Gesamtversorgungsniveau" differenziert nach Geschlecht, Einkommen und Haushaltskontext sowie Leistungsrücknahmen in der gesetzlichen Rentenversicherung transparent darstellt noch über die tatsächlichen Kompensationswirkungen durch die kapitalgedeckte Vorsorge berichtet. Nicht erfasst werden würde auch, dass insbesondere bei den älteren Kohorten die Quellen der Alterseinkommen vielfältig sind und damit die Absenkung des Rentenniveaus sehr unterschiedlich wirkt.

Ein weiteres Problem einer angemessenen Evaluation der Riester-Rente sei, dass es bislang noch kaum Rentenfälle geben würde. Die Entwicklung eines Datensatzes, dessen Grundlage die Kontendaten der Versicherer, kombiniert mit den kalkulierten künftigen Anwartschaften, sein müsste, wäre erforderlich. Köhler-Rama argumentiert auch, die Vermeidung von Armut sei nie eine Zielsetzung der Riester-Rente gewesen, wäre dies der Fall gewesen, hätte sie konsequenterweise obligatorisch eingeführt werden müssen. Daher würde der Befund von Geyer 2011, Geringverdiener und andere benachteiligte Personengruppen würden die Riester-Förderung selten in Anspruch nehmen, zwar Hinweise darauf geben, welche Personengruppen künftig besonders armutsgefährdet seien, allerdings nichts über Effizient und Effektivität der Riester-Förderung aussagen. Ohnehin – so der Autor – seien Aussagen zur Armutsgefährdung verkürzt, die von einem individuell geringen Verdienst auf eine Bedürftigkeit im Haushaltskontext schließen würden. Hinzu käme, dass eine Förderung der privaten Altersvorsorge dem Abrutschen von Versicherten unterhalb der Grundsicherungsschwelle entgegenwirken würde.

Der zweite Beitrag zu diesem Thema *Was leistet die Riester-Rente für die Sicherung im Alter?* von *Volker Meinhardt* und *Rudolf Zwiener* stellt kritisch fest, dass die Politik es bisher versäumt hat, das Riester-Sparen von unabhängigen Experten begleitend evaluieren zu lassen. Die beiden Autoren vertreten die These, eine Bewertung der privaten Altersvorsorge müsste entlang von zwei Fragen erfolgen. Zum einen müsste beurteilt werden, ob die Riester-Rente ihre Funktion als Teil der Alterssicherung erfüllen würde. Zweitens müsste beantwortet werden, ob die Rendite der Riester-Rente der Rendite der umlagefinanzierten Gesetzlichen Rentenversicherung überlegen ist. Hinsichtlich der ersten Frage führen Meinhardt und Zwiener aus, mit der Rentenreform 2001 sei versprochen worden, das Gesamtversorgungsniveau aus staatlicher und privater Rentenleistung würde die Höhe erreichen, die auch ohne Senkung des Niveaus in der gesetzlichen Rentenversicherung erreicht wird.

Mit Verweis auf Börsch-Supan führen die beiden Autoren aus, dass sich diese Lücke zu Beginn der Rentenphase nur unter sehr optimistischen Annahmen – einer hohen Verzinsung und Lohnwachstumsrate und langen Laufzeiten der Verträge – schließen lassen würde. Für die Schließung der Lücke während des gesamten Rentenverlaufs und unter Einschluss einer Dynamisierung der Renten werden vier Prozent des Bruttoeinkommens zu niedrig sein, um die Rentenlücke zu schließen. Die beiden Autoren verweisen auf Studien von Coppola et al. und Corneo et al., die zeigen, dass Mitnahmeeffekte auftreten würden. Ihr Resümee ist, die Riester-Rente sei kein Instrument, um das Gesamtversorgungsniveau in Höhe einer Lebensstandardsicherung im Alter zu gewährleisten. Mit Verweis auf Hagen und Kleinlein, ÖKO-TEST und einer Studie von Joebgens et al. zeigen sie auch, die Renditen der kapitalgedeckten Riester-Rente würden denen der gesetzlichen Rentenversicherung nicht überlegen sein und die Absicherung im Alter durch die Riester-Rente nicht besser werden. Da in der gesetzlichen Rentenversicherung weitergehende Risiken abgedeckt werden als mit der Riester-Rente, zahlt sich der Umstieg auf die Kapitaldeckung für die Versicherten nicht aus.

Reformpolitische Sicht auf das Riester-Sparen: Zwischen Wandel im System und Wandel des Systems

Das Vierteljahrsheft schließt mit sechs Beiträgen, die Vorschläge für „verbraucherfreundliche" Korrekturen des Riester-Sparens diskutieren. Im dem Beitrag *Das schwedische Beispiel der kapitalgedeckten Altersvorsorge – Ein Vorbild für Deutschland?* wird von *Marlene Haupt* und *Sebastian Kluth* gezeigt, wie die schwedische kapitalgedeckte Altersvorsorge funktioniert und mit den relevanten institutionellen wie auch konzeptionellen Gestaltungselementen der Riester-Rente kontrastiert. Die beiden Autoren knüpfen damit an den in der Reformdiskussion wiederholt genannten Vorschlag an, die schwedische private Altersvorsorge als Modell für das deutsche Riester-Sparen zu nutzen. Sie diskutieren darüber, ob sich die schwedische kapitalgedeckte Altersvorsorge insgesamt – im Sinne eines Systemwandels – auf Deutschland übertragen lassen würde. Alternativ dazu prüfen sie, ob einzelne Elemente des schwedischen Systems zu einer Behebung vorgetragener Mängel des Riester-Sparens führen könnten.

Haupt und Kluth stellen systematisch die Unterschiede und Gemeinsamkeiten zwischen der schwedischen und der deutschen kapitalgedeckten privaten Altersvorsorge vor. In Schweden ist die private Altersvorsorge obligatorisch, staatlich, nicht gefördert und in einer Säule zusammengefasst, während das Riester-Sparen freiwillig und gefördert stattfindet, die Produkte privatwirtschaftlich vertrieben werden und eine separate Säule ist. Da es in Schweden eine Volksversicherung gibt, werden auch alle Bürger in die private Altersvorsorge einbezogen. Beide Systeme ermöglichen individuelle Anlageentscheidungen. Weitere Unterschiede bestehen hinsichtlich der Auszahlungsregeln, der Risikobegrenzung und der Renditechancen. In Schweden trägt jeder Versicherte das Kapitalmarktrisiko selbst, bei der Riester-Rente gilt eine Beitragsgarantie. Die Autoren analysieren unter anderem die unterschiedliche Art der Behandlung des Langlebigkeitsrisikos und die der Kostenkalkulation. Im schwedischen System fallen durch das Obigatorium nur Verwaltungskosten an, die von der Laufzeit, dem unterstellten Lohnwachstum und der unterstellten Rendite abhängen. Die Autoren berichten, dass sie auf der Grundlage eines noch nicht abgeschlossenen Kostenvergleichs klassischer Riester-Rentenversicherungen vermuten, dass die Streuung der Kosten in Schweden geringer ausfällt als beim Riester-Sparen.

Die Prüfung einer Ein-zu-eins-Übertragung des schwedischen Systems der kapitalgedeckten Altersvorsorge auf Deutschland ergibt aus Sicht von Haupt und Kluth, dass sie zwar grundsätzlich denkbar wäre, allerdings nicht zu dem inhomogenen deutschen Alterssicherungssystem passen würde und wenig erstrebenswert erscheine. So würden einer Einführung einer „deutschen Prämienrente“ nach schwedischem Muster rechtliche und organisatorische Hürden entgegenstehen und Bestandsverträge würden bei einem Systemwechsel mit hoher Wahrscheinlichkeit unangetastet bleiben müssen. Die Autoren diskutieren auch eine Übertragung einzelner Elemente des schwedischen Systems auf den deutschen Riester („Schweden-Riester“). Geprüft wird eine Pflicht anstatt einer Freiwilligkeit, eine Koppelung der Langlebigkeit an die Rentenversicherung statt einer Leibrentenversicherung, eine Kostenkalkulation nur für die Verwaltung der Produkte anstelle der Kalkulation zusätzlicher Vertriebs- und Abschlusskosten. Sinnvoll scheint den Autoren eine Übertragung der Transparenz, die zur Stärkung der Konsumentensouveränität bei komplexen Entscheidungssituationen beitragen könnte. In Schweden würde Transparenz nicht über eine limitierte Anzahl der Produkte realisiert werden, sondern über einen standardisierten Fondskatalog und den orangen Brief. Allerdings sei diese vorbildliche Information in Deutschland aufgrund der separaten Säulen schwerer umsetzbar. Die Autoren resümieren abschließend, das schwedische Modell würde ohne Zweifel einige Vorteile gegenüber der Riester-Rente bieten, denn die Prämienrente sei günstiger und leichter verständlicher, Vorteile, die sich aber nicht leicht auf das deutsche System übertragen lassen würden. Die Vorteile hängen jeweils eng mit dem systembedingten Mechanismus, der Versicherungspflicht zusammen, eine Zwangsversicherung in Deutschland sei aber – so die Autoren – wenig zielführend. Auch ließe sich ein einmal etabliertes System nicht ohne Weiteres und ohne angemessene Vorlaufzeit in ein vermeintlich besseres Modell übertragen, partiell lohnt sich der Blick nach Schweden, an kleineren Stellschrauben kann Deutschland profitieren, insbesondere von der Produktinformation.

Verbraucherpolitische Initiativen zur Riester-Rente, der Kurzbeitrag von *Christian Grugel,* gibt einen Überblick über jüngste Maßnahmen, die staatlicherseits zum Schutz der Verbraucher eingeführt wurden oder in der Diskussion sind, eingeführt zu werden. Eingangs wird vom Autor vorgetragen, dass es erforderlich sei, dass die Menschen über die gesetzliche Altersvorsorge hinaus privat vorsorgen, wofür die geförderte private Vorsorge ein wesentlicher Baustein sei. Grugel führt auch aus, dass Probleme mit dem Riester-Sparen durch verschiedene Analysen belegt seien. Bekannt sei eine unzureichende Transparenz der Produkte aufgrund der langen Anlagehorizonte und verschiedener Kostenmodelle, eine nicht adäquate Beratung und dass – wegen unzureichender Eigenbeiträge – der Anspruch auf Förderung beim Riester-Sparen nicht von allen Verbrauchern wahrgenommen werden würde. Der Autor stellt sodann Maßnahmen vor, für die das Bundesministerium für Ernährung, Landwirtschaft und Verbraucherschutz (BMELV) (mit-)verantwortlich ist und die sich allgemein auf Finanzdienstleistungen beziehen, sowie solche, die sich spezifisch mit dem Riester-Sparen beschäftigen. Um den Anlegerschutz und die Funktionsfähigkeit des Kapitalmarktes besser zu unterstützen, gibt es seit 2009 eine Qualitätsoffensive Verbraucherfinanzen sowie ein dazu gehörendes Thesenpapier des BMELV zur Qualität der Finanzberatung und Qualifikation der Finanzvermittler. Zudem wurde ein Beratungsprotokoll eingeführt, das dem Kunden ausgehändigt werden muss, und seit Mitte 2011 gibt es ein verpflichtendes kurzes Produktinformationsblatt. Darüber hinaus gibt es den im Mai 2012 verabschiedeten Gesetzesentwurf zur Stärkung der nationalen Finanzaufsicht, die beispielsweise durch die Einrichtung eines gesetzlichen Beschwerdeverfahrens für Verbraucher und Verbraucherverbände und eines Verbraucherbeirats Belange von Verbrauchern stärker berücksichtigen soll.

Im Beitrag werden anschließend auf das Riester-Sparen bezogene spezifische Initiativen der Politik vorgestellt. Zum einen handelt es sich dabei um den bereits 2005 eingeführten Dauerzulagenantrag, um die Entwicklung eines standardisierten Produktinformationsblattes (ein

Entwurf dazu wurde zwischenzeitlich im Bundeskabinett verabschiedet, die Herausgeber) und ein Eckpunktepapier des BMELV, mit dem eine gesetzliche Regelung des Berufsbildes zur Honorarberatung vorgelegt wurde.

In dem folgenden Beitrag *Vorschläge zur Verbesserung der kapitalgedeckten Altersvorsorge aus verbraucherpolitischer Sicht* diskutieren *Gerd Billen* und *Lars Gatschke* Reformmaßnahmen, um die Vorsorgebereitschaft der Verbraucher zu erhöhen und eine Versorgung mit angemessenen Produkten sicherzustellen. Aus Sicht der beiden Autoren sind Nachbesserungen beim Riester-Sparen, insbesondere für eine verbrauchergerechte Transparenz und für die Schaffung von Alternativen zum vorherrschenden provisionsbasierten Vertrieb von Produkten der Altersvorsorge, erforderlich. Eine verbesserte Transparenz würde sich über eine zentral abgestimmte und verknüpfbare jährliche Information über erworbene und voraussichtliche Leistungen der Alterssicherung und über ein standardisiertes Produktblatt herstellen lassen. Dabei wäre wichtig, dass es für Kostenberechnungen, Renditeerwartungen und Risikoprofile eine verbindliche DIN-Norm gibt; alternativ könnten diese Berechnungen auch durch eine zentrale staatliche Stelle durchgeführt werden.

Billen und Gatschke gehen des Weiteren davon aus, dass gegenwärtig Altersvorsorgeprodukte nicht vorrangig verkauft werden, damit sie zum einzelnen Verbraucher passen, sondern für den Finanzvermittler am provisionsträchtigsten sind. Für die Autoren ist unerlässlich, die Provisionsbasis offen zu legen, also den Vorsorgeprodukten eindeutige Preisschilder – in Euro und Cent – zu geben. Zudem sollte die Honorarberatung gestärkt werden, dafür sei eine gesetzliche Rahmenregelung erforderlich, damit die Finanzberatung eindeutig vom Verkauf der Finanzprodukte abgegrenzt wird und ein Finanzberater nicht zugleich auch als Finanzvermittler auftreten darf. Die Finanzprodukte sollten zudem verpflichtend mit Nettotarifen angeboten werden, also ohne kalkulierte Provisionen jeglicher Art. Weitergehender wird in dem Beitrag eine „Non-profit-Lösung" detailliert, also ein einfaches, kostengünstiges und transparentes Marktprodukt, das die beiden Autoren als Vorsorgekonto bezeichnen. Dieses sollte unter anderem bei einer etablierten Institution geführt werden, die ihre Verwaltungs- und Managementkosten auf das absolut Notwendige begrenzen müsste. Die Autoren sprechen sich zudem dafür aus, den Schutz der kollektiven Interessen der Verbraucher in der Finanzaufsicht zu verankern.

Die Sicht der Verbraucherzentrale Nordrhein-Westfalen (VZ NRW), die täglich Fragen der Verbraucher zur privaten Altersvorsorge zu beantworten hat, wird in dem Beitrag *Riester-Rente – Reformen und ein staatliches Basisprodukt sind dringend erforderlich* von *Annabel Oelmann* und *Ralf Scherfling* vorgestellt. Sie berichten, dass viele Verbraucher zwar durchaus bereit sind, etwas für die Altersvorsorge eigenverantwortlich zu tun, aber verunsichert sind und nicht wissen, welchen Weg sie dabei wählen sollen. Andere Verbraucher haben vor Jahren einen Riester-Vertrag abgeschlossen und wollen wissen, ob es günstig für sie sei, den Vertrag fortzuführen. Komplexität der Regeln, die Gefahr der Anrechnung auf eine Grundsicherung im Alter, Misstrauen gegenüber Anbietern und die Produktvielfalt seien der Hintergrund für potentielle Riester-Sparer, keine private und geförderte Altersvorsorge abzuschließen. Vorzeitige Kündigungen von Riester-Verträgen liegen nach Oelmann und Scherf insbesondere an der Unklarheit über die Förderung, an hohen Kosten und an unbekannten Handlungsalternativen, die etwa in einer Beitragsfreistellung oder einem Vertragswechsel liegen würden.

Im Artikel wird auch vorgetragen, was aus Sicht der VZ NRW zu tun ist, damit „riestern" verbraucherfreundlicher wird. Nach Ansicht der Autoren sollten die Kosten gedeckelt und die

Verbraucher besser an den Überschüssen beteiligt werden, es sollten standardisierte Produktinformationsblätter vorgeschrieben und die Kontrolle der Riester-Produkte verbessert sowie Sanktionsmöglichkeiten geschaffen werden. Ungeachtet dieser Einzelmaßnahmen aber wäre ein Altersvorsorgekonto – ein staatliches Basisprodukt – ein wichtiger Beitrag für eine Verbesserung der Bereitschaft von Verbrauchern für das Alter vorzusorgen. Die Autoren halten die Deutsche Finanzagentur als Vermögensverwalter der Basisprodukte für eine geeignete Institution. Abschließend werden einige Grundregeln der Geldanlage für Verbraucher zur Abwendung von Verbraucherschäden vorgetragen. So wird Verbrauchern geraten, bevor sie eine Altersvorsorge abschließen, zunächst Schulden zu tilgen, vorrangig existenzbedrohende Risiken abzusichern (Haftpflichtversicherung und Berufsunfähigkeitsversicherung) und eine eiserne Reserve aufzubauen, da ansonsten in zwingenden Bedarfssituationen teure Kredite aufgenommen werden müssten.

Eva Bell beginnt ihren Beitrag *Riester-Renten müssen verbraucherfreundlicher sein* mit der Erinnerung, dass die Ausgangslage der Riester-Rente von einer großen politischen Mehrheit getragen worden sei, dass aber heute einiges an der Riester-Rente kritisiert wird, etwa hohe Kosten, fehlende Transparenz, unwirtschaftliche Renditen, eine zu geringe Verbreitung bei unteren Einkommensgruppen. Diese Befunde sieht die Autorin als deutlichen Hinweis auf einen erheblichen Reformbedarf hinsichtlich der privaten und geförderten Altersvorsorge. Obwohl Reformansätze für eine effizientere und verständlichere Riester-Rente vorliegen würden, werden diese der Autorin zufolge in der Politik kaum wahrgenommen, stoßen auf Desinteresse in Politik und Verwaltung oder auf heftigen Widerstand der Anbieterverbände. Bell führt aus, Sicherheit, Rendite und Verfügbarkeit im Alter seien die wichtigsten Leistungskriterien für das Riester-Sparen, die Glaubwürdigkeit schaffen würden. Daher spricht sie sich unter anderem für eine Expertenanhörung im Bundestag über das Riester-Sparen aus und findet es weiterführend, eine Folgenabschätzung für die Riester-Produkte sowie Tests eines standardisierten Produktinformationsblattes durch Verbraucher vor einer verbindlichen Einführung vorzunehmen. Auch sollte es Produktangebote für Erwerbsverläufe geben, die wechselnd sind, Komplexität sollte abgebaut werden und eine jährliche, alle Säulen der Altersvorsorge umfassende verbindliche Information der Verbraucher sei zur Schärfung ihrer Eigenverantwortung wichtig.

Bell spricht sich auch für ein Basisprodukt aus, da sich viele Verbraucher nicht mit der Auswahl eines Altersvorsorgeproduktes beschäftigen können oder wollen. Zudem hält sie einen Rechtsanspruch auf eine kostenlose unabhängige Beratung für die Altersvorsorge – wie bei der Pflege bereits realisiert – für längst überfällig. Fragen zum System insgesamt sind Bell zufolge Fragen, der sich die Gesellschaft künftig auch stellen muss.

Literaturverzeichnis

- Akerlof, George A. (1970): The market for “Lemons”: Quality Uncertainty and the Market Mechanism. *The Quarterly Journal of Economics*, 84, 488–500.
- GDV – Gesamtverband der Versicherungswirtschaft (2011): 10 Jahre Riester Rente: Und sie lohnt sich doch. Pressemitteilung vom 6.12.
- GDV – Gesamtverband der Deutschen Versicherungswirtschaft (2012a): Altersvorsorge. Warum der Sparstrumpf nicht taugt. 27.7.2012. www.gdv.de/2012/07/warum-der-sparstrumpf-nicht-taugt/

— GDV – Gesamtverband der Deutschen Versicherungswirtschaft (2012b): Gegenpositionen. Der inszenierte „Riester-Skandal". 8.5.2012. www.gdv.de/2012/05/der-inszenierte-riester-skandal/
— Geyer, Johannes (2011): Riester-Rente: Rezept gegen Altersarmut? *DIW Wochenbericht*, Nr. 47, 16–21.
— Hagen, Kornelia und Axel Kleinlein (2011): Zehn Jahre Riester: Kein Grund zum Feiern. *DIW Wochenbericht*, Nr. 47, 3–14.
— Kleinlein, Axel (2011): 10 Jahre Riester – Bestandsaufnahme und Effizienzanalyse. WISO Diskurs, Friedrich-Ebert-Stiftung, November 2011.
— Lamping, W. (2009): Verbraucherkompetenz und Verbraucherschutz auf Wohlfahrtsmärkten: Neue Herausforderungen an eine sozialpolitische Verbraucherpolitik. *Vierteljahrshefte zur Wirtschaftsforschung*, 78 (3), 44–62.
— Lamping, Wolfgang und Markus Tepe (2009): Vom Können und Wollen der privaten Altersvorsorge. Eine empirische Analyse zur Inanspruchnahme der Riester-Rente auf Basis des Sozio-oekonomischen Panels. *Zeitschrift für Sozialreform*, 4, 409–430.
— Oehler, Andreas (2009): Alles „Riester"? – Die Umsetzung der Förderung in der Praxis. Gutachten im Auftrag des Verbraucherzentrale Bundesverbandes e. V., Bamberg.
— Schwark, Peter (2012a): „10 Jahre Riester": DIW-Kampagne fachlich auf zweifelhaftem Fundament. Podiumsdiskussion auf der Tagung des Instituts für Finanzdienstleistungen (iFF), am 12. Mai 2012, Hamburg.
— Schwark, Peter (2012b): Die Riester-Kritik – fachlich fundiert oder politisch motiviert? In diesem Heft, Seite 71–90.
— Wagner, Gert G. (2011): Kommentar: Gut gemeint, aber nicht gut gemacht. *DIW Wochenbericht*, Nr. 47/2011, 24.

Anmerkungen zur Geschichte und zur aktuellen Diskussion der Riester-Rente

GERT G. WAGNER

Gert G. Wagner, DIW Berlin – Deutsches Institut für Wirtschaftsforschung, E-Mail: gwagner@diw.de

Zusammenfassung: Die Skepsis, die es von Anfang an aufgrund der fehlenden Versicherungspflicht für die Riester-Rente gab, hat sich aus Sicht des Autors bestätigt. Aus der fehlenden Verpflichtung zu einer kapitalgedeckten Altersvorsorge leiten sich auch konkrete Probleme wie eine diskussionswürdige Transparenz der Riester-Produkte und die unterdurchschnittliche Beteiligung von Geringverdienern ab.

Summary: There has been skepticism from the beginning regarding the "Riester-Rente" pension scheme because it was not compulsory. From the author's point of view, this skepticism has been confirmed. The lack of commitment to the Riester pension system leads to concrete problems including debatable transparency and below average participation of low-income earners.

→ JEL Classification: G25, H55
→ Keywords: Riester-Rente pension scheme, pay-as-you-go-financing, low-income earners

Der Beitrag ist eine persönliche Sicht auf die Riester-Renten-Reformen. Es handelt sich um eine nach dem Workshop „Riester-Rente: Grundlegende Reform dringend geboten!?" (DIW Berlin 2012) erstellte schriftliche Fassung der Eröffnungsansprache des Workshops.

1 Einleitung

Die Leserinnen und Leser dieses Vierteljahrsheftes sollten wissen, dass das diskutierte Thema bei vielen Autoren dieses Heftes mit der persönlichen Berufsbiografie mehr oder weniger eng verbunden ist. So auch beim Autor des vorliegenden Vorworts, der bereits zu Beginn der 80er Jahre zum Thema „Rentenreform" publiziert hat (Helberger und Wagner 1981, Krupp und Wagner 1982). Insofern ist es hier nicht ganz einfach, eine halbwegs objektive Rückschau und einen Ausblick zu geben. Die folgenden Ausführungen sind auch deswegen sehr persönlich gefärbt, weil der Autor von 1999 bis 2000 als Mitglied in der sogenannten „Expertenrunde beim Bundesminister für Arbeits- und Sozialordnung zur Vorbereitung einer Strukturreform der Altersvorsorge" den damaligen Bundessozialminister Walter Riester beraten hat. Kurze Zeit später – von 2002 bis 2003 – war der Autor dieses Beitrags auch Mitglied der „Kommission für die Nachhaltigkeit in der Finanzierung der sozialen Sicherungssysteme", der sogenannten „Rürup-Kommission".

Aufgrund seines traditionellen Arbeitsschwerpunkts „Öffentliche Finanzen" ist das DIW Berlin auch als Forschungseinrichtung eng mit der Geschichte der Rentenreformen und auch deren Kritik eng verbunden.

2 Zu Entstehung der Riester-Rente

Wie kam es zur Riester-Rente? Beginnend in den 70er Jahren und dann stärker in den 80er und 90er Jahren haben Wirtschaftswissenschaftler, insbesondere in den USA, gegen die umlagefinanzierte Altersvorsorge – bei dieser werden die Beitragseinnahmen unmittelbar als Renten ausgezahlt – argumentiert (vergleiche zum Beispiel Homburg 1988). Diese Finanzierung werde aufgrund des demografischen Wandels, der dazu führe, dass es weniger beitragszahlende Junge und mehr rentenbeziehende Alte geben werde, in Schwierigkeiten kommen. Daher müsse man ganz auf eine kapitalgedeckte Finanzierung umsteigen beziehungsweise die schon vorhandene Kapitaldeckung in der betrieblichen und privaten Vorsorge zumindest deutlich stärken. Dabei würde jede Generation einen Kapitalstock ansparen, der in Zukunft in Form von Renten an die Überlebenden dieser Generation ausgezahlt werden würde. Auch in Deutschland wurde diese Reformstrategie von Volkswirten zunehmend favorisiert.

Das zentrale Argument für diese Einschätzung war die Annahme, dass die Kapitaldeckung vom demografischen Wandel nicht betroffen sei. In den 90er Jahren wurde diese Sicht korrigiert und differenzierter vorgetragen. Es gebe auch bei der Kapitaldeckung einen demografischen Einfluss – da dann, wenn der riesige Kapitalstock aufgelöst werden solle, um als Rentenleistung verbraucht werden zu können, nur wenig junge Menschen das angelegte Kapital aufkaufen könnten, was einen Preis- und Zinsverfall zur Folge hätte. Freilich könne für die Kapitaldeckung die Globalisierung des Finanzmarktes und der internationale Handel ausgenutzt werden. Wenn nämlich die ganze Welt nicht gleichzeitig und -artig altern und in vielen Ländern ein riesiger Kapitalbedarf bestehen würde (was in der Tat der Fall ist), könne Rentenkapital erfolgreich im Ausland angelegt werden. Daher wäre eine Diversifikation in eine die Umlagefinanzierung der gesetzlichen Rentenversicherung ergänzende private Altersvorsorge durch Kapitaldeckung möglich und sinnvoll (zusammenfassend Wagner 2000 und Rürup 2012 in diesem Heft).

Im DIW – das damals noch nicht Berlin als Zusatzbezeichnung im Namen führte – wurde diese These sehr differenziert und zurückhaltend gesehen (Kirner et al. 1998), um das vorsichtig auszudrücken. Aber im Sommer 2000 hat das Institut sich dann in einem „Wochenbericht“ für eine stärkere Diversifikation der Altersvorsorge in Deutschland ausgesprochen (Kirner et al. 2000). Der Autor des vorliegenden Beitrags war dabei die treibende Kraft. Insofern ist auch er – wie Walter Riester und Bert Rürup – von der Entwicklung getroffen worden, dass eine obligatorische private Altersvorsorge nicht durchgesetzt werden konnte.

Die Begründung für eine Mischung von Umlagefinanzierung und Kapitaldeckung ist ganz einfach: Wenn es unterschiedliche Gefahren gibt, dann sollten nicht alle „Eier in einen Korb gelegt werden“. Dass die Umlagefinanzierung im Vergleich zur Kapitaldeckung *deutlich* überwiegen sollte, ist damit zu begründen, dass in dem Alterssicherungssystem in Deutschland auch Invalidität abgesichert ist. Invalidität ist aber kein Risiko, das berechenbar ist, sondern eine Gefahr, deren Ausmaß langfristig nicht abschätzbar ist. Das liegt daran, dass Invalidität nicht nur vom Gesundheitszustand eines Versicherten abhängt, sondern auch von der Arbeitsmarktlage: Je schlechter die Arbeitsmarktlage ist, umso eher wird einem Arbeitnehmer Invalidität bescheinigt. Und eine derartige Gefahr lässt sich nach Überzeugung des Autors mit Kapitaldeckung vernünftigerweise nicht absichern, weil man schlicht und einfach nicht weiß, wie viel man ansparen muss.

Was damals allen Befürwortern der Kapitaldeckung klar war: Wenn eine kapitalgedeckte Vorsorge flächendeckend wirken soll (wie die gesetzliche Rentenversicherung), dann muss sie obligatorisch sein. Dies betonen auch Walter Riester und Bert Rürup immer wieder. Klar war auch, dass der Kern der Befürwortung von Kapitaldeckung in der Überlegung lag, dass die Kapitaldeckung sich mehr als die Umlagefinanzierung lohnt, die – wie gesagt – dem demografischen Wandel in Form von Alterung unmittelbar und ohne Ausweichmöglichkeit ausgesetzt ist. Konsequenterweise wurde als selbstverständlich unterstellt, dass die Kapitaldeckung ohne jede Form von Subventionierung rentierlicher ist als die Umlage.

Von Subventionen (Zulagen), wie wir sie für die Riester-Rente kennen, war keine Rede. Dass also der Staat jemandem erst Geld gibt, und zwar umlagefinanziert, das anschließend angelegt wird, war nicht vorgesehen. Sondern die Aussage war: Kapitaldeckung lohnt sich ohne Wenn und Aber mehr als Umlagefinanzierung. Deswegen solle der Staat die Umlagefinanzierung herunterfahren und mehr Kapitaldeckung erzwingen.

Von der ersten Regierung Schröder und dem damaligen Bundesminister Walter Riester wurde dann relativ zügig die Stärkung der Kapitaldeckung im Vorsorgemix der Alterssicherung in Deutschland angestrebt, um so auf bessere Art und Weise eine regelhafte Absicherung der Bevölkerung zu erzielen. Da eine regelhaft bessere Absicherung gewollt war, war auch die Konsequenz eigentlich völlig klar, dass die kommende „Riester-Rente“ eine Pflichtversicherung sein musste, die vom Staat per Gesetz eingeführt würde.

Zur Erinnerung: Es gab dann plötzlich eine BILD-Schlagzeile, die eine „Zwangsrente“ an die Wand malte. Damit war die Idee einer regelhaften kapitalgedeckten Altersvorsorge für alle gesetzlich Versicherten sehr schnell vom Tisch, stattdessen wurde die Riester-Rente, wie wir sie heute kennen, eingeführt. Diese ist nach dem deutschen Modell der Lebensversicherung konstruiert, das heißt auf freiwilliger Basis und von sehr vielen Versicherungsunternehmen organisiert. Unter diesen Bedingungen stellt sich sofort die Frage nach Verbraucherschutz, und das ist ja auch eine der zentralen Fragen, über die im vorliegenden Heft gestritten wird. Hinzu kommen noch die Fragen nach der Rentierlichkeit der Riester-Renten und zu ihrem Verhältnis zur Grundsicherung im Alter.

3 Kontroversen

Hinter dem aktuellen Streit hinsichtlich der Bewertung der Riester-Rente, der auch der Ausgangspunkt für die im vorliegenden Vierteljahrsheft dokumentierte Kontroverse war, steht die Frage, ob die Zulage, die der Staat für das Riester-Sparen zahlt, gewissermaßen eigenes Kapital des Sparers darstellt und bei einer Messung seiner persönlichen Riester-Rendite auch als Eigenkapital berücksichtigt werden sollte (wodurch die Rendite, wie sie üblicherweise von der Versicherungswirtschaft ausgewiesen wird, sinkt), oder ob der Einzelne die Zulage als Geschenk betrachten kann, das er ohne jede Gegenleistung (Zahlung von Steuern) erhält und das nicht als Eigenkapital gezählt werden sollte (wodurch ceteris paribus die Rendite höher ausgewiesen wird).

Unstrittig kann die Renditeberechnung nur dann sein, wenn man das System der Riester-Rente aus der gesellschaftlichen Sicht betrachtet. Dann muss die Subventionierung als Eigenkapital bei der Rendite berücksichtigt werden, die dadurch ceteris paribus niedriger ausfällt. Aber der einzelne Riester-Sparer kann durchaus die Rechnung aufmachen, wie hoch die Rendite ist, die er auf das nur von ihm eingezahlte Eigenkapital (ohne Subvention) erzielt. Das „Zielalter", ab dem sich die Riester-Rente für ihn lohnt, ist dann niedriger als im Falle des Einrechnens der Zulage in das Eigenkapital.

Wenn ich mir nun die Zahlen anschaue, die im Raum stehen, gewinne ich den Eindruck, dass es sich aus persönlicher Sicht auf jeden Fall lohnt, eine Riester-Rente abzuschließen, wenn ich Kinder habe und einen guten Anbieter erwische. Auch für Gutverdienende mit einer langen Lebenserwartung kann sich eine Riester-Rente lohnen. Einen guten Anbieter auszuwählen ist aber nicht so einfach; darüber soll an dieser Stelle jedoch nicht räsoniert werden, denn das ist ein Thema des vorliegenden Vierteljahrsheftes.

Geringverdiener bekommen unstrittig eine hohe Zulage, und aus ihrer persönlichen Sicht kann sich für sie eine Riester-Rente lohnen. Hier tauchen allerdings zwei Probleme auf. Zum ersten haben Geringverdiener eine geringere Lebenserwartung als Gutverdienende. Es gibt inzwischen für Deutschland überwältigende empirische Evidenz, dass die Lebenserwartung von Menschen mit einem niedrigen Bildungsabschluss, der zumeist auch mit niedrigem Einkommen verbunden ist, deutlich unterdurchschnittlich ist (vergleiche zum Beispiel jüngst Kroh et al. 2012). Hier stellt sich dann die – nahezu philosophische – Frage, wie man die Konsequenzen der niedrigen Lebenserwartung renten- und sozialpolitisch einschätzt.

Der zweite Grund dafür, dass sich die Riester-Rente für etliche Geringverdiener nicht lohnen könnte, liegt in der Anrechnung von Einkommen auf die Grundsicherung. Viele Geringverdiener akkumulieren im Laufe ihres Lebens nur geringe Ansprüche in der gesetzlichen Rentenversicherung und für eine eventuelle betriebliche Altersversorgung. Sie werden deswegen im Alter auf die Grundsicherung angewiesen sein. Da Einkommen – auch die Rentenleistung aus dem Riester-Vertrag – auf die Grundsicherung angerechnet wird, muss der Geringverdiener nach geltendem Recht davon ausgehen, dass er die Rentenleistungen aus seinem Riester-Vertrag faktisch nicht realisieren kann, wenn die Grundsicherung entsprechend gekürzt wird.

Um die Riester-Rente nicht in eine falsche Ecke zu stellen, sei ausdrücklich darauf hingewiesen, dass das Problem der Anrechnung der Riester-Rente auf die Grundsicherung natürlich kein spezifisches Riester-Renten-Problem ist, vielmehr gibt es dies auch für die gesetzliche Altersvorsorge: Wer damit rechnen muss, keine Rente oberhalb des Grundsicherungsniveaus zu erreichen, für den gibt es gegenwärtig streng genommen keinerlei Anreiz für eigene Altersvorsorge.

Das Problem des Verhältnisses von regulären Rentenleistungen zur Grundsicherung wird im Fazit nochmals aufgegriffen. Hier soll noch auf das Problem systematisch unterschiedlicher Lebenserwartungen eingegangen werden. Bei der Bewertung der Folgen systematischer sozialer Unterschiede in der Lebenserwartung sollte zweckmäßigerweise in ein Pflichtsystem und ein freiwilliges System der Altersvorsorge unterschieden werden. Denn in einem Pflichtversicherungssystem wird pauschalierend angenommen, dass im Erwartungswert alle gleich alt werden; das ist für ein auf Freiwilligkeit beruhendes System nicht der Fall.

Es ist nun ohne Zweifel so, dass für jemanden, der erwartbar nur kurz lebt, jede Rentenversicherung erwartungsgemäß ein schlechtes Geschäft ist; auch in einem Pflichtversicherungssystem. Dies ist aber in einem Pflichtversicherungssystem gewollt und systemimmanent nicht kritisierbar, zumal dann, wenn das System auf der anderen Seite einen umfassenden Schutz, auch vor Invalidität, bietet. Zur Rechtfertigung der Folgen systematisch unterschiedlicher Lebenserwartungen lässt sich zudem noch argumentieren, dass man in ein Pflichtversicherungssystem hineingeboren wird und niemand eine Chance hat, sich diesem System zu entziehen. Und bei der Geburt ist die Lebenserwartung noch nicht so gut zu prognostizieren wie für junge Erwachsene oder Leute im mittleren Erwachsenenalter. Deswegen ist in einem Pflichtversicherungssystem die Umverteilung, die sich aufgrund von systematischen sozialen Unterschieden in der Lebenserwartung Erwachsener ergibt, auch hinnehmbar beziehungsweise Teil des versicherungsgemäßen Risikoausgleichs. So weit, so gut. Aber die deutsche gesetzliche Rentenversicherung – und erst recht die Riester-Rente – sind keine Systeme mit einer unentrinnbaren Versicherungspflicht.

Als Selbständiger und Beamter kann man sich dem Risikoausgleich beziehungsweise der Umverteilung der gesetzlichen Rentenversicherung entziehen. Und bei einem System wie dem der Riester-Rente, das gar nicht auf Pflicht beruht, fällt es sehr schwer zu argumentieren, dass Betroffene sich nicht überlegen sollten, wie hoch ihre Lebenserwartung ist und ob sie dann freiwillig einen Riester-Renten-Vertrag unterschreiben oder nicht. Warum soll jemand vorsorgen, wenn er nur mit einer kurzen Rentenzeit rechnet oder sogar erwartet, das Rentenalter gar nicht zu erreichen? Insofern sind vielleicht die niedrigen Abschlussquoten für Riester-Renten für weniger Gebildete, die erwartungsgemäß kürzer leben werden, aus deren Sicht überhaupt nicht irrational, sondern höchst rational. Wenn die Lebenserwartung kurz ist – und überdies die Riester-Rente auf die Grundsicherung angerechnet wird –, ist es für viele in der Tat individuell sehr vernünftig, dass sie gar keinen Vertrag abschließen. Genau deswegen wäre ja eine Versicherungspflicht angebracht – also eine obligatorische Riester-Rente für alle Wohnbürger beziehungsweise für alle in der gesetzlichen Rentenversicherung versicherten Personen. Nur dann ist die Fiktion der gleichen Lebenserwartung für alle aufrechtzuerhalten, dass also Unterschiede in der Lebenserwartung voll und ganz zum versicherungsgemäßen Risikoausgleich gehören. Und die Riester-Prämien wären niedriger, da ja nicht nur die länger Lebenden den Versicherungspool bilden würden.

Man kann das auch so formulieren: Nur in einem Pflichtversicherungssystem, das von seiner Natur her paternalistisch ist und auf ganz anderen Grundlagen ruht als ein System freiwilliger privater Vorsorge, ist die Riester-Idee in sich konsistent und gesellschaftlich überzeugend darstellbar.

4 **Fazit**

Die Riester-Rente war – was historisch leicht erkennbar ist – ohne Zweifel gut gemeint, und der grundsätzliche Ansatz, eine bessere Mischung von Umlage und Kapitaldeckung zu erreichen, entsprach voll und ganz dem Mainstream der volkswirtschaftlichen Forschung. Es ist sicherlich auch richtig, dass in einer stationären Welt Kapitaldeckung langfristig leicht höhere Erträge abwerfen kann als ein Umlageverfahren. Wir leben aber in einer unsicheren Welt, und zudem wurde die ursprüngliche Riester-Idee – wie auch Walter Riester selbst bedauert – nicht überzeugend umgesetzt. Ursprünglich war die kapitalgedeckte Zusatzvorsorge als Pflichtversicherungssystem vorgesehen; dieses konnte aber politisch nicht realisiert werden, und daraus leiten sich jede Menge Folgeprobleme ab.

Zwei künftige Reformelemente sind entscheidend: Zum ersten braucht das Riester-Sparen einen besseren Verbraucherschutz, und zum zweiten brauchen wir – nicht nur wegen der Riester-Rente, aber auch für die Riester-Rente – eine Reform der Grundsicherung (vergleiche bereits Leinert und Wagner 2003, 2004). Während besserer Verbraucherschutz recht effektiv erreichbar ist (wenn man das politisch will), wird es für eine Reform der Grundsicherung keine perfekte Lösung geben können, die alle Probleme beseitigt.

Bei jeder Grundsicherung wird es immer das Problem geben, das entschieden werden muss, wie viel Grundsicherung „bedingungslos" gegeben werden kann, ohne gleichzeitig den Anreiz für Eigenvorsorge empfindlich zu stören. Dieses Dilemma ist auch – wie gesagt – unabhängig von der Finanzierungsform der Eigenvorsorge. Ein „grundsicherungsunschädlicher" Freibetrag könnte hilfreich sein. Ein solcher würde das Problem entschärfen, es würde aber nicht verschwinden. Jedes Versicherungssystem „beißt" sich immer mit einer bedarfsorientierten Grundsicherung.

Abschließend soll noch – gewissermaßen als Fußnote – angemerkt werden, dass ungefähr zur selben Zeit, als die Riester-Rente eingeführt wurde, auch die großen Arbeitsmarktreformen im Zuge der „Hartz-Gesetzgebung" implementiert wurden. In den Gesetzen zu diesen Reformen ist festgehalten, dass sie wissenschaftlich evaluiert werden müssen. Das ist in den folgenden Jahren auch mit deutscher Gründlichkeit geschehen. Merkwürdigerweise wurde – obwohl das damalige Bundesministerium für Arbeit und Soziales sowohl für die Altersvorsorge wie für die Bundesanstalt für Arbeit zuständig war – in den Gesetzen zur Riester-Rente keine Evaluationspflicht festgehalten. Das ist vielleicht auch eine der Erklärungen dafür, dass es vergleichsweise viel Streit darüber gibt, welche Ziele überhaupt gelten und an welchen Kriterien der Erfolg des Riester-Sparens gemessen werden sollte. Aber das ist – wie gesagt – nur eine Fußnote der Geschichte. Es gilt jetzt zügig zu evaluieren und insbesondere aus dem vorhandenen Forschungsstand Schlüsse für eine Verbesserung der Altersvorsorge in Deutschland zu ziehen und politisch umzusetzen.

Literaturverzeichnis

- Helberger, Christof und Gert Wagner (1981): Beitragsäquivalenz oder personelle Umverteilung in der Gesetzlichen Rentenversicherung. In: Philipp Herder-Dorneich (Hrsg.): *Dynamische Theorie der Sozialpolitik.* Berlin, 331–392.
- Homburg, Stefan (1988): *Theorie der Alterssicherung.* Berlin u. a.
- Kirner, Ellen, Johannes Leinert, Volker Meinhardt und Gert G. Wagner (1998): Kapitaldeckung – Kein Wundermittel für die Altersvorsorge. *Wochenbericht des DIW Berlin,* Nr. 46, 833–840.
- Kirner, Ellen, Volker Meinhardt und Gert G. Wagner (2000): Probleme der Altervorsorge allein durch Änderung des Finanzierungsverfahrens nicht zu lösen. *Wochenbericht des DIW Berlin,* Nr. 30, 479–489.
- Kroh, Martin, Hannes Neiss, Lars Kroll und Thomas Lampert (2012): Menschen mit hohen Einkommen leben länger. *Wochenbericht des DIW Berlin.* Nr. 38, 3–15.
- Krupp, Hans-Jürgen und Gert Wagner (1982): Zur Notwendigkeit einer Strukturreform der gesetzlichen Rentenversicherung: Das Beispiel des voll eigenständigen Systems. *Die Angestelltenversicherung,* 5, 169–176.
- Leinert, Johannes und Gert G. Wagner (2003): Riester-Rente kann entscheidend verbessert werden. *Frankfurter Allgemeine Zeitung* vom 18. Juli 2003, 23.
- Leinert, Johannes und Gert G. Wagner (2004): Kapitalgedeckte Vorsorge – Die Richtung stimmt. *Die Mitbestimmung,* 50 (1+2), 17–19.
- Rürup, Bert (2012): Die Riester-Reformen – Genese, Wunsch und Wirklichkeit. In diesem Heft, 35–42.
- Wagner, Gert G. (2000): Perspektiven der Alterssicherung. In: Richard Hauser (Hrsg.): *Die Zukunft des Sozialstaats.* Berlin, 113–166 (zugleich auch Beiheft 8 der „Zeitschrift für Wirtschafts- und Sozialwissenschaften“).

Die Riester-Reformen – Genese, Wunsch und Wirklichkeit*

BERT RÜRUP

Bert Rürup, DIW Berlin – Deutsches Institut für Wirtschaftsforschung, E-Mail: bruerup@diw.de

Zusammenfassung: In Deutschland wurde im Jahr 2001 als eine Antwort auf die sich ändernden demografischen wie wirtschaftlichen Rahmenbedingungen als eine staatlich geförderte ergänzende private Altersvorsorge die „Riester-Rente" eingeführt, benannt nach dem damaligen Bundesminister für Arbeit und Soziales, Walter Riester. Zehn Jahre später zeigt sich, dass diese Form der privaten Vorsorge Licht und Schatten aufweist und der Gesetzgeber gefordert ist, über Nachbesserungen nachzudenken.

Summary: In response to the changing demographic and economic conditions, in 2001 Germany introduced state-subsidized, supplementary funded private pensions called "Riester-pension" named after the former Federal Minister of Labour and Social Affairs, Walter Riester. Ten years later it is apparent that this approach has light and shadow, and that legislation is required to make improvements.

→ JEL Classification: H55, G23
→ Keywords: Riester pension scheme, old-age provisions, pension level, Riester-return

Der Beitrag präsentiert zehn Thesen zur Diskussion der im Jahr 2002 in Kraft getretenen „Riester-Reform" und schließt mit einigen Vorschlägen zur Weiterentwicklung der Produkte der Riester-Rente.

* Schriftliche Fassung des Eröffnungsstatements auf dem Workshop „Riester-Rente: Grundlegende Reform dringend geboten!?" des DIW Berlin (2012). Teile dieses Vortrags wurden bereits im Editorial des Mitteilungsblatts Betriebliche Altersversorgung 4/2012 der Arbeitsgemeinschaft für betriebliche Altersversorgung e. V. (aba) veröffentlicht.

1 Zehn Thesen zur Riester-Diskussion

(1) Die zum 1. Januar 2002 in Kraft getretene Riester-Reform wird nicht selten als Bruch in der Tradition der deutschen Alterssicherungspolitik verstanden. Dies mag für das Altersvermögensgesetz gelten, das zusammen mit dem Altersvermögensergänzungsgesetz die Riester-Reform darstellt und welches, ergänzt durch das zum 1. Januar 2005 in Kraft getretene Alterseinkünftegesetz, den Aufbau eines mischfinanzierten Alterssicherungssystems vorsieht. Ein genauerer Blick auf das Altersvermögensergänzungsgesetz zeigt hingegen, dass der Gesetzgeber bei diesem Teil der Riester-Reform pfadabhängig gehandelt hat. Denn dieses Gesetz fügt sich nahtlos in die Reihe der Rentenreformgesetze der vorangegangenen Jahre ein. Diese zielten neben einem Ausbau der Honorierung von Erziehungsleistungen im Wesentlichen darauf ab, den Beitragssatzanstieg zu dämpfen, zunächst durch das Streichen niveauneutraler Leistungen wie zum Beispiel der Anrechnungszeiten für Ausbildung oder der Rente wegen Arbeitslosigkeit und später durch Verminderung der jährlichen Rentenanpassungen. Bereits in der zweiten Hälfte der 1980er Jahre rückte der langfristige Beitragssatzanstieg als Folge der „doppelten Bevölkerungsalterung" – niedriger Geburtenraten und steigender Lebenserwartung – zunehmend in den Fokus des Gesetzgebers, und die Sicherstellung dauerhaft tragbarer Beiträge zur Rentenversicherung prägte die Rentenpolitik. Spätestens von Norbert Blüm wurde mit dem 1998 verabschiedeten, aber in entscheidenden Teilen (Demografischer Faktor) nicht in Kraft getretenen Rentenreformgesetz (RRG) 1999, der Umstieg von einer „ausgabenorientierten Einnahmepolitik" zu einer „einnahmeorientierten Ausgabenpolitik" eingeleitet. Nicht mehr ein stabiles Leistungsniveau, sondern der langfristige Pfad der Entwicklung des Beitragssatzes wurde zur zentralen Zielgröße der Politik. Zum Zeitpunkt der Vorbereitung des RRG 1992 Ende der 1980er Jahre gingen Modellrechnungen noch von einer regelrechten „Beitragsexplosion" aus. So hatte die PROGNOS AG (Eckerle 1987) für Westdeutschland einen Anstieg des Beitragssatzes zur Gesetzlichen Rentenversicherung bis zum Jahr 2030 bis auf fast 40 Prozent vorausgesagt. Seit der im Jahr 2002 in Kraft getretenen Riester-Reform liegen die gesetzlich vorgegebenen Beitragssatzobergrenzen bei 20 Prozent bis zum Jahr 2020 und bei 22 Prozent im darauffolgenden Jahrzehnt.

(2) Nach Berechnungen der Deutschen Rentenversicherung Bund (DRV-Bund) bewirken die „Riester-Treppe", das achtmalige Kürzen von Rentenerhöhungen um jeweils etwa 0,6 Prozentpunkte, zusammen mit dem ab dem Jahr 2005 in die Rentenformel eingefügten „Nachhaltigkeitsfaktor" – abgefedert durch die von der rot-grünen Bundesregierung deutlich ausgebauten steuerlichen Kofinanzierung (Steuerfinanzierung der Kindererziehungszeiten, Erhöhungsbeitrag zum zusätzlichen Bundeszuschuss) – bis zum Jahr 2030 eine Absenkung des Rentenniveaus um 16 bis 17 Prozent (Loose et al. 2007). Um den Beitragssatzanstieg unter den gesetzlich vorgegebenen Beitragssatzobergrenzen zu halten und dazu korrespondierend das Rentenniveau abzusenken, hätte es jedoch einer neuen Rentenanpassungsformel mit der „Riester-Treppe" und des Nachhaltigkeitsfaktors nicht bedurft. Denn wenn man für die Jahre seit 1999 die tatsächliche Zunahme der ferneren Lebenserwartung und die tatsächliche Entwicklung der steuerlichen Zuschüsse zugrunde legt sowie für die Zukunft von den ökonomischen und demografischen Annahmen des Rentenversicherungsberichts 2011 (BMAS 2011) ausgeht und von etwaigen, über den seit dem Rentenversicherungs-Nachhaltigkeitsgesetz (2004) geltenden Mindestsicherungsniveaus – 46 Prozent bis zum Jahr 2020 und 43 Prozent bis zum Jahr 2030 – liegenden Schranken einer Niveauuntergrenze absieht, wird man im Rahmen von Modellrechnungen feststellen, dass bis zum Jahr 2030 die den Anstieg des Beitragssatzes dämpfenden Wirkungen und die das Rentenniveau senkenden Effekte des „Demografischen Faktors" der Blüm-Reform aus dem Jahr 1998 weitgehend die gleichen Effekte gehabt hätten wie diejenigen, die durch die Riester-Treppe

und den Nachhaltigkeitsfaktor zusammen entstanden sind. Die Riester-Treppe war und ist somit nichts anderes als ein hinsichtlich der Bremswirkung auf den Beitragssatz wie auf die Absenkung des Niveaus schwächer wirkendes Substitut für den aufgrund eines Wahlversprechens der SPD zunächst ausgesetzten und dann abgeschafften „Demografischen Faktor" des RRG 1999.

(3) Bei der Bezeichnung der Riester-Reformgesetze ist dem Gesetzgeber – präziser dem damaligen Sozialminister – ein semantischer Fehler unterlaufen, der von den Gegnern des Altersvermögensgesetzes immer wieder argumentativ „ausgeschlachtet" wird. Durch die Bezeichnung „Altersvermögensergänzungsgesetz" konnte der Eindruck entstehen, als würden die Leistungsrücknahmen bei der gesetzlichen Rente durch die Riester-Treppe in der Rentenanpassungsformel dem Aufbau der über das „Altersvermögensgesetz" staatlich subventionierten kapitalgedeckten Zusatzvorsorge dienen. Im Nachhinein wäre es deshalb klüger gewesen – Wahlversprechen hin, Wahlversprechen her –, die damalige rot-grüne Bundesregierung hätte den intuitiv eingängigen Demografischen Faktor des Rentenreformgesetzes 1999 mit seiner hälftigen Verteilung der Kosten der steigenden Rentenbezugsdauer auf Rentner und Beitragszahler wirken lassen und das „Altersvermögensgesetz" flankierend zu der 1998 beschlossenen Rentenanpassungsformel etabliert.

(4) Sehr viel schwerer wiegt es, dass die Politik – anders als ursprünglich von Walter Riester geplant und von Teilen der Wissenschaft empfohlen (zum Beispiel Wissenschaftlicher Beirat beim Bundesministerium der Wirtschaft 1998, Handelsblatt 1999) – davon Abstand genommen hat, den Abschluss eines privaten Rentenvertrags (Riester-Rente) oder einer Entgeltumwandlung zum Aufbau einer betrieblichen Altersversorgung zur Pflicht zu machen, um das – wie der Gesetzesbegründung des Altersvermögensgesetzes zu entnehmen ist – mit dieser Reform angestrebte Ziel zu erreichen, nämlich die Leistungsrücknahmen – zumindest für alle nach 1970 Geborenen – nicht nur zu kompensieren, sondern sogar das „mischfinanzierte" Alterseinkommen dieser mittleren und jüngeren Alterskohorten zu verbessern (Sachverständigenrat zur Begutachtung der gesamtwirtschaftlichen Entwicklung 2001). Voraussetzung für diese Besserstellung der nach 1970 Geborenen ist freilich, dass die am Kapitalmarkt erzielte Verzinsung über dem Lohnwachstum liegt, auch um die im Vergleich zu einem Obligatorium höheren Verwaltungs- und Vertriebskosten und die als Folge der Freiwilligkeit des privaten Vorsorgesparens anfallenden Kosten der adversen Selektion zu kompensieren.

Ungeachtet der jüngsten Finanzmarktkrisen bleibt angesichts der Bevölkerungsalterung und des in den meisten Industriestaaten als Folge der Globalisierung zu beobachtenden Rückgangs der Lohnquoten und damit der Finanzierungsgrundlagen von Umlagesystemen (Deutsche Bank Research 2007) das Konzept der mischfinanzierten Alterssicherung, das heißt der umlagefinanzierten Basissicherung und der ergänzenden kapitalgedeckten privaten und betrieblichen Zusatzversicherung, richtig. Und die derzeitige Niedrigzinsphase, die sich in einer zumindest temporären Verringerung der Beitragsrendite kapitalgedeckter Systeme und damit auch der Riester-Rente niederschlägt, ändert nichts daran, dass in der längeren Frist von einer zumindest gleichhohen, eher höheren Rendite eines kapitalgedeckten Systems im Vergleich zur umlagefinanzierten Rente auszugehen ist. Denn der Kapitalmarktzins liegt in der Regel über dem Lohnsummenwachstum oder dem Wachstum des Bruttoinlandsproduktes (Homburg 1988, Deutsche Bundesbank 1999, Sinn 2000). Wäre dies nicht der Fall, würden „paradiesische Verhältnisse" herrschen: Jeder könnte über seine Verhältnisse leben, das heißt stets mehr konsumieren als produzieren, ohne dass die persönliche Schuldenquote ansteigen würde.

(5) Durch den Verzicht auf ein Obligatorium wurde die Riester-Rente zu einem staatlich geförderten Push-Produkt, das – mit entsprechenden Vertriebskosten – verkauft werden muss. Zudem ist es erforderlich, die als Folge der Freiwilligkeit sowohl beim Abschluss wie kurz vor der Auszahlungsperiode anfallenden Selbstselektionseffekte bei der Festlegung der den Tarifen unterlegenen Lebenserwartungen zu berücksichtigen. Die hohen Vertriebskosten als Folge des Push-Charakters sowie die ebenfalls aus der Freiwilligkeit resultierenden schwer korrekt zu antizipierenden Selbstselektionseffekte beim Vertragsabschluss verbunden mit den Sicherheitsmargen auf diese Lebenserwartungen als Folge der langen – durchaus 60 Jahre umfassenden – Vertragslaufzeiten sind die wohl wichtigsten Gründe dafür, dass eine Reihe von Renditeuntersuchungen zu sehr kritischen Befunden kommt (zum Beispiel Hagen und Kleinlein 2011).

(6) Jede Leibrentenversicherung – gleichgültig ob umlagefinanziert oder kapitalgedeckt – und damit auch eine Riester-Rente ist eine Risikoversicherung, eine Versicherung gegen das Langlebigkeitsrisiko, konkret eine Versicherung gegen die Einkommensrisiken der im Einzelfall unbekannten Zeitspanne zwischen dem Ausscheiden aus dem Erwerbsleben und dem Todeszeitpunkt. Deshalb bedeutet die Mitgliedschaft in der Gesetzlichen Rentenversicherung oder einem berufsständischen Versorgungswerk wie auch eine Entgeltumwandlung oder der Abschluss einer Riester-Rente immer eine Wette gegen den eigenen Todeszeitpunkt. Denn bei einem frühen Tod hat der Sparer zwar Einzahlungen in diese Risikoversicherung und damit Konsumverzicht während der Erwerbsphase geleistet, kommt aber gegebenenfalls nur eine kurze Zeit in den Genuss der Rentenzahlungen. Allerdings steht diesem Risiko, durch einen frühen Tod zu den Verlierern in dieser Wettgemeinschaft zu gehören, die Gewissheit gegenüber, lebenslang eine Rente zu bekommen, selbst wenn man so alt wie der jüngst verstorbene Johannes Heesters werden sollte. Der Vollständigkeit halber sei erwähnt, dass Ökonomen als Folge des mit Leibrenten verbundenen lebenslangen Einkommensanspruch eine Art Moral Hazard erwarten (zum Beispiel Breyer 2004). Dieser Fehlanreiz soll darin bestehen, dass sich mit dem Abschluss einer Rentenversicherung das individuelle Verhalten so ändert, dass die Lebenserwartung – dann auch im Durchschnitt – steigt.

Die Folge bei einer freiwilligen Rentenversicherung ist aufgrund der adversen Selektion eine Verteuerung der Versicherungskosten. Die Freiwilligkeit des Abschlusses eines Riestervertrags zwingt die Versicherer die Selbstselektion beim Abschluss sowie kurz vor der Auszahlungsperiode bei der Festlegung der den Tarifen unterlegenen Lebenserwartungen zu berücksichtigen. Die aus versicherungstechnischer Sicht „vorsichtige“ Bemessung dieser schwer zu antizipierenden Effekte ist – wie bereits erwähnt – ein wichtiger Grund dafür, dass eine Reihe von Renditeuntersuchungen zu sehr kritischen Befunden kommen.

(7) Am aktuellen Rand haben 15,5 Millionen Personen einen Riester-Vertrag abgeschlossen (BMAS 2012). Seit 2002 wurden in der Summe etwa 40 Milliarden Euro an Prämien eingezahlt und 13 Milliarden Euro an staatlichen Zulagen den Sparkonten gut geschrieben. Auswertungen von Daten der Zentralen Zulagenstelle (ZfA) durch die DRV-Bund (Stolz et al. 2011) und den Sachverständigenrat (zur Begutachtung der gesamtwirtschaftlichen Entwicklung 2011) zeigen, dass mit der Zahl der förderungsfähigen Kinder die Wahrscheinlichkeit des Abschlusses eines Riester-Vertrages steigt. Zudem „riestern“ mehr Frauen als Männer und mehr Ostdeutsche als Westdeutsche, und mit steigendem Bildungsstand wie mit bestehenden Zukunftssorgen werden mehr Verträge abgeschlossen. Zudem nimmt bis zum Alter von gut 40 Jahren die Wahrscheinlichkeit eines Abschlusses zu, und es sind derzeit etwa 75 Prozent der Riester-Sparerinnen und Riester-Sparer jünger als 50 Jahre. Unklar dagegen ist bislang, welchen Einfluss die Höhe

des Einkommens auf die Wahrscheinlichkeit eines Vertragsabschlusses hat und damit, ob die Verteilung der Fördermittel progressiv oder regressiv wirkt. So zeigt die erwähnte Auswertung der Daten der Zulagenstelle zwar, dass die Riester-Förderung vor allem Personen mit geringen Arbeitsentgelten in Anspruch nehmen; denn über 70 Prozent der Zulagenempfänger beziehen einen Jahreslohn von weniger als 30 000 Euro. Allerdings erlaubt diese Statistik keine Aussage darüber, ob die begünstigten Personen aus einkommensschwachen Haushalten stammen. Denn es ist möglich, dass der hohe Anteil von Personen mit geringem Jahresarbeitsentgelt daraus resultiert, dass viele dieser förderungsberechtigten Riester-Sparer mit Partnern verheiratet sind, die über ein hohes Einkommen verfügen. Es ist deshalb möglich, dass die staatliche Förderung nur „mitgenommen" wird. Einschlägige Analysen mit SOEP-Daten[1] stützen diese Vermutung, so Pfarr et al. (2011) und der Sachverständigenrat zur Begutachtung der gesamtwirtschaftlichen Entwicklung(2011).

(8) Bemerkenswert an der aktuellen kritischen Diskussion über die Sinnhaftigkeit der ergänzenden kapitalgedeckten Altersvorsorge ist, dass die zunächst bis zum Ende des Jahres 2008 befristete steuer- und sozialabgabenfreie Entgeltumwandlung, die auf gemeinsamen Druck von Arbeitgebern, Versicherungen und Gewerkschaften hin entfristet wurde, im Gegensatz zur Riester-Rente kaum kritisch hinterfragt wird. Bemerkenswert ist dies deshalb, da die Inanspruchnahme des jedem abhängig Beschäftigten eingeräumten Rechts auf diese Entgeltumwandlung – anders als der Abschluss einer Riester-Rente – zu einer zusätzlichen Absenkung des Leistungsniveaus der gesetzlichen Rente führt und die Subventionierung zudem oft höher ist als die der Riester-Rente.

(9) Bei einer Analyse der Rendite von Riester-Produkten kommen einige Analysten zu dem negativen Urteil, dass

> *„Riester-Sparer in vielen Fällen nur so viel Rendite [erzielen], als hätten sie ihr Kapital im Sparstrumpf angesammelt" (Hagen et al. 2011).*

Andere Finanzexperten behaupten hingegen, dass die Rendite für einen Single immerhin zwischen 3,2 und 5,2 Prozent und für eine Alleinstehende mit einem Kind zwischen stolzen 5,4 und 7,3 Prozent liegen und damit „den DAX abhängen" würde (Ortmann 2012). Diese zumindest auf den ersten Blick diametralen Aussagen von Experten sind es, die viele potenzielle Riester-Sparer an der Sinnhaftigkeit dieses Produktes zweifeln lassen und die Riester-Rente mit Hilfe einiger geneigter Medien in Misskredit gebracht haben (siehe dazu Schwark 2012). Gründe für diese Kakophonie sind einerseits ergebnisgeleitete Ansätze bei den Renditeberechnungen wie zum Beispiel eine Verwendung von fiktiven Ex-post-Daten – wie ein willkürlich gesetztes individuelles Sterbealter in Form eines Zielalters – in sonst mit Erwartungswerten arbeitenden Ex-ante-Analysen. Andererseits ist oft eine unzureichende oder intransparente Dokumentation der Annahmen und der Kosten seitens der Anbieter zu beklagen – gepaart mit der Scheu, ihre Produkte einer externen Renditeprüfung zu unterziehen. Hinzu kommen freilich die renditesenkenden Turbulenzen an den Kapitalmärkten sowie die ausgeprägte Niedrigzinsphase der letzten Jahre, die zu einer Rücknahme der Garantieverzinsung und zu niedrigeren Überschussbeteiligungen führte. Hinzu kommt die erforderliche Anhebung der Annahmen zur Lebenserwartung in den

---

1 Das Sozio-oekonomische Panel (SOEP) ist eine jährlich wiederholte Haushaltsbefragung, die seit 1984 durchgeführt wird. Aktuell wurden über 19 000 erwachsene Personen befragt, die in über 12 000 Haushalten leben. Weiterführende Informationen zum SOEP finden sich in Wagner et al. (2007).

neuen Sterbetafeln der Versicherer. Annahmen einer höheren Lebenserwartung sind dann renditeneutral, wenn diese die tatsächliche Zunahme reflektieren. Das Argument, die Rendite der Riester-Rente sei wegen der neuen Annahmen gesunken, ist allerdings dann zutreffend, wenn gezeigt wird, dass die Sicherheitsmargen im Vergleich zu den „alten" Annahmen erhöht wurden und die dann anfallenden Risikogewinne nicht korrekt erfasst und nicht in voller Höhe dem Versichertenkollektiv gutgeschrieben werden.

(10) Die Tatsache, dass die über Zulagen und gegebenenfalls Steuerersparnisse in der Ansparphase geförderte Riester-Rente im Falle der Bedürftigkeit auf die Grundsicherung im Alter angerechnet wird, ist – entgegen einer vielfachen Kritik (zum Beispiel Wagner 2011) – kein wirklicher Defekt dieses Produktes. Das Argument, dass sich wegen dieser Anrechnung die Riester-Rente für Geringverdiener nicht lohne, ist süffig, aber vordergründig. Durch das etablierte dreigliedrige System der Fürsorge (Sozialhilfe, Arbeitslosengeld II und Grundsicherung im Alter und bei Erwerbsminderung) soll für jeden Bedürftigen in allen Lebenslagen das soziokulturelle Existenzminimum und damit eine Möglichkeit einer Teilhabe am gesellschaftlichen Leben gewährleistet werden. Die Leistungen dieser drei Sozialhilfearten sind weitgehend die gleichen. Über die Angemessenheit der Regelsätze oder die Höhe des Schonvermögens lässt sich immer diskutieren. Dieses auch in kritischen Fernsehbeiträgen vorgetragene Argument, die Riester-Rente sei gerade für Geringverdiener uninteressant, weil sie zwar vom Staat gefördert, aber auf einen etwaigen Fürsorgeanspruch angerechnet würde, sei ein Konstruktionsfehler, geht in die Irre. Denn angerechnet auf die Grundsicherung im Alter werden alle Einkünfte, auch die aus eigenen Beiträgen wie die aus Steuermitteln (Kindererziehungszeiten) resultierenden Ansprüche an die Gesetzliche Rentenversicherung, Hinterbliebenenrenten, Betriebsrenten, Kapitaleinkünfte, also alles. Das Argument, die Anrechnung der Riester-Rente auf die Grundsicherung im Alter setze einen Fehlanreiz, zieht eigentlich nur dann, wenn das Lebensziel eines Menschen in einer Maximierung etwaiger Sozialhilfeansprüche gesehen wird. In diesem Fall aber würde es sich für Geringverdiener auch nicht lohnen, überhaupt eine sozialversicherungspflichtige Tätigkeit auszuüben. Dieser „Fehlanreiz" könnte durch die Einführung eines Freibetrags bei der Bemessung der Grundsicherung beseitigt werden. Dieser Freibetrag müsste aber dann zumindest für alle beitragserworbenen Alterseinkommen und damit zum Beispiel auch für gesetzliche Renten, die aus einer Entgeltumwandlung resultierenden Betriebsrenten und nicht nur für die Riester-Rente gelten. So ein Freibetrag würde einerseits – wegen der damit verbundenen Zunahme von Anspruchsberechtigten – beachtliche Kosten zur Folge haben und anderseits zu einer – unter Gleichbehandlungsaspekten problematischen – Erhöhung des soziokulturellen Existenzminimums nur für Menschen, die 65 Jahre und älter sind, führen, nicht aber zum Beispiel für erwerbsgeminderte oder behinderte Empfänger von Sozialhilfe oder ledige auf das Arbeitslosengeld II angewiesene Mütter.

2 Fazit

Das angekratzte Image der Riester-Rente ließe sich aufpolieren, wenn die Versicherer sich durchringen könnten, ihre Produkte parallel zu den bisherigen Provisionsprodukten auch als Nettoprodukte, das heißt, Verträge ohne Provisionen und vertriebliche Abschlusskosten anzubieten, um die Honorarberatung voranzubringen. Wünschenswert wäre zudem, wenn die Produktanbieter deutlich herausstellen würden, wie hoch die „Selbstselektionsaufschläge" und „Sicherheitsaufschläge" sind, um die sie – aus versicherungstechnischen Gründen – den vom Statistischen

Bundesamt projizierten Trend der Lebenserwartung in ihren Produktkalkulationen modifizieren. Wünschenswert wäre zudem, wenn die Produktanbieter etwaige Risikogewinne aufgrund vorsichtiger Annahmen korrekt erfassen und möglichst zeitnah zu mehr als den gegenwärtig gesetzlich vorgeschriebenen 75 Prozent dem Versicherungskollektiv gutschreiben würden. Dies wären Beiträge der Produktanbieter, die Riester-Rente zu revitalisieren.

Literaturverzeichnis

- Bräuniger, Dieter (2007): Globalisierung und Verteilung. Eine Herausforderung auch in den Industrieländern. Deutsche Bank Research, Aktuelle Themen 396 vom 20. September. Frankfurt a. M.
- Breyer, Friedrich (2004): Auf Leben und Tod – Steigende Lebenserwartung und Sozialversicherung. *Perspektiven der Wirtschaftspolitik,* 1, 227–241.
- Bundesministerium für Arbeit und Soziales (2011): Rentenversicherungsbericht 2011. www.bmas.de/ShareDocs/Downloads/DE/rentenversicherungsbericht-2011.pdf?__blob=publicationFile [4.7.2012].
- Bundesministerium für Arbeit und Soziales (2012): Riester-Rente weiter im Trend. Pressemitteilung vom 23.5.2012.
- Deutsche Bundesbank (1999): Monatsbericht Dezember: Möglichkeiten und Grenzen einer verstärkten Kapitaldeckung in der gesetzlichen Alterssicherung in Deutschland. 15–31.
- DIW Berlin (2012): „Riester-Rente: Grundlegende Reform dringend geboten!?“ Workshop des DIW Berlin am 1. Juni 2012.
- Eckerle, Konrad, Hans J. Barth, Peter Hofer und Karl Schilling (1987): Gesamtwirtschaftliche Entwicklungen und gesetzliche Rentenversicherung vor dem Hintergrund einer schrumpfenden Bevölkerung. Untersuchung im Auftrag des Verbandes Deutscher Rentenversicherungsträger. PROGNOS AG, Basel.
- Hagen, Kornelia und Axel Kleinlein (2011): Zehn Jahre Riester-Rente: Kein Grund zum Feiern. *DIW Wochenbericht,* Nr. 47, 3–14.
- Handelsblatt (1999): ifo-Präsident Sinn unterstützt Riester. *Handelsblatt* Nr. 126 vom 05.07.1999, 4.
- Homburg, Stefan (1988): *Theorie der Alterssicherung.* Berlin.
- Loose, Brigitte und Rheinhold Thiede (2007): Alterssicherung: Auch in Zukunft armutsfest? Optionen der Armutsprävention in der Alterssicherung, Beitrag zur 5.Internationalen Forschungskonferenz über soziale Sicherheit der ISSA, Warschau, 6.
- Ortmann, Mark (2012): 10 Jahre Riester-Rente – Eine empirische Analyse der Rendite-Entwicklung bei Riester-Verträgen 10 Jahre nach Einführung des AltZertG. Studie des ITA – Institut für Transparenz in der Altersvorsorge.
- Pfarr, Christian und Udo Schneider (2011): Anreizeffekte und Angebotsinduzierung im Rahmen der Riester-Rente: Eine empirische Analyse geschlechts- und sozialisationsbedingter Unterschiede. *Perspektiven der Wirtschaftspolitik,* 12 (1), 27–46.
- Sachverständigenrat zur Begutachtung der gesamtwirtschaftlichen Entwicklung (2001): Jahresgutachten. TZ 248.
- Sachverständigenrat zur Begutachtung der gesamtwirtschaftlichen Entwicklung (2011): Herausforderungen des demografischen Wandels. Expertise Mai.
- Schwark, Peter (2012): Die Riester-Kritik – fachlich fundiert oder politisch motiviert? In diesem Heft, 71–90.

— Sinn, Hans-Werner (2000): *Why a funded pension system is useful and why it is not useful.* NBER Working Paper 7592.
— Stolz, Ulrich und Christian Rieckhoff (2011): Förderung der Riester-Rente für das Beitragsjahr 2008 – Mehr als neun Millionen Personen mit Zulagen. *RVaktuell*, 12, 355–364.
— Wagner, Gert G. (2011): Kommentar: Gut gemeint aber nicht gut gemacht. *DIW Wochenbericht* Nr. 47, 24.
— Wagner, Gert G., Joachim R. Frick und Jürgen Schupp (2007): The German Socio-Economic Panel Study (SOEP): Scope, Evolution and Enhancements. *Schmollers Jahrbuch*, 127 (1), 139–170.
— Wissenschaftlicher Beirat beim Bundesministerium für Wirtschaft (1998): Grundlegende Reform der gesetzlichen Rentenversicherung. Februar 1998.

Die Riester-Rente: Was wollte der Gesetzgeber, wo besteht Änderungsbedarf? Eine Antwort auf die Kritik des DIW

WALTER RIESTER

Walter Riester, Minister des Bundes a. D., E-Mail: info@walterriester.de

Zusammenfassung: Der Erfinder der Riester-Rente wollte ursprünglich eine obligatorische Versicherung einführen. Dies wurde aber von den Medien „sabotiert". Damit scheiterte eine Pflichtversicherung auch politisch. Dargelegt wird, dass das Standardrentenniveau auch zehn Jahre nach der Einführung von Riester noch in etwa dem des Jahres 2000 entspricht. Ausgeführt wird zudem, dass bei Riester-Produkten für den Sparer keine zusätzlichen Kosten anfallen, dass Anbieter für die Lebenserwartung eine ausreichende Sicherheitsmarge kalkulieren müssen und dass die Riester-Sparer zeitweilig mit einer Quote von über 100 Prozent an den Überschüssen beteiligt wurden. Der Befund des DIW, dass die „Rendite für viele Sparer nicht besser sein wird, als wenn sie ihr Geld in einen Sparstrumpf gesteckt hätten", wird kritisiert. Der Erfahrung des Autors zufolge hat diese Aussage zu einer großen Verunsicherung bei Sparern und potentiellen Sparern geführt. Plädiert wird für eine individuelle, private und kapitalgedeckte Altersvorsorge für alle Bürger, die die gesetzliche umlagefinanzierte Rente ergänzt. Staatlich unterstütztes Sparen erfordert strikte Gesetzesauflagen für die Produkte und hohe Sicherheit. Befürwortet wird eine Evaluierung der Riester-Rente. Diese muss an den Zielen orientiert sein, die der Gesetzgeber für die staatlich geförderte Altersversorgung formuliert hat.

Summary: The inventor of the Riester pension originally wanted it to be a compulsory insurance, but this was "sabotaged" by the media and, consequently, failed politically. Ten years after the implementation of the Riester pension, the standard pension level is still approximately what it was in 2000. Further, it will be explained that Riester products have no additional costs for savers; providers must calculate a sufficient security margin for the life expectancy of the savers, and that the insured persons were temporarily involved with a ratio of over 100 percent of the surplus. The DIW Berlin finding that the "return for many savers will be no better than if they had invested their money in a piggy bank" is criticized. The author finds that this statement has caused uncertainty for savers and potential savers. Further, the author advocates a private, individual and funded supplement for everybody in addition to the traditional pay-as-you-go pension scheme. Government-backed savings requires strict legal requirements for the products with high levels of safety. Further, an evaluation of the Riester pension is recommended, based on the objectives stated by the legislature.

→ JEL Classification: G28, H55
→ Keywords: Private pension scheme, regulation, Riester-subsidy, Riester-return

Zum zehnjährigen Bestehen der Riester-Rente reagierte das DIW Berlin auf der Grundlage von Axel Kleinleins Rentabilitätsberechnungen mit einer massiven Kritik am staatlich geförderten Sparen für die Altersvorsorge. Die Angebote seien unrentabel (Kleinlein 2011, Hagen und Kleinlein 2011), erst in hohem Alter flössen die eingezahlten Beträge verzinst an die Sparer zurück. Andere Analysen aus dem DIW urteilen, Geringverdienende nähmen die Förderung kaum in Anspruch (Geyer 2011), was ihnen auch nicht zu raten sei, denn die Riester-Vorsorge sei für sie meist rausgeworfenes Geld (Wagner 2011).

Diese massive Kritik löste bei Millionen Menschen eine gewaltige Welle der Verunsicherung aus. Zahlreiche Bürger kündigten ihre Verträge, Neuabschlüsse sind rückläufig. Nun hat das DIW zu einem Workshop eingeladen – leider sehr spät. Das DIW hat mich gebeten, die Ziele des Gesetzgebers aufzuzeigen, Stellung zu nehmen zu seiner Kritik, Reformänderungen aufzuzeigen sowie auf die Reden und Diskussionsbeiträge einzugehen.[1]

1 Was waren meine Ziele, und was wollte der Gesetzgeber?

Dazu bedarf es eines kurzen Rückblicks auf die Situation der Jahre 2000/2001. Die Deutsche Rentenversicherung gab zu jener Zeit das Versorgungsniveau im Alter durch die Rentenversicherungen wie folgt an: Wer als Durchschnittsverdiener 45 Jahre Rentenversicherungsbeiträge leistete, erhielt eine Rente, die 52,6 Prozent des aktuellen Durchschnittsverdienstes abdeckte. Die tatsächliche Dauer der Beitragszahlung für das Alter beträgt nach Aussage der Rentenversicherung im Durchschnitt jedoch nur etwa 35 Jahre. Schon daran ist zu erkennen, dass das tatsächliche Versorgungsniveau für die meisten Menschen erheblich unter der Hälfte des jeweils aktuellen Verdienstniveaus lag (Deutsche Rentenversicherung 2011: 111 und 238).

Ungeachtet dieser für jeden Interessierten nachzuprüfenden Situation behauptet die Mehrheit der Sozialpolitiker, die Sozialversicherungsrente habe die Aufgabe, den Lebensstandard im Alter zu sichern. Dies konnte die Rente allein aber für die meisten Menschen noch nie. Ergänzende Altersvorsorge war also schon immer notwendig. Eine zweckgebundene staatliche Förderung hierfür gab es zuvor jedoch nicht.

Das DIW Berlin vertritt nun hinsichtlich des Rentenniveaus die Auffassung, durch die Rentenreform 2001 sei eine zusätzliche Absenkung des Niveaus erfolgt.

Ich verweise demgegenüber auf Berechnungen und Aussagen des Kuratoriumsvorsitzenden des DIW: *„Wenn man für die Jahre seit 1999 die tatsächliche Zunahme der fernen Lebenserwartung und die tatsächliche Entwicklung der steuerlichen Zuschüsse zugrunde legt und für die Zukunft die ökonomischen und demografischen Annahmen des aktuellen Rentenversicherungsberichts (2011) unterstellt und von etwaigen über dem derzeitigen Mindestsicherungsniveaus (46 Prozent bis 2020 und 43 Prozent bis 2030) liegenden Niveauschranken absieht, dann wird man feststellen, dass bis zum Jahr 2030 die dem Beitragssatzanstieg dämpfende Wirkung und die das Rentenniveau senkenden Effekte des demografischen Faktors weitgehend die gleichen gewesen wären wie die der Riester-Treppe und des Nachhal-*

1 Der schriftliche Artikel ist eine erweiterte Fassung des Vortrags, den der Autor (Riester 2012) auf einem Workshop des DIW (2012) gehalten hat.

tigkeitsfaktors zusammen. Die Riester-Treppe war und ist deshalb nichts anderes als ein Substitut des aufgrund eines Wahlversprechens der SPD zunächst ausgesetzten und dann abgeschafften demografischen Faktors" (Rürup 2012).

Das Mannheim Research Institut for the Economics of Aging (MEA) kommt in der Arbeit von Gasche und Kluth (2011) zu dem Befund, „dass faktisch die Rentenreformen der letzten Jahre bezüglich der graduellen Senkung des Rentenniveaus noch gar nicht gegriffen haben, zeigt der Blick auf das Bruttorentenniveau, welches heute in etwa den gleichen Wert aufweist wie im Jahr 2000, im Jahr vor der Riester-Reform".

Werfen wir noch einen Blick in die Statistik der Rentenversicherung zur Entwicklung des Standardrentenniveaus. Ein Vergleich der Zeitspanne vor und nach der Riester-Reform weist folgendes aus (Deutsche Rentenversicherung 2011: 238):

Im Jahr 1990 betrug das Standardrentenniveau brutto 50,2 Prozent, netto 55 Prozent. Bis 2000 sank dieses Niveau brutto um zwei Prozentpunkte auf 48, 2 Prozent und netto um etwas mehr als zwei Prozentpunkte auf 52,9 Prozent. Bis 2010 sank dann das Standardrentenniveau noch einmal, brutto um 1,1 Prozentpunkte auf 47,1 Prozent und netto um 1,4 Prozentpunkte auf 51,5 Prozent.

Diese Zahlen veranschaulichen, dass eine erkennbare Absenkung des Rentenniveaus von 2000 bis 2010 kaum erfolgt ist. Vielmehr war in der Zeit zuvor die Absenkung wesentlich stärker. Hinzu sollte nun noch der vom Gesetzgeber beschlossene Demografiefaktor kommen. Aus alldem wird sichtbar, dass die zusätzliche Möglichkeit des geförderten Altersvorsorgesparens kein Ersatz ist, den die Rentenreform 2001 erforderlich gemacht hat, sondern eine nötige Ergänzung der Sozialversicherungsrente, um eine höhere Rücklagenbildung für das Alter zu erreichen.

Für den Gesetzgeber stand dann die Frage an, wo und wie dieses Vorhaben in die Realität umgesetzt werden sollte. Anders als Wagner (2012) erläutert hatte, spielte dabei die ideologische Debatte über Umlageverfahren oder Kapitaldeckung keine Rolle. Denn jeder wusste: Für eine weitere Erhöhung des Rentenversicherungsbeitrags gab es weder im deutschen Parlament noch bei den Parteien und auch nicht in der Gesellschaft eine Zustimmung. Selbst die Gewerkschaften hatten in der ersten Vereinbarung des „Bündnisses für Arbeit" im Januar 1996 mit der Regierung Kohl die Absenkung der Sozialversicherungsbeiträge auf unter 40 Prozent vereinbart, ein hoher Preis, den die Gewerkschaften in der trügerischen Hoffnung akzeptierten, die Arbeitslosigkeit bis zum Jahre 2000 halbieren zu können (Spiegel-Online 1999).

Also konnte ein zusätzliches staatlich unterstütztes Sparen für die Altersvorsorge nur innerhalb bekannter Finanzprodukte erfolgen. Gerade deshalb hatte ich damals auch zu klaren gesetzlichen Vorgaben geraten. In diesem Zusammenhang greife ich als Erstes die Kritik von Rürup (2012) auf. Ihm zufolge bestehe der Hauptfehler darin, dass dieses ergänzende Sparen nicht obligatorisch sei. Rürup weiß natürlich, dass exakt dies meine Forderung war. In dieser Frage war mein Vorbild die schwedische Lösung. Kaum aber wurde dies bekannt, startete die Bild-Zeitung ab dem 22. Juni 1999 eine Abwehrkampagne mit den Schlagzeilen „Zwangsrente Riester – Wutwelle rollt auf Bonn". Die *taz* titelte mit dem ihr eigenen Charme: „Keine Sorge – Zwangsvorsorge". Die Wirkung sowohl in den Regierungsfraktionen als auch in der Bevölkerung war fatal. Die SPD-Fraktion beschloss daraufhin, entgegen meiner ursprünglichen Empfehlung, die ergänzende Vorsorge nur auf freiwilliger Basis aufzubauen. In weiteren strikten Gesetzesauflagen konnte ich mich allerdings durchsetzen. Konkret bedeutete dies:

- Das Sparen für das Alter muss in eine Leibrente eingebunden sein.
- Abschluss- und Vertriebskosten dürfen nicht wie sonst üblich gezilmert, sondern müssen über zehn Jahre verteilt werden.
- Alle Anbieter haben zudem die Kosten gegenüber den Sparern auszuweisen.
- Die Anbieter müssen Angaben darüber machen, ob bei der Geldanlage auch ethische und ökologische Gesichtspunkte berücksichtigt worden sind.

Jede dieser Anforderungen löste teilweise heftige Kritik aus. Führende Vertreter aus Gesellschaft und Politik – auch aus den eigenen Reihen – warfen mir vor „überzuregulieren". Die Finanzwirtschaft erklärte überdies, all dies würde die Rendite mindern. Die gemachten Auflagen gingen an die Grenze dessen, wofür damals eine parlamentarische Mehrheit noch zu erreichen war.

Ein weiterer Hinweis: Da es mir und dem Gesetzgeber um eine gesicherte Altersvorsorge ging und nicht um ein beliebiges Renditesparen, haben wir den Schwerpunkt auf die Sicherheit gelegt, und zwar sowohl gegenüber den Finanzanbietern als auch gegenüber den Sparern. Es werden deshalb nur Produkte gefördert, für die der Finanzanbieter die Garantie übernimmt, dass alle vom Sparer eingezahlten Beträge plus alle staatlichen Förderungen als Mindestkapital zu Beginn der Leibrentenzahlungen zur Verfügung stehen. Sofern der Sparer die Förderung zweckentfremdet, muss die gesamte Förderung zurückgezahlt werden. Denn wenn schon das obligatorische Sparen nicht durchgesetzt werden konnte, so sollte wenigstens die vorzeitige Verwendung verhindert werden. Dies zeigt, dass der Gesetzgeber kein zweites Vermögensbildungsgesetz für beliebiges Sparen wollte, sondern eine zweckgebundene Leibrentenversicherung für das Alter.

2 Zur Kritik des DIW

Das DIW greift Berechnungen und Bewertungen von Kleinlein (2011) auf, der die geförderte Altersvorsorge ausschließlich unter dem Gesichtspunkt der Kapitalrendite bewertet. In der öffentlichen Präsentation Kleinleins und des DIW wird nun zur wichtigen Kennziffer, ab welchem Lebensalter der Sparer alle Einzahlungen plus Rendite wieder zurückerhalten hat. Diese Überlegung blendet komplett das Ziel des Gesetzgebers aus, dem Sparer eine lebenslange ergänzende Zusatzrente zu sichern.

Jede Versicherungslösung, ob öffentlich-rechtlich oder privat, basiert auf dem Schutz des Versicherten innerhalb des Ausgleichs von schlechten und guten Risiken. Glücklicherweise ist die vom DIW und Kleinlein vorgenommene Zeitbetrachtung noch nicht bei der Rentenversicherung angelegt worden, in dem jedem Pflichtversicherten mitgeteilt würde, ab welchem Lebensalter jegliche Einzahlungen an ihn wieder zurückgeflossen seien. So kann keine Versicherung, ob öffentlich-rechtlich oder privat, funktionieren.

Ein Vorwurf von Hagen et al (2011) lautet, dass die geringe Rentabilität durch die hohen Kosten entstünde, die die Finanzanbieter dem Bürger berechnen. Profiteure des Altersvorsorgesparens seien deshalb ausschließlich die Finanzanbieter. Selbstverständlich ist es richtig, dass es innerhalb der Fülle der Produkte, die im Einzelnen angeboten werden, nicht nur sehr gute und gute, sondern auch nicht empfehlenswerte und ungeeignete Produkte gibt (siehe die Berichterstattung der Stiftung Warentest der Jahre 2011 und 2012). Eine Tatsache, die wir aber auch von anderen Dienstleistungen und Produkten kennen und die sich nicht allein auf die Altersvorsorge beschränken lässt.

Ein Blick auf die Produkte zeigt aber, dass die Anbieter für das Altersvorsorgesparen, für das sie einen zusätzlichen Aufwand erbringen müssen, keine zusätzlichen Kosten berechnen. Es gibt im Wesentlichen vier Möglichkeiten für das geförderte Sparen für die Altersvorsorge, erstens das Versicherungsprodukt, zweitens Investmentsparen, drittens der Banksparplan und viertens der Bausparvertrag. Nun zu den kritisierten Kosten der geförderten Altersvorsorge: Wenn ein Bürger nach den ungeförderten Konditionen eines ungeförderten Banksparplans spart, werden häufig überhaupt keine Kosten berechnet oder höchstens eine Pauschale von zehn Euro jährlich. Erfolgt das Sparen innerhalb eines ungeförderten Investmentkontos, ergeben sich beim Aktienkonto etwa 1,2 Prozent Kosten, bei der Anlage in Rentenpapieren 0,6 Prozent jährlich. Beim ungeförderten Bausparvertrag belaufen sich die Kosten auf ein Prozent der Abschlussgebühren.

Anders ist es beim Versicherungsprodukt, das die Mehrheit der Sparer nutzt. Die Kosten sind je nach Angebot zum Teil höchst unterschiedlich. Der Gesetzgeber hat zu meinem Bedauern nach „meiner Reform" die Kostenverteilung der Abschluss- und Vertriebskosten wieder auf fünf Jahre reduziert mit der Folge, dass gerade die Anfangsjahre mit optisch hohen Kosten verbunden sind. Für Sparer in jüngerem und mittlerem Alter stellt sich dies aber mit Blick auf die gesamte Laufzeit anders dar. Wer wie vom Gesetzgeber vorgesehen das Sparen nicht vorzeitig abbricht oder das Geld förderschädlich verwendet, hat über die gesamte Laufzeit gesehen auch dort durchaus akzeptable Renditen.

Hinweisen möchte ich aber insbesondere auf das entscheidende Kriterium: Dieses staatlich unterstützte und mit konkreten Auflagen verbundene Sparen ist eindeutig weder beim Bausparvertrag, beim Banksparplan noch beim Investmentsparen und – nach meinem Kenntnisstand – auch nicht bei der Mehrheit der Versicherungsangebote mit Zusatzkosten belastet, obwohl Zusatzleistungen erbracht werden müssen. Die Anbieter haben – anders als beim normalen Sparvorgang – vom Gesetzgeber folgende Auflagen zu erfüllen:

- Informations- und Vertriebsaufwand zur Altersvorsorge,
- zusätzliche Sicherungen für das Sparvermögen,
- zusätzliche Transparenz über Kosten
- und vor allem die gesamte Kommunikation und Zulagenabwicklung mit der zentralen Zulagenstelle.

Ein Beispiel: Allein der Aufwand, den die Zulagenabwicklung des Anbieters Union Investment leisten muss, verursachte in der Zentrale 2011 einen Kostenaufwand von 2,8 Millionen Euro, wobei dieser Betrag nur den Aufwand in der Zentrale abdeckt (Mündliche Information Union

Investment 2012). Ein wesentlich höherer Aufwand entsteht in den 1200 genossenschaftlichen Primärbanken. Ähnlich gilt dies sicherlich für viele andere Anbieter geförderter Altersvorsorgeprodukte.

Ob die Finanzwirtschaft eine unangemessen hohe Lebenserwartung unterstellt und, wie vom DIW behauptet, besonders hohe Überschüsse durch die Altersvorsorge erwirtschaftet, vermag ich letztlich nicht zu beurteilen. Am sichersten kann dies das Bundesministerium für Finanzen (BMF) und als Aufsichtsbehörde die Bundesanstalt für Finanzdienstleistungsaufsicht (BaFin). Das BMF antwortet darauf wie folgt: *„Die Kalkulation der Versicherungsprodukte muss den aufsichtsrechtlichen Anforderungen genügen. Wie in der Antwort zu 24 dargestellt, ist dafür nach heutiger Meinung der Ansatz der Sterbetafel DAV 2004 R angemessen.*

Die genannte Sterbetafel unterstellt eine höhere Lebenserwartung, als sie in der Gesamtbevölkerung beobachtet wird. Zum Hintergrund hat die Bundesregierung bereits in ihrer Antwort auf die kleine Anfrage auf Bundesdrucksache 16/9243 (Seite 6) Stellung genommen: Einerseits ist in den Lebensversicherungsbeständen die Sterblichkeit nachgewiesenermaßen deutlich niedriger. Andererseits müssen die Versicherer ausreichende Sicherheitsmarchen berücksichtigen, weil sie eine lebenslange Rentenzahlung garantieren, die gegebenenfalls erst in 25 oder mehr Jahren beginnt. Bis dahin kann sich die Lebenserwartung weiter verbessern. Dies muss in der Kalkulation der Tarife beachtet werden.

Aus der Sterbetafel DAV 2004 R ergibt sich nach den Angaben der DAV rechnerisch für einen 65-jährigen Mann des Geburtsjahrgangs 1961 eine restliche Lebenserwartung von 27,6 Jahren, für eine 65-jährige Frau eine restliche Lebenserwartung von 31,3 Jahren.

Alle Lebensversicherer verwenden grundsätzlich die aktuelle DAV-Tafel. Unterschiede können sich nur aus der Unisex-Kalkulation ergeben, weil der vom jeweiligen Versicherer beobachtete Frauen- und Männeranteil im Bestand beachtet werden muss“ (Deutscher Bundestag 2011: 18).

Nun zu den angesprochenen Überschüssen. Dazu wird die Bundesregierung gefragt, ob sie zustimmt, *„dass die Regelung zur Überschussbeteiligung dazu führt, dass die Versicherungen zu Lasten ihrer Kunden ihr Risiko mindern und gleichzeitig ihre Gewinnchancen deutlich erhöhen können, indem sie ceteris paribus eine höhere Lebenserwartung annehmen?“*

Die Antwort der Bundesregierung darauf ist: *„Die Bundesregierung kann diese Aussage nicht bestätigen. Die Beobachtungen der BaFin zeigen, dass die sogenannten Sterblichkeitsgewinne in den letzten Jahren nicht gestiegen sind. [...]“ (Deutscher Bundestag 2011: 18).*

Zu der Frage, wie *„[...] sich die durch die Versicherungsunternehmen einbehaltenen Anteile an den Überschussbeteiligungen seit 2002 entwickelt“* haben, gibt die Bundesregierung wie folgt Auskunft: *„Zur Entwicklung der Überschussbeteiligung ist anzumerken, dass seit dem Start des Riester-Geschäfts im Jahre 2002 eine erhebliche Anschubfinanzierung für den Bestandsaufbau geleistet werden musste. In der Lebensversicherungsbranche waren daher die Riester-Bestände bis zum Jahr 2006 defizitär. Seitdem ist aber die Gewinnzone erreicht.“*

Zur Anschubfinanzierung gehört aber auch, dass die Riester-Bestände eine höhere Beitragsrückerstattung erhalten, als dies ihrer Ertragskraft entspricht. Tatsächlich wurden im Zeitraum von 2002 bis 2010 für die Beitragsrückerstattung der Riester-Kunden 629 Millionen Euro aufgewendet, wohingegen der Überschuss nur 199 Millionen Euro betrug. Auf diese Weise wurde einer Benachteiligung der ersten

Riester-Generation entgegengewirkt. Die Ertragslage entwickelt sich inzwischen normal. Betrachtet man die Jahre 2007 bis 2010, als das Riester-Segment die Gewinnzone erreicht hatte, so partizipieren die Versicherten mit 575 Millionen Euro am Überschuss in Höhe von 556 Millionen Euro (Beteiligungsquote: 115 Prozent)" (Deutscher Bundestag 2011: 19).

Dass mittel- und langfristig die Anbieter auch Erträge erwirtschaften wollen, halte ich nicht nur für legitim, sondern auch für notwendig. Dabei ist natürlich – wie ich dies auch eingangs schon anmerkte – eine kritische Messlatte an die unterschiedliche Qualität der Produkte anzulegen. All dies hat jedoch zunächst nichts mit der Notwendigkeit ergänzender Altersvorsorge, nichts mit der staatlichen Sparunterstützung und auch nichts mit der Form einer Leibrentenversicherung zu tun.

Die Kritik des DIW gipfelt in dem obskuren, offensichtlich ernst gemeinten Vorschlag, vielen Menschen lieber anzuraten, im Sparstrumpf zu sparen, statt in eine geförderte Altersvorsorge einzuzahlen. Diesen Vorschlag zitierten die Medien am häufigsten. Welche Auswirkungen hat solch ein Vorschlag auf das Verhalten der Menschen? Würden Sparer diese Vorschläge aufgreifen, ergäbe sich in materieller Hinsicht für die Sparer die Garantie des beständigen Wertverlusts sowie die permanente Versuchung aufgrund aktueller Wünsche und Zwänge, das Geld vorzeitig zu verbrauchen. Nach meinen Informationen löste diese verhängnisvolle Meldung zudem in erheblichem Maße Kündigungen und Stornierungen von Verträgen aus. Die ursprünglich beachtliche Entwicklung bisheriger ergänzender Altersvorsorge ist massiv eingebrochen. Ob die Bürger tatsächlich den famosen Ratschlag des Sparstrumpfes aufgegriffen haben, entzieht sich naturgemäß meiner Kenntnis.

Durch die Medien provozierte der Vorschlag heftige Emotionen, zugleich äußerten sich zahlreiche vermeintliche Rentenexperten in den üblichen Talkshows dieser Republik. Will heißen: Wenn dies das Ziel des DIW war, dann kann ich nur sagen: Es hat das Ziel erreicht, allerdings zum erheblichen Schaden von Millionen Menschen, die nun verunsichert sind und – wie mir von Kundenberatern der Anbieter berichtet wird – häufig ihre Verträge kündigen. Der dadurch ausgelöste Schaden bei den Sparern ist die Rückzahlung der Förderung, die volle Verrechnung aller noch offenen Kosten, und natürlich die Minderung der Altersvorsorge.

Noch deutlicher allerdings sprechen die Zahlen für diese Entwicklung: Im ersten Quartal 2011 entwickelten sich die Abschlüsse abzüglich der Kündigungen von Riester-Verträgen mit einem Plus von insgesamt 193 000 (Bundesministerium für Arbeit und Soziales 2011a, 2011b). Im gleichen Zeitraum für 2012 ergibt sich gerade noch ein Plus von 115.000 (Bundesministerium für Arbeit und Soziales 2012). Geradezu drastisch wird es, wenn wir die vom DIW nicht kritisierten geförderten Bausparverträge ausklammern. Dann steht einer Zunahme im ersten Quartal 2011 von 140 000 Vertragsabschlüssen im ersten Quartal 2012 nur noch eine Zunahme von 50 000 Vertragsabschlüssen gegenüber – ein massiver Einbruch (Bundesministerium für Arbeit und Soziales 2012). Der einzig nennenswerte Unterschied zwischen dem ersten Quartal 2011 und dem gleichen Zeitraum 2012 besteht in der Verunsicherungswelle am Ende des Jahres 2011, die durch die massive Kritik des DIW ausgelöst wurde.

Nun zu einer weiteren Kritik des DIW, wonach Geringverdienende die Förderung zu wenig in Anspruch nehmen würden (Geyer 2011). Dem steht die jedes Jahr neu ausgewertete Untersuchung der Zentralen Zulagenstelle entgegen. Über 30 Prozent der unmittelbar förderberechtigten Sparer hatten ein Bruttovorjahreseinkommen von unter 10 000 Euro, weitere 20 Prozent eines unter 20 000 Euro. 75 Prozent verdienen unterdurchschnittlich. Auch das DIW kann dies nachlesen, und zwar in der für alle zur Verfügung stehenden Information der Rentenversicherung „Rentenversicherung in Zahlen 2011" (Deutsche Rentenversicherung 2011b: 77).

Des Weiteren kritisiert das DIW, bei der Berechnung, ob Geringverdienende im Alter ergänzende Grundsicherung erhalten, werden die Einkünfte einer Riester-Rente berücksichtigt. Zitat Wagner (2011): *„Für Geringverdiener lohnt sich die Riester-Vorsorge zweifach nicht: Sie haben eine zu kurze Lebenserwartung, und außerdem werden viele später ohnehin auf Grundsicherung angewiesen sein. Riester-Vorsorge ist für sie meist rausgeworfenes Geld [...]". Und: „Da sich für Geringverdiener das „Riestern" ohnehin nicht lohnt, ist es auf der anderen Seite – paradoxerweise – gut, dass die allermeisten Geringverdiener sich nicht von den Versprechen des Gesetzgebers und der Riester-Anbieter locken lassen."*

Eine derartige Wertung, vorgetragen von politischen Magazinen, die um der Quote willen Selbstverständliches zum Skandal erheben, ist ärgerlich und löst diffuse Ängste aus. Warum aber schließen sich das Institut und Wagner als dessen Leiter dieser Wertung an? Dafür fehlt mir jegliches Verständnis. Wagner muss doch wissen, dass bei der Grundsicherung im Alter, also der früheren Sozialhilfe, immer vorhandene eigene Einkünfte zu berücksichtigen sind, und die Ergebnisse der Riester-Rente dort dieselbe Berücksichtigung finden wie die Sozialversicherungsrente, was wiederum heißt: Wenn ich Geringverdienenden den Ratschlag geben würde, keine ergänzende Altersvorsorge zu sparen, weil dies den späteren Sozialhilfeanspruch mindere, müsste ich ihnen zwangsläufig auch den Ratschlag geben, keine sozialversicherungspflichtige Arbeit aufzunehmen, weil jeder entstandene Euro Rentenanspruch den späteren Sozialhilfeanspruch, sprich die Grundsicherung, herabsetze. Dann wäre auch dies wohl „rausgeworfenes Geld". Wer diese Gedanken propagiert, muss sich nicht wundern, dass 95 Prozent der 7,5 Millionen Minijobber sich weder vom Gesetzgeber noch von der Rentenversicherung locken lassen, in die Rentenversicherung einzuzahlen. Das DIW kann daher gerne in zehn Jahren eine Untersuchung über die zunehmende Arbeitslosigkeit der Geringverdienenden anfertigen.

In der Frage, ob das System der geförderten privaten und kapitalgedeckten Finanzierung der Altersvorsorge überhaupt beibehalten werden sollte, nimmt die Antwort des DIW schon fast bizarre Züge an: *„Das heißt für mich, dass es die Produkte so nicht weiter geben sollte und dass die öffentliche Hand die Gelder aus der Riester-Förderung gezielter in der gesetzlichen Rentenversicherung insbesondere für Geringverdiener und untere Einkommensgruppen einsetzen sollte" (Hagen 2011).*

Da dieser Gedanke offensichtlich schon von einigen Mitgliedern der gegenwärtigen Opposition aufgegriffen wurde, ist es nötig, auf zwei gravierende Konsequenzen solchen Denkens aufmerksam zu machen. Zunächst möchte ich auf die Wirkung bei den Sparern eingehen. Wenn die Förderung bei 15,5 Millionen Sparern eingestellt wird, ist die Wahrscheinlichkeit groß, dass die Vorsorgeverträge nicht weitergeführt und höchstwahrscheinlich auch nicht bis zum 62. Lebensjahr stillgelegt werden. Sie werden aufgelöst, und die Sparbeträge entnommen. Dies bedeutet, dass die Sparer die gesamte Förderung zurückzahlen müssen. Diese belaufen sich gegenwärtig auf 9,5 Milliarden Euro Zulagen. Hinzu kommt die Rückzahlung der in Anspruch genommenen Steuervergütungen. Darüber hinaus werden sofort noch fällige Abschluss- und Vertriebskosten verrechnet. Der dadurch ausgelöste Schaden bewegt sich somit in zweistelliger Milliardenhöhe. Darüber hinaus würde das zwischenzeitlich gebildete Altersvorsorgekapital in Höhe von circa 100 Milliarden Euro aufgelöst.

Die zweite Konsequenz betrifft die Wirkung bei der Rentenversicherung: Seit der Einführung der Riester-Förderung 2002 addieren sich die Bundeszuschüsse bis 2011 auf 783 Milliarden Euro (Deutsche Rentenversicherung 2011a: 227). Dem stehen 9,5 Milliarden Euro Förderung der Riester-Rente gegenüber (Mündliche Auskunft durch die Zentrale Zulagenstelle für Altersvermögen im August, ZfA 2012). Schon daraus ist ersichtlich, dass sich der Anteil der Steuerförderung mit 98,8 Prozent auf die Deutsche Rentenversicherung bezieht und nur mit 1,2 Prozent auf das ergänzende Vorsorgesparen. Diese Mittel in die Deutsche Rentenversicherung zu geben, hätte weder von der Beitrags- noch von der Leistungsseite Wirkung.

Abschließend möchte ich den Vorschlag aufgreifen, den unteren Einkommensgruppen eine besondere Förderung zu ermöglichen. Das halte ich für notwendig, muss aber in geeigneter Form erfolgen. Hierzu sagt das DIW bedauerlicherweise nichts.

Umso diskussionswürdiger erscheint mir die von der Arbeitsministerin Ursula von der Leyen stammende Anregung einer ergänzenden Zuschuss-Rente, die einen Teil der absehbaren, aktuellen und zukünftigen Probleme von Geringverdienenden im Rentenbereich mildern könnte (Regierungsdialog Rente, Punkt 3 Zuschuss-Rente 2011).

3 Was könnte und sollte zukünftig geändert werden?

Eine obligatorische Altersvorsorge, wie ich sie von Anfang an gefordert habe, wäre die richtige und bessere Entscheidung gewesen. Leider gibt es wohl auch gegenwärtig dafür keine parlamentarische Mehrheit.

Richtig fände ich des Weiteren die Förderung nicht nur auf Rentenversicherungspflichtige und Beamte zu beschränken, sondern jedem Menschen mit Eintritt ins Berufsleben ergänzendes Altersvorsorgesparen zu ermöglichen.

Die gravierenden Veränderungen auf dem Arbeitsmarkt und bei der Entlohnung machen für erhebliche Teile der Bevölkerung zusätzliche Altersvorsorgeabsicherungen notwendig, da kaum Einzahlungen in die Rentenversicherung erfolgen.

Um die Situation zu veranschaulichen, nenne ich folgende Beispiele:

- Zurzeit existieren etwa 7,5 Millionen geringfügige Arbeitsverhältnisse.
- 1,4 Millionen erhalten trotz Erwerbsarbeit aufgrund von geringsten Einnahmen zusätzlich Grundsicherung.
- Die Teilzeitarbeit hat sich in Deutschland enorm ausgeweitet.
- Eine starke Ausweitung erfolgt zudem im Niedriglohnbereich.

Aus diesen Gruppen entscheiden sich viele Arbeitnehmer entweder nur sehr wenig oder gar nicht, in die Rentenversicherung einzuzahlen. Die daraus entstehende Minderung der Renten für diese Menschen wird zeitversetzt in zehn bis 15 Jahren massiv auftreten.

Ein weiterer Vorschlag, der die Abwicklung der Zulagen betrifft: Sowohl Eichel, der frühere Finanzminister, als auch ich hatten ursprünglich nicht vor, die Zulagen über eine neue Zulagenstelle zu organisieren, sondern im Rahmen der normalen Erklärungen zur Einkommensteuer in den örtlichen Finanzämtern. Dies wäre für die Bürger nicht nur viel einfacher geworden, denn in den Finanzämtern lägen alle dafür notwendigen Informationen vor. Diese Überlegung scheiterte daran, dass die Bundesländer ihre Zustimmung im Bundesrat mit der Forderung verknüpften, vom Bund dauerhaft zusätzlich 3 000 Finanzbeamte bezahlt zu bekommen. Dieser Erpressung wollte und konnte der Finanzminister zu Recht nicht nachgeben.

Abschließend möchte ich einen letzten Hinweis geben: Das DIW und andere fordern, das Gesetz müsse evaluiert werden. Das bedeutet wohl die Prüfung, ob sich die Ziele des Gesetzgebers zur geförderten Altersvorsorge auch verwirklichen. Dies möchte ich gerne unterstützen. Aber bitte nicht, indem das DIW und Axel Kleinlein das Ziel uminterpretieren. Es ging dem Gesetzgeber um eine ergänzende Leibrente mit hohem Sicherheitsstandard. Es ging jedoch nicht darum, Steuermittel einzusetzen, um Renditesparen zu fördern.

Literaturverzeichnis

— Bundesministerium für Arbeit und Soziales (2011a): Regierungsdialog Rente, Punkt 3 Zuschuss-Rente 2011. 12. September 2011.

— Bundesministerium für Arbeit und Soziales (2011b): 193.000 neue Riester-Verträge im ersten Quartal 2011. Pressemitteilung vom 16. Mai 2011.

— Bundesministerium für Arbeit und Soziales (2012): Entwicklung der privaten Altersvorsorge (Stand: 31. März 2012). Pressemitteilung vom 23. Mai 2012.

— Deutsche Rentenversicherung (2011a): Rentenversicherung in Zeitreihen 2011.

— Deutsche Rentenversicherung (2011b): Einkommensstruktur der Zulagenempfänger für die Beitragsjahre 2002–2007. Rentenversicherung in Zahlen 2011.

— Deutscher Bundestag (2011): Antwort der Bundesregierung: Zur lückenhaften Datenlage und anhaltenden Kritik nach zehn Jahren Riester-Rente, 30. November 2011, Drucksache 17/7964.

— DIW Berlin (2012): „Riester-Rente: Grundlegende Reform dringend geboten!?“ Workshop des DIW Berlin am 1. Juni 2012.

— Gasche, Martin und Sebastian Kluth (2011): Auf der Suche nach der besten Rentenanpassungsformel. Mannheim Research Institut for the Economics of Aging (MEA).

— Geyer, Johannes (2011): Riester-Rente: Rezept gegen Altersarmut? *DIW Wochenbericht* Nr. 47/2011, 16–21.

— Hagen, Kornelia und Axel Kleinlein (2011): Zehn Jahre Riester-Rente: Kein Grund zum Feiern. *DIW Wochenbericht* Nr. 47/2011, 3–14.

— Kleinlein, Axel (2011): 10 Jahre Riester – Bestandsaufnahme und Effizienzanalyse. WISO Diskurs, Friedrich-Ebert-Stiftung, November 2011.

— Riester, Walter (2012): Was der Erfinder der Riester-Rente mit ihrer Einführung gewollt hat, wie er die Kritik an der Riester-Rente beurteilt, was er ändern würde an der Riester-Rente! Vortrag auf dem Workshop des DIW Berlin: „Riester-Rente: Grundlegende Reform dringend geboten!?" am 1. Juni 2012.

— Rürup, Bert (2012): Was wäre gewesen, wenn? Alternative Entwicklung des Bruttorentenniveaus. Vortrag auf dem Workshop des DIW Berlin „Riester-Rente: Grundlegende Reform dringend geboten!?“ am 1. Juni 2012.

— Spiegel-Online (1999): Chronologie: Das erste Bündnis für Arbeit gab es 1995. 12. Dezember 1999.
— Wagner, Gert G. (2011): Gut gemeint, aber nicht gut gemacht. Kommentar. *DIW Wochenbericht* Nr. 47/2011, 24.
— Wagner, Gert G. (2012): Riester: Gut gedacht, schlecht gemacht? Vortrag auf dem Workshop des DIW Berlin „Riester-Rente: Grundlegende Reform dringend geboten?" am 1. Juni 2012.

Transparenz von Riester-Produkten – Theoretische Fundierung und Befunde einer Anbieterbefragung

JOHANNES LEINERT

Johannes Leinert, infas Institut für angewandte Sozialwissenschaft GmbH, Bonn, E-Mail: j.leinert@infas.de

Zusammenfassung: Der Markt für Riester-Produkte ist intransparent. In diesem Artikel wird gezeigt, warum die Informationsasymmetrien zu Lasten der Verbraucher nicht durch den Markt aufgelöst werden können, sondern nur durch staatliche Vorgaben. Eine empirische Erhebung verdeutlicht, dass auch die Produktanbieter Informationspflichten wie ein standardisiertes Produktinformationsblatt befürworten. Ein solches wird derzeit vom Gesetzgeber geplant; dazu wird der aktuelle Diskussionsstand zusammengefasst. Im Ergebnis wird das standardisierte PIB als der richtige Weg zur Herstellung von mehr Produkttransparenz angesehen, das jedoch durch ergänzende Maßnahmen wie Produktvereinfachung, finanzielle Bildung und den Abbau von Fehlanreizen in der Vorsorgeberatung begleitet werden sollte.

Summary: The market for state sponsored private pension schemes in Germany ("Riester-Rente") is not transparent. This article explains why the problem of asymmetric information, which disadvantages consumers, needs governmental regulation as the problems cannot be resolved by the market. A survey shows that even Riester pension providers support obligatory information like standardized product information sheets. Further, the current legislative debate concerning these standardized information sheets is outlined. The article concludes that while product information sheets are a good way to increase transparency in the market, it should be accompanied with simplified products, financial education, and elimination of disincentives for pension consultants.

→ JEL Classification: G28, D82

→ Keywords: Private pension scheme, regulation, information obligation, asymmetric information, adverse selection, principal agent, survey

Bei dem vorliegenden Artikel handelt es sich um eine erweiterte Fassung eines Vortrags auf einem Workshop des DIW Berlin zum Thema Riester (DIW 2012; Leinert 2012). Der Artikel stützt sich in den Abschnitten zur Anbieterbefragung auf Ausführungen, aus der Studie „Transparenz von privaten Riester- und Basisrentenprodukten" (Westerheide et.al. 2010), an deren Erarbeitung der Autor als Co-Autor mitgewirkt hat. Im vorliegenden Beitrag vertritt der Autor ausschließlich seine persönliche Ansicht. Der Autor dankt den Lektoren des Vierteljahrsheftes zur Wirtschaftsforschung für wertvolle Hinweise.

Seit Einführung der Riester-Rente 2001 bestehen mit den Informationspflichten nach dem Altersvorsorgeverträge-Zertifizierungsgesetz (AltZertG) erstmals umfassende Transparenzvorschriften für Vorsorgeprodukte. In der Praxis stellen diese aber nicht die gewünschte Transparenz sicher. Auf diesen Umstand wurde insbesondere von Verbraucherseite wiederholt hingewiesen und vermehrte Transparenz eingefordert (beispielsweise Oehler et al. 2009, Verbraucherzentrale Bundesverband 2011a, Verbraucherzentrale Bundesverband 2011b).

In diesem Beitrag werden zunächst in einer theoretischen Analyse die Besonderheiten auf dem Markt für Altersvorsorgeprodukte skizziert, und es wird dargelegt, welche Anreize sich daraus für die Anbieter bezüglich ihrer Informationspolitik ergeben.[1] Anschließend werden empirische Befunde einer Anbieterbefragung vorgestellt und der aktuelle Stand der Diskussion um die Informationspflichten nach AltZertG skizziert.

1 Transparenz auf Riester-Märkten – Eine theoretische Fundierung

Bei Riester-Produkten und insbesondere bei versicherungsförmigen Varianten handelt es sich um hochkomplexe Finanzprodukte. Die Informationen über die Produkteigenschaften sind asymmetrisch verteilt: Die Anbieter sind genauestens darüber informiert, schließlich haben sie die Riester-Produkte entwickelt. Außerdem bewegen sie sich nur auf dem Finanzmarkt. Den Verbrauchern dagegen fehlt dieser Spezialisierungsvorteil; sie müssen sich auf einer Vielzahl von Märkten mit einer Vielzahl von Produkten befassen. Dabei haben sie nur die begrenzte Zeit zur Verfügung, die ihnen neben Familie, Beruf und Freizeitaktivitäten verbleibt. Zudem ist ihre „finanzielle Bildung" in der Regel nicht ausreichend, um die Produkteigenschaften erkennen und richtig einordnen zu können (Leinert 2004). Auf Erfahrungswerte können sie ebenfalls nicht zurückgreifen, da es sich bei Riester-Renten um langfristige Verträge handelt, die in der Regel nur einmal im Leben abgeschlossen werden.

Bei Informationsasymmetrie zwischen Anbieter und Verbraucher kann es zu einer „adversen Selektion" kommen. Akerlof (1970) hat dies am Beispiel des Gebrauchtwagenmarktes für Qualitätsmängel beschrieben: Wenn dem Käufer nur die durchschnittliche Qualität bekannt ist, nicht aber die Qualität des Wagens, der ihm gerade angeboten wird, wird er allenfalls bereit sein, den Preis für die Durchschnittsqualität zu zahlen. Anbieter von wertvolleren Wagen mit hoher Qualität ziehen sich aus dem Markt zurück.

Im Kern lässt sich diese Problematik auf den Markt für Riester-Produkte übertragen. Als Qualitätskriterium wird dabei die Höhe der lebenslangen Rentenleistungen angesehen, die bei gegebenen Beitragszahlungen geleistet werden. Diese hängen von der Entwicklung der Kapitalmärkte und der Sterblichkeit sowie von den Abschluss- und Verwaltungskosten des Anbieters ab (Lührs 1997: 133 ff.). Riester-Produkte sind damit Erfahrungs- und Vertrauensgüter. Der Kunde kann in der Regel erst Jahrzehnte nach Vertragsabschluss feststellen, welche Rentenleistungen ihm tatsächlich gezahlt werden – und kann selbst dann nur sehr begrenzt beurteilen, ob das Ergebnis eher von den Märkten und der demographischen Entwicklung oder vom Anlage- und Risikomanagement des Anbieters beeinflusst wurde. Wenn davon ausgegangen wird, dass der Anbieter

1 Zur Vereinfachung wird in diesem Beitrag die männliche Form verwendet, auch wenn Personen beiderlei Geschlechts gemeint sind.

über die Effizienz im Vertrieb und bei der Verwaltung vor allem die Kosten beeinflussen kann, werden diese zu einem zentralen Qualitätsmerkmal.

Ist dem Verbraucher bei Vertragsabschluss nicht bekannt, ob es sich um ein kostengünstiges oder teures (Riester-)Produkt handelt, muss er die Kaufentscheidung nach anderen Kriterien treffen. Dann aber haben kostengünstige Anbieter keine Absatzvorteile gegenüber teuren Anbietern. Im Gegenteil: Wenn die Kosten deswegen gering sind, weil geringe Abschlussprovisionen gezahlt werden, bestehen für den Vertrieb Anreize, andere, höher provisionierte Produkte zu verkaufen. Auch die Kalkulation mit geringen Verwaltungskosten bringt dem Anbieter in dieser Marktsituation keine Vorteile. Da er gemäß Mindestzuführungsverordnung die Hälfte der Kostenüberschüsse behalten darf, bestehen für ihn Anreize, Kostenüberschüsse zu generieren, indem er bei den Verwaltungskosten mit hohen Sicherheitszuschlägen kalkuliert. In der Folge kann es dazu kommen, dass kostengünstige Produkte aus dem Markt zurückgezogen oder gar nicht erst angeboten werden.

Die Informationsasymmetrie über Riester-Produkte könnte dadurch aufgelöst werden, dass der Verbraucher versucht, zusätzliche Informationen zu gewinnen („Screening") oder dass der Anbieter versucht, glaubwürdige Informationen über die Qualität seiner Angebote zu verbreiten („Signalling") (Fritsch et al. 1996: 219). So könnten die Anbieter kostengünstiger Riester-Produkte gezielt und verständlich über ihre geringen Kosten informieren. Diese Strategie läuft jedoch ins Leere, wenn der Kunde keine Informationen über die marktdurchschnittlichen Kosten hat, und damit gar nicht erkennen kann, wenn ein konkretes Angebot vergleichsweise kostengünstig ist. Diese Strategie kann zudem selbst für den kostengünstigsten Anbieter schädlich sein. Denn aus verhaltenspsychologischer Sicht tendieren die Verbraucher dazu, nur die Informationen zu benutzen, die ihnen direkt dargeboten werden und diese nur in der Form zu verwenden, in der sie ihnen vorgelegt werden. Informationen, die aus der expliziten Darstellung abgeleitet oder transformiert werden müssen, werden dagegen tendenziell untergewichtet oder ignoriert (Slovic 1972: 9). Folglich ist davon auszugehen, dass gegebene Kosten als höher wahrgenommen werden, wenn sie direkt als zusammenfassender Eurobetrag ausgewiesen werden, und als niedriger, wenn sie erst aus einer Vielzahl unterschiedlicher Informationen berechnet werden müssen – zumal, wenn die Bezugsgrößen so gewählt sind, dass die explizit genannten Eurobeträge gering ausfallen. Ein Beispiel geben Westerheide et al. (2010: 51):

> *„Für Ihre Hauptversicherung betragen bei unveränderter Beitragshöhe die übrigen Kosten mitsamt allen Abschluss- und Vertriebskosten jährlich 122,40 EUR für eine Laufzeit von 41 Jahren. Davon entfallen auf die Abschluss- und Vertriebskosten jährlich 36,00 EUR. Außerdem werden für eine Laufzeit von 41 Jahren dem Fondsguthaben monatlich folgende übrige Kosten entnommen: 1,30 EUR sowie 0,0167 EUR je 100 EUR Fondsguthaben und 0,005 EUR je 100 EUR Garantieguthaben [falls vorhanden] …"*

Wenn Verbraucher aber ein Riester-Angebot, dessen Kosten leicht verständlich dargestellt sind, als teurer wahrnehmen als ein Riester-Angebot, dessen Kosten intransparent dargestellt sind, ist es für jeden einzelnen (auch kostengünstigen) Anbieter die beste Wettbewerbsstrategie, auf Kostentransparenz zu verzichten – egal, wie sich die anderen Anbieter verhalten. Somit besteht ein „Gefangenen-Dilemma", in dem individuell rationale Verhaltensweisen zu einem kollektiv suboptimalen Ergebnis führen (Tucker 1950).

Einem Abbau der Informationsasymmetrie durch die Verbraucher durch das Bemühen um zusätzliche Informationen sind ebenfalls Grenzen gesetzt. Denn aufgrund unzureichender finanzieller Bildung können die Verbraucher diese Informationen in der Regel nicht adäquat bewerten. Zudem hält eine Abneigung gegen die Themen „Alter" und „Finanzen" viele Verbraucher davon ab, sich selbst mit Altersvorsorge und Vorsorgeprodukten zu befassen (Leinert 2006: 79). In der Folge übertragen sie die Beschaffung und Bewertung von Informationen regelmäßig auf Dritte wie Bankberater oder Versicherungsvermittler – teilweise mit dem Wunsch, dem Berater auch die eigentliche Entscheidung zu überlassen (Habschick et al. 2008: 9). Wenn der Berater gleichzeitig Verkäufer ist, also auch Vorsorgeverträge vermittelt, tritt jedoch ein „Pricipal-Agent-Problem" auf. Denn dann bestehen aufgrund von Provisionen oder Zielvorgaben für den Berater („Agent") Anreize, bestimmte Finanzprodukte zu empfehlen, die für den Verbraucher („Principal") aber nicht unbedingt die besten sein müssen. Da der Verbraucher einen Wissensnachteil hat, kann er nicht kontrollieren, in wessen Interesse die Empfehlung ausgesprochen wurde.

Demnach ist nicht davon auszugehen, dass der Markt alleine die Informationsasymmetrie nennenswert abbauen kann. Erreicht werden könnte dies vielmehr durch eine staatliche Verpflichtung für alle Anbieter, leicht verständliche und vergleichbare Produktinformationen zur Verfügung zu stellen. Kurzfristig kann die (erstmalige) Herstellung von Kostentransparenz allerdings zu einem nachfragedämpfenden Effekt für den Markt von Riester-Produkten insgesamt führen. Bislang werden eine Vielzahl von Kostenangaben mit unterschiedlichen Bezugsgrößen und Bezugszeiträumen ausgewiesen (Westerheide 2010: 61 f.). Wenn durch einheitliche und leicht verständliche Kostenangaben den Verbrauchern die Kosten für Abschluss, Verwaltung und Risikoabsicherung erstmals in vollem Umfang bewusst werden, können sich Riester-Produkte in der subjektiven Wahrnehmung verteuern; die Nachfrage geht zurück.

Langfristig kann dagegen der nachfragedämpfende Effekte einer intransparenten Situation deutlich stärker ausfallen als bei Transparenz. Denn auch bei anfänglicher Intransparenz werden die Kosten von Riester-Produkten offensichtlich – wenn auch zeitverzögert. Spätestens dann, wenn die ersten Riester-Sparer in Rente gehen, kann es zu enttäuschten Erwartungen und zu skandalisierenden Medienberichten kommen wie Langenberg ausführt: *„Die Riester-Illusion. Die ersten Sparer, die auf Riester-Produkte vertraut haben, gehen in Rente. Und sie müssen feststellen: Es lohnt sich oft nicht"* (Langenberg 2011). Demnach hilft Transparenz zu vermeiden, dass das Vertrauen in das Vertrauensgut „Riester-Rente" erschüttert wird. Darüber hinaus führen Transparenz und Vergleichbarkeit der Riester-Produkte über einen Qualitäts- und Kostenwettbewerb langfristig zu einem verbesserten Produktangebot für die Verbraucher, wodurch wiederum die Nachfrage gestärkt wird.

Demnach hat Transparenz für die Anbieterseite insgesamt langfristig positive Effekte. Ob die Anbieter diese theoretischen Ableitungen teilen, ist jedoch eine empirische Frage. Im nächsten Abschnitt werden Ergebnisse von zwei Befragungen von Experten in Banken, Versicherungen und bei Fondsanbietern vorgestellt, die im Rahmen eines Gutachtens für das BMF durchgeführt wurden (Westerheide et al. 2010). Es wird ausgeführt, ob die Experten Transparenz als langfristig absatzfördernd ansehen, wie sie die gegenwärtige Transparenz auf Riester-Märkten beurteilen und welche Maßnahmen zur Transparenzerhöhung sie als hilfreich für den Kunden ansehen.

2 Anbieterbefragungen: Methodik

Eine erste Anbieterbefragung wurde Ende 2009/Anfang 2010 durchgeführt. Dabei wurden elf qualitative, leitfadengestützte Expertengespräche geführt, die im Folgenden als „Leitfadengespräche" bezeichnet werden. Hierdurch sollten Detaileinschätzungen zur Thematik gewonnen werden und eine optimale Informationsbasis für eine standardisierte, telefonische Befragung generiert werden. Entscheidend bei der Auswahl der Interviewpartner war es, eine möglichst große Varianz in den Antworten zu erreichen. Daher wurde jeweils ein Interview pro Anbietergruppe – Geschäftsbank, Sparkasse, Genossenschaftsbank, Fondsanbieter, Versicherung – durchgeführt. Zwei Interviews fanden mit Branchenverbänden statt. Vier weitere Interviews erfolgten in den Bereichen Vermittlung, Honorarberatung und unabhängige Versichertenberatung, darunter in einem Fall in einem Verband. Die Interviews dauerten zwischen 20 und 50 Minuten.

Eine zweite Anbieterbefragung wurde im Frühjahr 2010 durchgeführt. Ziel dieser Erhebung war es, verallgemeinerbare Einschätzungen der Anbieterseite zu gewinnen. Auf Basis einer Zufallsstichprobe von Unternehmen, die ihren Kunden Riester-Produkte anbieten, fanden quantitative, standardisierte, computergestützte telefonische Befragungen (CATI-Interviews) statt, die durchschnittlich 15 Minuten dauerten. Befragt wurden dabei 214 Experten, die von den Unternehmen benannt wurden.

Die Stichprobe wurde in einem dreistufigen Verfahren gewonnen. In der ersten Stufe wurde die Adressbasis der Unternehmen aus den relevanten Branchen generiert. Bei Kreditbanken, Sparkassen, Genossenschaftsbanken und Lebensversicherern war – im Gegensatz zu den Fondsanbietern – nicht vorab bekannt, welche Unternehmen ihren Kunden Riester-Produkte anbieten. Daher war hier eine zweite Auswahlstufe erforderlich. Im Rahmen einer telefonischen Vorstudie wurden nach Adressbereinigung 1 135 Unternehmen befragt. Diese Unternehmen umfassten jeweils die Grundgesamtheit der zu befragenden Branchen „Lebensversicherungen", „Kreditbanken" und „Sparkassen" sowie eine Zufallsstichprobe der Genossenschaftsbanken. In 83 Prozent der Fälle konnten diese Screeninginterviews realisiert werden. 81 Prozent der gescreenten Unternehmen hatten ihren Kunden Riester-Produkte angeboten. In einer *dritten* Stufe wählten diese Unternehmen die auskunftsfähigen und -berechtigten Experten aus. Im Anschluss daran konnten die Interviews der Hauptstudie geführt werden, bei der die Ausschöpfungsquote mit 214 realisierten Interviews bei 43 Prozent der bereinigten Stichprobe von 499 Adressen lag.[2]

2.1 Befragungsergebnisse zu den langfristigen Auswirkungen von Transparenz auf den Absatz

Für Unternehmen ist die langfristige Wirkung von Transparenz von besonderem Interesse. In der Befragung wurden die Experten, um sie nicht zu einem sozial erwünschten Antwortverhalten („Transparenz führt zu Vertrauen") zu drängen, zugespitzt gefragt, ob Transparenz letztlich zu mehr verkauften Produkten führt. Das Ergebnis fällt eindeutig aus: Quer durch alle Branchen

---

2 Da für die Studie keine Informationen über sachgerechte Gewichtungskriterien wie beispielsweise die Anzahl der vom jeweiligen Unternehmen vertriebenen Riester-Verträge vorlagen, erfolgte die Auswertung auf Basis ungewichteter Fallzahlen. Folglich sind die nach Auswahlschichten differenzierten Auswertungen (Lebensversicherungen, Kreditbanken, Sparkassen, Genossenschaftsbanken) repräsentativ für die Anbieter von Riester-Produkten in der jeweiligen Branche. Schichtenübergreifende Auswertungen sind dagegen repräsentativ für die Gesamtheit der jeweils befragten Experten. Eine Hochrechnung auf die schichten-übergreifende Grundgesamtheit ist indes nicht möglich.

Abbildung 1

Führt mehr Transparenz langfristig zu mehr verkauften Produkten?
Positive Einschätzung quer durch die Branchen

Angaben in Prozent
„Mehr Transparenz bei den Vorsorgeprodukten führt auf lange Sicht zu mehr Vertrauen in den Markt und damit auch zu mehr Nachfrage, also mehr verkauften Produkten."

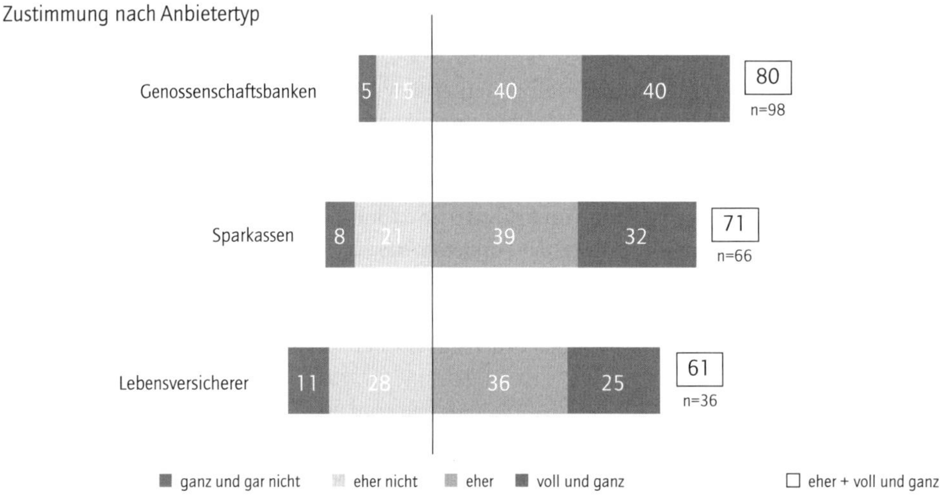

Quelle: infas auf Basis von Westerheide et al. (2010).

erklärt eine deutliche Mehrheit der Befragten, dass Transparenz langfristig für den Absatz förderlich ist (Abbildung 1). Aufgrund der geringen Fallzahlen wurden die Anteilswerte für Fondsanbieter und Kreditbanken in der Abbildung nicht dargestellt, aber auch hier ergibt sich ein ähnliches Bild. Alle drei Befragten bei den Fondsanbietern und acht der elf Befragten bei den Kreditbanken teilten die positive Einschätzung zu den Auswirkungen von Transparenz auf den Absatz.

2.2 Befragungsergebnisse zur Bewertung der Informationspflichten nach AltZertG

Die Anbieter wurden auch um ihre Einschätzung gebeten, für wie hilfreich sie ausgewählte Informationen nach dem AltZertG grundsätzlich für einen potenziellen Kunden halten, der vor der Entscheidung für ein bestimmtes Altersvorsorgeprodukt steht. Mit einer Ausnahme stuft die Mehrheit der Experten die Informationen für Kunden als hilfreich ein. Insbesondere die Angaben zum Risikopotenzial der Geldanlage werden von den meisten Interviewten als grundsätzlich hilfreich bewertet (Abbildung 2).

Eine Ausnahme bilden die Angaben zu ethischen, sozialen und ökologischen Belangen. Gerade einmal jeder Sechste hält diese Information für hilfreich. In den Leitfadengesprächen wurde dazu angemerkt: *„Wirklich formulieren muss das ja keiner und insofern tut das natürlich auch keiner – also aus unserer Sicht eher überflüssig."*

Abbildung 2

Wie hilfreich sind ausgewählte Informationen nach AltZertG?

Insbesondere Risikoangaben als hilfreich bewertet

Angaben in Prozent

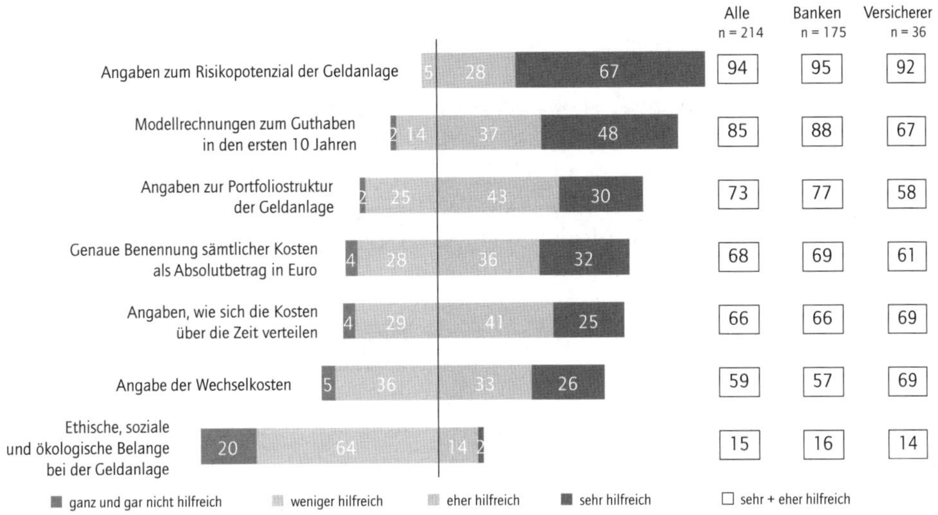

Quelle: infas auf Basis von Westerheide et al. (2010).

2.3 Befragungsergebnisse zur gegenwärtigen Transparenz bei Riester-Produkten

Die obigen Ausführungen bezogen sich eher auf die theoretische als auf die praktische Ebene. Bewertet wurden beispielhaft ausgewählte Informationspflichten für Riester-Produkte *an sich*, nicht deren praktische Umsetzung. Diese wird von den Produktanbietern insgesamt als unzureichend eingeschätzt. Deutlich wurde dies etwa durch Positionen wie diese: *„Gibt es Möglichkeiten, mehr Transparenz zu schaffen? – Klares Ja!“*. Eine typische Einschätzung zur Darstellung der Kosten lautet: *„Das ist alles sehr undurchsichtig und für den Verbraucher ein Zustand, der untragbar ist.“* Dies gilt aber ebenso im Hinblick auf die Verständlichkeit für den Vertrieb (*„Wir würden auch schon viel erreichen, wenn auch der Vertrieb verstehen würde, wie diese Produkte funktionieren ...“*).

Die Aussagen aus den Leitfadengesprächen spiegeln die allgemeine Einschätzung gut wider, wie die Auswertung der standardisierten Interviews zur Kundentransparenz zeigt. Hier wurde darum gebeten, vier Aussagen zur Umsetzung der Informationspflichten nach AltZertG in der Praxis zu bewerten – hinsichtlich Menge, Darstellung, Verteilung und Vollständigkeit der Informationen.

92 Prozent der Befragten sind der Auffassung, dass der Kunde angesichts der Vielzahl der Informationen den Überblick verliert. 71 Prozent halten die Kostenangaben für häufig unverständlich dargestellt. 67 Prozent sind der Ansicht, dass die Informationen oft schwierig zu erfassen sind, weil sie in den Informationsblättern für den Kunden auf verschiedene Stellen verteilt sind. Und immerhin noch 26 Prozent stimmen der Aussage zu, dass die geforderten Informationen in

Abbildung 3

Umsetzung der Informationspflichten in der Praxis
Aus Anbietersicht keine Transparenz erreicht

Angaben in Prozent
Zustimmung zu Aussagen über die Informationen ...

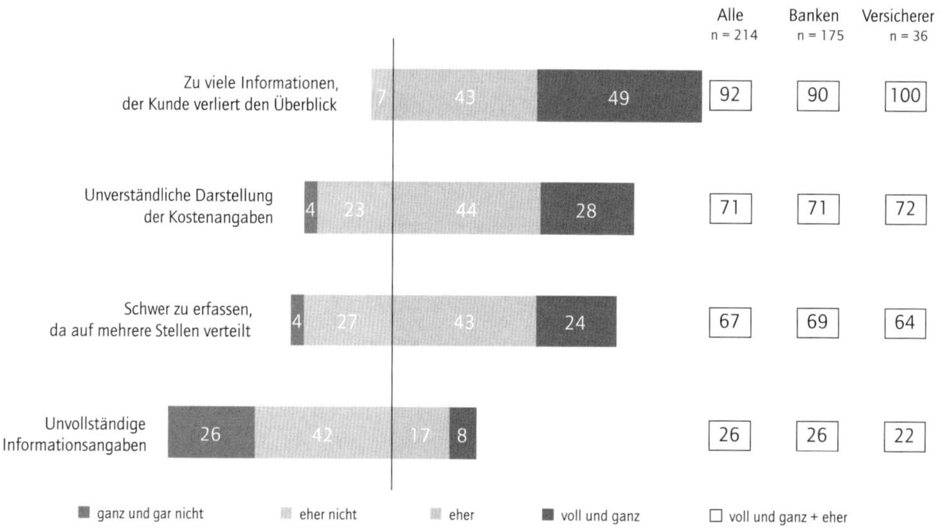

Quelle: infas auf Basis von Westerheide et al. (2010).

den Unterlagen für den Kunden zu manchen Produkten nicht vollständig enthalten sind – obwohl eine solche Unvollständigkeit einen klaren Gesetzesverstoß darstellt. In den genannten Einschätzungen gibt es keine wesentlichen Unterschiede zwischen den befragten Experten der verschiedenen Branchen (Abbildung 3).

2.4 Befragungsergebnisse zu alternativen Informationspflichten

Neben den bewerteten Informationspflichten gemäß AltZertG wurden den Befragten in der standardisierten Erhebung 15 derzeit diskutierte Änderungsvorschläge, die Riester- oder Rürup-Produkte für den Kunden transparenter machen sollen, zur Bewertung vorgelegt (Tabelle 1).

2.4.1 Kostenangaben

Zu Erhöhung der Kostentransparenz sollten vier mögliche Kostenkennziffern/Kostenangaben bewertet werden: Kostenangaben für etwaige Zusatzleistungen wie Berufsunfähigkeitszusatzversicherungen oder Rentengarantieleistungen, der Anteil der Einzahlungen, der zur Abdeckung der Kosten verwendet wird (Kostenquote), die Differenz der Vor- und Nachkostenrendite in Pro-

Tabelle 1

Bewertung möglicher ergänzender Informationspflichten

Vorgeschlagene Informationen	Bewertung als „hilfreich für den Kunden"		
	Alle n = 214	Bank n = 175	Versicherung n = 36
Kostenangaben			
Angabe zu Kosten von Zusatzleistungen (BUZ, Rentengarantien)	79	81	75
Kostenquote	69	74	47
Reduction in Yield	54	59	31
Reduction in Payment	43	46	28
Angaben zu Rendite und Risiko			
Beispielrechnungen mit produktspezifisch realistischen Renditen	83	87	64
Beispielrechnungen mit gesetzlichen Normrenditen	51	54	33
Produkteinordnung in standardisierte Risiko-Rendite-Klassen	64	66	61
Konkrete Risikokennziffern	57	59	39
Angaben zu Garantien			
Angaben, welche Leistungen zu welchem Zeitpunkt garantiert sind	97	97	100
Garantiertes Guthaben am Schluss der Ansparphase	93	93	100
Garantierte Rendite auf die Einzahlungen	84	89	61
Kostengarantien	73	69	92
Garantien zu den Sterbetafeln und Rentenfaktoren	47	43	69
Produktinformationsblätter			
Standardisierte Inhalte/Informationskategorien	79	79	75
Standardisiertes Layout	71	71	75

Quelle: Westerheide et al. (2010).

zentpunkten (Reduction in Yield) sowie die kostenbedingte Verringerung der Auszahlungen (Reduction in Payment).[3]

Eine Kostenangabe für Zusatzleistungen wurde von 79 Prozent der befragten Experten als hilfreich eingestuft, eine Kostenquote von 69 Prozent. Eine Reduction in Yield schätzte eine knappe Mehrheit von 54 Prozent als hilfreich ein. Eine Reduction in Payment stufte dagegen nur noch eine Minderheit von 43 Prozent als hilfreich ein. Auffällig sind dabei die teils deutlichen Unterschiede in den Einschätzungen der befragten Experten zwischen Banken und Versicherungen. Von Versicherungen werden sämtliche bewerteten Kostenangaben deutlich zurückhaltender eingestuft als von Banken. Lediglich die Angabe der Kosten, die durch Zusatzleistungen entstehen, hält eine Mehrheit der Befragten bei Versicherungen für hilfreich. Alle anderen Kostenangaben werden nur durch eine Minderheit von ihnen als hilfreich eingestuft, auch wenn diese wie im Falle der Kostenquoten mit 47 Prozent sehr stark ausfällt.

3 Eine Darstellung verschiedener Kostenkennziffern und ihrer Berechnungsweisen sowie vergleichender Modellrechnungen mit verschiedenen Kostenkennziffern findet sich in Westerheide (2010: 42–45 und 112–126).

2.4.2 Angaben zu Rendite und Risiko

Modellrechnungen zum Guthaben in den ersten zehn Jahren werden von 85 Prozent der Befragten grundsätzlich als hilfreich eingestuft (Abbildung 3). Dieser Prozentsatz sinkt auf insgesamt 51 Prozent ab, wenn nach der Einschätzung zu Beispielrechnungen mit gesetzlich vorgegebenen Normrenditen gefragt wird. Beispielrechnungen mit produktspezifisch realistischen Renditen werden dagegen mit 83 Prozent Zustimmung als ähnlich hilfreich eingestuft wie die Modellrechnungen zum Guthaben.

Aus den Leitfadengesprächen ergibt sich in diesem Zusammenhang der dringende Appell, die Beispielrechnungen als eben solche kenntlich zu machen, wie aus einem Branchenverband betont wurde: „*Bei der Information ist ganz, ganz wichtig deutlich zu machen, dass es eben hypothetisch ist.*“. Schließlich sei heute nicht vorhersehbar, wie sich die Rendite in Zukunft entwickle.

Die Angaben zum Risiko der Geldanlage halten 94 Prozent der Befragten bei der Produktentscheidung des Kunden für hilfreich (Abbildung 3). Ganz entscheidend ist nach Experteneinschätzung die leicht verständliche Darstellung dieser Information – je komplexer die Angabe, desto negativer die Einschätzung. So wird eine Einordnung des Produkts in standardisierte Risiko-Rendite-Klassen nur noch von 64 Prozent der Befragten als hilfreich eingestuft, die Angabe konkreter Risikokennziffern nur noch von 57 Prozent.

2.4.3 Angaben zu Garantien

Grundsätzliche Angaben zu den Garantien des Vorsorgeprodukts stellen die wichtigste Information überhaupt dar: 97 Prozent der befragten Experten halten Angaben darüber, welche Leistungen zu welchem Zeitpunkt garantiert sind, für hilfreich bei der Entscheidung für ein Vorsorgeprodukt. Nahezu ebenso viele (93 Prozent) halten Angaben zum garantierten Guthaben am Schluss der Ansparphase für hilfreich. In dieser Einschätzung gibt es kaum Unterschiede zwischen Banken und Versicherungen.

Anders sieht es bei den Angaben zur garantierten Rendite auf die Einzahlungen (und nicht den Sparanteil) aus, die bei Banken von 89 Prozent der befragten Experten als hilfreich eingestuft werden, bei Versicherungen aber nur von 61 Prozent. Umgekehrt stellt sich die Situation bei den Kostengarantien dar: Informationen dazu werden von 92 Prozent (Versicherungen) versus 69 Prozent (Banken) als hilfreich angesehen. Auch Angaben darüber, inwiefern bei der Ermittlung der späteren Rentenleistungen garantiert dieselben Sterbetafeln beziehungsweise Rentenfaktoren verwendet werden wie für die Kundeninformationen, werden unterschiedlich bewertet. Diese Angaben werden von 69 Prozent (Versicherungen) versus 43 Prozent (Banken) als hilfreich eingestuft.

2.4.4 Produktinformationsblatt

Der Ausweis zusätzlicher Informationen per se ist jedoch nicht geeignet, die Transparenz auch faktisch zu erhöhen. Schon für die bisherigen Informationsangaben nach AltZertG gilt nach Einschätzung der Anbieter in den standardisierten Interviews, dass sie aufgrund der Vielzahl der Informationen und einer unverständlichen Darstellung für den Kunden schwer zu verstehen sind. Auch in den Leitfadengesprächen wurde die Informationsflut als großes Problem genannt

– und die Konzentration auf einige, wesentliche Informationen als Lösungsmöglichkeit befürwortet, wie die folgenden Beispiele verdeutlichen:

> *„Wenn ich dem Kunden 14 Seiten schicke, dann ist er überfordert."*

> *„Wenn man es auf einen Satz minimieren will, dann ist es so, dass die Leute vorher 5 Seiten Bedingungen nicht gelesen haben und jetzt kriegen sie 50 bis 80 und lesen die erst recht nicht."*

> *„Also ich muss Ihnen sagen, das liest keiner! Nicht ein einziger."*

> *„Wir sollten es auf wenige unkomplizierte Größen reduzieren, die müssen wir dann natürlich auch erklären. Es muss so simpel wie möglich sein."*

> *„Es ist klar, wenn, dann muss es eben so sein, dass es auf eine Seite geht."*

Dass die Produktinformationsblätter (PIB) nicht nur kurz, sondern auch standardisiert sein sollten, verdeutlichen die Interviewergebnisse: 79 Prozent der Befragten halten standardisierte Inhalte beziehungsweise Informationskategorien in PIB für hilfreich für den Kunden, 71 Prozent sogar ein darüber hinausgehendes standardisiertes Layout. Trotz der insgesamt deutlichen Präferenz der Experten für ein kurzes und standardisiertes PIB, das die wichtigsten Informationen enthält, gab es auch Skepsis über dessen Realisierbarkeit. Ein Produktentwickler in leitender Position bringt dies wie folgt zum Ausdruck:

> *„Die [...] Leute wären mit [...] wenigen, aber treffenden Informationen besser versorgt. Die Frage ist nur, was sind die wenigen treffenden Informationen? [...] Die wenigen Informationen, die für Anton Müller die fünf richtigen sind, sind für Horst Meier die fünf falschen, und ich glaube nicht, dass es da einen Königsweg gibt. Ich glaube an sich, wir werden es nicht schaffen, durch irgendwelche Vorgaben von Gesetzen und Beipackzetteln die Leute „aufzuschlauen", sondern der Kunde muss eine gewisse finanzielle Grundbildung haben, um am heutigen Wirtschaftsleben teilzunehmen".*

Diese ausgewählten Zitate aus den Leitfadengesprächen von Ende 2009/Anfang 2010 verdeutlichen die grundsätzlichen Anforderungen an PIB und die Probleme bei deren konkreter Ausgestaltung.

3 Aktueller Stand: Der Weg zu Produktinformationsblättern für Riester-Produkte

Westerheide et al. (2010) haben in ihrer Studie empfohlen, für Riester- und Basisrentenverträge ein einheitliches PIB gesetzlich vorzugeben. Vorgeschlagen wurden dazu die Grundstruktur, wesentliche Inhalte und spezielle Kenngrößen eines PIB.

Im Sommer 2011 hat das BMF einen „Diskussionsentwurf zur Einführung eines PIB für zertifizierte Altersvorsorge- und Basisrentenverträge" vorgelegt (BMF 2011). Danach sollen die neuen Vorschriften für Altersvorsorgeverträge gelten, die ab dem 1.1.2013 zertifiziert werden. Der Entwurf sieht vor, die Informationspflichten nach AltZertG künftig deutlich präziser zu fassen.

Beispielsweise ist eine Positivliste für die Kostenangaben geplant: Künftig sollen nur noch Kosten erhoben werden dürfen, deren Art und Bezugsgröße explizit erlaubt sind. Eine weitere Standardisierung der Informationsangaben soll über die Altersvorsorge-Produktinformationsblätter-Verordnung (AVPIBVO) erfolgen, die für einzelne Informationsfelder zulässige Kategorien und Formulierungen vorschreibt. Darüber hinaus ist auf Grundlage einer Mustervorlage ein einheitliches Layout der zwei- bis dreiseitigen PIB vorgesehen.

Darauf aufbauend wurde in einer Studie für das BMF ein standardisiertes, produktübergreifendes Muster-Informationsblatt für Riester- und Basisrenten entwickelt (Tiffe et al. 2012). Um eine Einheitlichkeit und Vergleichbarkeit der PIB zu gewährleisten, wurden in einer „Gebrauchsanleitung zur Erstellung von Produktinformationsblättern" detaillierte Layoutvorgaben entwickelt (o. V. 2012). Die Ergebnisse dieses Gutachtens werden derzeit vom BMF noch ausgewertet.

Dass bei den PIB für Riester- und Basisrentenprodukte die gestalterische Vielfalt zugunsten der Vergleichbarkeit reduziert werden soll, liegt nach Einschätzung von Börsch-Supan et al. (2012: 53) auch an den Erfahrungen im Geldanlagebereich. Für die Anlageberatung schreibt das Wertpapierhandelsgesetz seit dem 1.7.2011 „ein kurzes und leicht verständliches Informationsblatt" vor, dessen Angaben „weder unrichtig noch irreführend" sein dürfen. Für die konkrete Ausgestaltung der PIB wurden den Wertpapierdienstleistungsunternehmen Gestaltungsspielräume eingeräumt. Eine erste Evaluierung zeigt, dass diese Spielräume umfangreich genutzt wurden. Eine Vergleichbarkeit der PIB war im Untersuchungszeitraum nicht gegeben, ihre Verständlichkeit meist gering (Habschick et.al. 2012).

Die Einführung von mehr Transparenz durch das vorgesehene PIB für Riester- und Basisrenten wird von den Anbietern und Verbraucherverbänden grundsätzlich begrüßt (Gesamtverband der Deutschen Versicherungswirtschaft 2011, Verbraucherzentrale Bundesverband 2011c). Allerdings wird von letzteren kritisiert, dass mit einem PIB das eigentliche Problem nicht gelöst werden würde. Denn in der Praxis orientiere sich der Verbraucher an der Empfehlung des Beraters, die Beratung und die angebotenen Produkte würden jedoch durch die Provisionsanreize bestimmt. An diesen Fehlanreizen würde ein PIB nichts ändern (Tiffe et al 2012: 34ff. und 46). Eine grundsätzliche Ablehnung eines PIB wird jedoch nur vereinzelt geäußert, beispielsweise durch den Bundesverband Deutscher Versicherungskaufleute (2012): Bei der Altersvorsorge handele es sich um ein äußert beratungsintensives Produkt, welches nicht dazu geeignet sei, alle nötigen Informationen in einem Blatt zusammenzufassen.

Kontrovers diskutiert werden dagegen einzelne Elemente der vorgesehenen PIB. Bei den Kostenangaben gilt dies zum einen für die Frage, ob für Ansparphase und Rentenbezugsphase eine phasenübergreifende Kostenkennziffer oder jeweils phasenspezifische Kostenkennziffern ausgewiesen werden sollen. Westerheide et al. (2010) schlagen getrennte Kostenausweise vor, da es – derzeit – im Falle von Banksparplänen und Fondssparplänen bei Vertragsabschluss noch unklar sei, welche Konditionen für die Rentenbezugsphase gelten. Der Bund der Versicherten (2011) spricht sich grundsätzlich gegen getrennte Kostenausweise aus. math concepts (2011) hält dies für vertretbar, wenn der Verbraucher am Ende der Ansparphase kostenlos zu einem anderen Anbieter wechseln kann. Zum anderen wird diskutiert, welche Kostenkennziffer geeignet ist. Westerheide et al. (2010) schlagen für die Rentenphase die Kostenquote als Kennziffer vor, da hier weniger die laufende Verzinsung als vielmehr die Belastung der Ausgaben mit Kosten im Vordergrund stehe. Für die Ansparphase schlagen sie die Renditeminderung (Reduction in Yield) aufgrund ihrer Robustheit gegenüber unterschiedlichen Renditeannahmen als Kennziffer vor. Kleinlein (2011) spricht sich gegen die Reduction in Yield aus, da sie bei Verträgen mit unterschiedlicher Beitragszahlungsdauer oder Laufzeit in die Irre führen könne.

4 Bewertung und Fazit

Der Markt für Riester-Produkte ist alles andere als transparent. Die Informationsasymmetrie zu Lasten der Verbraucher ist nicht nur für diejenigen Verbraucher ein Problem, die einen Riester-Vertrag abgeschlossen haben, den sie bei vollem Wissen um die Produkteigenschaften nicht gewählt hätten. Aufgrund einer adversen Selektion kann es auch dazu kommen, dass kostengünstige Riester-Verträge nicht oder in zu geringem Umfang angeboten werden. Damit wird die Intransparenz zu einem Problem für die Gesamtheit der Verbraucher.

Der Markt alleine wird jedoch keine Transparenz herstellen, selbst wenn dies für die Anbieterseite insgesamt langfristig positiv, da absatzfördernd, wäre: Die Situation eines Gefangenen-Dilemmas nimmt derzeit selbst den kostengünstigsten Anbietern den Anreiz, ihre Kosten leicht verständlich offen zu legen. Dieses Problem kann nur durch staatlich vorgegebene und hinreichend sanktionierte Informationspflichten gelöst werden, die nicht nur eine formale, sondern auch eine faktische Transparenz erreichen.

Insofern sind die kurzen und bis hin zum Layout standardisierten PIB, wie das BMF (2011) sie anstrebt und wie sie mit Tiffe et al. (2012) als Mustervorlage entwickelt wurden, der richtige Weg zur Herstellung von mehr Transparenz. Zu lösen sind für die Ausgestaltung des PIB noch eine überschaubare Anzahl von Fragen, wie etwa die nach einer robusten und am wenigsten „manipulierbaren" Kostenkennziffer. Problematisch ist allerdings, dass die neuen PIB nur für Riester-Produkte gelten sollen, die ab 2013 zertifiziert werden. So können noch über Jahre und Jahrzehnte hinweg intransparente Altprodukte angeboten werden. Besser wäre es, den Unternehmen eine längere Übergangsfrist einzuräumen, dafür aber alle Vorsorgeverträge einzubeziehen, die ab dem Stichtag abgeschlossen werden.

Allerdings: Standardisierte PIB sind nicht alles. Wenn die Vorsorgeprodukte zu kompliziert sind, wird der Verbraucher dennoch Schwierigkeiten haben, sie zu verstehen. Bei Riester-Produkten liegt die Komplexität auch an den staatlichen Förderregeln. Nach der bereits erfolgten Einführung des Dauerzulagenantrages sind daher weitere Vereinfachungen bei Förderberechtigung und Zulagenverfahren anzustreben. Außerdem kann der Verbraucher die Informationen über die Finanzprodukte nur mit einem Mindestmaß an finanzieller Bildung angemessen bewerten. Um die aber ist es in Deutschland schlecht bestellt. Eine flächendeckende Förderung der finanziellen Allgemeinbildung ist daher unerlässlich. Diese Maßnahmen sind wichtig, um das Produktverständnis der Verbraucher zu verbessern. Gleichzeitig ist zu bedenken, dass auch künftig der Großteil der Verbraucher auf die Beratung durch Vorsorgeexperten angewiesen sein wird. Es gilt daher, neben der Intransparenz von Vorsorgeprodukten auch die Fehlanreize in der Vorsorgeberatung abzubauen.

Literaturverzeichnis

— Akerlof, George A. (1970): The market for Lemons: Quality Uncertainty and the Market Mechanism. *The Quarterly Journal of Economics*, 84, 488–500.

— Börsch-Supan, Axel, Martin Gasche, Marlene Haupt, Sebastian Kluth und Johannes Rausch (2012): Ökonomische Analyse des Rentenreformpakets der Bundesregierung. MEA-Diskussion Paper. 256-2012.

— Bund der Versicherten (2011): Diskussionsentwurf zur Einführung eines Produktinformationsblattes für zertifizierte Altersvorsorge- und Basisrentenverträge. Stellungnahme. www.bundderversicherten.de. Stand 22. Juni 2011.

— Bundesministerium der Finanzen (2011): Diskussionsentwurf zur Einführung eines Produktinformationsblatts für zertifizierte Altersvorsorge- und Basisrentenverträge. www.manager-magazin.de. Stand: nicht dokumentiert.

— Bundesverband Deutscher Versicherungskaufleute (2011): Stellungnahme zum Disksussionsentwurf zur Einführung eines Produktinformationsblattes für zertifizierte Altersvorsorge und Basisrentenverträge des Bundesministeriums der Finanzen (BMF). www.bvk.de. Stand: 4. Juli 2011.

— DIW Berlin (2012): „Riester-Rente: Grundlegende Reform dringend geboten!?" Workshop des DIW Berlin am 1. Juni 2012.

— Fritsch, Michael, Thomas Wein und Hans-Jürgen Ewers (1996): *Marktversagen und Wirtschaftspolitik*. München, Vahlen.

— Gesamtverband der Deutschen Versicherungswirtschaft (2011): Stellungnahme zum Diskussionsentwurf zur Einführung eines Produktinformationsblatts für zertifizierte Altersvorsorge- und Basisrentenverträge. Stand: 22. Juni 2011.

— Habschick, Marco, Jan Evers, Mirko Bendig, Sascha Behnk und Ulrich Krüger (2008): Anforderungen an Finanzvermittler – mehr Qualität, bessere Entscheidungen. Studie im Auftrag des Bundesministeriums für Ernährung, Landwirtschaft und Verbraucherschutz. www.bmelv.de. Stand: September 2008.

— Habschick, Marco, Oliver Gaedeke, Elena Lausberg, Martin Eibisch und Jan Evers (2012): Evaluation von Produktinformationsblättern für Geldanlageprodukte. Studie im Auftrag der Bundesanstalt für Landwirtschaft und Ernährung für das Bundesministerium für Ernährung, Landwirtschaft und Verbraucherschutz (Az. 514-06.01-2810HS015). www.bmelv.de. Stand: März 2012.

— Kleinlein, Axel (2011): Zehn Jahre „Riester-Rente". Bestandsaufnahme und Effizienzanalyse. Expertise im Auftrag der Abteilung Wirtschafts- und Sozialpolitik der Friedrich-Ebert-Stiftung. WISO Diskurs. November 2011.

— Langenberg, Britta und Frauke Ladleif (2011): Die Riester-Illusion. *Capital*, 50 (4), 96–100.

— Leinert, Johannes (2004): Finanzieller Analphabetismus: Schlechte Voraussetzungen für eigenverantwortliche Vorsorge. *Gesundheits- und Sozialpolitik*, 58 (3/4), 24–30.

— Leinert, Johannes (2006): *Altersvorsorge: Wie kann freiwilliges Vorsorgesparen gefördert werden?* Baden-Baden, Nomos.

— Leinert, Johannes (2012): Transparenz von Riester-Produkten. Befunde einer Anbieterbefragung. Vortrag auf dem Workshop des DIW Berlin „Riester-Rente: Grundlegende Reform dringend geboten?" am 1. Juni 2012.

— Lührs, Dieter (1997): *Lebensversicherung: Produkte, Recht und Praxis*. Wiesbaden, Gabler.

— math concepts (2011): Stellungnahme von Dipl.-Math. Axel Kleinlein zum Diskussionsentwurf zur Einführung eines Produktinformationsblattes für zertifizierte Altersvorsorge- und Basisrentenverträge. www.mathconcepts.de. Stand: 22.Juni 2011.

— Oehler, Andreas und Daniel Kohlert (2009): Alles „Riester"? Die Umsetzung der Förderidee in der Praxis. Stärken und Schwächen, Risiken und Chancen der staatlich geförderten kapitalgedeckten privaten Altersvorsorge von abhängig Beschäftigten (ohne Beamte) im Kontext der umlagefinanzierten gesetzlichen Rentenversicherung. Studie im Auftrag der Verbraucherzentrale Bundesverband. www.vzbv.de. Stand: 7. Dezember 2009.
— o. V. (2012): Gebrauchsanleitung zur Erstellung von Produktinformationsblättern. Riester- bzw. Basis-Rente. Ausgestaltung eines Produktinformationsblatts für zertifizierte Altersvorsorge- und Basisrentenverträge. Forschungsvorhaben fe 8/11 Bundesministerium der Finanzen. www.iff-hamburg.de. Stand: 12. Januar 2012.
— Slovic, Paul (1972): *From Shakespeare to Simon: Speculations – and some evidence – about man's ability to process information.* Oregon Research Institute Research Bulletin, 12 (2).
— Tiffe, Achim, Michael Feigl, Jürgen Fritze, Veruschka Götz, Claudia Grunert, Lena Jaroszek und Ilonka Rohn (2012): Ausgestaltung eines Produktinformationsblatts für zertifizierte Altersvorsorge- und Basisrentenverträge im Auftrag des Bundesministeriums der Finanzen. www.bundesfinanzministerium.de. Stand: 12. Januar 2012.
— Tucker, Albert W. (1950): A Two-Person Dilemma. Stanford Handout. Zitiert nach: Rasmusen, Eric (2005): Eric Rasmusen's Weblog. The Origin of the Prisoner's Dilemma. www.rasmusen.org. Stand: 6. Juni 2005.
— Verbraucherzentrale Bundesverband (2011a): Verbraucherschutz im Finanzmarkt stärken. Zehn-Punkte-Plan des Verbraucherzentrale Bundesverbandes. www.vzbv.de. Stand: 23. Februar 2011
— Verbraucherzentrale Bundesverband (2011b): Vorschläge zur Stärkung der Altersvorsorge im Allgemeinen und der Riester-Förderung im Speziellen. Positionspapier des Verbraucherzentrale Bundesverbandes. www.vzbv.de. Stand: 18. Mai 2011.
— Verbraucherzentrale Bundesverband (2011c): Stellungnahme des Verbraucherzentrale Bundesverbandes zum Diskussionsentwurf zur Einführung eines Produktinformationsblatts für zertifizierte Altersvorsorge- und Basisrentenverträge. Stand: 24. Juni 2011.
— Westerheide, Peter, Michael Feigl, Lena Jaroszek, Johannes Leinert und Achim Tiffe (2010): Abschlussbericht zu Projekt Nr. 7/09. Transparenz von privaten Riester- und Basisrentenprodukten. www.zew.de. Stand: 28.Juli 2010.

Die Riester-Kritik – Fachlich fundiert oder politisch motiviert?

PETER SCHWARK

Peter Schwark, Gesamtverband der Deutschen Versicherungswirtschaft e. V. (GDV); E-Mail: p.schwark@gdv.de

Zusammenfassung: Der Riester-Rente wird von Kritikern vorgeworfen, sie habe zu hohe Kosten und sei wegen überhöhter Lebenserwartungsannahmen unrentabel. Der Autor untersucht die fachliche Stichhaltigkeit der veröffentlichten Kritik und arbeitet die methodischen Grenzen der durchgeführten Untersuchungen heraus. So ermöglichen Vergleiche zwischen Produktkosten und gewährten Zulagen angesichts der individuell differenzierten Förderintensitäten keine verallgemeinerungsfähigen Aussagen. Der Verfasser zeigt, dass bei richtiger Analyse attraktive Renditen der Produkte schon ohne Förderung nachweisbar sind und dass die vom DIW Berlin verwendete alternative Rentabilitätskennziffer „Zielalter für eine Zielrendite" für Aussagen über die Rentabilität von Vorsorgeprodukten ungeeignet ist, unter anderem weil die Beteiligung an den Risikoüberschüssen dabei unbeachtet bleibt. Zuletzt wird die Widersprüchlichkeit in der Kommunikation zur DIW-Studie analysiert, die die individuelle Rentabilität aus Verbrauchersicht in den Vordergrund stellt, obwohl die Studie vorgeblich allein die ökonomische Effizienz auf der Ebene der Gesellschaft untersucht und so in der Öffentlichkeit ein stark verzerrtes Bild zur individuellen Rentabilität der Riester-Produkte erzeugt.

Summary: Critics accuse so called Riester products of having excessive costs and being unprofitable due to excessive life expectancy assumptions. The author examines the validity of the criticism, highlighting the methodological limitations of the studies. Thus, due to the individually differentiated Riester bonuses comparisons of product costs and granted bonuses do not allow generalized statements. The author shows that, with proper analysis, attractive yields can be expected, even without subsidies. Moreover, it is shown that the key figure used by the DIW, the "target age for target profitability", is generally inappropriate, not at least because it neglects the participation in risk-surpluses. Finally, inconsistency in the communication of the DIW study is analyzed, which highlights the individual profitability from a consumer perspective, even though the study examines economic efficiency at the level of the society as a whole. Consequently, a highly distorted picture of individual returns for the Riester-Rente products was presented to the public.

→ JEL Classification: H24, H31, G11
→ Keywords: Riester pension scheme, private old-age provision, rate of return, life expectancy, regulation

Bei diesem Beitrag handelt es sich um eine ergänzte schriftliche Fassung eines Vortrages des Autors (Schwark 2012) auf dem Workshop „Riester-Rente: Grundlegende Reform dringend geboten!?" des DIW (2012).

1 Einführung

Die Riester-Rente sei oft nicht viel besser als ein Sparstrumpf – oder – man müsse über 109 Jahre alt werden, um mindestens 2,5 Prozent Rendite zu schaffen, so kommunizierte das Deutsche Institut für Wirtschaftsforschung (DIW Berlin) am 23. November 2011 die Resultate seiner jüngsten Studie zur Riester-Rente. Das liege wesentlich an den sehr hohen Lebenserwartungsannahmen der Versicherer (DIW Berlin 2011). Kritisiert wird auch immer wieder, dass die Riester-Produkte überteuert seien, weil die Zulagen teilweise aufgezehrt werden (ÖKO-TEST 2011a: 76 ff.). Der Autor diskutiert im Folgenden, ob diese im Zentrum der Kritik an der Riester-Rente stehenden Vorwürfe einer sachlichen Überprüfung standhalten oder ob sich der Eindruck bestätigt, dass es sich auch um politisch motivierte Kritik handelt.

Tatsächlich steht die Riester-Rente seit ihrer Einführung im Rahmen der Rentenreform des Jahres 2001 im Fokus der Öffentlichkeit. Das liegt daran, dass die damalige Rentenreform eine grundlegende Abkehr von einer Politik der *alleinigen* Lebensstandardsicherung durch die gesetzliche Rentenversicherung und eine Hinwendung zu einer Rentenpolitik vorsah, die auf mehrere Säulen und stärkere Kapitaldeckung setzt (Bundesrat 2000: 1 f.). Dieser Paradigmenwechsel war hoch umstritten und ist es bis heute (beispielsweise Schmähl 2011 mit weiteren Nennungen). Aus Anlass des zehnjährigen Jahrestages der Riester-Reform forderten prominente Kritiker wie der ehemalige Sozialbeiratsvorsitzende Schmähl sogar eine „Rückbesinnung" auf die Politikziele von 1957 (Schmähl 2011: 413).

Für die Kritiker des 2001 vollzogenen Paradigmenwechsels geriet die Riester-Rente seither geradezu zum Symbol einer verfehlten Rentenpolitik: Denn der Riester-Rente fiel die Aufgabe zu, die schmerzliche, aber notwendige Absenkung des Niveaus der gesetzlichen Rentenversicherung auszugleichen. So forderten Vorstandsmitglieder des Deutschen Gewerkschaftsbundes (DGB) kürzlich, umlagefinanzierte Rente und kapitalgedeckte Zusatzvorsorge durch die Riester-Rente wieder zu entkoppeln (Buntenbach et al. 2011: 404). Insbesondere die Bundestagsfraktion der Partei *Die Linke* setzt Negativberichte zur Riester-Rente gezielt ein zur Kritik an der aktuellen Ausrichtung der Rentenpolitik in Deutschland (Deutscher Bundestag 2008a, 2008b, 2009, 2011, 2012a, 2012b).

Die öffentliche Aufmerksamkeit auf die Riester-Rente beruht zudem darauf, dass wegen der sozialpolitischen Bedeutung der Riester-Rente auch die Verbraucherpolitik tangiert ist. So ist die Riester-Rente von Anbeginn mit regulatorischen Anforderungen versehen worden, die nicht nur die Sicherheit der Versorgungsleistungen betreffen, sondern auch die Transparenz der Produktinformationen, insbesondere bei den kalkulierten Kosten. Politik und Anbieter betraten mit dem gesondert erlassenen Altersvorsorgezertifizierungsgesetz (AltZertG) Neuland. Die Riester-Rente hat insofern eine Vorreiterfunktion für verbraucherpolitische Neuerungen eingenommen, etwa bei den Informationspflichten, den Fragen der Kostentransparenz und der Verteilung von Abschlusskosten (Deutscher Bundestag 2006: 102).

Nicht immer waren die Maßnahmen, wie die Versicherer im Vorfeld teilweise schon gewarnt hatten, geeignet, zwischen den verschiedenen Anbietergruppen Vergleichbarkeit herzustellen (Gesamtverband der Deutschen Versicherungswirtschaft 2000: 19 f.). Die Anforderung, alle Kostengrößen in Euro und Cent anzugeben, kann zum Beispiel weder bei Bank- noch bei Fondsprodukten umgesetzt werden. Diese Kritik der Versicherer wurde in der vom Bundesfinanzministerium beauftragten Studie des Zentrums für Europäische Wirtschaftsforschung (Westerheide et al. 2010: 42 ff.) zur Transparenz von privaten Riester- und Basisprodukten bestätigt.

Die Medien-Berichterstattung zur Riester-Rente im letzten Jahr ist gekennzeichnet durch Vorwürfe von Verbraucherschützern an die Adresse der Anbieter von Riester-Produkten – vor allem an die Versicherer, die den größten Marktanteil in diesem Vorsorgesegment halten. Die am häufigsten zitierten Vorwürfe zur Riester-Rente lassen sich nach Beobachtung des Autors in drei plakative Thesen gliedern, wobei die dritte These teilweise auf der zweiten aufbaut:

1. Die Zulagenförderung würde durch die Kosten aufgezehrt.
2. Die Versicherer kalkulierten mit zu hohen Lebenserwartungen.
3. Man müsse sehr alt werden, damit sich die Riester-Rente lohnt.

Diese Thesen sollen nacheinander kritisch überprüft werden: Handelt es sich bei diesen Vorwürfen um fachlich fundierte Kritik? Und fallen die vermeintlichen Missstände wirklich in den Verantwortungsbereich der Anbieter? Dabei muss von vornherein klar sein: Eine umfassende Bewertung der Leistungsfähigkeit der Riester-Rente ist schon deshalb unmöglich, weil Anspar- und Leistungsphase zusammen genommen Zeiträume von 60 Jahren umfassen können. Die Riester-Rente existiert aber erst seit zehn Jahren. Seriöse Kritik muss daher auch die Grenzen ihrer Aussagefähigkeit beachten – vor allem dann, wenn sie der wissenschaftlichen Politikberatung dienen soll.

2 Vorwurf: Zehren die Kosten der Riester-Rente die Zulagen auf?

Besonders polemisch wurde die Kritik an vermeintlich zu hohen Verwaltungskosten bei der Riester-Rente festgemacht an der Behauptung, dass die Zulagen durch die Kosten teilweise aufgezehrt werden. Entsprechende Schlagzeilen entstanden nach einer Pressekonferenz der Verbraucherzentrale Baden-Württemberg im August 2008 zur Riester-Rente (Nohn 2008: 23). Später wurde diese Betrachtungsweise auch von ÖKO-TEST verwendet (zuletzt ÖKO-TEST 2011: 76 ff.), die sogleich im Deutschen Bundestag von Vertretern der Partei *Die Linke* wie eine Tatsachenbehauptung zitiert wurde (Deutscher Bundestag 2012b: 21937 f.).

Dass die Zulagen systematisch durch die Kosten aufgezehrt werden, ist allerdings keineswegs eine verallgemeinerungsfähige Aussage, sondern die fehlerhafte Verallgemeinerung von Spezialfällen:

Bei einer Reihe von Verträgen spielt die Zulagenförderung nur eine untergeordnete Rolle. So liegt bei einem besserverdienenden Alleinstehenden ohne Kinder die Zulagenquote zum Teil unter acht Prozent (Grundzulage von 154 Euro bezogen auf den Jahreshöchstbeitrag von 2100 Euro). Dass in derartigen Fällen die Zulagen unter den üblichen Verwaltungskosten von Vorsorgeverträgen liegen, seien sie förderfähig oder nicht, ist alles andere als tauglich für einen Skandal. Das Verhältnis Zulagen – Kosten sagt wegen der Unterschiedlichkeit der Zulagenquoten zunächst einmal gar nichts über die Effizienz der Produkte aus.

Tatsächlich beträgt die durchschnittliche Zulagenquote nach Angaben der Zulagenstelle bei Riester-Verträgen über 32 Prozent (Stolz et al. 2011: 363; untersucht wurde der letzte vollständig abgeschlossene Förderzeitraum) und liegt damit regelmäßig erheblich über den üblichen Vertragskosten über die Vertragslaufzeit. Die Riester-Förderung ist darüber hinaus so angelegt, dass im Fall niedriger Zulagenquoten der Beitrag für die Riester-Rente regelmäßig auch noch über die Möglichkeit zum Abzug vom zu versteuernden Einkommen als Sonderausgaben gefördert wird. So beginnt bei Alleinstehenden mit Einkommen von 5 000 Euro pro Jahr die Förderquote bei 72 Prozent, um dann mit zunehmenden Einkommen auf 26 Prozent zu fallen und schließlich durch den Sonderausgabenabzug wieder bis auf 44 Prozent anzusteigen. Für Verheiratete und Eltern liegen die Anfangswerte noch deutlich höher, teilweise über 90 Prozent (Gasche 2008: 12 f.). Entsprechend sind die Vertragskosten aufgrund der Zulagen und der steuerlichen Abzugsmöglichkeiten regelmäßig deutlich geringer als der Vorteil des Kunden beim aufzubringenden Nettoeigenbeitrag. Die Aussage, die Förderung würde durch die Kosten aufgezehrt, ist folglich eine fachlich unhaltbare Generalisierung besonderer Spezialfälle.

Das gilt auch für den Fall, dass Kosten und Zulagen nur bezogen auf die ersten Vertragsjahre verglichen werden. Denn bekanntermaßen werden entsprechend den gesetzlichen Regelungen bei Versicherungsprodukten die Abschlusskosten in den ersten fünf Jahren verrechnet. Das ermöglicht aber keine Aussagen über die Gesamtkostenbelastung. Denn in späteren Vertragsphasen fallen die jährlichen Kosten niedriger aus, ein Umstand, der in derartigen Vergleichen häufig nicht berücksichtigt wird. Einer finanzmathematischen Überprüfung genauso wenig stand hält das Vorgehen von ÖKO-TEST, über die gesamte Ansparzeit Kosten verzinst zu summieren und mit der Nominalsumme der Zulage zu vergleichen, die also selbst nicht verzinst summiert wird (ÖKO-TEST 2011: 76 ff.). Vergleiche von Zahlungsströmen in unterschiedlichen Zeiten müssen entweder einheitlich auf- oder abgezinst werden, um zu belastbaren Aussagen zu kommen. Je nachdem, ob Kosten oder Zulagen betrachtet werden, unterschiedlich vorzugehen, ist finanzmathematisch unzulässig und führt zu falschen Schlüssen.

Vor allem aber überzeugt die grundsätzliche Logik des Kritikaufbaus nicht. Die gesamten Vertragskosten nur in Relation zu einem Teil der Beiträge zu setzen – in dem Fall der hier behandelten Kritik werden die gesamten Vertragskosten nur auf die Zulagen bezogen – ist keine sachlichadäquate, sondern eine willkürliche Betrachtung. Dies gilt umso mehr, als das Verhältnis von Zulagen zu Gesamtbeiträgen im Fall der Riester-Rente je nach Einkommen und Kinderzahl ganz unterschiedlich hoch ausfallen kann. Jeder Vertrag, ob Riester-Vertrag oder sonstiger Sparvertrag, enthält explizite oder – etwa bei Banksparplänen durch die einbehaltene Zinsmarge – implizite Kosten, unabhängig davon, ob förderfähig oder nicht. Die Zulagen kommen insofern immer dem Kunden zugute, weil sie ihn bei den Eigenbeiträgen entlasten beziehungsweise die Rendite auf die Eigenbeiträge erhöhen. Das gilt auch für den Sonderausgabenabzug und die Einbeziehung der nachgelagerten Besteuerung. Reichert (2012: 13 ff.) kommt in einem Vorteilhaftigkeitsvergleich zu dem Ergebnis, dass bei gleichen Kosten schon der weniger intensiv geförderte Single mit einer Riester-Rente bis zu 25 Prozent mehr Vermögen ansammelt als mit einer ungeförderten Rentenpolice. Bei den besser geförderten Familien ist der Vorteil noch signifikant höher. Auch deshalb hält der oben genannte Vorwurf im Sinne einer Grundsatzkritik an der Riester-Rente einer Überprüfung nicht stand.

Weiterhin ist der Verwaltungsaufwand für Riester-Verträge, bei denen die vertragsbezogene Zulagenverwaltung als aufwendige Verwaltungsleistung des Versicherers abzuwickeln ist, höher als bei nicht geförderten Rentenversicherungen. So sind zulagenbedingte Vertragsoptimierungen häufiger – etwa aufgrund von Einkommensänderungen oder der Anzahl der begünstigten Kinder. Zudem sind die Vertragsgrößen nicht selten relativ klein, was die Amortisation der Fixkosten eines Vertrages erschwert. Teilweise werden nur fünf Euro pro Monat eingezahlt. Gemäß Erkenntnissen des GDV auf Basis der regelmäßigen Meldungen seiner Mitglieder betrug der durchschnittliche Jahresbeitrag für die 2,57 Millionen im Einführungsjahr 2002 abgeschlossenen Riester-Renten lediglich 164 Euro; für neue Rentenverträge im Jahr 2001 betrug der Jahresbeitrag durchschnittlich noch fast 1200 Euro. Politisch gewollte Reformen bei der Riester-Rente, wie etwa die teilweise Umkehrung von Zulagenrückbuchungen im Jahr 2011 verursachten nach Erfassungen des GDV für die wiederholte Umstellung der Verwaltungssysteme der Anbieter Kosten in zweistelliger Millionenhöhe.

Aus diesem Grund ist der immer wieder geäußerte Vorwurf nicht berechtigt, Riester-Renten seien im Vergleich zu nicht geförderten Verträgen überteuert. Soweit einzelne Versicherer bei der Kostenkalkulation der Produkte überhaupt Unterschiede zwischen förderfähigen und nicht förderfähigen Produkten machen, was keineswegs generell der Fall ist, berücksichtigen sie lediglich den zusätzlichen Aufwand bei der Zulagenverwaltung und die häufigeren Vertragsanpassungen in ihrer Produktkalkulation durch etwas höhere Verwaltungskostensätze. Dies ist legitim und muss den Anbietern auch erlaubt sein, soweit Kostenunterschiede durch politisch vorgegebene Produkt- und Verwaltungsunterschiede real sind. Letztlich hat es die Politik in der Hand, wie aufwendig sie die Zulagenverfahren gestaltet. Die Versicherer integrieren diese Vorgaben so effizient wie möglich in ihre Vertragsverwaltung.

Im Ergebnis bringt die Förderung der Riester-Rente durch Steuerabzug, Steuerstundung und Zulagenförderung erhebliche Vorteile für die Nachsteuerrendite der Produkte gegenüber nicht geförderten Verträgen (Gasche 2008: 13 ff.). Ein Vergleich geförderter mit nicht förderfähigen Verträgen zeigt unter Einbeziehung typischer Kostensysteme einen derartigen Vorteilhaftigkeitsvorsprung durch die Förderung, dass selbst mit höheren Verwaltungskosten bei Riester-Verträgen die Vorteilhaftigkeit gegenüber nicht geförderten Verträgen im Wesentlichen erhalten bleibt (Reichert 2012: 10 ff.).

3 Vorwurf: Kalkulieren die Versicherer mit zu hohen Lebenserwartungen?

Der Vorwurf, die Versicherer würden mit zu hohen Lebenserwartungen kalkulieren, richtet sich vor allem auf die Leistungsphase der Riester-Rente. Diese kann für das Gros der Verträge noch nicht beobachtet werden, da sie sich noch in der Ansparphase befinden. Versicherer benötigen Informationen zur Lebenserwartung, um das Kapital, das bis zum Beginn des Ruhestands aufgebaut wird, in einen Strom von Renteneinkommen umrechnen zu können (zur Kalkulation von Leibrenten siehe Führer et al. 2006: 55 ff.). Unter Einrechnung der Informationen zur Lebenserwartung werden die Barwerte der erwarteten Rentenleistungen bestimmt. Der Lebenserwartung kommt daher eine Schlüsselrolle für die Leistungshöhe zu: je höher die Lebenserwartung, desto geringer bei gleichem Kapitaleinsatz die Rente. Dabei ist zu berücksichtigen, dass die Lebensversicherer schon bei Vertrags*abschluss* *Mindest*leistungen zusagen, an die sie über Jahrzehnte gebunden sind.

Der Begriff der Lebenserwartung wird definiert als *„die statistisch zu erwartende Zeitspanne, die einem Lebewesen ab einem gegebenen Zeitpunkt bis zu seinem Tod verbleibt“ (Wikipedia 2012).*

Die Lebenserwartung ist insofern keine einfach zu errechnende feststehende Zahl, die entweder richtig oder falsch ist. Vielmehr ist die Lebenserwartung eine *zu erwartende* Zeitspanne, das heißt eine auf die Zukunft gerichtete Schätzgröße, die unter Unsicherheit mithilfe mathematisch-statistischer Verfahren berechnet werden muss (International Monetary Fund 2012: 5).

Projektionen der Lebenserwartung müssen Trends berücksichtigen

Das Statistische Bundesamt verwendet zwei unterschiedliche Konzepte bei der Berechnung der Lebenserwartung. Zum einen wird eine rein *statische* Betrachtung der heutigen Verhältnisse durchgeführt (Statistisches Bundesamt 2011a). Auf Basis der heutigen Sterbewahrscheinlichkeiten wird eine sogenannte Periodentafel erstellt und damit dann eine Art mittlere Lebensdauer errechnet. Von vielen Menschen wird dies allerdings im Sinne einer Projektion in die Zukunft verstanden. Keinesfalls kann man so aber seriös den eigenen Finanzbedarf im Alter abschätzen. Vor diesem Missverständnis warnt auch das Statistische Bundesamt, da die Lebenserwartung im Sinne einer Projektion in die Zukunft unterschätzt wird, wenn der Trend steter Verminderungen der Sterbewahrscheinlichkeiten nicht eingerechnet wird:

> *„Die aktuellen Periodensterbetafeln der amtlichen Statistik basieren auf den Daten über die Gestorbenen und die Durchschnittsbevölkerung der letzten drei Jahre. Es handelt sich hierbei um eine Momentaufnahme der Sterblichkeitsverhältnisse der gesamten Bevölkerung für diesen Zeitraum. Die fernere Lebenserwartung gibt daher an, wie viele weitere Lebensjahre Menschen eines bestimmten Alters nach den in der aktuellen Berichtsperiode – zum Beispiel 2008/2010 – geltenden Sterblichkeitsverhältnissen im Durchschnitt noch leben könnten. Eine Abschätzung der Entwicklung der Lebenserwartung in der Zukunft ist also, anders als bei sogenannten Generationensterbetafeln, nicht eingeschlossen“ (Statistisches Bundesamt 2011b).*

Dennoch sind die Werte der Periodentafel nach Beobachtungen des Autors häufige Grundlage für Medienberichte, so auch in der Dokumentation des Saarländischen Rundfunks (2012: 18. Minute) „Das Riester-Dilemma“, in der wesentliche Ergebnisse der DIW-Studie von Hagen und Kleinlein (2011) referiert werden.

Das Statistische Bundesamt verwendet zum Zweck der langfristigen Bevölkerungsvorausschätzung auch noch ein weiteres Konzept, das der Generationentafeln, das die Trends bei der Entwicklung der Lebenserwartung berücksichtigt. Dabei wird mit unterschiedlichen Trendvarianten gerechnet. In der optimistischeren Variante L2 der 2011 veröffentlichten Generationentafeln hatten im Jahr 2009 geborene Jungen eine Lebenserwartung von 86,4 Jahren und nicht nur 77,2 Jahren gemäß der Periodentafel, Mädchen sogar von 90,7 Jahren statt einer Lebenserwartung von 82,4 Jahren (Statistisches Bundesamt 2009: 690, 919). Der Unterschied von etwa neun Jahren belegt eindrucksvoll die Intensität, die bei der Veränderung der Lebenserwartung zu beobachten ist.

Bei den für Projektionszwecke zugrunde gelegten Trends verwendet das Statistische Bundesamt die Methode der Extrapolation, indem es einen mittleren Trend zwischen dem relativ schwächeren Langfristtrend seit 1871 und dem stärkeren Mittelfristtrend seit 1972 bildet. Diese Vorgehensweise impliziert die *Annahme*, dass sich der seit 1972 beobachtete stärkere Trend wieder abschwächen wird. Schon auf der Basis dieser moderaten Annahmen erwartet das Statistische Bundesamt (2009: 5 f.) jedoch, dass die Zahl der über 80-Jährigen in Deutschland von heute vier Millionen auf über zehn Millionen im Jahr 2050 steigen wird. Jeder Siebte in Deutschland wird dann über 80 Jahre alt sein.

Bleibt die vom Statistischen Bundesamt eingerechnete Trendabschwächung aus, wird die Entwicklung der Lebenserwartung unterschätzt. Dies ist bereits bei der Erneuerung der Generationentafeln von 2006 auf 2011 unter Einbeziehung der tatsächlichen Entwicklung der Jahre 2005 bis 2009 zu beobachten gewesen. Das Statistische Bundesamt hat die Lebenserwartung für Männer trotz der Berücksichtigung von Trends bereits um ein weiteres Jahr nach oben korrigiert (Statistisches Bundesamt 2011c). Weltweit wurden die Trends der Lebenserwartung in der Vergangenheit oft systematisch unterschätzt (International Monetary Fund 2012: 5). Derartige Schätzfehler bedeuten zunächst nur Änderungen in veröffentlichten Publikationen, können aber auch gravierende Folgen haben. Der International Monetary Fund (2012: 9 ff.) verweist darauf, dass etwa die Kosten des demografischen Wandels für die öffentlichen Haushalte und die Sozialsysteme deutlich unterschätzt werden können.

Berechnungen eines Bevölkerungsexperten (Bomsdorf 2010: 28 ff.) gehen beispielsweise davon aus, dass bereits von den 1,3 Millionen heute 50-Jährigen etwa 100 000 Männer und Frauen 100 Jahre und älter werden. Danach würden zudem 91 Prozent der 2010 geborenen Mädchen das 80. Lebensjahr erreichen und 80 Prozent der 2010 geborenen Jungen. Bomsdorf (2011: 50) schätzt auch, dass von den heute 82 Millionen Einwohnern Deutschlands acht Millionen 100 Jahre alt werden können.

Versicherer kalkulieren im Interesse ihrer Kunden vorsichtig

Versicherer sind im Interesse ihrer Kunden gehalten, vorsichtig zu kalkulieren (vgl. § 11 und § 11a Absatz 3 Versicherungsaufsichtsgesetz (VAG) sowie § 5 Absatz 1 Deckungsrückstellungsverordnung (DeckRV)). Denn für sie ist es bei der Kalkulation von Rentenversicherungen über die nächsten 30 bis 60 Jahre von entscheidender Bedeutung, Trends nicht zu unterschätzen. Steigt die Lebenserwartung stärker als vom Versicherer kalkuliert, ist die Erfüllbarkeit der Versicherungsverträge gefährdet. Es läge ein aufsichtsrechtlicher Missstand vor. Gesetzlich sind die Versicherer deshalb gehalten, ihren Einschätzungen konservative Annahmen zugrunde zu legen. Insbesondere ist aufsichtsrechtlich derzeit für die Kalkulation der Verpflichtungen aus Rentenversicherungen mindestens die aktuelle Rententafel der Deutschen Aktuarvereinigung DAV 2004 R quasi vorgeschrieben (ausführlich zu Datengrundlagen und Herleitung der Rententafel siehe DAV 2005). Einem Rundschreiben der Bundesanstalt für Finanzdienstleistungsaufsicht (BaFin) zufolge

> *„[...] muss die für den einzelnen Vertrag zu bildende Deckungsrückstellung jederzeit mindestens so hoch sein, wie sie sich bei Verwendung der DAV-Sterbetafel 2004 R [...] ergeben würde, es sei denn, es liegen Erkenntnisse über Abweichungen von den der Sterbetafel DAV 2004 R zu Grunde liegenden Voraussetzungen vor" (BaFin 2004).*

Es ist sinnvoll, zur Bewertung der eingerechneten Trends auch die Erkenntnisse der demografischen Forschung einzubeziehen: Das Max-Planck-Institut für demografische Forschung (Schnabel et al. 2005: 3) analysierte die weltweite Entwicklung der Lebenserwartungen. Danach hatten die jeweils höchsten Lebenserwartungen entwickelte Länder wie Neuseeland, Japan, Schweiz, Island oder Schweden. In den letzten 160 Jahren ist in den Ländern mit der jeweils höchsten Lebenserwartung die Lebenserwartung zum Beispiel von Frauen um fast drei zusätzliche Lebensmonate pro Jahr gestiegen. Dabei wurden als wesentliche Faktoren das Zusammenwirken von steigendem Wohlstand, Bildung, gesunder Ernährung, humaneren Arbeitsbedingungen mit geringerem körperlichem Verschleiß, verbesserter Hygiene, sozialer Fürsorge und medizinischer Versorgung identifiziert. Im Ergebnis ist die Lebenserwartung fast linear gestiegen, Zeichen von Abflachungen der Trends sind nicht erkennbar (Schnabel et al. 2005: 3).

Der anhaltende Anstieg war zuletzt vor allem der verringerten Sterblichkeit im hohen Alter zuzuschreiben. Die weitere Entwicklung ist abhängig von der Frage, welche Durchbrüche bei Prävention, Diagnose und Behandlung von tödlichen Krankheiten – etwa Krebs, neurodegenerativen und Herz-Kreislauf-Erkrankungen – noch erreicht werden können. Aber auch weitere Innovationen aus der Genom- und Stammzellenforschung sowie aus der Nanotechnologieforschung sind denkbar. Wohl kaum jemand konnte sich vor 40 Jahren vorstellen, dass sich die Überlebenschance nach einem Herzinfarkt verfünffachen und die Krebssterblichkeiten deutlich sinken würden. Entsprechend wurde in der Vergangenheit die Entwicklung der Lebenserwartung von den meisten Beobachtern stetig unterschätzt. Prognosen der Lebenserwartung mussten immer wieder nach oben korrigiert werden, das gilt nicht nur für das Statistische Bundesamt, das galt auch für die diesbezüglichen Einschätzungen der Versicherungsmathematiker in den Jahren 1986 und 1994. Nach Ansicht des Max-Planck-Instituts für demografische Forschung könnten die Annahmen des Statistischen Bundesamtes auch in den Generationentafeln mit der optimistischeren Variante um bis zu sieben Jahre zu niedrig liegen. Das hätte erhebliche Auswirkungen auf die prognostizierte Bevölkerungsentwicklung jenseits des Renteneintrittsalters mit entsprechenden Folgen für die Sozialsysteme (Schnabel et al. 2005: 3).

Dass die Lebensversicherer durch vorsichtige Kalkulation derart gravierende Trendunterschätzungen zu vermeiden versuchen, schulden sie nicht zuletzt ihren Kunden, die ein Anrecht auf berechenbare Versorgungsleistungen haben. Diese erwarten, dass die Versicherer den Stand der Wissenschaft bei ihren Projektionen bestmöglich berücksichtigen.

Unterschiede zwischen DIW-Ansatz und Versicherer-Kalkulation

Hagen und Kleinlein (2011) entnehmen ihre Berechnungen der umfassenderen Ausarbeitung von Kleinlein (2011) für die SPD-nahe Friedrich-Ebert-Stiftung. Die Konzeption dieser Untersuchung ist wiederum zuvor in Kooperation mit dem DIW Berlin entstanden (Hagen und Kleinlein: 5). In seiner Analyse zu „10 Jahre Riester-Rente" geht Kleinlein nicht von den oben genannten Erkenntnissen der Demografen aus, sondern von den mittlerweile veralteten Generationentafeln des Statistischen Bundesamtes aus dem Jahr 2006, die er geringfügig modifiziert. Diese Werte liegen jedoch unter den Annahmen der Lebenserwartung der den Versicherern bei ihren Vertragsabschlüssen bereits heute nicht mehr erlaubten Rententafeln DAV 1994 R aus dem Jahr 1994.

Ein aktuelles Beispiel illustriert die Bedeutung von Sicherheiten bei Rechnungsgrundlagen, die dazu verwendet werden, lebenslange Leistungen zu garantieren: So ging in den zwei Jahren nach der Einführung der Nichtraucher-Schutzgesetzgebung zum Jahreswechsel 2007/2008 –

verglichen mit den zwei Jahren zuvor – die durchschnittliche monatliche Herzinfarktrate um 14 Prozent, bezogen auf die Nichtraucher sogar um 23 Prozent zurück (Deutsche Gesellschaft für Kardiologie – Herz- und Kreislaufforschung 2012). Solche externen Einflussfaktoren werden von den Generationentafeln nicht berücksichtigt.

Zudem kalkulieren die Versicherer Lebenserwartungen für Kunden, die eigenständig entscheiden, ob sie überhaupt Rentenversicherungen abschließen. Das ist ein großer Unterschied etwa zu Zwangssystemen wie der gesetzlichen Rentenversicherung. Denn bei freiwilligen Vorsorgeentscheidungen findet unter den Kunden durch die individuellen Entscheidungsprozesse eine Selbstselektion statt. Menschen, die subjektiv für sich selbst eine unterdurchschnittlich kurze verbleibende Lebensspanne annehmen, werden eher keine Rentenversicherung abschließen (siehe beispielsweise Schulte et al. 2010: 22). Sie werden auch bei einer bereits abgeschlossenen Rentenversicherung später häufiger das Kapitalwahlrecht in Anspruch nehmen. Selbst bei der Riester-Rente ist es zulässig, den Vertrag zu kündigen, um sich das Vertragsguthaben förderschädlich, das heißt ohne die gewährten Zulagen, aber mit den Zinsen auf die Zulagen auszahlen zu lassen. Die Förderung zahlt sich vermindert also trotz Kündigung aus (Kiesewetter 2001: 18 ff.).

Genau diese Selektionseffekte berücksichtigen die Versicherungsmathematiker der Deutschen Aktuarvereinigung (DAV) bei der Kalkulation der Sterbetafeln. Die Werte werden auf Grundlage von Branchendaten regelmäßig überprüft, um sicherzustellen, dass die Annahmen zur Sterblichkeit der Versicherten weiter Bestand haben.

Auch in diesem Kontext sind die Erkenntnisse der Demografen vom Max-Planck-Institut gewinnbringend. Sie haben untersucht, welche Bedeutung bestimmte konkrete Faktoren für die Lebenserwartung eines Individuums haben können, Faktoren, deren Relevanz für den Einzelnen offensichtlich ist. So verkürzt sich die Lebenserwartung eines Kettenrauchers – mehr als 20 Zigaretten pro Tag – statistisch gesehen bei Männern um 18 Jahre, bei Frauen um 19 Jahre. Bei extremem Alkoholgenuss – mehr als sechs Gläser pro Tag – verkürzt sich die Lebenserwartung bei Männern um zehn Jahre, bei Frauen um acht Jahre. Erkrankungen mit Diabetes mellitus führen bei Männern zu einer um 21 Jahre, bei Frauen zu einer um 18 Jahre reduzierten Lebenserwartung, jeweils verglichen mit einem gesunden Individuum ohne jegliche Risikofaktoren. Einen sehr großen Einfluss hat auch die abstrakt-subjektive Einschätzung zur Gesundheitszufriedenheit. Männer (Frauen), die von sich selbst angeben, mit ihrer Gesundheit überhaupt nicht zufrieden zu sein, haben eine um fast 19 Jahre verkürzte Lebenserwartung (Frauen eine um über 15 Jahre) (Doblhammer et al. 2008: 127).

Es ist offensichtlich, dass die Lebenserwartung von Menschen, bei denen sich einer oder mehrere dieser Risikofaktoren finden, deutlich verkürzt ist. Dies ist den betroffenen Personen meist auch bewusst. Es ist also davon auszugehen, dass viele dies bei ihren Vorsorgeentscheidungen auch berücksichtigen. Ins Extrem gewendet: Der kettenrauchende, zu extremem Alkoholkonsum neigende und deutlich übergewichtige Diabetiker wird nur sehr selten eine Leibrente in Anspruch nehmen. Er wird entweder erst gar keine Versicherung abschließen oder – soweit möglich – die Kapitalabfindung wählen. Internationale Untersuchungen ergaben, dass der Selektionseffekt aufgrund eigener Entscheidung freiwillig Versicherter zu einer um etwa 25 Prozent niedrigeren Sterbewahrscheinlichkeit verglichen mit einem Versicherungskollektiv auf Basis von Zwangsteilnahme führt, ein Effekt, der vom Ausmaß nur wenig kleiner ist als der betreffende Unterschied zwischen Männern und Frauen (Mitchell et al. 2002: 52, 48).

Produktoptionen haben Einfluss auf individuelle Renditeerwartungen

Kunden, die eine subjektiv verkürzte Lebenserwartung haben, können jedoch mithilfe verschiedener Gestaltungsoptionen auch im Bereich der Versicherungsprodukte ihre individuelle Renditeerwartung optimieren. Dazu können zum Beispiel anstelle von volldynamischen Leibrenten teildynamische oder flexible Überschussrenten vereinbart werden. Das heißt, dass die erst während der Auszahlungsphase erwirtschafteten Überschüsse bereits zu Beginn antizipiert und für eine höhere Anfangsrente verwendet werden. Die anfänglichen Rentenzahlungen fallen dann deutlich höher aus, dafür ist der Inflationsausgleich durch Rentensteigerungen im Rentenbezug schwächer. Auch kann eine 30-prozentige Kapitalzahlung in Anspruch genommen werden. Das bedeutet, 30 Prozent des zu Rentenbeginn angesparten Kapitals einschließlich aller Zulagen und Überschussbeteiligungen können auf einen Schlag dem Vertrag förderunschädlich entnommen werden. Zuletzt können Kunden speziell bei Riester-Rentenversicherungen auch lange Rentengarantiezeiten vereinbaren. Damit werden auch im Fall eines vorzeitigen Ablebens, die bis zum 85. Lebensjahr theoretisch zu zahlenden Renten garantiert ausgezahlt – etwa an den überlebenden Ehe- oder Lebenspartner. Da der Riester-Bestand noch sehr jung ist, lässt sich bislang nur schätzen, wie stark diese Gestaltungsmöglichkeiten künftig genutzt werden. Rentabilitätsuntersuchungen zur Riester-Rente müssten diese Kundenoptionen anders als Hagen und Kleinlein (2011) und Kleinlein (2011) mit berücksichtigen, wenn sie den Anspruch erheben, dem Betrachter ein umfassendes und korrektes Bild der Wirklichkeit zu bieten.

Versicherer gehen wegen der Selbstselektionseffekte bei der Kundenzusammensetzung jedenfalls bei der Kalkulation von Produkten ohne Inanspruchnahme obiger Optionen davon aus, dass ihre Kunden im Rentenbezug wenigstens „normal" gesund sind und eher selten zu extremen Risikogruppen mit schweren chronischen Erkrankungen oder gesundheitsschädlichen Suchtkrankheiten zählen. „Normal" gesund zu sein, also weder besonders krank zu sein und auch keiner besonderen Risikogruppe anzugehören, bedeutet logischerweise bereits eine im Vergleich zum *statistischen* Bevölkerungsdurchschnitt *überdurchschnittliche* Lebenserwartung zu haben. Dafür muss man nicht *besonders* gesund oder extrem fit sein. Es genügt bereits, keine besonderen, die Lebenserwartung deutlich verkürzenden Faktoren aufzuweisen.

Folgerungen für die Rentabilität von Riester-Verträgen

Entsprechend ist die Lebenserwartung der Versicherten bei Riester-Verträgen im Mittel zwingend höher als die Lebenserwartung der Gesamtbevölkerung. Dies ändert sich auch nicht dadurch, dass es *politisch* bei der Riester-Rente *wünschenswert* wäre, wenn sich möglichst viele oder sogar alle Menschen versichern würden. Solange der Gesetzgeber kein Obligatorium vorschreibt und sämtliche individuellen Wahlrechte bei den Produkteigenschaften ausschließt, können und werden Kunden ihre Vorsorgeentscheidung von ihrer subjektiven Einschätzung abhängig machen, ob sich diese angesichts ihrer individuellen Lebenserwartung jeweils normal rentiert oder eher nicht. Versicherer können und dürfen diese Selektionseffekte nicht unberücksichtigt lassen. Der Verfasser geht davon aus, dass man sogar unterstellen muss, dass die verschiedenen Berichterstattungen über die DIW-Studie von Hagen und Kleinlein (2011) noch verstärkend zu den Selbstselektionseffekten beitragen, da viele Menschen die unzutreffende Botschaft, man müsse sehr alt werden, damit sich eine Riester-Rente lohnt, tatsächlich geglaubt haben. Dies zeigen etwa die Leserkommentare unter Berichten zur Riester-Rente im Internet.

Rentabilitätsuntersuchungen zur Riester-Rente, die den Rentenbezug und folglich die erwartete Rentenzahlungsdauer berücksichtigen, müssen die realen Effekte, also sowohl den steigenden Trend zur Verlängerung der Lebenserwartung als auch die Effekte der Selbstselektion unter den Kunden, angemessen berücksichtigen. Denn die Kunden, die sich bewusst für Rentenversicherungen entschieden haben, werden selbst im Mittel auch praktisch von ihrer höheren Lebenserwartung *profitieren*. Die Berücksichtigung der tatsächlich höheren Lebenserwartung ist somit renditeneutral. Richtig wäre daher, die Rentabilität der Riester-Rente mit allen die vorgenannten Effekte berücksichtigenden Annahmen der Lebensversicherer zur Lebenserwartung zu berechnen, gegebenenfalls unter Außerachtlassung der darüber hinausgehenden zusätzlichen Sicherheitsmargen, dann jedoch einschließlich der gesetzlich geregelten Ausschüttung etwaiger Risikogewinne. Maurer et al. (2012) ermitteln so eine hohe Effizienz der Leibrentenprodukte im deutschen Versicherungsmarkt.

4 Vorwurf: Muss man sehr alt werden, damit sich eine Riester-Rente lohnt?

Warum der vom DIW Berlin verbreitete Vorwurf, man müsse 109 Jahre alt werden, damit die Riester-Rente für den Einzelnen eine Verzinsung von 2,5 Prozent bietet (DIW Berlin 2011), und die These, Riester-Produkte lohnten sich oft nicht mehr als ein Sparstrumpf, nicht zutreffend sein können, soll im Folgenden herausgearbeitet werden. Gestützt wurden diese Behauptungen auf die Berechnungen von Kleinlein (2011), der sowohl Erwartungswerte für die Rentabilität von Riester-Produkten als auch sogenannte Zielalter zur Erreichung bestimmter, willkürlich festgelegter Wunschrenditen berechnet. Während die Erwartungsrendite das klassische Maß zur Ex-ante-Einschätzung von Produktrenditen ist, kann mit der Rentabilitätskennziffer „Zielalter für eine Zielrendite“, im Folgenden kurz als „Zielalter“ bezeichnet, die Rentabilität eines Produktes nicht bestimmt werden:

Bei der Rentabilitätskennziffer „Zielalter“ wird das Alter gesucht, das Kunden individuell ex post betrachtet erreicht haben müssten, um eine bestimmte Wunsch- oder Zielrendite nach Kosten zu erzielen. Die reale Entscheidungssituation der Kunden wird dabei ausgeblendet. Denn der Kunde weiß bei Vertragsabschluss nicht, wie lange er leben wird. Er handelt in einer Entscheidungssituation unter Unsicherheit. Diese sind entscheidungstheoretisch allerdings korrekt nur ex ante anhand von Erwartungswerten zu modellieren. Zusätzlich sollten in dem Entscheidungsmodell auch die Risiken und die Risikoneigung modelliert werden, insbesondere die Frage, wie der Kunde mit dem „Langlebigkeitsrisiko“ umgeht. Mit dem Langlebigkeitsrisiko wird die Frage beschrieben, wie der Kunde bis zum Lebensende ein ausreichendes Alterseinkommen sicherstellen kann, selbst bei Erreichen eines sehr hohen Alters. Die rein durchschnittliche Betrachtung, wie sie Hagen und Kleinlein mit ihrer Fokussierung auf die durchschnittliche Lebensdauer implizieren (2011: 9), ignoriert, dass ohne Schutz durch eine Rentenversicherung jeweils etwa die Hälfte der Versicherten zum Todeszeitpunkt entweder noch Vorsorgevermögen unverbraucht vererben oder bereits (teilweise lange) vor dem Tod ihr Vorsorgevermögen verbraucht haben wird.

Rentabilitätskennziffer „Zielalter" ignoriert Risikoüberschussbeteiligung

Modelltheoretisch sehr problematisch ist, dass die Rentabilitätskennziffer „Zielalter" ein Partialmodell ist. Eine wichtige Frage kann darin analytisch nicht modelliert werden: Ohne Annahmen zur kollektiven Lebenserwartung der Versicherten insgesamt sind die Risikoüberschüsse nicht zu bestimmen, entsprechend kann auch keine Beteiligung der Versicherten an den gesetzlich vorgeschriebenen Risikoüberschüssen eingerechnet werden. Die zu erwartenden Leistungen des Versicherers werden dann nicht vollständig erfasst, die Rentabilität der Produkte folglich unterschätzt. Insbesondere liegt dann keine belastbare Problemanalyse hinsichtlich der Effizienz der Riester-Produkte vor, aus der sich erst sozial- oder verbraucherpolitische Schlussfolgerungen ziehen lassen, was ja Ziel der DIW-Studie ist (Hagen und Kleinlein 2011: 13 f.).

Werden wie im DIW-Bericht die Risikoüberschüsse ignoriert, könnten korrekte Ergebnisse nur entstehen, wenn angenommen wird, dass die Lebenserwartung des Versichertenkollektivs der Lebenserwartung nach der DAV-Sterbetafel mit Sicherheitszuschlägen (1. Ordnung) entspricht. Das heißt, die Versicherten in diesem Modellkollektiv müssten im Schnitt sogar länger leben, als von den Aktuaren prognostiziert. Das wird aber vom DIW Berlin gerade bezweifelt (DIW Berlin 2011b: 9).

Tatsächlich führt Kleinlein in seiner vom DIW Berlin mitkonzipierten Studie, der Hagen und Kleinlein (2011) in großen Teilen folgen, dann auch einschränkend aus, dass er die Risikogewinne lediglich bei der Rentenrendite, bei den weiteren Kenngrößen (Rentabilitätskennziffer „Zielalter") jedoch explizit nicht berücksichtigt hat:

> *„Etwaige Risikogewinne im Rentenbezug werden pauschal bei der Rentenrendite einberechnet [...]. Bei den weiteren Kenngrößen wurde auf die Berücksichtigung dieser Größen verzichtet, [...]" (Kleinlein 2011: 51).*

Riester-Renten haben attraktive Rentenrenditen

Interessant ist nun, welche Rentenrenditen Kleinlein errechnet unter der Maßgabe, die Kunden würden exakt so alt werden, wie von ihm als realistisch eingeschätzt (Kleinlein 2011: 65) – die 35-jährigen Männer also 83,73 Jahre und die gleichaltrigen Frauen 89,87 Jahre. Die Rendite liegt dann nach Kleinlein (2011: 57 f.) bei 35-jährigen Frauen bei 3,81 Prozent und bei gleichaltrigen Männern (wegen der gesetzlich vorgeschriebenen Unisex-Tarife niedriger) bei 3,40 Prozent, jeweils gerechnet unter Einbeziehung der Überschussbeteiligung aus Zins-, Kosten- und Risikoergebnis.

Offensichtlich ist damit, dass die Riester-Rentenversicherung auch ohne Förderung eine ordentliche Rentabilität erreicht. Das gilt auch dann, wenn die Versicherten eine nur so niedrige Lebenserwartung haben, wie Hagen und Kleinlein (2011: 9) durch Bezugnahme auf die Lebenserwartungsannahmen von Kleinlein mittelbar nahe legen. Entscheidend ist, dass bei diesen Berechnungen die Überschussbeteiligung der Versicherer umfassend, also im Hinblick auf sämtliche Ergebnisquellen, berücksichtigt wurde.

DIW-Kritik basiert nicht nur auf fehlerhafter Methodik ...

Aber warum kommt der DIW-Wochenbericht von Hagen und Kleinlein (2011) dann gleichzeitig laut Presseerklärung (2011) zu dem Schluss, man müsse 109 Jahre alt werden, um wenigstens eine Rendite von 2,5 Prozent zu erhalten, obwohl die Kunden wie soeben ausgeführt nach Kleinlein (2011) bereits mit 84 Jahren Produktrenditen von 3,4 Prozent erreichen? Ein offensichtlicher Widerspruch, wenn man beide Studien nebeneinanderlegt. Leider ist dieser Widerspruch in der Arbeit von Hagen und Kleinlein (2011) selbst nicht erkennbar, weil die von Kleinlein ermittelten Rentenrenditen der Riester-Produkte dort nicht angegeben werden. Es werden ausschließlich die – wie oben ausgeführt – für echte Rentabilitätsberechnungen nicht geeigneten sogenannten Zielalter analysiert.

Dafür wurden in vier Szenarien Berechnungen durchgeführt, je mit und ohne Dynamisierung der zu zahlenden Beiträge, je mit und ohne Zins- und Kostenüberschüssen. Wie oben dargelegt, wurde bei der Rentabilitätskennziffer „Zielalter" die Risikoüberschussbeteiligung nie eingerechnet, obwohl gerade sie von zentraler Bedeutung ist, wenn – wie hier – Auffassungsunterschiede bei der Einschätzung der Lebenserwartung durch die Lebensversicherer bestehen. Denn wenn die tatsächliche Lebenserwartung der Versicherten – wie Kleinlein (2011) und damit auch Hagen und Kleinlein (2011) dem Betrachter nahe legen – niedriger ist als die Annahmen zur Lebenserwartung der Versicherer, dann fallen sicher Risikogewinne an, die gesetzlich auch zwingend zu mindestens 75 Prozent zu Rentenerhöhungen zu verwenden sind. Kleinlein (2011: 24) geht sogar davon aus, dass die Risikoüberschüsse in Zukunft stark steigen werden.

... sondern auch auf einer die Wirklichkeit verzerrende Kommunikation

In der Kommunikation mit der Öffentlichkeit wurden die verschiedenen Szenarien – mal wird mit, mal wird ohne Überschussbeteiligung gerechnet – nicht hinreichend transparent gemacht. So heißt es in der Pressemitteilung des DIW Berlin zum Wochenbericht (2011):

> *„Eine 35-jährige Frau, die heute einen Riester-Vertrag abschließt, muss – wird die Rendite auf die garantierte Rentenleistung und Überschüsse bezogen – mindestens 77 Jahre werden, um allein das herauszubekommen, was sie selbst eingezahlt und was sie an Zulagen vom Staat erhalten hat. Möchte diese Frau auch einen Inflationsausgleich und höhere Zinsen erwirtschaften, müsste sie sogar ihren 109. Geburtstag erleben" (veranschaulicht Hagen).*

Die Behauptung, man müsse 109 Jahre alt werden, damit ein Riester-Vertrag 2,5 Prozent Zinsen erwirtschaftet, wird auf Zahlen gestützt, die *ohne* Überschussbeteiligung gerechnet wurden, also allein auf Basis des Höchstrechnungszinses von 2,25 Prozent (Hagen und Kleinlein 2011: 11). Implizit werden mit dieser Methodik extreme Kapitalmarktszenarien zum Normalfall für Jahrzehnte erklärt. Diese – wie Wels et al. (2012: 39) kritisieren – unrealistische Annahme wird aber in der Presserklärung nicht transparent gemacht. Im Gegenteil entsteht der Eindruck, dass auch hier mit Überschüssen gerechnet wurde.

Tatsächlich hätte in dem Kontext der Presserklärung dann aber stehen müssen, dass bereits mit 84,8 Jahren 2,5 Prozent Verzinsung zu erwirtschaften wären. Dass auch dieser Wert unter der Rentenrendite von 3,40 Prozent liegt, die nach Kleinlein (2011) ein Mann bereits mit 83,73 Jahren erzielen kann, liegt daran, dass im DIW-Wochenbericht dort, wo vorgeblich „mit Überschussbeteiligung“ (Hagen und Kleinlein 2011: 11) gerechnet wurde, die hier methodisch sehr wichtigen Risikoüberschüsse systematisch nicht mitgerechnet wurden. Wels et al. (2012: 39 f.) kritisieren in ihrer Analyse der in Kleinlein (2011) entwickelten und in Hagen und Kleinlein (2011) übernommenen Methodik gerade diese Vorgehensweise als methodisch inkonsistent. Schon das von Hagen und Kleinlein (2011) genannte Zielalter von 84,8 für eine Zielrendite von 2,5 Prozent ist bei Einbeziehung der Überschussbeteiligung deutlich zu hoch.

Vergleich von Wunschrenditen mit Garantieleistungen abwegig

Wenn Hagen und Kleinlein (2011: 5) ein „Wunschrenditeniveau“ von 2,5 Prozent nach Kosten als Ziel vorgeben, obwohl in ihrem Modell für die Produktkalkulation nur der 2011 gesetzlich festgelegte Höchstrechnungszins von 2,25 Prozent vor Kosten berücksichtigt wird, dann ist ein extrem verzerrtes, irreales Ergebnis für das sogenannte Zielalter bereits programmiert. Da sich bereits kleine Zinsdifferenzen durch Zinseszinseffekte über mehr als 60 Jahre lange Anspar- und Verrentungszeiträume exponentiell kumulieren, scheint nach Auffassung des Verfassers des vorliegenden Artikels das Modell von vornherein darauf ausgelegt, die Riester-Produkte publikumswirksam zu diskreditieren. Denn offensichtlich ist die vom DIW Berlin aufgestellte Benchmark für den durchschnittlichen Kunden oder ein durchschnittliches Versichertenkollektiv allein mit dem Garantiezins von vornherein unmöglich zu erreichen.

Im Mittel kann kein Produkt mehr auszahlen, als im Modell Kleinleins an Beiträgen und Erträgen hineingegeben wird. Die Absurdität dieses realitätsfernen Vergleichs wird leider erst bei genauer Aufschlüsselung der Rahmendaten der Modellrechnung deutlich. Erst jetzt kann sich auch für Fachunkundige erschließen, dass das Ergebnis keine belastbaren Aussagen bietet. Daher sind nach Ansicht des Autors auch die aus den Befunden abgeleiteten Schlussfolgerungen in der Analyse des DIW Berlin, Riester lohne sich für viele nicht, falsch. Dass sich mit dieser Methodik – bleibt es bei der Zielrendite von 2,5 Prozent – mit dem neuen Höchstrechnungszins von nur noch 1,75 Prozent noch abwegigere Ergebnisse konstruieren lassen werden, ist offensichtlich.

Auch die Behauptung, Riester lohne sich in vielen Fällen nur wie ein Sparstrumpf, besticht mehr durch ihre mediale Plakativität als durch ihren analytischen Unterbau. Begründet wird diese Feststellung damit, dass Kunden über 84 Jahre alt werden müssten, um lediglich die eingezahlten Beiträge *und* Zulagen wieder heraus zu bekommen. Ignoriert wird bei dieser Betrachtung nicht nur, dass ein Vorsorgesparer beim „Sparstrumpf“ keine Förderung bekommt. Verkannt wird auch der Versicherungscharakter der Produkte, die im Unterschied zu einem „Sparstrumpf“ nicht nur zeitlich befristete Entnahmen, sondern eine lebenslange Altersversorgung bieten. Produkte ohne Absicherung des Langlebigkeitsrisikos beinhalten immer die Gefahr, „die Ersparnisse zu überleben“ und im Alter nicht gegen Verarmung abgesichert zu sein (Wels et al. 2012: 41). Zu bemängeln ist zuletzt, dass zur Errechnung dieser für die Kernaussage der DIW-Kommunikation zentralen Zahl die Überschussbeteiligung erneut gänzlich unberücksichtigt geblieben ist.

Ergebniskommunikation vertauscht Verbraucher- mit Politikperspektive

Besonders gravierend im Hinblick auf die öffentliche Wirkung der obigen im Kern abwegigen Feststellungen führt die Kommunikation des DIW-Wochenberichts den externen Betrachter in die falsche Richtung hinsichtlich der eingenommenen Perspektive. Denn während der DIW-Wochenbericht vorgibt, eine gesellschaftlich-kollektive Betrachtungsweise zu verfolgen, in der es nicht um individuelle Vorteilhaftigkeit, sondern um ökonomische Effizienz geht (Hagen und Kleinlein 2011: 10, Kasten 1), nimmt die Pressemitteilung des DIW Berlin (2011) mit ihren Aussagen „Die Riester-Produkte haben sich seit ihrer Einführung zuungunsten der Sparer entwickelt“ und „Riester-Sparer erzielen in vielen Fällen nur so viel Rendite, als hätten sie ihr Kapital im Sparstrumpf gesammelt“ eine auf individuelle Vorsorgeentscheidungen zielende Perspektive ein. Auch in der nach Auffassung des Verfassers extrem einseitigen Fernseh-„Dokumentation“ „Das Riester-Dilemma“ wird gegenüber dem Fernsehpublikum dieses Fehlverständnis gefördert:

> *„Unsere Analyse sagt, dass es viele Sparer gibt, die nicht besser abschneiden werden, als wenn sie ihr Geld in einen Sparstrumpf gesteckt hätten“ (Originalton Hagen, Saarländischer Rundfunk 2012: 22. Minute).*

Die Renditeperspektive eines einzelnen Sparers oder Investors bezieht sich jedoch grundsätzlich immer nur auf den Eigenbetrag, den er selbst für Konsum, ein Riester-Produkt oder ein alternatives nicht gefördertes Vorsorgeprodukt zur Verfügung hat (Kiesewetter 2001: 3). Genau diese Frage der individuellen Rentabilität untersuchen Hagen und Kleinlein (2011) und Kleinlein (2011) aber gerade nicht. Sie betrachten die vom Staat gewährte Förderung quasi als Teil des von dem Kunden selbst aufgebrachten Geldes und berechnen die Rendite bezogen auf die Summe von Beiträgen und Zulagen und nicht, wie bei einer individuellen Perspektive angezeigt, nur bezogen auf die netto vom Sparer selbst durch Konsumverzicht aufgebrachten Eigenbeiträge. Aus Sicht des einzelnen Sparers wird damit die Wirkung der Riester-Förderung für die Riester-Produkte neutralisiert. Familienstand, Einkommen und Kinderzahl sind dann aber entgegen der Wirklichkeit für das Ergebnis ohne Belang.

Dies belegt auch die Ergebnistabelle des DIW-Wochenberichts (Hagen und Kleinlein 2011: 11), die in der Fußnote zwei Varianten nach der Kinderzahl unterscheidet, die sich aber – trotz der sehr unterschiedlichen Förderintensitäten – in den Ergebnissen gar nicht auswirken. Vergleiche der Rentabilität eines geförderten Riester-Produktes mit Sparformen ohne Förderung sind damit unmöglich. Der eigentliche Vorteil der Riester-Produkte gegenüber sämtlichen alternativen Anlageformen, also die Förderung selbst, wird dadurch in ihrer vor allem Familien und Geringverdiener besonders begünstigenden Wirkung quasi herausgerechnet. Eine individuelle Entscheidungshilfe „Lohnt sich die Riester-Rente für den Einzelnen – ja oder nein?“ ist so methodisch unmöglich (siehe zu geeigneten Vergleichen der Vorteilhaftigkeit Kiesewetter 2001: 12). Dies führt auch zu Fehleinschätzungen betreffend die verteilungspolitische Leistungsfähigkeit der Riester-Rente.

Das DIW Berlin reklamiert, die Zulagenförderung wie einen selber aufgebrachten Eigenbeitrag des Sparers berücksichtigt und damit die Wirkung der Förderung für die Produktrendite bewusst herausgerechnet zu haben, weil eine gesellschaftspolitische Würdigung beabsichtigt sei (Hagen und Kleinlein 2011: 10). In einer Art Effizienzanalyse solle aus der Perspektive des Staates die Rentabilität von Riester-Produkten eingeschätzt werden. Grundsätzlich ist die Ermittlung einer gesamtwirtschaftlichen, *kollektiven* Rendite durch Betrachtung eines *individuellen* Alters zur Erreichung dieser Rendite aber in sich widersprüchlich (Wels et al. 2012: 40). Entgegenzuhalten ist auch, dass bei einer gesamtwirtschaftlichen Perspektive Aussagen, wie Riester lohne sich für viele nicht, falsch und nicht geeignet sind, den Sachverhalt für den adressierten Betrachter objektiv darzustellen.

DIW-Studie verursacht nachhaltigen Imageschaden für Riester-Rente

Die Medienberichterstattung zur DIW-Studie selbst hat diese feinsinnige Unterscheidung zwischen individueller und gesellschaftlicher Perspektive jedenfalls nicht vorgenommen. So titelte *Die Zeit* „Rente für Methusalem – Nach zehn Jahren Riester wird offenbar: Die Versicherung zahlt sich oft erst im hohen Alter aus" (Oberhuber 2011: 34). Die *Berliner Zeitung* titelte „Riestern rentiert sich nicht – DIW-Studie belegt: Sparer müssen steinalt werden, um von der Anlage zu profitieren" (Roth 2011: 1). In der breiten Öffentlichkeit ist das Studienergebnis entsprechend auch anders angekommen als vom DIW Berlin methodisch mit der gesellschaftlich-ökonomischen Effizienzperspektive in der Studie vorgeblich angelegt:

So zeigt eine Umfrage des Meinungsforschungsinstituts Allensbach (Köcher 2012: 26 f.) unmittelbar nach der Veröffentlichung der DIW-Studie im Dezember 2011, dass nur noch 22 Prozent der Befragten der Aussage zustimmen, dass sich der Abschluss einer Riester-Rente lohnt. Dagegen meinen 39 Prozent, dass sich die Riester-Rente nicht lohnen würde. Ein erheblicher Teil der Befragten hat in der Zeit zuvor Medienberichte mit kritischem Tenor zur Riester-Rente gelesen. Bei der Befragung 2008 meinten nur 22 Prozent der Teilnehmer, dass sich eine Riester-Rente nicht lohne, hingegen waren damals 38 Prozent überzeugt, die Riester-Rente lohne sich.

Analysen der Bestandsentwicklung der Riester-Verträge, die das Bundesministerium für Arbeit und Sozialordnung quartalsweise publiziert, zeigen auch bereits einen massiven Einbruch beim Nettozuwachs der Riester-Verträge im ersten Quartal 2012 verglichen mit dem Vorjahreszeitraum, obwohl die Vorteilhaftigkeit der Riester-Rente wissenschaftlich eindeutig nachgewiesen ist (siehe mit weiteren Nennungen Kiesewetter 2001, Reichert 2012, Weckfort 2012). Wissenschaftskommunikation steht auch in der Verantwortung für den Eindruck, den sie in der Öffentlichkeit mit den Instrumenten der Pressearbeit von den Ergebnissen ihrer Forschung erzeugt.

5 Ergebnis

Zusammenfassend ist festzuhalten: Ein Vergleich der Kosten von Riester-Renten mit den Zulagen kann für sich genommen kein sinnvolles Kriterium zur Beurteilung von Riester-Renten liefern. Eine aussagekräftige Bewertung der Riester-Rente muss die Leistungskomponenten des Produkts berücksichtigen. Angesichts differenzierter Fördermechanismen, einer breiten Palette von Gestaltungsoptionen für die Vorsorgenden und der Tatsache, dass das Gros der Riester-Verträge die Leistungsphase noch nicht erreicht hat, stößt dies auf methodische Probleme. Vielfach sind daher nur Modellrechnungen möglich. Für die Ergebnisse und die Schlussfolgerungen, die sich sinnvoll ableiten lassen, kommt es entscheidend auf die Methodik und die Annahmen an, die solchen Berechnungen zugrunde gelegt werden.

Die Renditen der Riester-Rentenversicherungen liegen unter Einbeziehung sämtlicher Kosten- und Überschusskomponenten bereits auf der Basis des in der Studie Kleinleins (2011) entwickelten konservativen Modells bei 3,4 bis 3,8 Prozent. Zusätzliche Renditeeffekte durch die Förderung sind hier noch nicht eingerechnet. Erst wenn die Überschussbeteiligung gänzlich unbeachtet bleibt oder wenn die wichtige Überschusskomponente der Risikoüberschussbeteiligung nicht berücksichtigt wird, wie dies bei den im DIW-Wochenbericht zitierten Berechnungen systematisch der Fall ist, lassen sich die falschen Aussagen ableiten, die in der aktuellen Kritik an der Effizienz der Riester-Produkte vorgetragen wurden. Die zentralen Leistungsbestandteile der Produkte einfach unbeachtet zu lassen, ist jedoch in der beabsichtigten gesellschaftlich-ökonomischen Betrachtungsweise methodisch eindeutig fehlerhaft und wurde in der Fachliteratur von Wels et al. (2012) zu Recht bereits kritisiert.

Die in der DIW-Studie verwendete, auf eine individuelle Betrachtung zielende Rentabilitätskennziffer „Zielalter für eine Wunschrendite" ist im Gegensatz zum ökonomisch fundierten Konzept der Rentenrendite konzeptionell ungeeignet, objektive Aussagen zur Effizienz und Rentabilität von Riester-Produkten zu machen: Es wird kein geschlossenes Modell verwendet, in dem alle der Versichertengemeinschaft zustehenden Beträge auch ausgezahlt werden. Dadurch wird die Rentabilität der Riester-Produkte systematisch unterschätzt. Zudem wird der Versicherungscharakter der Produkte ignoriert, nachdem es bei der Bestimmung der Rendite nicht darauf ankommt, ob oder wann ex post ein Versicherungsfall tatsächlich eingetreten ist, sondern mit welchen Wahrscheinlichkeiten ex ante in welchem Ausmaß der Leistungsfall eintreten wird.

Dass gleichzeitig in der öffentlichen Kommunikation zur Studie in Presserklärungen und Interviews anstelle der methodisch vorgeblich bezweckten volkswirtschaftlich-ökonomischen Betrachtung Aussagen verwendet werden, die die individuelle Rentabilität der Produkte in Frage stellen, nimmt ein deutliches Fehlverständnis über die Studienergebnisse in der Öffentlichkeit billigend in Kauf. Denn, ob ein Sparstrumpf eine geeignetere Altersvorsorge darstellen kann, appelliert mitnichten an den politischen Gestalter, sondern an den konkrete Vorsorgeentscheidungen treffenden Sparer. Dasselbe gilt für die unzutreffende Suggestion, der Vorsorgesparer müsse über 109 Jahre alt werden, um eine Rendite von 2,5 Prozent zu erzielen.

Es bleibt die Frage, warum mit einem ungeeigneten Analysekonzept und plakativer, objektiv unsachlicher Rhetorik in den politischen Meinungskampf eingegriffen wurde. Die gegebenen Politikempfehlungen sind hier aufschlussreich: Denn die Studienautoren fordern gestützt auf die vermeintliche Ineffizienz der Produkte nicht nur die Abschaffung der Riester-Förderung. Die frei werdenden Mittel sollen zur Finanzierung von Zusatzleistungen in der gesetzlichen Rentenversicherung eingesetzt werden, um die Altersarmut von Geringverdienern zu bekämpfen (Hagen und Kleinlein 2011: 12).

Diese Forderung offenbart nach Auffassung des Autors des vorliegenden Beitrags eine politische Motivation von Hagen und Kleinlein (2011). Jenseits der Grundsätze wissenschaftlich fundierter Politikberatung werden eigene verteilungspolitische Wertvorstellungen an die Stelle sozialpolitischer Ziele des Gesetzgebers gesetzt. Während die Riester-Rente politisch zum Ziel hatte, dass die gesetzlich Versicherten trotz Absenkung des Rentenniveaus ihren Lebensstandard im Alter halten können, geht es den Studienautoren um das Ziel der Prävention von Altersarmut lediglich der Geringverdiener und dies mit Berechnungen, die den Fördereffekt der Riester-Rente für Geringverdiener gerade *nicht* zeigen. Mit diesem politischen Impetus verlässt das DIW Berlin die selbstgestellte Aufgabe „politische Entscheidungen auf eine fundierte Basis zu stellen" und betreibt statt Wirtschaftsforschung selber Rentenpolitik.

Literaturverzeichnis

— BaFin (2004): Anordnung betreffend die nach dem 31. Dezember 2004 abgeschlossenen Rentenversicherungsverträge. Rundschreiben 9/2004 (VA) vom 29. Oktober 2004.

— Bomsdorf, Eckart (2010): Die Lebenserwartung in Deutschland – ein Blick in die Zukunft. *ifo-Schnelldienst.* 22/2010, 25-32.
— Bomsdorf, Eckart (2011): Hundertjährige in Deutschland bis 2111 – ein unterschätztes Phänomen?! *ifo-Schnelldienst,* 17/2011, 50–56.
— Bundesrat (2000): Entwurf eines Gesetzes zur Reform der gesetzlichen Rentenversicherung und zur Förderung eines kapitalgedeckten Altersvorsorgevermögens. Bundesrat Drucksache 764/00 vom 23.11.2000.
— Buntenbach, Annelie und Claus Matecki (2011): 10 Jahre Riester-Rente: Es wird Zeit, endlich umzusteuern. *Soziale Sicherheit,* 12/2011, 404.
— DAV (2005): Herleitung der DAV-Sterbetafel 2004 R für Rentenversicherungen, DAV-Unterarbeitsgruppe Rentnersterblichkeit. Blätter der DGVFM, Band XXVII, Heft 2, Oktober 2005.
— Deutsche Gesellschaft für Kardiologie – Herz- und Kreislaufforschung e.V. (DGK) (2012): Gesetzliches Rauchverbot senkt Herzinfarktrate – Nichtraucher profitieren besonders von Eindämmung des Passivrauchens. Pressemittteilung vom 13. April 2012, online abgerufen am 6. Juli 2012.
— Deutscher Bundestag (2006): Entwurf eines Gesetzes zur Reform des Versicherungsvertragsrechts. Bundestags-Drucksache 16/3945 vom 20.12.2006,
— Deutscher Bundestag (2008a): Riester-Rente – Sparer verlieren staatliche Zulagen durch hohe Gebühren. Bundestags-Drucksache 16/10501 vom 08.10.2008.
— Deutscher Bundestag (2008b): Berechnung und Verwendung der Risikoüberschüsse aus sogenannten Riester-Verträgen. Bundestags-Drucksache 16/9243 vom 21.05.2008.
— Deutscher Bundestag (2009): Riester-Förderung – Subventionierung der Versicherungswirtschaft ohne praktische rentenerhöhende Wirkung für die Riester-Sparenden. Bundestags-Drucksache 16/12952 vom 07.05.2009.
— Deutscher Bundestag (2011): Erste Erfahrungen mit Riester-Renten – Gründe für die häufig unter den Erwartungen liegenden Renten. Bundestags-Drucksache 17/5849 vom 16.05.2011.
— Deutscher Bundestag (2012a): Plenarprotokoll v. 14. Juni 2012 zum Antrag Die Linke zur Riester-Bilanz. 21937 ff.
— Deutscher Bundestag (2012b): Risiken der Riester-Rente offen legen – Altersvorsorge von Finanzmärkten entkoppeln. Bundestags-Drucksache 17/9194, vom 28.03.2012.
— DIW Berlin (2011): DIW fordert grundlegende Reform der Riester-Rente: „Rendite oft so schlecht wie beim Sparstrumpf". Pressemitteilung vom 23.11.2011.
— DIW Berlin (2012): Workshop „Riester-Rente: Grundlegende Reform dringend geboten!?" am 1. Juni 2012.
— Doblhammer, Gabriele, Elena Muth und Anne Kruse (2008): *Lebenserwartung der Deutschen – Analyse, Prognose und internationaler Vergleich.* Rostocker Zentrum zur Erforschung des Demografischen Wandels.
— Führer, Christian und Arnd Grimmer (2006): *Einführung in die Lebensversicherungsmathematik.* Karlsruhe, Verlag Versicherungswirtschaft.
— Gasche, Martin (2008): *Und sie lohnt sich doch! Riestern ist auch und gerade für Geringverdiener wichtig.* Allianz Dresdner Economic Research. Working Paper Nr. 107, 30.06.2008.
— Gesamtverband der Deutschen Versicherungswirtschaft (GDV) (2000): Stellungnahme zum „Entwurf eines Gesetzes zur Reform der gesetzlichen Rentenversicherung und zur Förderung eines kapitalgedeckten Altersvorsorgevermögens". 1. Dezember 2000.
— Hagen, Kornelia und Axel Kleinlein (2011): Riester-Rente: Grundlegende Reform dringend geboten. *Wochenbericht des DIW Berlin.* Nr. 47, 3–14.

— International Monetary Fund (2012): *Global Financial Stability Report.* The Quest for Lasting Stability. Kap. 4.
— Kiesewetter, Dirk (2001): *Zur steuerlichen Vorteilhaftigkeit der Riester-Rente.* Tübinger Diskussionsbeitrag. 224.
— Kleinlein, Axel (2011): *10 Jahre „Riester-Rente" – Bestandsaufnahme und Effizienzanalyse.* WISO-Diskurs. November. Friedrich Ebert Stiftung.
— Köcher, Renate (2012): Die Altersvorsorge der Deutschen. Folienpräsentation bei einer GDV-Pressekonferenz am 26.1.2012, abgerufen am 27.7.2012 unter www.gdv.de.
— Maurer, Raimond, Ralph Rogalla und Ivonne Siegelin (2012): *Participating Payout Life Annuities: Lessons from Germany.* Pension Research Council Working Paper, Mai.
— Mitchell, Olivia S. und David McCarthy (2002): Estimating international adverse selection in annuities. *North American Actuarial Journal,* 6 (4).
— Nohn, Corinna (2008): Abzocke mit Riester – Die Masse der staatlichen Zulagen wandern in die Tasche der Anbieter, kritisieren Verbraucherschützer. *Süddeutsche Zeitung* vom 27.8.2008, 23.
— Oberhuber, Nadine (2011): Rente für Methusalem – Nach zehn Jahren Riester wird offenbar: Die Versicherung zahlt sich oft erst im hohen Alter aus. *Die Zeit* vom 8.12.2011, 34.
— ÖKO-TEST (2010): Rente, Geld, Versicherungen 2010. Ratgeber. Nr. N 1011, 8–17.
— ÖKO-TEST (2011a): Reise ins Labyrinth. Heft 06, 76–81.
— ÖKO-TEST (2011b): Riester-Banksparpläne. Heft 07, 119–123.
— Reichert, Michael (2012): Der Einfluss von Kosten auf die Vorteilhaftigkeit der Riester-Rente. Arqus Diskussionsbeiträge der quantitativen Steuerlehre, Nr. 129, Mai.
— Roth, Eva (2011): Riestern rentiert sich nicht – DIW-Studie belegt: Sparer müssen steinalt werden, um von der Anlage zu profitieren. *Berliner Zeitung* vom 24.11.2012, 1.
— Saarländischer Rundfunk (2012): Das Riester-Dilemma. Dokumentation, erstmalig ausgestrahlt in der ARD am 9.1.2012.
— Schmähl, Winfried (2011): Die Riester-Reform von 2001 – Entscheidungen, Begründungen, Folgen. *Soziale Sicherheit,* 12, 405–414.
— Schnabel, Sabine, Kristin von Kistowski und James W. Vaupel (2005): Immer neue Rekorde und kein Ende in Sicht. *Demografische Forschung. Aus Erster Hand,* 2 (2), 3.
— Schulte, Katharina und Ulrike Zirpel (2010): *Betting on a long life: The role of subjective life expectancy in the demand for private pension insurance of german households.* Economics working paper. Nr. 2010,06. Christian-Albrechts-Universität Kiel, Department of Economics.
— Schwark, Peter (2012): Die Riester-Kritik – fachlich fundiert oder vor allem Stimmungsmache? Vortrag auf dem Workshop des DIW Berlin „Riester-Rente: Grundlegende Reform dringend geboten!?" am 1. Juni 2012.
— Statistisches Bundesamt (2009): Bevölkerung Deutschlands bis 2060. 12. Koordinierte Bevölkerungsvorausberechnung. Statistisches Bundesamt, Wiesbaden.
— Statistisches Bundesamt (2011a): Berechnung von Periodentafeln. Statistisches Bundesamt, Wiesbaden.
— Statistisches Bundesamt (2011b): Lebenserwartung in Deutschland erneut leicht gestiegen. Pressemitteilung Nr. 343 vom 20.09.2011.
— Statistisches Bundesamt (2011c): Generationensterbetafeln für Deutschland – Modellrechnungen für die Geburtsjahrgänge 1896–2009. Statistisches Bundesamt, Wiesbaden.
— Stolz, Ulrich und Christian Rieckhoff (2011): Förderung der Riester-Rente für das Beitragsjahr 2008 – Mehr als neun Millionen Personen mit Zulagen. *RV-aktuell,* Nr. 12, 355–364.

— Weckfort, Frank (2012): Riester-Rente: Top oder Flop? *Zeitschrift für Versicherungswesen*, 17/2012, 533–536.
— Wels, Maik und Christian Rieckhoff (2012): Lohnt sich die Riester-Rente? – Ausgewählte Renditeberechnungen in der Diskussion. *Deutsche Rentenversicherung*, 1, 36–44.
— Westerheide, Peter, Michael Feigl, Lena Jaroszek, Johannes Leinert und Achim Tiffe (2010): Transparenz von privaten Riester- und Basisrentenprodukten, Mannheim.
— Wikipedia (2012): Lebenserwartung. Abgerufen im Internet am 19.06.2012.

Die Riester-Versorgung ist grundlegend – Sie sollte konstruktiv kritisiert, aber nicht zerredet werden

THOMAS DOMMERMUTH

Thomas Dommermuth, Fachhochschule Amberg-Weiden und Institut für Vorsorge und Finanzplanung, E-Mail: thomas.dommermuth@vorsorge-finanzplanung.de

Zusammenfassung: Die Riester-Versorgung ist deutlich besser als ihr Ruf. Nur wenige der in der öffentlichen Diskussion kritisierten Bestandteile sind wirklich problematisch; teilweise hat der Gesetzgeber tatsächliche Probleme bereits beseitigt, zur Beseitigung einen Gesetzesentwurf vorgelegt oder eine Problemlösung in Aussicht gestellt. Hinter dem Argument, die Rendite sei nicht besser als beim Sparstrumpf, steht eine in der Investitionsrechnung und Finanzmathematik nicht übliche Verfahrensweise. Die tatsächlichen am Markt vor zu findenden effektiven Renditen nach Steuerwirkungen sind deutlich höher als bei Produkten der Schicht 3, weisen jedoch von Anbieter zu Anbieter und zwischen den verschiedenen Produktarten erhebliche Unterschiede auf. Wie bei anderen Formen der Altersvorsorge gilt: Der Kaufentscheidung sollte eine ausreichende Produkt- und Angebotsinformation vorausgehen. Hierzu gibt es genügend Veröffentlichungen, zum Beispiel von Finanztest.

Summary: The Riester pension is much better than its reputation. Only some of the criticism is actually problematic. In part the legislature has already addressed or is going to address some of the existent issues. Behind the argument that the return was no better than a piggy bank is a miscalculation: actual returns are significantly higher than for products in the so-called "Schicht 3" (pension plans and financial investments without state support), but differ significantly between providers and between product types. As with other forms of pensions, the purchase decision should be preceded by adequate product and offer information. For this, there are plenty of publications, including those, for example, by Finanztest.

→ JEL Classification: D11, H24, I38
→ Keywords: Riester pension, Riester costs, profitability, yield, grant

1 Einleitung und Problemstellung

Die aktuelle politische Diskussion um die Zuschussrente zeigt, wie sehr sich die gesetzliche Rente für die Masse der Versicherten von einer ursprünglich zentralen Altersversorgung zu einer reinen Grundsicherung wandelt. Die Schere zwischen dem Rentenbedarf und dem verfügbaren Alterseinkommen geht zusätzlich noch dadurch auseinander, dass der Bedarf sich vergrößert und die verfügbare Rente sich durch zunehmende Abzüge von Kranken- und Pflegeversicherungsbeiträgen sowie der im Zeitablauf ansteigenden Steuerlast auf Renten aus der sogenannten „Schicht 1" verringert (vgl. § 22 Nr. 1 Satz 3 Einkommensteuergesetz (EStG) und zum Begriff: Bericht der Sachverständigenkommission zur Neuordnung der steuerrechtlichen Behandlung von Altersvorsorgeaufwendungen und Altersbezügen 2003: 16–17). Die Flankierung der umlagefinanzierten gesetzlichen Rente durch ein Kapitaldeckungsverfahren erscheint sinnvoll, da sich beide Systeme ergänzen. Aus diesem Grunde wurde 2002 die Riester-Versorgung eingeführt; sie soll die immer größer werdenden Lücken der Altersversorgung schließen und dabei – durch staatliche Förderung – besonders für die Masse der Menschen bezahlbar sein. In der öffentlichen Diskussion ist jene Zusatzversorgung allerdings zunehmender Kritik ausgesetzt, die nach meiner Auffassung in den meisten Fällen nicht gerechtfertigt ist. Der vorliegende Beitrag beschäftigt sich zunächst mit dem Sinn einer staatlich geförderten kapitalgedeckten und privaten Altersversorgung, greift anschließend die zentralen Kritikpunkte gegenüber der Riesterrente auf und analysiert diese.

2 Der Sinn einer staatlich geförderten kapitalgedeckten und privaten Altersversorgung

2.1 Eigeninitiative bei der Altersvorsorge wichtig wie nie zuvor

Die große Rentenreform 1957 orientierte sich an einem Rentenbedarf zu Beginn des Lebensabends in Höhe von 70 Prozent des letzten verfügbaren Einkommens vor Rentenbeginn. Diese Bedarfsschätzung ist aus meiner Sicht nach heutigen Maßstäben zu gering. Krankheitsbedingte Kosten, die die Krankenkasse/-versicherung nicht übernimmt, und Pflegekosten, die der Rentner selbst tragen muss, haben sich inzwischen systematisch erhöht. Und für die infolge der deutlich zugenommenen Lebenserwartung noch sehr Rüstigen fallen Ausgaben für ein – im Vergleich zur Erwerbszeit – Mehr an Freizeit, Kultur und Reisen ebenfalls deutlich höher aus als vor rund 50 Jahren. Der künftige Rentner muss also mit einem Bedarf rechnen, der weit über das sogenannte Eckrentenniveau hinausgeht.

Gleichzeitig hat sich das Ist aus der gesetzlichen Rentenversicherung im Verhältnis zum letzten verfügbaren Einkommen in den letzten 20 Jahren spürbar verringert, Folgen aus zahlreichen Reformen, die unter anderem Anrechnungszeiten von Schule/Hochschule und die Höherbewertung der ersten Berufsjahre aus dem Leistungskatalog strichen, den Beginn der Altersrente heraufsetzten und die Dynamisierung der Renten zeitweise bis auf null reduzierten. Die künftige demografische Entwicklung wird voraussichtlich dazu führen, dass die Schere zwischen Soll und Ist weiter auseinandergeht (Statistisches Bundesamt 2009: 13–22). Zusätzlich wird sich die Steuerbelastung bemerkbar machen, die als Folge des 2005 in Kraft getretenen Alterseinkünftegesetzes und der darin geregelten „Rürup-Treppe" (§ 22 Nr. 1 Satz 3 Buchstabe a Doppelbuchstabe aa EStG) immer mehr Rentner erfassen wird. Sollten die Beitragssätze in der Kranken- und Pflegeversicherung weiter ansteigen, dürfte Altersarmut für viele künftige Rentner in Deutschland zur Realität werden (vergleiche zu Prognosen: Niehaus 2008: 37). Private (und betriebliche) Altersvorsorge ist daher so wichtig wie nie zuvor seit Gründung der Bundesrepublik Deutschland. Dennoch titelt das Handelsblatt „Massenflucht aus der Altersversorgung" (Handelsblatt 2010) und eine Postbank-Studie (Postbank 2010) stellt fest, dass fast 25 Prozent der Befragten, die zusätzliche Altersvorsorge für sich selbst zwar als wichtig ansehen, ihre Verträge jedoch trotzdem gekündigt oder reduziert haben. Zwar führt das Bundesministerium für Arbeit und Soziales (BMAS) in seiner Riester-Statistik zum Ende des zweiten Quartals 2012 (BMAS 2012) stolz 15,56 Millionen Riester-Verträge auf, verschweigt aber, dass mittlerweile fast zwei Millionen Verträge gekündigt wurden und über zwei Millionen Verträge gegenwärtig beitragsfrei gestellt sind. Auch die Zuwächse im zweiten gegenüber dem ersten Quartal mit lediglich je 2 000 Verträgen bei Riester-Versicherungen und Fonds sind historisch niedrig; der mit Abstand größte Teil des Zuwachses von 84 000 Verträgen gegenüber dem 1. Quartal 2012 geht auf das Konto von Wohnriester, also von Bausparverträgen und Riester-Darlehen.

Während also einerseits die freiwillige Altersvorsorge für die meisten Menschen in unserem Land besonders bedeutungsvoll ist, scheint andererseits verstärkt Verdruss gegenüber diesem Thema einzutreten. Unsere Gesellschaft muss meiner Meinung nach aufpassen, dass sie die erforderliche „Eigeninitiative bei der Altersvorsorge" nicht völlig zerredet, zumal die unruhige Situation an den Kapitalmärkten, die Banken-, Staaten und Währungskrise nicht zur Vertrauensbildung in diesem Bereich beitragen.

2.2 Kapitaldeckung als Flankierung des Umlagesystems

Ein umlagefinanziertes Rentensystem gerät durch gravierende demographische Veränderungen wohl schneller an seine Grenzen als ein Kapitaldeckungsverfahren (vgl. zur kontroversen Diskussion: Breyer 2004: 227, Paraskewopoulos 2002: 97). Andererseits kann eine Gehaltsdynamik bei der Umlagefinanzierung unmittelbarer greifen als bei der Kapitaldeckung, die darüber hinaus im Falle einer Währungsreform Nachteile hat; beide Systeme haben also ihre Existenzberechtigung. Sehr viel spricht daher nach meiner Auffassung dafür, den umlagefinanzierten Kernteil der gesetzlichen Rentenversicherung durch eine kapitalgedeckte Altersvorsorge zu flankieren.

Die Flankierung sollte nachgelagert besteuert werden. Dies lässt sich wie folgt begründen (vergleiche zur Wirkung der nachgelagerten Besteuerung Dommermuth 2010: 1816):

- Aufgrund der Steuerersparnis muss der Vorsorgende für eine bestimmte Zielsumme weniger aufwenden als bei vorgelagerter Besteuerung.
- Der investierte Betrag ist um die Steuerersparnis höher als der effektiv aufgewandte Eigenbeitrag; dadurch ergibt sich ein Zinseffekt.
- Zusätzlich kann es zu einem Steuer- beziehungsweise Progressionseffekt kommen, nämlich dann, wenn der Steuersatz im Rentenalter geringer ausfällt als in der Beitragsphase.

Eine nachgelagert besteuerte kapitalgedeckte Flankierung des Umlagesystems macht somit immer dann Sinn, wenn der Steuersatz in der Leistungsphase zumindest nicht höher ist als der in der Beitragsphase, was in der Praxis grundsätzlich der Fall ist.

2.3 Riester-Versorgung als Flankierung des Umlagesystems

Beim Riester-Sparen kommt ebenfalls die nachgelagerte Besteuerung zum Tragen: Beiträge sind nach § 10a EStG als Sonderausgaben steuermindernd absetzbar, und Leistungen unterliegen der vollen Einkommensbesteuerung gemäß § 22 Nr. 5 EStG mit Ausnahme des vernachlässigbaren Werbungskosten-Pauschbetrags – dieser ist ohnehin grundsätzlich durch die gesetzliche Rente bereits ausgeschöpft – in Höhe von 102 Euro. Bei vielen Riester-Sparern erreicht diese nachgelagerte Besteuerung ihre maximal positive Wirkung, da die Sparer zwar in der Erwerbsphase die staatliche Vergünstigung nutzen, in der Leistungsphase für sie aber voraussichtlich überhaupt keine Steuerbelastung eintreten wird. Gegenwärtig sind lediglich rund 20 Prozent aller Rentner einkommensteuerlich belastet (Rheinische Post 2010); zwar wird der Anteil durch die „Rürup-Treppe" künftig wohl ansteigen, jedoch gerade bei den grundsätzlich geringer verdienenden Riester-Sparern nach meiner Einschätzung nur unterproportional.

Riester verbessert die nachgelagerte Besteuerung jedoch noch um einen weiteren Effekt: Unterschreitet das zu versteuernde Einkommen des Riester-Sparers einen bestimmten Betrag, der von seinem Familienstand und der Anzahl förderberechtigter Kinder abhängt, besteht die Förderung der Beitragsphase ausschließlich in einer Zulage gemäß §§ 79 ff. EStG an Stelle der Steuerersparnis. Die Zulage ist in diesem Bereich immer höher als es die – in niedrigen Einkommensbereichen geringe – Steuerersparnis wäre. Durch die Zulage unterscheidet sich das Riester-Sparen erheblich von der Förderung der anderen beiden Formen staatlich geförderter Altersvorsorge, der betrieblichen Altersversorgung und der „Rürup-Rente", bei denen Geringverdiener aufgrund nicht vorhandener beziehungsweise bescheidener Steuerbelastung in der Beitragsphase keine beziehungsweise nur geringe Förderung erhalten. Die betriebliche Altersversorgung gewährt zwar zusätzlich zur Steuerreduzierung in der Beitragsphase eine Ersparnis an Sozialversicherungsbeiträgen, dadurch verringern sich jedoch auch die entsprechenden Leistungen (gesetzliche Rente, Arbeitslosengeld, Krankengeld, Elterngeld) und die spätere Betriebsrente unterliegt grundsätzlich der vollen Belastung mit gesetzlichen Kranken- und Pflegeversicherungsbeiträgen.

Beispiel: Der verheiratete Ali Mente hat einen Riester-Vertrag mit 1 000 Euro Jahresbeitrag laufen. Sein Jahresarbeitsentgelt 2011 belief sich auf 25 000 Euro. 2012 erhält Ali Mente 154 Euro Eigen- und 300 Euro Kinderzulage, insgesamt also 454 Euro staatliche Förderung. Das zu versteuernde Einkommen 2012 beträgt 18 000 Euro, sodass sich eine Einkommensteuer von 296 Euro und ein Solidaritätszuschlag von null Euro ergibt. Stünde für Ali Mente als Förderung nur die Steuerersparnis zur Verfügung, würde sich diese auf exakt 154 Euro (Steuer auf ein zu versteuerndes Einkommen von 17 000 Euro = 142 Euro) belaufen. Das System der Zulage führt daher zu einer Mehrförderung von 300 Euro.

Das Riester-Sparen nutzt daher, wie bereits zuvor erwähnt, drei Fördermechanismen – einen Zinseffekt, einen Progressionseffekt (häufig sogar keine Steuer im Rentenalter) und einen Zulageneffekt –, den keine andere Form der Altersversorgung in Deutschland bietet.

2.4 Probleme mit dem Riester-Sparen

Wie bereits zuvor erwähnt, ist die Entwicklung des Riester-Sparens nicht zufriedenstellend. Gut 15 Millionen Verträge in rund zehn Jahren sind zwar fast 40 Prozent des geschätzten Potenzials – die Zahl der Förderfähigen wird auf 37,5 bis 42 Millionen Menschen geschätzt (Fassbauer et al. 2009: 478) –, davon sind jedoch, wie bereits erwähnt, zirka zwei Millionen Verträge ruhend;

darüber hinaus sind die Volumina meist gering, da sie lediglich die Mindestbeiträge von vier Prozent des Arbeitsentgeltes des Vorjahres ausschöpfen (vergleiche Deutscher Bundestag 2011: 13, BMAS 2012); demnach lag der Durchschnittsbeitrag eines Riester-Vertrages 2011 bei zirka 53 Euro monatlich.

Was sind die Gründe dieser enttäuschenden Situation, wo doch die staatliche Förderung so hoch ist wie in keinem anderen Bereich der Altersvorsorge? Möglicherweise spielt dafür der allgemeine Vertrauensverlust gegenüber der klassischen langfristigen Geldanlage (vergleiche die zuvor erwähnte Postbank-Studie (Postbank 2010)) eine Rolle; ein Indiz dafür ist nach meiner Auffassung die bereits erwähnte Verschiebung der Entwicklung hin zu Wohnriester. Besonders aber dürften sich meiner Meinung nach die zahlreichen Negativmeldungen in den Medien der letzten Jahre niederschlagen. Teilweise entsteht der Eindruck, Riester werde bewusst schlecht geredet. So greifen manche Presseartikel trotz der zu einem bestimmten Sachverhalt vorliegenden umfangreichen positiven Datenlage insbesondere die wenigen Negativergebnisse heraus und gestalten damit die Artikelüberschrift (vergleiche Ausführungen in Kapitel 3.3) (Süddeutsche Zeitung 2012, bild.de 2012). Auf diese Weise entsteht beim Leser bei nur flüchtiger Lektüre eine in Bezug auf jene spezifische Botschaft nicht gerechtfertigte negativ eingefärbte Grundhaltung.

Folgende angebliche Fehler werden dem Riester-Sparen hauptsächlich vorgeworfen:

- Spezifische Probleme im Produktbereich:
    - Die Verwaltungskosten der Riester-Verträge werden als zu hoch eingestuft (Finanztest 2012b, Die Welt Online 2008c).
    - Die verwendeten versicherungsmathematischen Grundlagen sollen den Anbietern angeblich mehr Nutzen bringen als den Riester-Sparern (Hagen et al. 2011: 6).
- Spezifische Probleme im rechtlichen Rahmen:
    - Mittelbar Förderberechtigte müssen einen Sockelbetrag zahlen, wenn plötzlich Sozialversicherungspflicht, zum Beispiel durch Geburt eines Kindes, entsteht (Myßen et al. 2011: 4390).
    - Hohe Komplexität (Die Welt Online 2011).
- Probleme, die nicht nur Riester betreffen:
    - Absinken des Garantiezinses (Hagen et al. 2011: 7).
    - Wechsel zu anderem Riester-Vertrag beziehungsweise Riester-Anbieter wird behindert (Hagen et al. 2011: 6).
    - Gerade bei der großen Zielgruppe der Geringverdiener „verschwindet“ die Riester-Rente im „schwarzen Loch“ der Grundsicherung, sodass der Beitrag umsonst bezahlt wurde (Die Welt Online 2008b).

Der Reigen der Kritik gipfelt in der Aussage zweier Autoren: Das Riester-Sparen sei häufig nicht besser als der Sparstrumpf (Hagen et al. 2011: 13).

3 Pro und Contra Riester

3.1 Spezifische Probleme im Produktbereich

In der Tat sind die Verwaltungskosten bei Riester-Verträgen häufig höher als bei vergleichbaren Verträgen der Schicht 3 (Finanztest 2012b, Die Welt Online 2008c), zu denen Formen der Altersvorsorge gehören, die grundsätzlich vorgelagert besteuert werden (zum Beispiel Kapitallebensversicherungen, Banksparpläne und Investmentfonds) (vergleiche zum Begriff Schicht 3 Sachverständigenkommission zur Neuordnung der steuerrechtlichen Behandlung von Altersvorsorgeaufwendungen und Altersbezügen 2003: 18–22). Dies hängt besonders mit der aufwendigen Zulagenverwaltung zusammen. Da die Riester-Zulage für die Geringverdiener jedoch ein besonders wichtiger Bestandteil ihrer Altersversorgung ist (vergleiche das obige Beispiel), der Anbieter derartige Aufwendungen aber auf den jeweiligen Kunden abwälzt, muss dieser jene Zusatzkosten als ein notwendiges Übel ansehen. Hierbei darf nicht vergessen werden, dass viele Volumina beim Riester-Sparen – wie bereits zuvor erwähnt – sehr klein sind, da der Kunde gerade den Mindestbeitrag (gemäß § 86 Abs. 1 Satz 2 EStG beträgt dieser vier Prozent des im vorangegangenen Kalenderjahr bezogenen Jahresarbeitsentgeltes) einzahlt. Stückkosten fallen dann verhältnismäßig hoch aus. Bei Banksparplänen, Bausparverträgen und Riester-Darlehen sind diese Kosten meist niedriger als bei den übrigen Verträgen. Was hält den potenziellen Kunden davon ab, sich bei dem Riester-Sparen ebenso über das Marktangebot zu informieren, wie bei Verträgen der Schicht 3 oder bei der „Rürup-Rente“? Ständig werden aktuelle Produktvergleiche veröffentlicht, aus denen die besten Anbieter und Produkte erkennbar sind, beispielsweise aktuell Finanztest 2012b; die Kosten variieren von Anbieter zu Anbieter sehr stark (beispielsweise Finanztest 2012a und 2012b). Im Falle guter Angebote stellen sie die meist überproportional gute Rendite von Riester-Verträgen (wie in Abschnitt 3.4.2 ausgeführt) nicht in Frage.

Manche Anbieter haben die bereits 2005 bei Riester-Verträgen gesetzlich eingeführte Geschlechtergleichstellung („Unisex-Tarife“) (Gesetz zur Umsetzung europäischer Richtlinien zur Verwirklichung des Grundsatzes der Gleichbehandlung (Umsetzungsgesetz) vom 14.8.2006, BGBl. I S. 1897) dazu genutzt, Männern deutlich höhere Beiträge abzuverlangen, ohne die Beiträge für Frauen entsprechend abzusenken. Aus Sicht des Autors ist ein Versicherer zunächst einmal zu verstehen, wenn er hier vorsichtig kalkuliert, da er das Mischungsverhältnis der weiblichen zu den männlichen Kunden der Zukunft nicht präzise einschätzen kann. Dies darf natürlich nicht dazu führen, dass der Anbieter sich daran bereichert. Aber selbst wenn daraus zunächst einmal zu hohe Risiko- und Sterblichkeitsgewinne beim Anbieter entstanden sind, muss der Versicherer dem Kunden einen Teil über die Überschussbeteiligung zurückgewähren. Die Verordnung über die Mindestbeitragsrückerstattung in der Lebensversicherung (Mindestzuführungsverordnung) schreibt dazu in § 4 Abs. 4 eine Rückerstattung von 75 Prozent vor. Um herauszufinden, welche Versicherer diesen Bodensatz überschreiten, sollte sich der potenzielle Kunde durch Produktvergleiche informieren. Das BMAS indessen hat in seinem zuvor bereits erwähnten Gesetzesentwurf für verbraucherfreundliches Riestern (Entwurf vom 7.8.2012) angekündigt, diesen Satz auf 90 Prozent erhöhen zu wollen.

3.2 Spezifische Probleme im rechtlichen Rahmen

Mittelbar – über den Ehegatten – Förderberechtigten wurden 2011 die Zulagen der Vergangenheit gestrichen beziehungsweise reduziert, wenn sie irgendwann, zum Beispiel durch die Geburt eines Kindes, unmittelbar förderfähig wurden und den dann erforderlichen Sockelbetrag von 60 Euro pro Jahr im betreffenden Jahr nicht gezahlt haben. Das führte 2011 zu Rückforderungen der Zentralen Zulagenstelle für Altersvermögen (ZfA) in dreistelliger Millionenhöhe und ging als weiterer „Problemfall Riester" durch die Presse. Dieses Problem wurde zwischenzeitlich durch eine entsprechende Gesetzesänderung beseitigt (Myßen et al. 2011: 4390).

Der Dualismus aus Zulage und Sonderausgabenabzug ist komplex, und das Verstehen der Zusammenhänge dürfte vielen (potenziellen) Kunden und Beratern Probleme bereiten – vielleicht vergleichbar mit dem Kindergeld und Kinderfreibetrag beim Familienleistungsausgleich. Dennoch ist gerade die Zulagenförderung der besondere Vorteil für die geringer Verdienenden und daher das Kernstück von Riester. Die Komplexität des Antragsprozesses wird durch den 2005 eingeführten Dauerzulagenantrag, der den Anbieter zur dauerhaften Abwicklung beauftragt, und die Bescheinigung, die der Kunde vom Anbieter erhält und – wegen eines möglichen Sonderausgabenabzug – seiner Steuererklärung beifügt, in Grenzen gehalten. Dass die Komplexität zur Nichtbeantragung von Zulagen führt, kann sich nur bei Riester-Sparern mit einem Altvertrag ergeben, der vor 2005 abgeschlossen und für die bisher kein Dauerzulagenantrag nachträglich gestellt wurde.

3.3 Probleme, die nicht nur Riester betreffen

Die Absenkung des Garantiezinses für Renten- und Lebensversicherungen nach der Deckungsrückstellungsverordnung auf 1,75 Prozent ab dem 1.1.2012 trifft nicht nur Riester-Verträge, sondern alle konventionellen Versicherungen; daher kann diese gesetzliche Rahmenbedingung nicht speziell den Riester-Verträgen angelastet werden. Das Argument wird jedoch von Kritikern (Hagen et al. 2011: 12) dazu benutzt, das Kapitaldeckungsverfahren als Flankierung des Umlagesystems in Frage zu stellen. Dabei wird übersehen, dass beide Systeme ihre Vor- und Nachteile haben, wie in Abschnitt 2.2 ausgeführt wurde. Wird der Sinn einer Flankierung des Umlagesystems durch eine Kapitaldeckung akzeptiert, kann aber letztere nicht durch vorübergehende Marktgegebenheiten in Frage gestellt werden. Darüber hinaus bedeutet das Absinken des Garantiezinses nicht unbedingt einen Rückgang der Rendite des Vertrages, da eine Reduzierung des Garantiezinses teilweise durch eine höhere Überschussbeteiligung kompensiert wird. Außerdem macht sich eine geringere Verzinsung bei Riester-Verträgen aufgrund der staatlichen Förderung weniger stark bemerkbar als bei Verträgen der Schicht 3 (vergleiche dazu die Ausführungen in Abschnitt 3.4.2). Schließlich bietet die Palette der Riester-Verträge – Versicherung, Banksparplan, Investmentfonds und Bausparvertrag – auch die Möglichkeit, dem Garantiezins aus dem Weg zu gehen.

Hagen et al. (2011: 6) und Verbraucherschützer (bild.de 2012) weisen darauf hin, dass die Kosten eines Wechsels von Riester-Produkten beziehungsweise -Anbietern zu hoch seien. Der Gesetzgeber legte einen Gesetzesentwurf für verbraucherfreundliches „riestern" (Entwurf vom 7.8.2012) vor, der die Kosten, die der bisherige Anbieter beim Wechsel in Rechnung stellt, ab 1.7.2013 auf 150 Euro begrenzen soll. Das Institut für Vorsorge und Finanzplanung untersuchte 78 Riester-Tarife von 58 Versicherern im August 2012 (VersicherungsJournal.de 2012). Das Ergebnis ist: Lediglich drei Anbieter überschreiten die vom Gesetzgeber angepeilte Grenze. Bei 60 Tarifen verlangen die jeweiligen Versicherer eine Pauschale, die zwischen 0 und 100 Euro liegt; von diesen staffeln zahlreiche Gesellschaften den Betrag nach der Laufzeit (je geringer desto niedriger), und vier Gesellschaften behalten sogar überhaupt keine Wechselkosten ein. Angesichts der tatsächlich vorzufindenden Lage drängt sich die Frage auf, ob diese Gesetzesinitiative überhaupt gerechtfertigt ist. Darüber hinaus zeigt die Berichterstattung in den Medien zu diesem angeblichen Problemkreis, wie sehr das Thema Riester offenbar bewusst zerredet wird: Statt aus der erwähnten Studie des Instituts für Vorsorge und Finanzplanung mit der positiven Meldung zu zitieren, dass Riester-Verträge im Falle eines Wechsels mit moderaten Kosten behaftet sind, kehrt die Presse den Inhalt der Studie genau um und titelt mit der Sensationsmeldung „Riester-Kunden zahlen bis zu 866 Euro für Versicherungs-Wechsel" (siehe bild.de 2012) beziehungsweise „Teurer Wechsel bei Riester" (vergleiche Süddeutsche Zeitung 2012). Unerwähnt bleibt in der Berichterstattung, dass beim Ausstieg aus beziehungsweise beim Wechsel von Verträgen der Schichten 1 bis 3 – also Basisrenten, betriebliche Altersversorgung und staatlich nicht geförderte Lebens- und Rentenversicherungsverträge – Kosten durch die Kündigung der Altverträge entstehen, die regelmäßig deutlich höher ausfallen als bei der Riester-Versorgung (vergleiche Finanztest 2006: 38). Es sollte daher Erwähnung finden, dass Riester-Verträge im Falle eines Wechsels kostengünstiger abschneiden als die Alternativen aus den Schichten 1 bis 3.

Riester-Förderfähige, deren jeweiliges Alterseinkommen eine bestimmte Grenze unterschreitet – 2012 waren dies für Alleinstehende beziehungsweise für den Haushaltsvorstand 374 Euro und für Haushaltsangehörige 262 Euro monatlich zuzüglich bestimmter Mehrbedarfe, zum Beispiel der Übernahme der Kranken- und Pflegeversicherungsbeiträge – erhalten ab Beginn der gesetzlichen Alters- oder Invalidenrente gemäß § 42 SGB XII eine soziale Leistung als Grundsicherung, die die Differenz zwischen dem tatsächlichen Alterseinkommen und jener Grenze auffüllen soll. Liegt das künftige Alterseinkommen ohne Riester-Rente darunter und mit Riester-Rente nicht darüber, hat der Sparende die Riester-Beiträge letztlich umsonst gezahlt, da die Riester-Rente die staatliche Subvention verringert, jedoch kein Zusatzeinkommen generiert. Dieses Problem trifft zwar sämtliche Formen der privaten und betrieblichen Altersvorsorge, bei Riester wiegt es jedoch besonders schwer, da diese Versorgung überproportional von Geringverdienern abgeschlossen wird. Unterstellen wir, dass niemand sich geplant in die soziale Hängematte im Alter legen will, so wäre der Rat, wie er in den Medien erteilt wurde (Monitor 2008), wegen einer möglichen Grundsicherung auf Eigeninitiative bei der Vorsorge zu verzichten, nicht gut (vergleiche zur Gegenüberstellung der unterschiedlichen Meinungen Die Welt Online 2008a). Andererseits wäre die Entscheidung pro Riester-Vertrag aus Sicht des Betroffenen unsinnig, wenn er jetzt schon genau wüsste, dass dessen Leistung bei einem Anspruch auf Grundsicherung verloren geht. Bei denjenigen, die sich in der Beitragsphase im Gefahrenbereich jener Entscheidungsfindung befinden, wird regelmäßig die Skepsis gegen private (und betriebliche) Eigeninitiative überwiegen. Genau diese Personen gehören aber zu der Hauptzielgruppe des Riester-Sparens. Dem Gesetzgeber bleibt somit nichts anderes übrig, als die Anrechnung der Riester-Verträge auszuschließen. Dies hat er nun mit dem Entwurf eines Gesetzes zur Anerkennung der Lebensleistung in der Rentenversicherung getan. Das BMAS beabsichtigt die Einführung einer sogenannten „Zuschussrente", die gegenwärtig jedoch für erheblichen politischen Zündstoff sorgt. Dabei sollen auf Antrag Renten aus einer zusätzlichen Altersversorgung (betriebliche Altersversorgung, Riester- und Rürup-Rente) bei der Grundsicherung nicht mehr berücksichtigt werden; sie würden dann anrechnungsfrei bleiben. Käme es dazu, wäre das Problem in Bezug auf das Riester-Sparen – nicht aber bezüglich der Schicht 3 – beseitigt.

3.4 Rendite der Riester-Versorgung

3.4.1 Vorbemerkungen

Die Ausführungen in Abschnitt 2.3 haben in Bezug auf die staatliche Förderung der Riester-Versorgung drei positive Effekte lokalisiert. Zusammen führen sie dazu, dass selbst dann noch eine positive Rendite erzielt wird, wenn die Beitragsgarantie greift und damit bei dem betreffenden Vertrag eine Nullverzinsung vorliegt. Die Begründung dafür ist, dass die Zulage beziehungsweise Steuerersparnis in der Beitragsphase dazu führt, dass der Riester-Sparer weniger aufwenden muss, als dem Vertrag tatsächlich zugutekommt.

Ein Beispiel soll dies verdeutlichen:

Verzinst sich der in einen Riester-Vertrag 20 Jahre lang eingebrachte Beitrag von 1 000 Euro jährlich mit 1,5 Prozent ohne Berücksichtigung von Steuern und inklusive Berücksichtigung von Kosten und muss der Riester-Sparer tatsächlich nur 546 Euro jährlich aufwenden, weil er – wie im obigen Beispiel – 454 Euro jährliche Zulage erhält, beträgt die Rendite tatsächlich 6,83 Prozent, wenn der Steuersatz null Prozent beträgt und – rein hypothetisch – die Auszahlung zu 100 Prozent in Kapitalform erfolgt. Wird die Leistung zu 20 Prozent besteuert, werden immer noch 4,92 Prozent Rendite erreicht.

Das Beispiel ist eine Vereinfachung, denn es lässt das Zertifizierungskriterium des § 1 Abs. 1 Satz 1 Nr. 4 Buchst. b Altersvorsorgeverträge-Zertifizierungsgesetz außer Acht, dass nur 30 Prozent der Leistung in Kapitalform gezahlt werden dürfen. Dies ist an dieser Stelle nicht entscheidend, denn das Beispiel soll verdeutlichen, dass die Renditeberechnung von Riester-Verträgen am Eigenbeitrag (Beitrag abzüglich Zulage beziehungsweise Steuerersparnis) ansetzen muss und nicht am Eigenbeitrag plus Zulage beziehungsweise Steuerersparnis, denn der finanzmathematische Wert „Rendite beziehungsweise interner Zinsfuß" stellt die effektiv verfügbare Leistung ins Verhältnis zum *effektiven* Kapitaleinsatz.

Es entspricht aus Sicht des Autors dieses Artikels nicht der Methodik der Investitionsrechnung und Finanzmathematik, wenn die Renditeberechnung jenes Beispiels an den 1 000 Euro Jahresbeitrag ansetzen würde und nicht am Eigenbeitrag (546 Euro); die Rendite – ohne Berücksichtigung der Steuer – läge dann lediglich bei 1,5 Prozent, was sie aus Sicht des betreffenden Riester-Sparers tatsächlich nicht ist. Dennoch berechnen Hagen et al. (2011) die Rendite nicht auf den Eigenbeitrag, sondern auf den Gesamtbeitrag inklusive Zulage. Dies ist, nach dem Verständnis des Autors, eine falsche Sichtweise von Hagen et al. (2011). Diese begründen ihre Sichtweise damit, dass die 1,5 Prozent des Beispiels die „Rendite aus gesellschaftlicher Sicht" sei, da die Zulage beziehungsweise Steuerersparnis letztlich durch die gesamte Gesellschaft der Steuerzahler finanziert werden muss.

Dadurch ergibt sich aber nach dem Verständnis des Autors dieses Artikels ein verzerrtes Bild: Bei dieser Perspektive kann das Riester-Sparen in sehr vielen Fällen nicht mehr rentabel sein, da nur noch der durch das System der Zulage hervorgerufene spezifische Verwaltungsaufwand für Riester-Produkte in die Berechnung eingeht, aber nicht mehr der durch die Verwaltung bewirkte Vorteil. Die Perspektive von Hagen et al. (2011) ist aus Sicht des Autors ebenso falsch wie die Vernachlässigung staatlicher Subventionen bei bestimmten Investitionen: Zum Beispiel werden viele Baudenkmäler nur deshalb gekauft und renoviert, weil der Investor über zwölf Jahre hinweg eine erhöhte Absetzung gemäß § 7i EStG steuermindernd geltend machen kann. Ohne diese staatliche Subvention würden sich derartige Investitionen oft nicht rechnen.

Nun lassen sich derartige Subventionen durchaus als volkswirtschaftliche Fehlallokation von Vermögenswerten bezeichnen, den jeweiligen Investor interessiert diese Perspektive indessen wenig: Er trifft die Investitionsentscheidung, weil die Subvention *ihm* persönlich nützt; und der Gesetzgeber schafft die rechtlichen Rahmenbedingungen, damit derartige Investitionen getätigt werden.

3.4.2 Konkrete Berechnungen

Im Rahmen einer Untersuchung, die der Autor zusammen mit dem Institut für Vorsorge und Finanzplanung anhand von sieben verschiedenen Riester-Anbietern durchführte, wurden die effektiven Renditen von Riester-Versicherungen, Fondsparplänen und Banksparplänen untersucht. Die Analyse wurde für eine 30-jährige ledige und kinderlose unmittelbar förderfähige Person mit 30 000 Euro jährlichem Arbeitsentgelt gemacht und für eine 40-jährige verheiratete Person mit einem Kind und 40 000 Euro jährlichem Arbeitsentgelt; das Arbeitsentgelt wurde bis zum Leistungsbeginn (Vollendung des 67. Lebensjahres) um jährlich zwei Prozent gesteigert. Die Person wurde als männlich und alternativ weiblich unterstellt. Der Steuersatz in der Rentenphase wurde mit 70 Prozent des in der Beitragsphase durchschnittlich über die Laufzeit hinweg erzielten Steuersatzes angenommen, obwohl – nach auf gegenwärtigem Kenntnisstand aufbauenden Prognosen – eine erhebliche Zahl von Riester-Sparern im Rentenalter voraussichtlich keine Steuer zahlen wird.

Im Gegensatz zum vereinfachten Beispiel aus Abschnitt 3.4.1 wurde ausschließlich die Rentenzahlung betrachtet, beginnend jeweils im Alter von 67. Beim Mann wurde eine Lebenserwartung bis 87 und bei der Frau bis 92 zugrunde gelegt. Inklusive der Steuer auf die Rente errechnete sich daraus eine effektive Rendite nach Steuern beim Mann (bei der Frau) von 3,2 Prozent (3,8 Prozent) im schlechtesten Fall und 6,6 Prozent (6,8 Prozent) im besten Fall. Bei vergleichbaren Verträgen der Schicht 3 lag das beste Ergebnis bei lediglich 4,3 Prozent, während das schlechteste 2,6 Prozent betrug.

Werden die Durchschnittswerte aller untersuchten Riester-Versicherungen – ohne Fonds und Banksparpläne – zugrunde gelegt, muss die Person (geschlechtsunabhängig) 76 Jahre und drei Monate alt werden, um über die kumulierte spätere Nettorente gerade ihre in der Anwartschaftszeit gezahlten Eigenbeiträge (Gesamtbeitrag abzüglich Zulagen und Steuerersparnis) ohne eine Verzinsung zurückzuerhalten. Beansprucht der Riester-Sparer eine effektive Rendite nach Steuern in Höhe von vier Prozent – dies entspricht einer Rendite vor Abgeltungsteuer und Solidaritätszuschlag von 5,43 Prozent –, muss der Sparer im Falle des Durchschnitts aller Verträge nach Rentenbeginn (mit 67) noch 15 Jahre und zehn Monate leben. Dies entspricht exakt der statistischen Lebenserwartung eines 67-jährigen Mannes nach der aktuellen Sterbetafel 2008/10 des Statistischen Bundesamtes (Statistisches Bundesamt 2011: 2). Diese Werte ergeben sich aus dem Durchschnitt der am Markt vorzufindenden schlechten und guten Versicherungsangebote. Setzt der Riester-Sparer auf einen besseren Vertrag, fällt das Ergebnis entsprechend günstiger aus. Er sollte sich daher vor einer Entscheidung gut informieren.

Das Riester-Sparen schnitt in allen Fällen besser ab als die alternativen Verträge der Schicht 3.

4 Fazit

Nur hinter wenigen der untersuchten Kritikpunkte steckt wirklich ein Problem: Die spezifischen Kosten von Riester- und Unisexprodukten sind zwar teilweise hoch, der sich informierende Kunde wird jedoch günstige und seriöse Angebote am Markt finden. Zudem kann er zwischen Versicherungen, Fonds, Banksparplänen und Bausparverträgen wählen und diese auch kombinieren. Das Problem einer nachträglichen Rückbuchung der Zulagen bei einem Wechsel von mittelbarer zu unmittelbarer Förderfähigkeit wurde gesetzlich gelöst. Die Anrechnung auf die Grundsicherung soll künftig beseitigt und eine Deckelung der Wechselkosten auf 150 Euro eingeführt werden; ob und wann das kommen wird, ist noch ungewiss. Die effektiven Renditen von Riester-Verträgen inklusive aller Kosten und Steuerwirkungen wurden vom Autor untersucht. Sie fallen im Vergleich zur Schicht 3 regelmäßig deutlich besser aus.

Literaturverzeichnis

— bild.de (2012): Riester-Kunden zahlen bis zu 866 Euro für Versicherungs-Wechsel. www.bild.de (11.9.2012, 2).

— BMAS – Bundesministerium für Arbeit und Soziales (2012): Entwicklung der privaten Altersvorsorge. www.bmas.de/SharedDocs/Downloads/DE/Thema-Rente/riesterrente-II-Quartal-2012.pdf?__blob=publicationFile (30.6.2012).

— Breyer, Friedrich (2004): Auf Leben und Tod – Steigende Lebenserwartung und Sozialversicherung. *Perspektiven der Wirtschaftspolitik,* 5 (2), 227–241.

— Deutscher Bundestag (2011): Schriftliche Fragen mit den in der Woche vom 22. August 2011 eingegangenen Antworten der Bundesregierung. Bundestagsdrucksache 17/6856 vom 26.8.2011.

— Die Welt Online (2008a): Die Riester-Rente rechnet sich doch. www.welt.de/finanzen/article1543032/Die-Riester-Rente-rechnet-sich-doch.html (11.1.2008).

— Die Welt Online (2008b): Riester-Rente lohnt sich laut Experten nicht. www.welt.de/wirtschaft/article1540493/Riester-Rente-lohnt-sich-laut-Experten-nicht.html (11.1.2008).

— Die Welt Online (2008c): Gebühren fressen die Riester-Zulagen auf. www.welt.de/finanzen/article2320361/Gebuehren-fressen-die-Riester-Zulagen-auf.html (18.1.2008).

— Die Welt Online (2011): Selbst Sparkassen ist Riester-Rente zu kompliziert. www.welt.de/finanzen/altersvorsorge/article13325799/Selbst-Sparkassen-ist-Riester-Rente-zu-kompliziert.html (3.5.2011).

— Dommermuth, Thomas (2010): Die Eigenheimrente – Potenzial und wünschenswerte Änderungen. *Deutsches Steuerrecht,* 36, 1816–1818.

— Fassbauer, Stephan und Nora Toutaouvi (2009): Die Anzahl des förderberechtigten Personenkreises der Riester-Rente – eine Annäherung. *Deutsche Rentenversicherung,* 64 (6), 478–486.

— Finanztest (2006): Weitersparen oder aussteigen. *Finanztest* Nr. 3, 38–41.

— Finanztest (2012a): Was an der Kritik dran ist. *Finanztest* Nr. 5. www.test.de/Serie-Riester-Rente-Teil-5-Kritik-an-Riester-Was-an-der-Kritik-dran-ist-4363028-4363033/

— Finanztest (2012b): Riester-Rentenversicherung: Fünfmal gut für Riester. *Finanztest* Nr. 10. www.test.de/Riester-Rentenversicherung-Fuenfmal-gut-fuer-Riester-4441205-0/

— Hagen, Kornelia und Axel Kleinlein (2011): Zehn Jahre Riester-Rente: Kein Grund zum Feiern. *DIW Wochenbericht,* Nr. 47, 3–14.

— Handelsblatt (2010): Massenflucht aus der Altersvorsorge. *Handelsblatt* vom 7.10.2010, 1.

- Monitor (2008): Arm trotz Riester: Sparen fürs Sozialamt. www.youtube.com/watch?v=9u7lZHNVbEk (10.1.2008).
- Myßen, Michael und Michaela Fischer (2011): Änderungen bei der Riester-Förderung durch das BeitrRLUmsG. *NWB*, 52.
- Niehaus, Frank (2008): *Prognose des Beitragssatzes in der gesetzlichen Krankenversicherung*. Köln.
- Paraskewopoulos, Spiridon (2002): Ist eine zusätzliche private Altersvorsorge in Deutschland notwendig? Mikro- versus makroökonomische Aspekte. In: Karl Farmer, Reinhard Haupt und Werner Lachmann (Hrsg.): *Lang leben und verarmen?* Münster, Hamburg, London, Lit Verlag.
- Postbank (in Zusammenarbeit mit dem Institut für Demoskopie Allensbach) (2010): Postbank-Studie – Altersvorsorge in Deutschland 2010/2011.
- Rheinische Post (2010): Jeder fünfte Rentner in Deutschland zahlt Steuern. http://nachrichten.rp-online.de/wirtschaft/jeder-fuenfte-rentner-in-deutschland-zahlt-steuern-1.65894 (11.2.2010).
- Sachverständigenkommission zur Neuordnung der steuerrechtlichen Behandlung von Altersvorsorgeaufwendungen und Altersbezügen (2003): Bericht der Sachverständigenkommission zur Neuordnung der steuerrechtlichen Behandlung von Altersvorsorgeaufwendungen und Altersbezügen (sogenannten Rürup-Kommission). Abschlussbericht. www.bundesfinanzministerium.de/Content/DE/Downloads/Abt_4/Bericht_Ruerup_Kommission.html
- Statistisches Bundesamt (2009): Bevölkerung Deutschlands bis 2060. 12. koordinierte Bevölkerungsvorausberechnung. Wiesbaden.
- Statistisches Bundesamt (2011): Bevölkerung und Erwerbstätigkeit. Sterbetafel Deutschland. 2008/10. Wiesbaden.
- Süddeutsche Zeitung (2012): Teurer Wechsel bei Riester. *Süddeutsche Zeitung* vom 8./9.9.2012, 30.
- VersicherungsJournal.de (2012): Die besten Riester-Renten. www.versicherungsjournal.de/versicherungen-und-finanzen/die-besten-riester-renten-112967.php (11.9.2012).

Verschärfung der Ineffizienz der Riesterrente-Angebote 2012 und in den Folgejahren

AXEL KLEINLEIN

Axel Kleinlein, Bund der Versicherten, E-Mail: akleinlein@bundderversicherten.de

Zusammenfassung: Durch die Senkung des sogenannten Garantiezinses und durch die Anpassung der Kalkulationssterbetafeln an das Jahr 2012 zeigt sich eine weitere Effizienzminderung der Riester-Angebote im Vergleich zur Situation im Jahr 2011. Die Ergebnisse der Studien von Kleinlein (2011) sowie Hagen und Kleinlein (2011) werden bestätigt. Nach Sichtung einiger Argumente der Kritiker zeigt sich, dass sich unter „Herausrechnen" der Zulagen die Riester-Verträge aus Sicht der einzelnen Sparer zwar effizienter darstellen. Dies hat aber keine Auswirkung auf die Effizienz des Produktes. Im Artikel wird auch gezeigt, dass die Kritik haltlos ist, dass in den beiden Studien die Zunahme der Langlebigkeit nicht hinreichend beachtet worden sei. Im Gegenteil: Tatsächlich unterstellen die Versicherer in der Kalkulation eine überzogen hohe Zunahme der Lebenserwartung.

Summary: The reduction of the guaranteed interest rate and the adoption of the mortality tables for the year 2012 show a further decrease in the efficiency of Riester-Rente products, compared to the situation in 2011. The results of this study confirm Kleinlein (2011) and Hagen and Kleinlein (2011). Following critics, it in fact turns out that, from the perspective of the individual consumer, Riester-Rente saving is more efficient by omitting Riester-Rente subsidies from calculations. However, this has no effect on the efficiency of the product. The article also shows that the criticism of both studies, that the increase in longevity has not been adequately addressed, is unfounded. On the contrary, in fact, the insurers calculate an exaggerated life expectancy.

→ JEL Classification: D14, G23, H44
→ Keywords: Riester pension, Riester stock-check, Riester efficiency, Riester return

Bei dem Artikel handelt es sich um eine erweiterte schriftliche Fassung eines Vortrags des Autors (Kleinlein 2012) auf einem Workshop des DIW Berlin „Riester-Rente: Grundlegende Reform dringend geboten!?" (DIW 2012).

1 Einleitung

Der Beitrag ist eine Erweiterung einer Bestandsaufnahme und Effizienzanalyse zur Riester-Rente des Autors (Kleinlein 2011) und einer darauf aufbauenden Analyse des DIW Berlin (Hagen und Kleinlein 2011). Als Befund dieser beiden Arbeiten wurde folgendes festgestellt: Durch die Minderung der Garantieverzinsung und eine leichte Erhöhung der Lebenserwartung durch die im Jahr 2012 einschlägigen Kalkulationsannahmen ergibt sich eine leichte Verschärfung der bereits 2011 beobachteten Befunde einer niedrigen Effizienz von Riester-Angeboten. Insbesondere weisen die für eine bestimmte Wunschrendite ermittelten Zielalter für Riester-Rentenversicherungen auch weiter darauf hin, dass es – insbesondere unter Betrachtung der Garantierenten – nur wenigen Riester-Sparern gelingen wird, durch den Erhalt der Rente eine adäquate Gegenleistung für die in den Vertrag eingegangenen Eigenbeiträge und Zulagen zu erhalten.

Den 2011 vorgestellten Befunden wurde vor allem aus der Versicherungswirtschaft (dazu insbesondere Gesamtverband der Deutschen Versicherungswirtschaft (GDV) 2011, Schwark 2012a) kritisch begegnet. Die Kritik bezog sich unter anderem auf eine vermeintliche Nichtbeachtung der staatlichen Zulagen, den Nichteinbezug der Risikogewinne sowie eine Marginalisierung der Zunahme der Lebenserwartung.

Mit dem vorliegenden Beitrag liefert der Autor eine auf das Jahr 2012 aktualisierte Berechnung der Kennziffer „zu erreichendes Zielalter“ für Riester-Rentenversicherungen (Abschnitt 2). Die Ergebnisse zeigen, dass kaum ein Riester-Sparer das hinreichende Alter zu erzielen vermag, um eine die Inflation schlagende Rendite zu erreichen. Dies gilt besonders dann, wenn auf die Garantierente abgestellt wird. Auch unter Einbezug der Überschussbeteiligung bestätigen sich die bereits 2011 ermittelten Befunde.

Im dritten Abschnitt des Beitrags finden sich einige Erläuterungen zu den methodischen Hintergründen der Berechnung des Zielalters, die auf die wesentlichen Kritikpunkte eingehen. Dabei steht vor allem im Vordergrund, ob die Zulage in die Renditeberechnung einzugehen hat oder nicht. Hier wird argumentiert, dass die Nichtbeachtung der Zulagen tatsächlich zu einer Verbesserung der Renditekennziffern führt. Die Riester-Verträge erscheinen effizienter, als sie es unter Einbezug der Zulagen sind. Methodisch erlauben diese Berechnungen damit die Identifizierung von Gruppen, die besonders von den Zulagen profitieren. Sie erlauben jedoch keinen Schluss auf das Riester-Produkt als solches.

Zusätzlich zeigt sich im vierten Abschnitt bei der Untersuchung des Anstiegs der Lebenserwartung, dass der von den Versicherungsunternehmen in der Kalkulation angenommene Anstieg unangemessen hoch angesetzt ist. Die von den Versicherern unterstellte Lebenserwartung entfernt sich daher noch weiter von realistischen Annahmen. Dies führt zu einem in den gängigen Sterbetafeln strukturell einkalkulierten Effekt, der stetig zu einer Effizienzminderung der Riester-Rentenversicherungen führen wird.

2 2012: Gesenkter Höchstrechnungszins und höhere kalkulierte Lebenserwartung

Die Riester-Rendite wird durch zwei Änderungen, die seit 2012 wirksam werden, beeinflusst:

- Senkung des Höchstrechnungszinses und
- Aktualisierung der für die Kalkulation herangezogenen Sterbetafeln.

2.1 Senkung des Höchstrechnungszinses

Entsprechend den Vorgaben nach § 65 Versicherungsaufsichtsgesetz (VAG) und der Deckungsrückstellungsverordnung (DeckRV) hat sich der Höchstrechnungszins am jeweiligen Zinssatz der Anleihen des Staates, auf dessen Währung der Vertrag lautet, zu orientieren. Der jeweilige Höchstwert darf dabei nicht mehr als 60 Prozent betragen. Daher war eine Höchstrechnungszinsminderung zum 1.1.2012 angezeigt. Der Verordnungsgeber legte diesen mit 1,75 Prozent fest.

Vergleichsweise stark wirkt sich diese Minderung des Höchstrechnungszinses aus, wenn die aus den Garantieleistungen herrührenden Kenngrößen zur Effizienz betrachtet werden. Die Leistungen inklusive Überschussbeteiligung sind jedoch nur vergleichsweise gering betroffen, da sich diese Leistungen aus der laufenden Gesamtverzinsung ermitteln, die nach der Untersuchungsmethodik unabhängig vom Garantiezins mit 4,5 Prozent angesetzt sind.

2.2 Aktualisierung der für die Kalkulation herangezogenen Sterbetafeln

In geringem Umfang ändert sich die Kennziffer „Zielalter für 2012" auch dadurch, dass bei den für die Kalkulation der Riester-Rentenversicherungen maßgeblichen Sterbetafeln eine leichte Änderung im Vergleich zu den Kalkulationstafeln des Jahres 2011 erfolgte. Diese bestand aus einer geringfügigen Erhöhung der durchschnittlichen Lebenserwartung aufgrund des angenommenen Trends zur Verlängerung der Lebenserwartung.

Im Rahmen der Studie wurde für die Kalkulation der „klassischen" Produkte die Tafel DAV04R-Aggregat-1.Ordnung betrachtet (für die Herleitung und Konstruktion der mit „DAV04R" bezeichneten Sterbetafeln siehe DAV 2004). Als Vergleichstafel einer „realistischen Lebenserwartung"

Tabelle 1

Fernere Lebenserwartungen 35-Jähriger nach Sterbetafel und Jahr des Vertragsbeginns
2011 und 2012

		StatBA	DAV04R-Standard
Vertragsbeginn 2011			
	Frauen	88,21	97,65
	Männer	82,75	93,49
Vertragsbeginn 2012			
	Frauen	88,32	97,84
	Männer	82,87	93,7

Quellen: Statistisches Bundesamt, Deutsche Alkuarversicherung.

wurde die Generationensterbetafel des Statistischen Bundesamtes (Destatis) betrachtet (Destatis 2006). Für 35-jährige Männer und Frauen ergaben sich für die Jahre 2011 und 2012 Erwartungen zum Restleben, die Tabelle 1 zu entnehmen sind.

Damit wurde für die Kalkulation der Sterbetafeln 2012 eine um 2,28 Monate höhere Lebenserwartung für Frauen und eine um 2,52 Monate höhere Lebenserwartung für Männer angesetzt. Im Vergleich dazu ergibt sich nach den Angaben des Statistischen Bundesamtes eine um 1,32 Monate höhere Lebenserwartung für Frauen und eine um 1,44 Monate höhere Lebenserwartung für Männer. Die Zunahme der Lebenserwartung ist also nach den Kalkulationssterbetafeln erheblich stärker ausgeprägt als nach der Annahme der tatsächlichen Sterblichkeitsentwicklung. Eine in der Kalkulation im Vergleich zu realistischen Annahmen stärker steigende Lebenserwartung führt also zu einer Verlängerung der Lebenserwartung um mehr als zwei Monate. Hingegen nimmt bei der Betrachtung „tatsächlicher" Sterblichkeiten die Lebenserwartung nur um gut einen Monat zu. Damit ist die Differenz zwischen der nach Kalkulation angenommenen Lebenserwartung und der realistischerweise anzunehmenden Lebenserwartung weiter gestiegen. Eine Bewertung dieser unterschiedlichen Werte erfolgt in Abschnitt 4.

Die Lebenserwartung nach Kalkulation überzeichnet damit zunehmend einen Langlebigkeitseffekt, der nach tatsächlich realistischen Annahmen nicht abzusehen ist. Dies führt dazu, dass bei einer Betrachtung der garantierten und der Leistungen inklusive Überschussbeteiligung, die Rentabilität schlechter ausfällt als im Vorjahr.

2.3 Aktualisierung der Ergebnisse

Für die Aktualisierung der Ergebnisse wurde von den Modellannahmen wie in der ursprünglichen Studie ausgegangen, also von einem Alter von 35 Jahren zu Vertragsbeginn. Das Alter bei Rentenbeginn wurde mit 67 Jahren angesetzt, und die Prämienzahlung erfolgt nach Modellannahmen bis zum Rentenbeginn. Der Vertrag ist mit durchschnittlichen Kosten von 12,5 Prozent der Prämie belastet und nach Sterbetafel DAV04R-Aggregat-1.Ordnung beziehungsweise 50 Prozent-DAV04R kalkuliert. Es wird inklusive Überschüssen eine laufende Gesamtverzinsung von 4,5 Prozent angenommen. Für den Rentenbezug wird die dynamische Rente als Rentenbezugsform herangezogen (für weitere technische Details siehe Kleinlein 2011: 50 ff.).

Die in Hagen und Kleinlein (2011) herangezogene Effizienzkenngröße ist das „benötigte Sterbealter in Jahren" für eine zuvor gesetzte Zielrendite. Es beschreibt, in welchem Alter der Erhalt der Rente dazu führt, dass der sich bis zu diesem Zeitpunkt ergebende Zahlungsstrom gerade die zuvor gesetzte Zielrendite als inneren Zins hat. Wird von einer Zielrendite von null Prozent ausgegangen, so ergibt sich gerade das Alter, bei dem die Summe aller erhaltenen Renten der Summe aller in den Vertrag geflossenen Eigenbeiträge und Zulagen entspricht.

Da die Riester-Angebote der Jahre 2011 und 2012 als Unisextarife kalkuliert sind, gibt es auch keine Geschlechtsunterscheidung bezüglich der Rentenhöhe. Damit ist das „benötigte Sterbealter in Jahren" nicht vom Geschlecht der sparenden Person abhängig, die Ergebnisse also vollständig geschlechtsunabhängig. Die Ergebnisse für einen Modellvertrag der 2011 beziehungsweise 2012 abgeschlossen wurde, sind in Tabelle 2 dargestellt.

Ausdrücklich wurde sowohl für die Betrachtung früherer Produktgenerationen, für die Angebote des Jahres 2011 wie auch für das Jahr 2012 eine laufende Gesamtverzinsung inklusive Über-

Tabelle 2

Benötigtes Sterbealter in Jahren

Renditeerwartung	Klassisches Produkt 2011	Klassisches Produkt 2012	Neuartiges Produkt 2011	Neuartiges Produkt 2012
Garantieleistung				
0 Prozent	84,2	87,3	86,9	90,8
2,5 Prozent	109,8	126,5	124,5	-
5 Prozent	Nicht erreichbar			
Leistung inklusive Überschüssen				
0 Prozent	77,1	77,6	78,8	79,2
2,5 Prozent	84,8	85,5	88,4	88,7
5 Prozent	96,2	96,8	104,1	104,3

Quelle: Eigene Berechnungen.

schüsse von 4,5 Prozent herangezogen. Da aber 2012 die tatsächliche laufende Gesamtverzinsung nochmals signifikant zurückgegangen ist, werden bei einigen Versicherern die Altbestände mit einer Garantieverzinsung von vier Prozent wohl keine Zinsüberschüsse mehr bekommen können. Die Berechnung unter der Annahme einer laufenden Verzinsung von 4,5 Prozent lässt also die Riester-Angebote rentabler erscheinen, als sie es wären, wenn die aktuellen Überschusssätze als Grundlage herangezogen werden würden. Um aber eine Vergleichbarkeit der verschiedenen Tarifgenerationen, also mit den Ergebnissen von Kleinlein (2011) sowie von Hagen und Kleinlein (2011) zu ermöglichen und weil angenommen wird, dass künftig wieder eine höhere laufende Gesamtverzinsung erreicht werden kann, wurden auch in den Renditerechnungen für 2012 für die laufende Verzinsung 4,5 Prozent angenommen.

Um eine Bewertung der Erreichbarkeit der notwendigen Zielalter vornehmen zu können, sind diese mit den Lebenserwartungen zu vergleichen. Dafür zeigt sich unter Heranziehung der vom Statistischen Bundesamt in Aussicht gestellten Lebenserwartung: Frauen können durch die durchschnittliche Lebenserwartung von 88,32 Jahren damit rechnen, dass sie bei Erhalt der garantierten Leistungen bei einem klassischen Produkt eine Rendite oberhalb von null Prozent erzielen werden, für die „nur" das Erreichen eines Alters von 87,3 Jahren notwendig ist. Bei einem neuartigen Produkt müsste jedoch bereits ein Alter von 90,8 Jahren erzielt werden. Dies ist jedoch ein überdurchschnittliches Alter. Daher werden Frauen bei Erhalt der Garantieleistungen bei den neuartigen Produkten durchschnittlich einen echten Verlust erleiden, werden die erhaltenen Renten mit der Summe aller Eigenbeiträge und Zulagen verglichen. Bei Männern ist durchweg davon auszugehen, dass sie durchschnittlich so früh versterben, dass sie nur bei Erhalt der Garantierente bereits einen Verlust erleiden werden.

Wird die Überschussbeteiligung berücksichtigt, so ist bei einem durchschnittlichen Vertrag ein Nominalverlust nicht zu erwarten. Die notwendigen Zielalter sowohl für das klassische Produkt als auch für das neuartige Angebot mit 77,6 Jahren und 79,2 Jahren liegen unterhalb der durchschnittlichen Lebenserwartung.

Wird jedoch von einer durchschnittlichen Inflation von 2,5 Prozent ausgegangen, so kommt es beim klassischen Angebot erst ab dem Alter 85,5 und beim neuartigen Produkt erst ab dem Alter 88,7 zu keinem Realverlust. Die nach dem Statistischen Bundesamt ermittelte durchschnittliche Lebenserwartung der Frau mit 88,32 Jahren lässt daher erwarten, dass unter Einbezug der Überschussbeteiligung ein Realverlust beim Durchschnittsvertrag gerade nicht vermieden werden kann. Die erheblich geringere Lebenserwartung der Männer, mit durchschnittlich 82,87 Jahren, lässt für einen durchschnittlichen Vertrag auch unter Einbezug der Überschussbeteiligung einen Realverlust erwarten.

3 Methodische Anmerkungen zur Effizienzbetrachtung – Die Berücksichtigung von Zulagen

In der Rezeption der Untersuchungen von Kleinlein (2011) sowie von Hagen und Kleinlein (2011) wurde stark kritisiert (Schwark 2012b), dass die Zulagen „nicht berücksichtigt“ worden seien (GDV 2011). Dies ist aus finanzmathematischer Sicht nicht richtig, einige Hintergründe machen dies deutlich.

Grundlage der vorliegenden Rentabilitätsbetrachtung eines Finanzdienstleistungsproduktes ist der dem Produkt zugrunde liegende Zahlungsstrom. In diesem wird erfasst, zu welchem Zeitpunkt Zahlungen vom Sparer in das Produkt eingehen und zu welchen Zeitpunkten Auszahlungen aus dem Produkt an den Sparer erfolgen. Ausgehend von einem solchen Zahlungsstrom, kann dann der sogenannte innere Zins ermittelt werden. Üblicherweise handelt es sich um einen Zahlungsstrom, bei dem bis zu einem bestimmten Zeitpunkt nur Einzahlungen erfolgen und danach nur noch Auszahlungen zu verzeichnen sind. Dann ist der sogenannte innere Zins eindeutig die einzige Lösung für die Barwertgleichung dieses Zahlungsstroms. Dieser Wert ist die dem Zahlungsstrom zugehörige Rendite des Finanzproduktes. Dieser Ansatz entspricht dem gängigen Renditebegriff der Berechnungen des Munich Center for the Economics of Aging (MEA) (Börsch Supan et al 2005), der Deutschen Rentenversicherung (DRV), des Sozialbeirates der Bundesregierung (2004: 89–99) und des Sachverständigenrates zur Begutachtung der gesamtwirtschaftlichen Entwicklung (2007). Auch unter Aktuaren ist dieser Ansatz bekannt (Albrecht 2002).

Angewandt auf eine Riester-Rentenversicherung resultiert der Zahlungsstrom in den Jahren bis Rentenbeginn aus den in den Vertrag einfließenden Werten, also aus den Eigenbeiträgen und den zeitversetzt eingehenden Zulagen. Ab Rentenbeginn stellt sich der Zahlungsstrom dar als die laufenden Rentenzahlungen. Wird als Rentenhöhe die garantierte Rentenhöhe angesetzt, so ergeben sich die Ergebnisse aus dem Szenario „Garantiewerte“. Werden die – gegebenenfalls steigenden – Rentenhöhen unter Einbezug einer Überschussbeteiligung angesetzt, so ergeben sich die Ergebnisse des Szenarios „inklusive Überschussbeteiligung“.

Zur Bemessung der in den Zahlungsstrom bis Rentenbeginn eingehenden Werte stehen verschiedene Werte zur Diskussion:

- der vom Sparer selber erbrachte Eigenbeitrag,
- der Eigenbeitrag zuzüglich der vom Staat gewährten Zulagen – in Abhängigkeit von

der Anzahl der kindergeldberechtigten Kinder,

- der Eigenbeitrag zuzüglich der vom Staat gewährten Zulagen – in Abhängigkeit von der Anzahl der kindergeldberechtigten Kinder zuzüglich der sich zusätzlich zu den Zulagen ergebenden Steuervorteile.

Steuervorteile werden auch von den Kritikern üblicherweise nicht in eine solche Betrachtung einbezogen (GDV 2011). Würden Steuervorteile berücksichtigt werden, müssten auf der anderen Seite auch die im Zahlungsstrom erfassten Rentenzahlungen um einen Steuerabzug gemindert werden. Angesichts der großen Unwägbarkeiten bezüglich der Höhe des jeweiligen Grenzsteuersatzes, der von vielfältigen persönlichen Faktoren abhängt, wird auf eine solche Betrachtung in der Regel verzichtet. Dass Kleinlein (2011) sowie Hagen und Kleinlein (2011) den Steuereffekt bei der Renditebetrachtung nicht berücksichtigt haben, wurde daher auch nicht kritisiert.

Kritik wurde jedoch daran geübt, dass in den Renditebetrachtungen beider Analysen auch die Zulagen im Zahlungsstrom berücksichtigt wurden. Hier nimmt die Versicherungswirtschaft die Position ein, dass es nicht üblich sei, die Zulagen in eine Effizienzbetrachtung einzubeziehen.[1]

Der Hintergrund für die Vorgehensweise von Kleinlein (2011) sowie Hagen und Kleinlein (2011), die Zulagen einfließen zu lassen, liegt darin, dass untersucht wird, ob die Zulagen und damit die Steuergelder effizient eingesetzt werden. Schließlich kann die „Riester-Rente" nur dann als erfolgreich beurteilt werden, wenn sowohl die Eigenbeiträge der einzelnen Sparer als auch die Mittel, die von den Steuerzahlern bereitgestellt werden, effizient eingesetzt sind. Die Gründe für die Versicherungswirtschaft, die Zulagen ausdrücklich nicht in den Zahlungsstrom einfließen zu lassen, liegen demgegenüber in folgendem Punkt: Zulagen sind bei einer individuellen Sparersicht auf die Rentabilität nicht zu berücksichtigen, da sie ein „Geschenk" des Staates an den Sparer seien.

Aus dieser Sichtweise ergeben sich für die Versicherungswirtschaft positive „Nebeneffekte":

- Das Vernachlässigen der Zulagen führt zu einer rechnerischen Erhöhung sämtlicher Kenngrößen der Effizienz, zum Beispiel die Minderung der erforderlichen Zielalter. Die Riester-Renten erscheinen erheblich rentabler als sie es wären, würde man auch die Zulagen als Einzahlungen in das Produkt verstehen.

- Durch die so verbesserten Kenngrößen der Effizienz erhält der Steuerzahler das Gefühl, die von ihm gezahlten Steuern würden „gut angelegt" sein, ohne zu erkennen, dass die vom Steuerzahler eingebrachten Mittel, die das Projekt mitfinanzieren, eben gerade keine Würdigung erfahren.

Es ist also zu prüfen, ob die Zulagen unter Effizienzgesichtspunkten tatsächlich als „Geschenk" zu verstehen sind, für die keinerlei Anforderungen an die Effizienz gelten. Dafür ist es notwendig, den Blickwinkel der Betrachtung eindeutig zu definieren. Wählt man den Blick des einzelnen Sparers, so ergibt sich eine „individualökonomische" Betrachtung der Effizienz, bei der

1 Gelegentlich finden sich Formulierungen des GDV und der Versicherungswirtschaft, dass in Kleinlein (2011) und Hagen et al. (2011) die Zulagen nicht eingegangen seien; tatsächlich bezieht sich aber die Kritik darauf, dass die Zulagen nicht herausgerechnet wurden.

die Zulagen als „Sonderdividenden" in den Sparvorgang eingehen. Wird ein übergeordneter gesellschaftspolitischer ökonomischer Blick gewählt, so gilt es auch zu prüfen, wie effizient die aus Steuermitteln finanzierten Zulagen in das Produkt investiert werden. In Kleinlein (2011) wie auch bei Hagen und Kleinlein (2011) wurde die gesellschaftspolitische ökonomische Sichtweise gewählt, da auch geprüft werden sollte, wie effizient die Steuermittel eingesetzt werden. Im Folgenden wird untersucht, welche Ergebnisse sich zeigen, wird auf den Einbezug der Zulagen in den Zahlungsstrom verzichtet.

Wie bereits im zweiten Abschnitt erläutert, wird auf das Alter abgestellt, das erzielt werden muss, um durch den Rentenbezug eine bestimmte Rendite zu erzielen. Werden die Zulagen im Zahlungsstrom nicht berücksichtigt, so ist insbesondere dazwischen zu unterscheiden, ob zusätzlich zur persönlichen Zulage Kinderzulagen eingehen und über welchen Zeitraum diese anzusetzen sind. Grundsätzlich erhalten Riester-Sparer eine Zulage für Kinder, für die Kindergeld gewährt wird, mit Ausnahmen maximal bis zum vollendeten 25. Lebensjahr. Beenden Kinder bereits zuvor eine Ausbildung, entfällt der Anspruch auf Kindergeld und auch der Anspruch auf eine Zulage zum Riester-Sparen. Von diesem Zeitpunkt an ist damit von einem höheren Eigenbeitrag auszugehen, der dann voll vom Zahlungsstrom erfasst wird. Das für eine Zielrendite notwendige Zielalter steigt in Folge an. Im Falle eines klassischen Produkts ergeben sich Vergleichswerte, die der Tabelle 3 zu entnehmen sind.

So wird zum Beispiel durch den Erhalt der Garantierente aus individueller Sicht eine Inflationsrate von 2,5 Prozent bereits dann geschlagen, wenn der Sparer den 96. Geburtstag erlebt und zwei Kinder hatte, für die er bis zu ihrem vollendeten 25. Lebensjahr die Kinderzulage erhalten hat. Handelt es sich um Kinder, die bereits mit 18 Jahren auf eigenen Beinen standen, dann muss der Sparer das Alter von 101 Jahren erreichen, um die Inflation schlagen zu können. In der Variante mit zwei Kindern, für die bis zu ihrem vollendeten 25. Lebensjahr ein Anspruch auf Kindergeld bestand, erscheint der Vertrag also rentabler, da der Sparer bereits zu seinem 96.

Tabelle 3

Benötigtes Sterbealter in Jahren

Zielrendite	Mit Zulagen	Ohne Zulagen		
		Kein Kind	2 Kinder[1]	2 Kinder[2]
Garantierte Leistungen				
0,0 Prozent	87	84	81	82
2,5 Prozent	127	110	96	101
5,0 Prozent	Nicht erreichbar			
Inklusive Überschussbeteiligung				
0,0 Prozent	78	76	74	75
2,5 Prozent	86	83	79	81
5,0 Prozent	97	93	85	88

Klassische Vertragsvariante
1 Beispiel 10-jährige Zwillinge, Kindergeld bis Alter 18.
2 Beispiel 10-jährige Zwillinge, Kindergeld bis Alter 25.
Quelle: Eigene Berechnungen.

Geburtstag mit den Garantierenten die Eigenbeiträge mit Inflationsausgleich zurück bekommen hat. Ohne Kinder würde er dies erst im Alter von 127 Jahren erreichen können. Für den Sparer „fühlt" es sich also so an, als wäre das Produkt effizienter.

Es ist aber nun so, dass die scheinbare „Renditeverbesserung" dadurch erfolgte, dass der Sparer Kinder hat, für die er Zulagen erhielt. Zusätzlich erfolgt eine weitere „Renditeverbesserung" dadurch, dass die Kinder eine längere Ausbildung haben. Tatsächlich ergibt sich diese „Renditeverbesserung" aber nur aus der Gewährung zusätzlicher Werte, die – ähnlich wie Ausschüttungen einer Sonderdividende – das Sparprodukt begünstigen.

Eine derartige Betrachtung ist gerechtfertigt, wenn an die in Form von Zulagen eingehenden Werte keinerlei Renditeanforderungen gestellt werden, diese Zulagen also von vornherein „abgeschrieben" werden. Eine solche Betrachtung bedeutet dann, dass der Staat Steuermittel für die Zulagen verwendet, ohne irgendwelche Rentabilitätsanforderungen an diese Zulagen zu stellen. Diese Sichtweise ist aber nur dann haltbar, wenn die Zulagen als reine Subvention an die Altersvorsorgeindustrie verstanden werden.

Tatsächlich war von vornherein vom Gesetzgeber beabsichtigt, dass auch auf die Zulagen eine Rendite erwirtschaftet werden soll. Anders ist das Zertifizierungskriterium des „Kapitalerhalts zu Rentenbeginn" nicht zu verstehen, das sich auch ausdrücklich auf die Zulagen bezieht.[2] So wird explizit gefordert, dass zu Rentenbeginn ein Betrag für die Verrentung zur Verfügung steht, der nicht nur so hoch zu sein hat wie die Summe aller Eigenbeiträge, sondern zusätzlich auch noch die Summe aller eingegangenen Zulagen umfassen muss. Es wird also – zumindest unter dem Blickwinkel der Sparrendite bis Rentenbeginn – eine Mindestrendite auf die Zulagen von null Prozent gefordert.

Wenn nun aber von vornherein unter dem Blickwinkel der Sparrendite nach dem Willen des Gesetzgebers die Zulagen ausdrücklich in die Renditebetrachtung einbezogen werden sollen, so ist dies zwingend auch für die Rendite unter Einbezug der Verrentungskosten anzunehmen. Damit sind auch für den einer solchen Renditebetrachtung unterlegten Zahlungsstrom stets die Zulagen einzubeziehen.

Die Betrachtung ohne Berücksichtigung der Zulagen gibt damit lediglich einen Hinweis darauf, welche Bevölkerungsgruppen besonders stark von der Zulage profitieren. Es kann jedoch nicht auf die Effizienz der Produkte an sich geschlossen werden.

4 Diskussion der Zunahme der Lebenserwartung

Regelmäßig wird an den Ergebnissen von Kleinlein (2011) sowie Hagen und Kleinlein (2011) auch kritisiert, dass die Zunahme der Lebenserwartung – etwa durch medizinischen Fortschritt – in der Untersuchung nicht hinreichend berücksichtigt sei (siehe etwa Schwark 2012a, 2012c). Hierfür erfolgt eine Betrachtung unterschiedlicher Sterbetafeln im Hinblick auf die angenommene Steigerung der Lebenserwartung. Dabei werden zum einen die von den Versicherern angesetz-

2 § 1 Absatz Nummer 3 der Ursprungsfassung des Altersvorsorgeverträge-Zertifizierungsgesetz (AltZertG).

Tabelle 4

Fernere Lebenserwartung 35-jähriger Frauen

	Destatis	DAV04R-Aggr.-2.0	DAV04R-Aggr.-1.0	50%DAV04R-Aggr.-1.0
2010	87,9	92,1	97,5	106,2
2015	88,4	92,7	98,4	107,2
2020	89,0	93,3	99,3	108,2
2025	89,4	93,9	100,2	109,2
2030	90,0	94,3	101,0	110,2

Quelle: Eigene Berechnungen.

ten Kalkulationssterbetafeln DAV04R-Aggregat-1.Ordnung und 50 Prozent- DAV04R-Aggregat-1. Ordnung betrachtet. Diesen werden die Tafeln DAV04R-Aggregat 2. Ordnung und die neueste Generationensterbetafel des Statistischen Bundesamtes (Destatis 2011) gegenübergestellt.

Betrachtet man die ferneren Lebenserwartungen 35-Jähriger im Zeitraum 2010 bis 2030 für diese Tafeln, so zeigen sich die in Tabelle 4 ausgewiesenen Werte.

Im Zeitraum 2010 bis 2015 geht das Statistische Bundesamt (Destatis 2011) also von einer Zunahme der Lebenserwartung um 0,5 Jahre aus. Im gleichen Fünfjahreszeitraum wird in der Kalkulation nach 50 Prozent- DAV04R-Aggregat- 1. Ordnung eine Steigerung um genau ein Jahr angenommen. Gerechnet auf ein Jahr ergibt sich damit nach dem Statistischen Bundesamt (Destatis 2011) eine jährliche Steigerung um 1,3 Monate beziehungsweise 2,4 Monate. In den Zeiträumen, die betrachtet werden, ergeben sich nun – je nach Tafel – Steigerungen der Lebenserwartung je Jahr, wie sie Tabelle 5 ausweist.

Es zeigt sich also, dass sowohl nach dem Statistischen Bundesamt als auch nach Berechnungen der Deutschen Aktuarvereinigung eine Steigerung der Lebenserwartung um jährlich etwa 1,3 bis 1,4 Monate zu verzeichnen ist. Da Tafeln „zweiter Ordnung" aktuariell üblicherweise eine Abschätzung der „tatsächlich" erwarteten Sterblichkeit darstellen (DAV 2004), sind diese beiden Tafeln auch miteinander dem Grunde nach vergleichbar. Es ist also unabhängig davon, ob man sich auf das Statistische Bundesamt oder aber die Aktuarvereinigung stützen will, unbestritten,

Tabelle 5

Anstieg der Lebenserwartung für 35-jährige Frauen in Monaten pro Jahr

Betrachtungszeitraum	Destatis	DAV04R-Aggr.-2.0	DAV04R-Aggr.-1.0	50%DAV04R-Aggr.-1.0
2010-2015	1,3	1,4	2,2	2,4
2015-2020	1,3	1,4	2,2	2,4
2020-2025	1,1	1,4	2,2	2,4
2025-2030	1,3	1,0	1,9	2,4

Quelle: Eigene Berechnungen.

dass in den nächsten Jahrzehnten für 35-jährige Frauen von einer Steigerung der Lebenserwartung von etwa 1.3 Monaten je Folgejahr auszugehen ist.

Die von den Versicherungen für die Kalkulation angesetzten Sterbetafeln gehen aber von einer Steigerung der Lebenserwartung aus, die pro Jahr mehr als zwei Monate beträgt. Die von den Versicherern eingerechneten Sicherheitspuffer im Vergleich zu einer „tatsächlich" anzunehmenden Lebenserwartung beziehen sich also auch auf die Zunahme der Lebenserwartung. Damit nimmt der Sicherheitspuffer der einkalkulierten Lebenserwartung stetig zu. Ein höherer Sicherheitspuffer führt aber zu einer steigenden Ineffizienz der Angebote.

Nach der Untersuchung der Annahmen zur Steigerung der Lebenserwartung zeigt sich also, dass die Versicherungswirtschaft nicht nur die aktuelle Lebenserwartung in der Kalkulation drastisch überzeichnet. Zusätzlich überzeichnen die Aktuare der Versicherungsunternehmen in der Kalkulation auch die Zunahme der Lebenserwartung, mit der Folge, dass sich die Ineffizienz der Angebote zur Altersvorsorge weiter verschlechtert.

5 Ausblick

Aus Sicht des Steuerzahlers wäre es von hohem Interesse zu prüfen, ob die aus den Riester-Renten im Rentenbezug resultierenden zusätzlichen Steuererträge ausreichend sind, um die zuvor eingesetzten Steuermittel auszugleichen. Würde sich herausstellen, dass strukturell über den Gesamtverlauf geringere Steuereinnahmen generiert werden, als zuvor investiert wurden, würde es sich – vereinfacht gesagt – um eine Subvention der Anbieter der privaten Altersvorsorge handeln, dabei hauptsächlich eine Subventionierung der Versicherungsunternehmen. Bislang liegt jedoch keine derartige Untersuchung vor. Die unter Einbezug der Zulagen ermittelten Ergebnisse lassen jedoch befürchten, dass dies nicht der Fall ist.

Literaturverzeichnis

— Albrecht, Peter (2002): Zur systematischen Leistungsbeurteilung von Kapitallebensversicherungsverträgen unter Performance- und Risikoaspekten. *Der Aktuar,* 8 (2), 61.
— Börsch-Supran, Axel, Lothar Essig und Christina Wilke (2005): Rentenlücken und Lebenserwartungen. Köln, Deutsches Institut für Altersvorsorge.
— DAV (2004): Sterbetafeln und Reservierung für Rentenversicherungen. Köln.
— Destatis – Statistisches Bundesamt (2006): Generationensterbetafeln für Deutschland – Modellrechnungen für die Geburtsjahrgänge 1871–2004. Wiesbaden.
— Destatis – Statistisches Bundesamt (2011): Generationensterbetafeln für Deutschland – Modellrechnungen für die Geburtsjahrgänge 1896–2009. Wiesbaden.
— DIW Berlin (2012): Riester-Rente: Grundlegende Reform dringend geboten!? Workshop des DIW Berlin vom 01.06.2012.
— GDV (2011): ... und sie lohnt sich doch. Die Riester-Rente: Warum sie sich für fast jeden rechnet. Folienpräsentation auf der Presseveranstaltung des GDV vom 6.12.2011.
— Hagen, Kornelia und Axel Kleinlein (2011): Riester-Rente: Grundlegende Reform dringend geboten. *DIW Wochenbericht Nr.* 47, 3–14.

— Kleinlein, Axel (2011): 10 Jahre „Riester-Rente" – Bestandsaufnahme und Effizienzanalyse. WISO-Diskurs. November, Friedrich Ebert Stiftung.
— Kleinlein, Axel (2012): Rentabilitätsanalyse der Riester-Rente 2012 – Ergebnisaktualisierung und Diskussion. Vortrag auf dem Workshop des DIW Berlin „Riester-Rente: Grundlegende Reform dringend geboten!?" am 1.6.2012.
— Riester, Walter (2012): Was der Erfinder der Riester-Rente mit ihrer Einführung gewollt hat, wie er die Kritik an der Riester-Rente beurteilt, was er ändern würde an der Riester-Rente! Vortrag auf dem Workshop des DIW Berlin „Riester-Rente: Grundlegende Reform dringend geboten!?" am 1.6.2012.
— Sachverständigenrat zur Begutachtung der gesamtwirtschaftlichen Lage (2007): Jahresgutachten 2007/2008 – Soziale Sicherung: Mehr Licht als Schatten.
— Schwark, Peter (2012a): Die Riester-Kritik – fachlich fundiert oder vor allem Stimmungsmache? Vortrag auf dem Workshop des DIW Berlin „Riester-Rente: Grundlegende Reform dringend geboten!?" am 1.6.2012.
— Schwark, Peter (2012b): Vortrag auf dem Verbändegespräch der Verbraucherminister in der Vertretung der Stadt Hamburg am 22.3.2012.
— Schwark, Peter (2012c): Vortrag auf der Sitzung des Sozialbeirats der Bundesregierung am 12.9.2012.
— Sozialbeirat des Bundestages (2004): Gutachten des Sozialbeirats zum Rentenversicherungsbericht 2004. Bundestagsdrucksache 15/4498 vom 1.12.2004. Abschnitt VIII (Zur Rendite der gesetzlichen Rentenversicherung).

Was bringen Riester-Produkte dem Verbraucher? Analyseergebnisse einer anbieterunabhängigen Testorganisation

BARBARA STERNBERGER-FREY

Barbara Sternberger-Frey, Mitarbeiterin und wissenschaftliche Beraterin (Geldanlage, Altersvorsorge) von ÖKO-TEST, E-Mail: sternberger-frey@pressebuero.org

Zusammenfassung: Mit Einführung der Riester-Rente wollte der Gesetzgeber seinen Bürgern ermöglichen, die seinerzeitigen Kürzungen bei der gesetzlichen Rente wenigstens teilweise zu kompensieren – und damit einen wichtigen Beitrag zur Armutsvermeidung leisten. Doch die Praxis zeigt: Die Beteiligung an der staatlich geförderten Privatvorsorge ist unzureichend. Das Gros der Riester-Produkte ist zu teuer, zu intransparent und zu kompliziert, um Verbraucher zum Vorsorgesparen zu animieren. Vor allem kommt die staatliche Förderung kaum bei den Sparern an, sondern wird oft ganz oder teilweise durch Abschluss- und Vertriebskosten oder von überzogenen Gewinnerzielungsabsichten der Anbieter aufgezehrt. Um den Zielen der Riester-Reform gerecht zu werden, ist daher eine grundlegende Überarbeitung der Förderregeln und Produktvorschriften geboten. Ein Lösungsvorschlag, um die Riester-Rente einfacher und attraktiver zu machen, könnte auch das Altersvorsorgekonto sein, für das sich unter anderem die Verbraucherkommission Baden-Württemberg stark macht.

Summary: The Riester pension scheme was initiated by the government in order to compensate for the reductions in the state pension scheme, thus, avoiding, or at least alleviating, the looming threat of poverty among the elderly. Nevertheless, experience shows that public participation in government-subsidized pension-saving products is insufficient. Most Riester products are too expensive, too complicated and not transparent enough to encourage consumers to save more for their pensions. Furthermore savers only marginally benefit from government grants and subsidies due to acquisition expenses, administration charges, and excessive profit-margins of Riester products. In order to meet the original objectives of the Riester reform, a fundamental revision of the eligibility rules and regulations product is warranted. One solution to make the Riester pension scheme more attractive for consumers is the retirement provision account called "Altersvorsorgekonto", as suggested by the Consumer Commission of Baden-Württemberg. It is characterized by its simplicity, transparency, flexibility and security.

→ JEL Classification: D14, G22, G23
→ Keywords: Riester pension, poverty among the elderly, expectancy of life, Reduction in Yield

1 Einleitung

Wenn heutzutage über die Riester-Rente diskutiert wird, tritt allzu oft in den Hintergrund, was der Gesetzgeber mit der staatlich geförderten Zusatzrente eigentlich bezweckte: Der Staat wollte Anreize zum Aufbau einer kapitalgedeckten privaten Altersvorsorge geben, deren Abschluss zwingend notwendig ist, um die seinerzeit eingeführten Niveausenkungen in der gesetzlichen Rentenversicherung (GRV) wenigstens teilweise zu kompensieren. Kurz: Die Riester-Rente sollte den Bürgern ermöglichen, trotz Rentenkürzung weiterhin den im Erwerbsleben erreichten Lebensstandard im Alter zu erhalten (Deutscher Bundestag 2001). Bis 2001 wurde dieses Versorgungsniveau allein durch die gesetzliche Rente gesichert, seither ist es – wenn überhaupt – nur durch den zusätzlichen Abschluss eines Riester-Vertrags erreichbar. Vor diesem Hintergrund stellt die Riester-Rente zugleich einen wichtigen Baustein zur Vermeidung von Altersarmut dar. Denn infolge der GRV-Reform wird mit der gesetzlichen Rente allein in vielen Fällen künftig keine armutsfeste Altersversorgung mehr möglich sein. Darüber hinaus verband der Gesetzgeber mit Einführung der Riester-Rente auch die Hoffnung, durch eine kapitalgedeckte Altersvorsorge höhere Renditen als mit der gesetzlichen Rente zu erzielen.

Zehn Jahre nach Verabschiedung der Reform haben jedoch nur 40 Prozent aller Anspruchsberechtigten überhaupt einen Riester-Vertrag abgeschlossen. Bei Geringverdienern und anderen Bevölkerungsgruppen, die auf die Zusatzrente besonders angewiesen sind, weist die Riester-Rente sogar nur eine unterdurchschnittliche Verbreitung auf (Geyer 2011). Das wirft nicht nur die Frage auf, ob das auf Anreize setzende Fördersystem als Rezept gegen Altersarmut funktioniert. Eng damit verknüpft ist vielmehr auch die Frage, ob die angebotenen Riester-Produkte transparent und effizient genug sind, um die mit der Reform seinerzeit verbundenen Ziele zu erreichen. Dieser Frage geht auch der vorliegende Beitrag nach. Er basiert auf Studien zur Riester-Rente, auf Stellungnahmen der Verbraucherorganisationen und insbesondere auf den Erfahrungen und Analysen, die von ÖKO-TEST seit Einführung der Riester-Rente im Rahmen von Produkttests gemacht werden konnten.

2 Die Rentenreform 2001 und ihre Auswirkungen

2001 wurde das Alterssicherungssystem der Deutschen grundlegend reformiert. Um die gesetzliche Rentenversicherung (GRV) demografiefest(er) zu machen und auch künftige Generationen nicht zu stark zu belasten, wurde einerseits der Beitragsanstieg in der gesetzlichen Rentenversicherung begrenzt. So sollen die Beiträge zur GRV bis 2030 nicht über 22 Prozent der Bruttolöhne steigen. Andererseits wurde das Rentenniveau abgesenkt – und zwar zunächst auf 67 Prozent. Später wurde festgelegt, dass das neu definierte „Nettorentenniveau vor Steuern" bis 2030 nicht unter 43 Prozent absinken soll. Zum Ausgleich für die bis dahin härtesten Einschnitte bei der GRV, die auch auf andere Versorgungssysteme wie zum Beispiel die Beamtenpensionen übertragen werden sollten, wurde die staatlich geförderte Zusatzvorsorge eingeführt, die aus der privaten Riester-Rente und dem neu eingeführten Rechtsanspruch auf eine Betriebsrente durch Entgeltumwandlung bestand. Kurz: Die Riester-Rente wurde keinesfalls eingeführt, damit Verbraucher ihren Lebensstandard im Alter verbessern – und ihre womöglich schon 2001 bestehenden Versorgungslücken schließen konnten. Im Gegenteil! Ziel der Reform war einzig und allein, mit Hilfe der Riester-Rente wegfallendes staatliches Renteneinkommen zu ersetzen oder, wie es das Bundesministerium der Finanzen (BMF) seinerzeit formulierte, „Verbrauchern zu ermöglichen, ihren (bisherigen) Lebensstandard im Alter zu wahren." (BMF 2002).

Mit der Förderung durch Steuervorteile und Zulagen wollte der Gesetzgeber seinen Bürgern Unterstützung bei dem ökonomischen Kraftakt geben, den er ihnen abverlangte. Denn die damalige Reform markiert einen weiteren wichtigen Einschnitt in der Alterssicherung der Deutschen: Die Abkehr von der paritätischen Finanzierung der Alterssicherung. Seinerzeit wurde nicht nur beschlossen, die bisherige Lebensstandardsicherung im Alter ab sofort auf zwei verschiedenen Säulen abzustützen, die GRV und die staatlich geförderte Zusatzvorsorge. Vielmehr wird nur eine dieser Säulen, die – gekürzte – umlagefinanzierte gesetzliche Rente, weiterhin hälftig durch Arbeitgeber- und Arbeitnehmerbeiträge finanziert. Die kapitalgedeckte Zusatzvorsorge, die für den Erhalt der bisherigen Versorgungsniveaus unerlässlich ist, müssen Verbraucher seither allein finanzieren.

Für Arbeitnehmer hat sich die Altersvorsorge damit signifikant verteuert. Zu dem auf maximal 22 Prozent begrenzten Beitragssatz für die GRV kommt seit 2002 ein Beitrag zur Privatvorsorge von mittlerweile vier Prozent hinzu. Macht insgesamt 26 Prozent. Davon tragen Arbeitnehmer aber 15 Prozent (elf Prozent plus vier Prozent), Arbeitgeber dagegen nur elf Prozent.

Es soll an dieser Stelle nicht weiter diskutiert werden, ob die Abkehr von der paritätischen Finanzierung der Alterssicherung mit der Reform 2001 der richtige Weg war oder ob der damalige Paradigmenwechsel nicht vielleicht den „Weg zurück ins 19. Jahrhundert" markiert, wie es Schmähl (2006) formulierte. Doch Fakt ist: Die Riester-Rente und ihre Förderung ist vor dem Hintergrund dieses Strukturwandels im deutschen Alterssicherungssystem in einem anderen Licht zu sehen, als es viele Anbieter von Riester-Produkten tun. Sie erwecken in der Werbung gern den Eindruck, als ob „der Staat" den Bürgern die Förderung „schenkt" und Vorsorgesparer dadurch einen signifikanten Zusatznutzen erzielen. Dabei ist die Förderung nur der Ausgleich für die Zusatzbelastung, die der Staat seinen Bürgern seit 2002 abverlangt. Zudem sollen Geringverdiener und Familien mit Kindern durch die Zulagenförderung überhaupt erst in die Lage versetzt werden, ausreichend Eigenvorsorge zu betreiben.

3 Gesamtbeitrag versus Eigenbeitrag: Die Rolle der Zulagen bei der Produktanalyse

In der aktuellen Diskussion um die Frage, ob sich die Riester-Rente lohnt oder vielleicht doch eine grundlegende Reform geboten ist (Hagen und Kleinlein 2011), spielt es vor diesem Hintergrund daher eine große Rolle, wie die Zulagen eingestuft werden beziehungsweise ob der Fördereffekt mit der Produktanalyse verknüpft wird oder ob eher Einzelanalysen der beiden Einflussfaktoren angebracht sind. Kritiker der Studie des Deutschen Instituts für Wirtschaftsforschung (DIW Berlin), wie der Gesamtverband der Versicherungswirtschaft (GDV) oder Ortmann (2012) stützen ihre Analysen zum Beispiel auf die Berechnung einer sogenannten „Individualrendite", die für jeden Modellfall berechnet wird. Bei dieser Methode wird die Rendite der Produkte nur auf den Eigenbeitrag des Sparers berechnet und die staatlichen Zulagen fließen quasi als „Zusatzertrag" beziehungsweise als „zusätzliche Verzinsung" renditesteigernd in die Berechnung mit ein.

Kasten 1

Gesetzlich oder privat vorsorgen?

Sollen sich Selbstständige gesetzlich oder privat für das Alter absichern – diese Frage diskutiert derzeit die Politik. ÖKO-TEST hat die Probe aufs Exempel gemacht und beide Vorsorgevarianten verglichen. Basis für den Vergleich waren die Daten zur Standardrente, wie sie die Deutsche Rentenversicherung Bund in ihren Statistikergebnissen 2011 (Rentenversicherung in Zahlen 2011) veröffentlicht hat. Daraus wurde ermittelt, wie hoch die Altersrentenansprüche für einen 30-jährigen und einen 55-jährigen Musterkunden wären, wenn sie die gleichen Beiträge (100 Euro im Monat für den 30-Jährigen beziehungsweise 175 Euro für den 55-Jährigen) wahlweise in eine private Riester-Rente (Klassiktarif) oder in die gesetzliche Rente investiert hätten. Die Kosten für zusätzliche Leistungen des Staates, die die untersuchten privaten Produkte nicht bieten, wie die Erwerbsminderungsrente, Rehabilitationsmaßnahmen und Hinterbliebenenrenten, wurden dabei heraus gerechnet.

Methodik: 2011 konnte mit 100 Euro Beitrag ein Gesamtrentenanspruch von 0,46 Euro erworben werden. Da die gesetzliche Rente neben der Altersrente zusätzliche Leistungen wie die Erwerbsminderungsrente, Rehabilitationsmaßnahmen und Hinterbliebenenrente umfasst, wurde das Beitrags-Leistungsverhältnis entsprechend bereinigt. Genau wie die Deutsche Rentenversicherung Bund (2004, 2009) sowie der Sachverständigenrat zur Begutachtung der gesamtwirtschaftlichen Lage (2007), der Sozialbeirat (2004) und die Deutsche Bundesbank (2000) ist ÖKO-TEST davon ausgegangen, dass nur 80 Prozent der Beiträge, die in die gesetzliche Rentenkasse fließen, zum Aufbau der Altersrente verwendet werden. Mit den restlichen 20 Prozent werden dagegen die zuvor erwähnten Zusatzleistungen finanziert. Unter dieser Annahme war ein reiner Altersrentenanspruch von 0,46 Euro bereits mit 80 Euro Beitragsaufwand zu erwerben. Alle weiteren Berechnungen wurden daher auf Basis dieser Relation des Rentenwertes durchgeführt. Anhand der Beitragszahlungen in den Musterfällen wurden auf diese Weise die garantierten Rentenleistungen ermittelt. Zur Ermittlung der prognostizierten Leistung wurde der zuvor ermittelte Rentenwert zusätzlich mit 0,99 Prozent dynamisiert. Diese Dynamik entspricht der Rentensteigerung 2011. Auch die Erhöhungen der prognostizierten Rente im Rentenbezug erfolgt unter Annahme einer jährlichen Erhöhung von 0,99 Prozent.

Gleichzeitig wurden die so ermittelten garantierten und prognostizierten Renten um etwaige Abschläge wegen vorzeitigen Rentenbeginns gekürzt. Im Musterfall 1 will der 30-jährige Selbstständige bereits mit 65 Jahren in Rente gehen – also 24 Monate früher, als es dem gesetzlichen Rentenalter entspricht. Das ist nur mit einem Rentenabschlag von 7,2 Prozent möglich. Der 55-jährige Selbstständige will ebenfalls mit 65 in Rente gehen, also elf Monate früher, als es dem regulären Rentenalter für den Geburtsjahrgang 1957 entspricht. Dafür muss er 3,3 Prozent Rentenabschlag in Kauf nehmen. In

Dieser Modellansatz ist aber völlig ungeeignet, um zu ermitteln, ob die Riester-Rente den bei ihrer Einführung gesteckten Zielen gerecht wird. Denn wenn die Förderung die Rendite pusht, lässt sich zum Beispiel nicht mehr ermitteln, ob die kapitalgedeckte Vorsorge wirklich bessere Erträge bringt als das Umlageverfahren, wie seinerzeit vor dem Hintergrund der Kapitalmarktentwicklung bis zur Jahrtausendwende vom Mainstream der Politik und der Wirtschaftswissenschaften vermutet wurde. Nicht nur kritische Studien über die demografisch bedingten Veränderungen der Kapitalmärkte (Börsch-Supan et al. 2003) warnten schon damals davor, einseitig von der Überlegenheit der kapitalgedeckten Vorsorge im Vergleich zum Umlageverfahren auszuge-

Tabelle

Der Staat zahlt mehr – Staatliche Rente und private Vorsorge im Vergleich
Musterfall: Mann, 30 Jahre alt, 100 Euro Monatsbeitrag

Anbieter	Tarif	Garantierte Monatsrente in Euro	Rentenrendite pro Jahr in Prozent	Prognostizierte Rente in Euro	Rentenrendite pro Jahr in Prozent	Anmerkungen
Deutsche Rentenversicherung	Vorgezogene Altersrente für langjährig Versichte	222,16	0,84	313,76	2,33	Ermittelt unter Berücksichtigung von 7,2 Prozent Rentenabschlag wegen vorzeitigen Bezugs der Altersrente (um 24 Monate)
Private Riester-Rente	Durchschnittswert	172,82	0,30	294,92	2,71	
	Bester Anbieter	186,50	0,56	316,49	2,88	Tarife jeweils mit Todesfallleistung Vertragsguthaben in der Ansparphase. Ohne Todesfallleistung im Rentenbezug
	Schlechtester Anbieter	161,44	0,08	259,77	2,42	

Quelle: Eigene Zusammenstellung anhand Analyseergebnisse von ÖKO-TEST, April 2012.

beiden Musterfällen wurden daher sowohl die garantierten als auch die prognostizierten Werte der Rente vom Staat dauerhaft um die entsprechenden Abschläge gekürzt. Unberücksichtigt blieb in der Vergleichsrechnung lediglich, ob der 55-Jährige im Musterfall 2 überhaupt mit 65 in Rente gehen könnte. Nach geltendem Rentenrecht kann eine vorzeitige Altersrente nur nach 35 Beitragsjahren in Anspruch genommen werden. Doch dieser Aspekt kann für den Leistungsvergleich vernachlässigt werden. Anschließend wurden nach gleichem Muster wie bei den privaten Vorsorgeangeboten die Rentenrenditen ermittelt. Einziger Unterschied: Während die prognostizierten Rentenrenditen privater Anbieter auch einen Zuschlag für etwaige Risikogewinne enthalten, gibt es diesen bei der gesetzlichen Rente nicht. Denn hier fallen keine Risikogewinne an.

hen (Döring et al. 2005). Neuere Untersuchungen vor dem Hintergrund der aktuellen Euro- und Staatsschuldenkrise lassen erkennen, dass die gesetzliche Rente zwar keine üppigen Renditen bringt, aber höhere und verlässlichere garantierte Rentenwerte erwarten lässt als die kapitalgedeckte Privatvorsorge (Joebges et al. 2012). Zu einem ähnlichen Ergebnis kommt ÖKO-TEST (Tabelle in Kasten 1). So würde ein 30-jähriger Mann, der monatlich 100 Euro in die gesetzliche Rente investiert, auf Basis des Rentenniveaus 2011 – und ohne weitere Rentenerhöhungen kalkuliert, immerhin eine garantierte Rentenrendite von 0,84 Prozent erzielen. Steckt er den gleichen Betrag dagegen in ein privates Riester-Produkt der Tarifgeneration 2012, sind ihm bestenfalls

– also bei einem kostengünstigen Versicherer – 0,56 Prozent Rentenrendite sicher. Bei einem teuren Anbieter würde er sogar Verluste machen, sofern dieser nur die garantierte Leistung zahlt. Denn die garantierte Rentenrendite liegt bei minus 0,08 Prozent (ÖKO-TEST 2012a).

Die Ermittlung der „Individualrendite“, wie der GDV seine Berechnungen nennt, verhindert aber auch jede tiefergehende Produktanalyse. So kann auch die Frage, ob die Riester-Produkte den staatlichen Vorgaben entsprechen und Vorsorgesparern wirklich eine kostengünstige, transparente und effiziente Zusatzvorsorge ermöglichen, ebenfalls nicht mehr eindeutig beantwortet werden, wenn die staatlichen Zulagen als Zusatzertrag behandelt werden. Vor allem bleibt dann die wahre Kostenbelastung der Produkte im Nebel.

Darüber hinaus lassen sich die Ergebnisse trefflich manipulieren. Denn je höher die staatliche Förderung – durch die Zahl der Kinder – und je niedriger das eigene Einkommen und damit der Eigenbetrag des Sparers im gewählten Musterfall sind, desto besser sieht die individuelle „Vertragsrendite“ aus, auch wenn das Produkt selbst überhaupt nicht günstig ist. Wie viel das ausmacht, zeigt ein Vergleich am Beispiel des Gothaer-Tarifs: Während eine 35-jährige Mutter mit zwei Kindern auf den Gesamtbeitrag von 1 200 Euro pro Jahr eine garantierte Rendite von 0,38 Prozent erzielt und mit Überschüssen 2,77 Prozent Rentenrendite erwarten kann, bietet der Vertrag bezogen auf den Eigenbeitrag – anfänglich 676 Euro pro Jahr – mit 1,49 Prozent fast das Vierfache an garantierter Rendite und mit 4,0 Prozent gut das anderthalbfache an prognostizierter Rentenrendite. Dabei ist der Vertrag eigentlich teuer: Die Gesamtkosten belaufen sich nach ÖKO-TEST-Berechnung auf insgesamt 6 704 Euro (ÖKO-TEST 2012d).

Bei Berechnung mit der GDV-Methode würde das aber niemand vermuten. Denn die ausgewiesenen 1,49 Prozent garantierte Rentenrendite sehen so aus, als würden Jahr für Jahr nur 0,26 Prozent vom derzeitigen Garantiezins (1,75 Prozent) für Vertragskosten drauf gehen. In Wirklichkeit zwackt die Gothaer insgesamt jedoch 1,37 Prozent vom Garantiezins an Vertragskosten ab. Der Vertrag ist also mehr als fünfmal so teuer kalkuliert, wie die Eigenbeitragsrendite vermuten lässt. Doch bei dieser Berechnungsmethode wird die tatsächliche Renditeminderung durch Kosten durch die renditeerhöhende Verbuchung der Zulagen ganz oder teilweise kompensiert.

Die Einrechnung der Förderung als Zusatzertrag ist aber auch politisch fragwürdig. Denn die Förderung ist kein „Geschenk“. Der Staat gleicht damit nur jene Nachteile aus, die Arbeitnehmern durch den Ausstieg aus der paritätischen Finanzierung des bisherigen Versorgungsniveaus erst entstanden sind – und auch das nicht einmal immer in voller Höhe. Mit Ausnahme von Familien mit Kindern erreichen die Riester-Sparer im Schnitt lediglich eine Förderquote von 30 bis 40 Prozent (VZ NRW 2005). Das bedeutet: Durch Zulagen und Steuervorteile werden im Schnitt gerade einmal 30 bis 40 Prozent der jährlichen Gesamteinzahlungen in den Riester-Vertrag vom Staat finanziert. Unterm Strich stehen sich viele Sparer daher trotz Riester-Förderung schlechter als bei der früheren paritätischen Finanzierung ihres Alterseinkommens. Hier kam jeder Arbeitnehmer in den Genuss eines 50-prozentigen Zuschusses in Form des steuerfreien Arbeitgeberanteils.

Einen echten Zusatzertrag bringt die Förderung schon gar nicht – oder allenfalls in Ausnahmefällen. Mit dem System aus Zulagen und Steuervorteilen werden lediglich die Beiträge für die Riester-Rente in der Ansparphase steuerfrei gestellt. Dafür muss die Rente in der späteren Auszahlphase jedoch voll versteuert werden. Für viele, insbesondere gut verdienende Vorsorgesparer, die erst spät in Rente gehen und daher auch die gesetzliche Rente bereits voll versteuern müssen, ist das fast ein Nullsummenspiel. Was der Staat heute an Förderung gibt, holt er sich später an Steuereinnahmen wieder zurück. Ausnahmen gelten lediglich für Geringverdiener ohne hohe Steuerlast. Doch auch sie standen sich im alten System oft besser.

Angesichts dieser Ausgangssituation ist es umso wichtiger, dass der Staat dafür sorgt, dass den Bürgern effiziente und kostengünstige Produkte für die geförderte Zusatzvorsorge angeboten werden. Nur so kann sicher gestellt werden, dass die Riester-Rente die mit ihr verbundenen Ziele überhaupt erreichen kann. Insbesondere muss die staatliche Förderung auch ungeschmälert beim Verbraucher ankommen – anstatt ganz oder teilweise durch Abschluss- und Vertriebskosten aufgezehrt oder von überzogenen Ansprüchen der Gewinnerzielung der Anbieter verschluckt zu werden. Andernfalls läuft nicht nur der einzelne Sparer Gefahr, das mit der Riester-Rente verfolgte Versorgungsziel nicht zu erreichen. Auch der Staat läuft Gefahr, sich dem Vorwurf auszusetzen, Steuergelder verschleudert und im Kampf gegen Altersarmut versagt zu haben. Denn wenn Bürger infolge ineffizienter Produkte die Kürzungen bei der gesetzlichen Rente doch nicht kompensieren können und später – trotz jahrelanger Sparanstrengungen – in Altersarmut abgleiten, müssen sie durch Grundsicherung aufgefangen werden. Das würde jedoch bedeuten, die mit Steuermitteln finanzierte Förderung der Riester-Rente wäre als Subvention für die Versicherungsbranche verpufft und der Staat – beziehungsweise die Bundesländer als Finanziers der Sozialhilfe – müssten ein zweites Mal in die Tasche beziehungsweise zu Steuermitteln greifen, um Altersarmut zu verhindern. Die ÖKO-TEST-Kritik an der Riester-Rente setzt daher vor allem bei den Produkten an.

4 Riester-Produkte sind teuer und intransparent

Seit Einführung der Riester-Rente wurde mit Tests (ÖKO-TEST 03/2002, Fnanztest 2002a) untersucht, ob die zum Ansparen der Riester-Rente angebotenen Produkte von Versicherungen, Banken, Fondsgesellschaften und später auch von Bausparkassen transparent und effizient genug sind, um Vorsorgesparern zu ermöglichen, die mit der Riester-Reform verbundenen Ziele zu erreichen. Schon kurz nach Einführung der Riester-Rente musste ÖKO-TEST dabei allerdings feststellen, dass die geförderten Produkte so teuer sind, dass allein in der Ansparphase bis zu 15,85 Prozent der Einzahlungen – Eigenbeiträge und Zulagen – für Vertragskosten draufgehen (ÖKO-TEST 2002). Das Ergebnis deckt sich mit Untersuchungen des vzbv aus dem gleichen Jahr, der durchschnittliche Kostenquoten von 11,89 bis 13,72 Prozent ermittelte, je nach Laufzeit des Vertrags. Bei einzelnen Anbietern konnten aber auch schon damals bis zu 17,1 Prozent der Einzahlungssumme für Vertragskosten draufgehen (vzbv 2002).

Darüber hinaus haben die Anbieter die vom Gesetzgeber erstmals bei Riester-Renten geforderte Kostentransparenz von Anfang an geschickt umgangen. Denn statt die Gebühren kurz und knapp in einer Summe zusammenzufassen, splitten die Anbieter die Kosten für Abschluss und Verwaltung der Verträge in ein ganzes Sortiment an unterschiedlichen Posten und Pöstchen auf (VZ NRW 2002, ÖKO-TEST 2002). Bedauerlicherweise ist die schon vor zehn Jahren erhobene Kritik nach wie vor aktuell. Der Gesetzgeber hat die Transparenzvorschriften längst mehrfach verschärft, zuletzt durch die Informationsverordnung zum Versicherungsvertragsgesetz (VVG-Info-VO) und die entsprechende Anpassung des Alterszertifizierungsgesetzes (AltZertG) vom 29.7.2008. Zudem sind die Anbieter zum Ausweis der Gesamtkosten in Euro und Cent mittlerweile sogar verpflichtet. Doch kein einziger Anbieter hält sich daran, wie schon das ZEW

Übersicht

Kostenklauseln im Vergleich – Allen Gesetzesänderungen zum Trotz bleiben die Klauseln nahezu gleich

Anbieter	Kostenklausel	Quelle
Asstel 2003	„Verwaltungskosten aus den gezahlten Beiträgen von 3 Prozent, zzgl. 00125 Prozent der Summe der gezahlten Beiträge pro Monat; Verwaltungskosten aus den gezahlten Zulagen von 5 Prozent, zzgl. 0,0125 Prozent der Summe der gezahlten Zulagen pro Monat."	Verbraucherzentrale Bundesverband e.V. 2003: 52
Asstel 2012	„Anfallende laufende Kosten vor Rentenbeginn: 33,36 Euro pro Jahr (linear fallend bis auf 0,06 Euro pro Monat in den letzten Jahren vor dem frühesten Rentenbeginn) plus 0,0130 Prozent der Summe der bis zum jeweiligen Monat gezahlten Eigenbeiträge pro Monat [...]. Werden auf den Vertrag Zulagen gutgeschrieben: 5 Prozent je Zulagen, linear fallend bis auf 0,1 Prozent der Zulagen in den letzten Jahren vor dem frühesten Rentenbeginn plus 0,0130 Prozent der Summe der bis zum jeweiligen Monat gezahlten Zulagen."	ÖKO-TEST 2012

Quelle: Eigene Darstellung.

feststellte (Westerheide et al. 2010). „Die Kostenangaben sind nach wie vor eine einzige Katastrophe", musste ÖKO-TEST bei seinem diesjährigen Riester-Test (2012b) zum wiederholten Mal (2011c) feststellen. Um die Lippenbekenntnisse angeblich transparenter Kostenangaben (Zimmerer 2011) seitens der Anbieter zu entlarven, werden die in den Produktinformationsblättern enthaltenen Angaben von ÖKO-TEST mittlerweile bei jedem Riester-Test veröffentlicht. Denn diese Kostenangaben sind derart verwirrend, dass nicht einmal Fachleute die Chance hätten, daraus die tatsächlichen, von den Versicherten zu zahlenden Kosten zu errechnen. Bestes Beispiel sind die Kostenangaben des Kölner Versicherer Asstel, den der Verbraucherzentrale Bundesverband (vzbv) bereits vor Jahren wegen Kostenintransparenz anprangerte (vzbv 2003). Dennoch verwendet der Kölner Versicherer die nahezu unveränderte Kostenklausel weiterhin (Übersicht). Einziger Unterschied zwischen den Angaben aus 2003 und 2012: Wurden früher alle Kosten lediglich in Prozent angegeben, so wird heute ein Teil der Verwaltungskosten in Euro und Cent ausgewiesen, um den neuen Vorschriften zum Kostenausweis wenigstens teilweise zu genügen.

Die aufgezeigte Intransparenz bei den Kostenangaben wird mittlerweile auch durch wissenschaftliche Studien ebenso belegt, wie das Problem, dass die gesetzlich vorgeschriebenen Angaben in den Angebotsunterlagen für Kunden bisweilen sogar komplett fehlen (Oehler 2009; Westerheide et al. 2010). Vor diesem Hintergrund bemüht sich die Branche nach deren eigener Darstellung auch selbst um mehr Transparenz (Zimmerer 2011). Darüber hinaus hat das BMF angesichts der massiven Kritik Vorschläge für eine Verbesserung des Produktinformationsblattes erarbeiten lassen, die aber zurzeit noch geprüft werden (Tiffe et al. 2012a).

5 Reduction in Yield versus Reduction in Payment – Die Wahl der Kostenquote offenbart die Bereitschaft zur Transparenz

Solange es jedoch keine verbindlichen Vorschriften für einen standardisierten Kostenausweis in Euro und Cent gibt, steht zu befürchten, dass an der nunmehr zehnjährigen Praxis zur Verschleierung der Vertragskosten wenig geändert wird. In der Diskussion um die Kostenangaben im neuen, standardisierten Produktinformationsblatt macht sich die Anbieterseite zum Beispiel lediglich für den Ausweis der prozentualen Minderung der Rendite durch Kosten, der sogenannten Reduction in Yield (RiY) stark. Abgesehen davon, dass diese Kostenquote faktisch nur von Experten wirklich verstanden werden kann, ist sie in hohem Maße manipulationsanfällig, wie schon der vzbv (2011) kritisiert. Zum Produktvergleich durch Verbraucher ist sie ohnehin nicht geeignet, da nur Verträge mit gleicher Laufzeit und gleichem Ertrag vor Kosten verglichen werden können. Schon bei ein und demselben Anbieter können hier aber Differenzen auftreten (ÖKO-TEST 2012e). Zudem müssen sich Vorsorgesparer häufig zwischen Verträgen mit unterschiedlichen Laufzeitvarianten entscheiden. Hier führt die RiY möglicherweise sogar zu Fehlentscheidungen, wie ÖKO-TEST (2011a) aufdeckte.

Nicht nur der vzbv plädiert daher für den Ausweis der Gesamtkosten von Riester-Verträgen auf Basis der sogenannten Reduction in Payment (RiP) (vzbv 2011). Diese Kostenquote gibt an, wie viel Kapital dem Vorsorgesparer bis Rentenbeginn durch Vertragskosten verloren geht. Sie lässt sich zudem für (fast) alle Riester-Produktlinien ermitteln – und erlaubt daher auch einen produktübergreifenden Vergleich. Zudem lässt sich die RiP nicht nur in Prozent ermitteln, sondern auch in Euro und Cent. Verbraucher können anhand dieser Kenngröße daher auf einen Blick den gesamten Vermögensverlust erfassen, den sie bis Rentenbeginn durch Vertragskosten erleiden. Das erleichtert auch den Produktvergleich.

ÖKO-TEST berechnet die Riester-Vertragskosten seit 2011 auf Basis dieser Gesamtkostenquote. Die ermittelten RiP-Zahlen machen allerdings auch verständlich, warum sich die Anbieter so vehement gegen die Angabe der Gesamtkosten wehren und stattdessen die RiY vorziehen. Denn die RiP belegt, was Verbraucherschützer und Studien schon seit Jahren kritisieren, bislang aber oft nur ansatzweise beweisen konnten: Teilweise fressen die Vertragskosten (fast) die gesamten Zulagen auf, die der Staat spendiert. So können sich die Abschluss- und Verwaltungskosten für den Riester-Vertrag bei teuren Anbietern für einen 35-jährigen Durchschnittsverdiener mit zwei Kindern, bei dem jährlich 1 200 Euro aus Eigenbeitrag und Zulagen (insgesamt 38 400 Euro) auf den Vertrag fließen, allein in der Ansparphase zum Beispiel auf stattliche 8 863 Euro summieren. Das sind im Beispielsfall fast 89 Prozent der Zulagen von insgesamt 9 954 Euro, die der Staat bis zum Rentenbeginn gewährt. Schließt der 35-Jährige bei einem kostengünstigen Anbieter ab, müsste er im gleichen Musterfall dagegen nur 2 621 Euro Gesamtkosten einkalkulieren. Auch das sind aber immer noch 26 Prozent der Zulagenförderung (ÖKO-TEST 2011b).

Bei den Neutarifen 2012 müssen jüngere kinderlose Sparer, die lediglich Anspruch auf Grundzulage haben, bisweilen sogar noch tiefer in die Tasche greifen. Ein 30-jähriger Durchschnittsverdiener muss als Single mittlerweile durchschnittlich 7486 Euro an Vermögensverlust durch Vertragskosten einkalkulieren. Das ist umgerechnet das 1,3-fache der Zulagensumme von 5 698 Euro, die der Staat in 37 Sparjahren überweist (ÖKO-Test 2012b). Bei teuren Anbietern können die Vertragskosten mit bis zu 11 950 Euro im gleichen Musterfall sogar mehr als das Doppelte der Förderung ausmachen.

Das Problem ist nur: Ohne Offenlegung der Gesamtkosten durch die Anbieter können Verbraucher das nicht erkennen – und die Offerten verschiedener Versicherer auch nicht vergleichen. Nach wie vor gilt daher, was schon vor einigen Jahren Oehler (2009) in einer Studie für den vzbv feststellte: Die Auswahl eines Riester-Vertrags kommt einem Lotteriespiel gleich.

6 Die übervorsichtige Kalkulation der Lebenserwartung benachteiligt Riester-Sparer

Zu den Riester-Kosten gehören aber nicht nur die Abschluss- und Verwaltungskosten des Vertrags in der Ansparphase. Großen Einfluss hat auch die Frage, mit welcher Sterbetafel das angesparte Kapital später verrentet wird. Denn jeder Riester-Vertrag besteht aus zwei Teilen: einer Ansparphase, in der das Kapital für die spätere Rente aufgebaut wird, in der noch gar keine biometrischen Risiken abgedeckt werden müssen und die mit einem ganz normalen Sparvertrag vergleichbar ist. Anschließend folgt die Auszahlphase, in der das angesparte Kapital verrentet wird. Ab diesem Zeitpunkt wird der Riester-Vertrag zu einer Versicherung gegen das Langlebigkeitsrisiko.

Zweifelsohne müssen Versicherer dieses Risiko vorsichtig kalkulieren. Doch bei der Kalkulation der Riester-Rente gehen sie durchweg davon aus, dass alle Sparer steinalt werden – und weil manche Anbieter besonders vorsichtig sind, legen sie noch ein Schüppchen drauf, wie aus Tabelle 1 zu entnehmen ist. So wird ein heute 30-jähriger Riester-Sparer beim Gros der Anbieter im Schnitt 91,2 Jahre alt, besonders vorsichtig kalkulierende Anbietern gehen von einer Lebenserwartung bis 98,2 Jahre aus. Anbieter von fondsgebundenen Riester-Renten rechnen gar, dass das bei Rentenbeginn angesparte Kapital bis zum 106. Lebensjahr des Kunden reichen muss. Entsprechend mickrig fällt die monatliche Rente für die Riester-Sparer aus. Denn je länger das Kapital reichen muss, desto geringer ist der Rentenzahlbetrag.

Kurioserweise gilt die Annahme der sehr hohen Lebenserwartung allerdings ausschließlich für Rententarife. Bei der Kalkulation von Risiko- und Kapitallebensversicherungen rechnet die Branche genau umgekehrt. Danach hätte ein heute 30-jähriger Sparer (oder eine 30-jährige Sparerin) maximal die Chance, knapp 76 Jahre (80,3 Jahre) alt zu werden. Mehr noch: Obwohl die Sterbetafel für Risikotarife (DAV08 T) erst 2008 aktualisiert wurde, geht die Branche nur bei Kunden im mittleren Lebensalter bis 65 beziehungsweise 67 Jahren überhaupt von einem signifikanten Rückgang der Sterblichkeit aus. Im fortgeschrittenen Alter – bei den über 80-Jährigen – nimmt die Sterblichkeit nach Schätzung der Versicherer dagegen nicht ab, sondern sogar zu. Das bedeutet: Die Branche rechnet damit, dass die Sterblichkeit der Hochbetagten tendenziell eher zunimmt und das Gros der Kunden gar nicht so alt wird, wie noch vor drei Jahren unterstellt. Diese Einsicht berücksichtigt die Branche jedoch nur bei Risikotarifen, bei Rententarifen gilt weiterhin das Gegenteil.

Mit der Lebenswirklichkeit der Deutschen hat diese Kalkulation des Langlebigkeitsrisikos wenig zu tun. Vertraut man dem Statistischen Bundesamt, wird ein heute 30-jähriger Musterkunde gerade einmal 84 Jahre alt. Eine gleichaltrige Frau könnte statistisch gesehen 88,6 Jahre alt werden. Viel älter wird der Bevölkerungsdurchschnitt nach Schätzung der Statistiker jedoch nicht – und bei diesen Werten ist der Trend zur weiteren Zunahme der Lebenserwartung bereits berücksichtigt. Für Raucher, Menschen mit Vorerkrankungen aber auch für Geringverdiener und sozial Schwache gelten zudem deutlich niedrigere Werte.

Das berücksichtigen die Anbieter jedoch nicht – obwohl die Riester-Rente eigentlich ein Massenprodukt und die Förderung speziell auf Geringverdiener ausgelegt ist. Doch zu allem Überfluss kalkuliert die Versicherungsbranche bei der Riester-Rente stattdessen noch sogenannte Selektionseffekte – also weitere Risikozuschläge – mit ein. Dahinter steht die Annahme, dass sich nur Vorsorgesparer, die sich zu Rentenbeginn noch ausreichend gesund fühlen und schon bei den El-

Tabelle 1

Wie alt werden die Deutschen wirklich?

Beispielangaben aus derzeit verwendeten Sterbetafeln, mit denen Versicherer, das Statistische Bundesamt und ÖKO-TEST kalkulieren

Alter	Frau	Mann	Unisex-Tarif	Frau	Mann	Unisex-Tarif	Frau	Mann	Unisex-Tarif
	heute: 30 Jahre			heute: 45 Jahre			heute: 55 Jahre		
Sterbetafeln für Renten- und Risikotarife	**So alt werden sie voraussichtlich laut Sterbetafel**								
DAV04R[1]	99,4	95,8	98,2	96,8	92,6	95,4	95,4	91,5	94,1
DAV04R[1a]	92,9	87,9	91,2	91,5	86,8	89,9	90,9	86,6	89,4
DAV04R[1b]	107,1	104,1	106,1	104,4	100,6	103,1	102,8	99,1	101,6
DAV08T[2]	80,3	75,8	77,1	80,8	76,4	77,7	81,5	77,5	78,6
Destatis V2[3]	88,6	84,0	-	87,3	82,9	-	87,0	82,9	-
ÖKO-TEST[4]	90,5	84,3	87,1	89,2	83,2	85,9	88,9	83,3	85,8

1 Sterbetafel der Versicherer für Rententarife, DAV 2004 R Altersverschiebung. 1a Sterbetafel der Versicherer für Rententarife, Aggregatstafel 2. Ordnung. 1b Sterbetafel der Versicherer für fondsgebundene Rententarife mit geminderter Sterblichkeit. 2 Sterbetafel der Versicherer für Risikotarife (Kapitalleben, Risikoleben). 3 Prognosetafel des statistischen Bundesamtes. 4 ÖKO-Test-Tafel für Rententarife.
Quelle: Eigene Zusammenstellung anhand der DAV 2004R, DAV08T, Destatis V2, Prognosetafel des Statitischen Bundesamtes und der von methconcepts für ÖKO-Test entwickelten Sterbetafel.

Tabelle 2

Nicht geförderte private Renten bieten mehr – Riester-Produkte und nicht geförderte private Rentenpolicen im Renditevergleich

Musterfall: Mann, 30 Jahre alt[1]

Anbieter	Tarif	Garantierte Monatsrente	Rentenrendite pro Jahr in Prozent	Prognostizierte Rente in Euro	Rentenrendite pro Jahr in Prozent	Garantiekapital zu Rentenbeginn in Euro	Prognostiziertes Kapital zu Rentenbeginn in Euro
Riester-Rente	Durchschnittswert	168,42	0,14	288,75	2,89	50 984,03	87 163,00
Private Rentenversicherung (ohne Förderung)	Durchschnittswert	178,09	0,32	315,19	3,09	50 963,67	89 880,14

1 Vertrag mit 35 Jahren Laufzeit, Todesfallleistung mindestens Beitragsrückgewähr in der Ansparphase, keine Todesfallleistung im Rentenbezug.
Einzahlungen auf den Vertrag pro Jahr 1 200 Euro, dieser Betrag setzt sich bei der Riester-Renten aus 1046 Euro Eigenbeitrag plus 154 Euro Zulagen zusammen.
Quelle: Eigene Zusammenstellung anhand der Analyseergebnisse von ÖKO-TEST, September 2012.

tern und Großeltern beobachten können, dass diese sehr alt werden, letztlich für die Auszahlung des angesparten Kapitals in Form einer lebenslangen Rente entscheiden. Alle anderen – so die hinter dem Selektionseffekt steckende Annahme – lassen sich das angesparte Kapital dagegen zu Rentenbeginn auf einen Schlag auszahlen.

Das mag in der Praxis bei nicht geförderten Rentenversicherungen zutreffen, bei der staatlich geförderten Vorsorge jedoch nicht. Denn Riester-Sparer haben infolge der Förderbedingungen de facto gar keine Wahlmöglichkeit zwischen Kapitalentnahme oder Rentenbezug. Bei der Riester-Rente ist die komplette Kapitalentnahme zu Rentenbeginn als sogenannte „förderschädliche Verwendung" sanktioniert: Der betreffende Sparer müsste dann die erhaltene Förderung plus etwaige Steuervorteile auf einen Schlag zurückzahlen. Das macht die Kapitalabfindung höchst unattraktiv. Allenfalls eine 30-prozentige Kapitalabfindung zu Rentenbeginn ist förderunschädlich möglich (§ 1 Abs. 1S.1 Nr.2 und 4 Buchstabe a AltZertG).[1] Kurz: Die Selektionseffekte sind entweder gar nicht gegeben oder zumindest deutlich schwächer, als die Anbieter derzeit unterstellen.

7 Verteilungsvorschriften für Risikogewinne gehen voll zu Lasten der Kunden

Die Beispiele belegen eindrucksvoll, dass die Versicherer die Lebenserwartung ihrer Riester-Sparer mehr als übervorsichtig kalkulieren. Das hat nicht nur Auswirkung auf die anfängliche Höhe der Rente – beeinflusst also die Effizienz der Produkte –, sondern geht voll zu Lasten der Kunden. Werden diese nämlich nicht so alt wie unterstellt, dürfen die Versicherer 25 Prozent der sogenannten Risikogewinne für sich behalten. Doch finanziert werden die Risikokosten zu 100 Prozent aus den Beiträgen der Vorsorge-Sparer. Das bedeutet: Je vorsichtiger die Versicherer agieren und je mehr Puffer sie in ihren Sterbetafeln und Beiträgen der Kunden einkalkulieren, desto geringer ist ihr eigenes unternehmerisches Risiko. Gleichzeitig steigt die Wahrscheinlichkeit, dass Risikoüberschüsse entstehen – und davon dürfen die Versicherer dann immerhin 25 Prozent als Gewinn für sich behalten oder an ihre Aktionäre ausschütten. Das macht die übervorsichtige Kalkulation des Langlebigkeitsrisikos zu einem lukrativen Geschäft – für die Anbieter!

Diese Bestimmung gilt allerdings erst seit 2008. Bis dahin hat die Finanzdienstleistungsaufsicht nur eine zehnprozentige Beteiligung der Versicherer an den Risiko- und Kostengewinnen als angemessen angesehen. Das hat die BaFin seinerzeit bestätigt, als ÖKO-TEST (2006) erstmals die kritische Frage aufgeworfen hat, wer eigentlich an der staatlich geförderten Altersvorsorge verdient. Warum Politik und Aufsicht bei den Risikogewinnen inzwischen das Zweieinhalbfache für fair halten und bei Kostengewinnen gar das Fünffache, ist kaum nachvollziehbar. Offiziell begründet wurde das seinerzeit damit, dass die Höhe des Risikoergebnisses auch durch unternehmenspolitische Entscheidungen wie Annahmepolitik und Qualität der Risikoprüfung beeinflusst werde. Wo das „erhöhte Risiko" für Versicherer bei der staatlich geförderten Altersvorsorge liegt, ist aber nicht erkennbar. Im Gegenteil – der Gewinn ist umso höher, je weniger Risiko die Anbieter selbst tragen!

1 Bei Rürup-Renten ist eine Kapitalabfindung sogar komplett ausgeschlossen (§ 10 Abs. 1 Nr. 2 Buchstabe b Einkommensteuergesetz (EStG)).

Verbraucherpolitisch ist die neue Mindestzuführungsvorschrift daher ein Skandal. Denn unterm Strich zahlen sich die neuen Regeln nur für die Versicherer, nicht aber für ihre Kunden aus. Das zeigen nicht nur die jährlichen Produktanalysen. Wie ÖKO-TEST unter anderem anhand der BaFin-Daten und der jährlichen Untersuchungen der Rating-Agentur Assekurata zur Überschussbeteiligung feststellte, geht die Beteiligung der Kunden an den von den Versicherern erwirtschafteten Überschüssen seit der Jahrtausendwende Jahr für Jahr weiter zurück. Wurden im Jahr 2000 zum Beispiel noch durchschnittlich 96,68 Prozent vom Rohüberschuss an die Kunden ausgeschüttet, so waren es 2009 nur noch 90 Prozent (ÖKO-TEST 2011e). In der Öffentlichkeit wird dieser Trend gern verschleiert, indem der starke Rückgang der Überschussgutschriften mit der Lage am Kapitalmarkt begründet wird. Damit lassen sich zwar die rückläufigen Überschusserträge erklären, nicht aber die sinkende prozentuale Beteiligung der Kunden daran. Wie Analysen zeigen, haben es einzelne Anbieter in den letzten zehn Jahren zudem geschafft, trotz rückläufiger Kapitalmarkterträge Jahr für Jahr mehr Gewinn an die Aktionäre auszuschütten (Weinmann 2011). Das geht natürlich zu Lasten der Kunden, zu denen auch die Riester-Sparer zählen.

Obendrein werden die 2008 eingeführten Gewinnbeteiligungsvorschriften von einigen Anbietern auch noch weiter ausgehebelt, wie einige Kostenklauseln zeigen. Entnimmt der Versicherer einen Teil der Kosten nicht aus den Beiträgen, sondern aus dem angesparten Kapital, können Zinsgewinne nämlich ganz einfach in Kostengewinne umgewidmet werden. Auf diese Weise können die Anbieter dann ganz legal sogar 50 Prozent statt zehn Prozent von einem Teil der Zinsgewinne für sich abzweigen – und die Kunden haben das Nachsehen. Wie dieser Trick funktioniert, hat ÖKO-TEST (2011d) ausführlich beschrieben.

8 Nicht geförderte Rentenversicherungen bringen oft mehr

Solange der Staat solche Geschäftspraktiken nicht eindämmt beziehungsweise durch entsprechende Vorschriften verhindert, wird die Kritik an den Riester-Produkten kaum abreißen. Denn ein gutes Geschäft sind Riester-Renten dann für die Finanzdienstleister – allerdings auf Kosten ihrer Kunden. Sichtbar wird das vor allem, wenn die staatlich geförderten Produkte mit ihren nicht geförderten Vertragsvarianten verglichen werden. Eigentlich sollte davon ausgegangen werden können, dass die staatlich geförderten Produkte allein aufgrund der stärkeren Regulierung und der speziellen Riester-Vorschriften nicht nur transparenter, sondern auch leistungsstärker sind als nicht geförderte Policen. In der Praxis ist jedoch meist das Gegenteil der Fall. Auch das stellte ÖKO-TEST (2009) anhand eines Vergleichs von Riester-Rentenversicherungen mit nicht geförderten privaten Rentenpolicen fest. Eine aktuelle Analyse anhand der Tarife 2012 bestätigt diesen Trend. Abgesehen von wenigen Ausnahmen bringt eine Riester-Rente einem 30-jährigen Durchschnittsverdiener im Schnitt fast zehn Euro weniger an garantierter Rente im Monat als eine nicht geförderte Police – gleiche Einzahlungen, gleiches Eintrittsalter und gleiche Laufzeit des Vertrags vorausgesetzt. Einziger Unterschied: Während der Sparer seinen Jahresbeitrag bei dem nicht geförderten Produkt aus seinem Nettoeinkommen finanziert, setzt sich der Jahresbeitrag beim Riester-Sparer aus dem Eigenbeitrag plus den staatlichen Zulagen zusammen. Der Fördereffekt wird bei diesem Vergleich außen vor gelassen. Denn nur so lässt sich erkennen, ob der Versicherer ein Riester-Produkt teurer oder günstiger als einen nicht geförderten Vertrag kalkuliert.

Auf den ersten Blick ist das angesparte Garantiekapital bei den Riester-Tarifen 2012 bisweilen einen Tick höher als bei der nicht geförderten Police. Doch bei Auszahlung als Rente geht dieser Vorteil komplett verloren – was entweder an höheren Verwaltungskosten im Rentenbezug oder höheren Biometriekosten liegt. Ohnehin sind Riester-Renten fast durchweg teurer als nicht geförderte Verträge. Das zeigt schon die Gegenüberstellung des angesparten Gesamtkapitals inklusive Überschuss bei Rentenbeginn. Bei Riester-Verträgen liegen im Schnitt 2 717 Euro weniger auf dem Kundenkonto als bei nicht geförderten Policen (ÖKO-TEST 2012c).

Bester Kostenindikator zum Vergleich der Tarife ist allerdings die Rentenrendite, die Vorsorgesparer bei Erhalt der garantierten Rente erzielen. Sie zeigt an, wie viel von der garantierten Verzinsung der Police (derzeit 1,75 Prozent) über die gesamte Vertragsdauer durch Kosten aufgezehrt wird und wie viel vom Ertrag beim Kunden ankommt. Während die nicht geförderte Rente dem 30-jährigen Sparer immerhin eine garantierte Rentenrendite von 0,32 Prozent bringt, springt bei einer Riester-Rente mit 0,14 Prozent nicht einmal die Hälfte davon heraus. Auch bei der Rendite auf die Rente inklusive Überschuss schneiden Riester-Verträge mit 2,89 Prozent Rendite rund 0,21 Prozentpunkte schlechter ab als beim nicht geförderten Vertrag (durchschnittlich 3,09 Prozent Rentenrendite) (Tabelle 2, Seite 125). Das belegt eindrucksvoll: Riester-Renten sind teurer als nicht geförderte Rentenpolicen.

9 Vorsicht Falle: Auch die Auszahlvariante beeinflusst die Rendite

Sichtbar wird das aber nur bei Analysen, die den Fördereffekt ausblenden, also die Rendite auf die gesamten Einzahlungen in den jeweiligen Vertrag ermitteln. Denn nur so wird deutlich, wie gut – oder schlecht – der jeweilige Anbieter mit dem ihm anvertrauten Kapital, arbeitet – und zwar unabhängig davon, aus welcher Quelle die Mittel stammen. Auch wenn es darum geht, den Erfolg oder den Misserfolg der Riester-Reform zu evaluieren, spricht vieles dafür, zunächst einmal die einzelnen Einflussfaktoren separat zu analysieren. Denn nur so lässt sich feststellen, wo es bei der Umsetzung der Riester-Reform jeweils hakt, an dem Fördersystem oder an der Qualität der Produkte. Untersuchungen, wie sie der GDV (2011) in seiner Replik auf die DIW-Studie vorlegte, vermengen den Fördereffekt dagegen untrennbar mit der Anbieterleistung. Das hilft, Produktschwächen zu verstecken. Das gilt umso mehr, als die Versicherungsbranche die Verträge bei ihren Modellrechnungen auch noch „aufhübscht“. Denn während das DIW Berlin – genau wie ÖKO-TEST – bei allen Analysen von einer Auszahlung des Riester-Vertrags in Form einer dynamischen Gewinnrente ausgeht, hat der GDV seine Berechnungen auf eine teildynamische Rente gestützt, wie ÖKO-TEST feststellte (2012d). Doch die liegt deutlich höher als die dynamische Auszahlvariante, weil hier auch Gewinne mit einkalkuliert werden, die der Anbieter erst im Rentenbezug machen will (Kasten 2).

Die Wahl der teildynamischen Auszahlvariante hat eine große Wirkung: Im ersten Musterfall wird vom GDV (2011) eine Berechnung für Mark Z vorgelegt. Mark Z ist ein Normalverdiener (30 000 Euro Jahresbruttoeinkommen). Er bespart seinen Vertrag „zulagenoptimal“, zahlt also nur so viel Eigenbeitrag ein, wie nötig ist, um die volle Zulage zu erhalten. Das sind im Musterfall 1 046 Euro Eigenbeitrag pro Jahr. Dafür kann er nach Berechnungen des GDV mit 67 eine anfängliche Jahresrente von 4 284 Euro erwarten. Bei voll dynamischer Auszahlvariante würden Mark Z jedoch nur 3 571 Euro Anfangsrente gezahlt. Kurz: Der GDV hat Mark Z gleich von Anfang an 713 Euro mehr Überschusserträge rentenerhöhend gutgeschrieben, die der Versicherer

Kasten 2

Auszahlvarianten bei privaten Riester-Renten

Verbraucher können bei Rentenversicherungen oft wählen, in welcher Form die vom Versicherer auch in der Rentenphase noch zu erwirtschafteten Überschüsse an sie ausgezahlt werden sollen. Mit der Entscheidung bestimmen sie zugleich die Höhe der Monatsrente. Bei Riester-Tarifen stehen vor allem zwei Varianten zur Auswahl:

Die *dynamische Gewinnrente* wird zunächst allein auf Basis der bis Rentenbeginn erwirtschafteten Leistungen und Überschüsse kalkuliert. Erwirtschaftet der Versicherer in der Rentenphase weitere Überschüsse, werden diese dem Riester-Sparer in Form von jährlichen Rentenerhöhungen gutgeschrieben. Der Vorteil: Die Rente steigt von Jahr zu Jahr an. Das ermöglicht auch einen Inflationsausgleich. Darüber hinaus kann die einmal erreichte Rentenhöhe nicht wieder gekürzt werden. Sofern der Versicherer später weniger Überschuss als angenommen erzielt, fällt vielleicht die nächste Rentenerhöhung geringer aus oder der Riester-Rentner muss ganz auf Erhöhung verzichten. Das einmal erreichte Rentenniveau wird aber nicht wieder gekürzt. Der Nachteil: Die anfängliche Rente ist im Schnitt vergleichsweise niedrig und steigt erst im Laufe der Jahre an. Lukrativ ist sie eigentlich nur für Vorsorgesparer, die ein sehr hohes Alter erreichen. Dafür bietet allerdings auch jeder Versicherer diese Auszahlvariante an.

Bei der *teildynamischen Rente* wird dem Kunden dagegen gleich zu Rentenbeginn schon ein Teil der Überschüsse gutgeschrieben, die der Versicherer erst im Rentenbezug erwirtschaften will. Dadurch fällt zwar die Anfangsrente höher aus. Doch die späteren Rentenerhöhungen sind magerer als beim volldynamischen Tarif. Denn rentenerhöhend wirkt sich nur der Überschuss aus, den der Versicherer noch nicht einkalkuliert hat. Darüber hinaus drohen Risiken: Erwirtschaftet der Versicherer weniger Überschuss als prognostiziert, kann die teildynamische Rente später vom Versicherer gekürzt werden - und zwar bis in Höhe der Rente bei einem volldynamischen Tarif. Weiteres Manko: Längst nicht alle Versicherer bieten die Riester-Rente auch mit teildynamischer Auszahlung an.

aber erst im Rentenbezug erwirtschaften will. Auf Basis dieser höheren Leistung ermittelt der GDV dann eine Rentenrendite von 3,50 Prozent auf die Gesamtsumme der Einzahlungen. Das sieht deutlich besser aus als der korrekte Wert von 3,39 Prozent, der bei volldynamischer Rente anzusetzen wäre. Kein Wunder daher, dass der Vergleich hinkt. Denn eigentlich liegt der GDV-Vertrag nur wenig über den 3,23 Prozent der Rentenrendite, die das DIW für den gleichen Musterfall auf die Rente inklusive Überschuss ausgerechnet hat. Die kleine Rendite-Differenz zwischen beiden Verträgen lässt sich zudem leicht erklären: Während der GDV für seinen Vergleich einen besonders kostengünstigen Vertrag wählte, kalkuliert das DIW mit durchschnittlich teuren Verträgen.

10 Fazit

Festzuhalten ist, dass das Gros der angebotenen Riester-Produkte zu teuer, zu intransparent, zu unflexibel und die Förderregeln zu kompliziert sind, um Verbraucher zum Vorsorgesparen zu animieren. Dabei gibt es längst einen Lösungsvorschlag, um die Riester-Rente zu vereinfachen und attraktiver zu machen: das Altersvorsorgekonto, das die Verbraucherkommission Baden-Württemberg (2010) schon Mitte 2010 auf der Verbraucherministerkonferenz der Länder vorgeschlagen hat – und das von ÖKO-TEST ebenso unterstützt wird wie vom Verbraucherzentrale Bundesverband. Während die Verbraucherministerkonferenz das Vorsorgekonto zunächst nur in einer einzigen risikolosen Anlageform anbieten will, macht sich ÖKO-TEST (2011f) zusätzlich für eine sachwertgestützte und inflationssichere weitere Anlageform stark, wie sie zum Beispiel Weber für den Arero Weltfonds entwickelt hat.

Da das Konto von einer Institution ohne Gewinnerzielungsabsicht angeboten werden soll, entfallen Abschluss- und Vertriebsprovisionen. Die Verwaltungskosten können auf ein Minimum begrenzt werden. Die Lebenserwartung sollte entsprechend der durchschnittlichen Lebenserwartung der Bevölkerung – inklusive Trend – kalkuliert werden, wobei etwaige Risikogewinne zu 100 Prozent dem Kollektiv zu Gute kommen sollten. Extreme Langlebigkeitsrisiken könnten bei Bedarf zusätzlich durch den Staat abgesichert werden. Dann wächst nicht nur das angelegte Geld auf dem Vorsorgekonto kräftiger und schneller als auf jedem Sparvertrag. Auch die Renten würden deutlich höher ausfallen als bei den aktuellen privaten Riester-Tarifen.

Literaturverzeichnis

— BMF – Bundesministerium der Finanzen (2002): Checkliste zur steuerlichen Förderung der privaten kapitalgedeckten Altersvorsorge.
— Börsch-Supan, Axel, Florian Heiss, Alexander Ludwig und Joachim Winter (2003): Pension Reform, Capital Markets, and the Rate of Return. *German Economic Review*, 4 (2), 151–181.
— Bundesversicherungsanstalt für Angestellte (2004): Berechnungen der BfA zur Rendite in der gesetzlichen Rentenversicherung. www.ak-sozialpolitik.de/doku/05_soziales/sgb_vi/seminare/2004_10_0708_faq_rendite.pdf
— Deutsche Bundesbank (2000): Zu den Auswirkungen der Reform auf die „Rendite" der Altersvorsorge. Monatsbericht 11, 61. Frankfurt a. M.
— Deutscher Bundestag (2001): Bericht des Ausschusses für Arbeit und Sozialordnung (11. Ausschuss) zum Entwurf eines Gesetzes zur Reform der gesetzlichen Rentenversicherung und zur Förderung eines kapitalgedeckten Altersvorsorgevermögens (Altersvermögensgesetz – AVmG). Bundestagsdrucksache 14/5150.
— Döring, Diether und Rainer Buth (2005): Stehen wir vor der Gefahr eines Asset Meltdowns im Zug der demografischen Entwicklung? Studie im Auftrag der Hans-Böckler-Stiftung. Böcklerimpuls, 19.
— Finanztest (2002a): Riester-Rente: Richtig einsteigen. Juni.
— Finanztest (2002b): Riester-Banksparpläne: Sicher ist sicher. August.
— Finanztest (2002c): Riester-Rentenversicherungen: Die Lücke schließen. September.
— Finanztest (2002d): Riester-Fondssparpläne: Zeit bringt Geld. Oktober.
— Finanztest (2002e): Riester-Rentenversicherung: Nur selten vollen Einblick. Dezember.

— Gesamtverband der Versicherungswirtschaft (2011): 10 Jahre Riester Rente: Und sie lohnt sich doch. Pressemitteilung vom 6.12.2011.
— Geyer, Johannes (2011): Riester-Rente: Rezept gegen Altersarmut? *Wochenbericht des DIW Berlin*, Nr. 47, 16 ff.
— Hagen, Kornelia und Axel Kleinlein (2011): Zehn Jahre Riester: Kein Grund zum Feiern. *DIW Wochenbericht* Nr. 47, 3–14.
— Joebges, Heike, Volker Meinhardt, Katja Rietzler und Rudolf Zwiener (2012): Kapitaldeckung in der Krise – Die Risiken privater Renten- und Pflegeversicherungen. WISO Diskurs. Juli. Bonn, Friedrich-Ebert-Stiftung.
— Oehler, Andreas (2009): *Alles „Riester"? – Die Umsetzung der Förderung in der Praxis*. Gutachten im Auftrag des Verbraucherzentrale Bundesverbandes e. V., Bamberg.
— Ohsmann, Sabine und Reinhold Thiede (2009): Rendite – Unterschiede zwischen gesetzlicher Rentenversicherung und kapitalgedeckter Vorsorge. Vortrag auf dem Pressefachseminar der Deutschen Rentenversicherung Bund, 13.–14.7.2009, Erkner.
— ÖKO-TEST (2002): Grüne Riester-Renten – Gewissensfrage auf Cent und Euro. März.
— ÖKO-TEST (2006): Altersvorsorge – Die heimlichen Gewinner. März.
— ÖKO-TEST (2008): Wer verdient an der Rente? – Die unheimlichen Gewinner. Ratgeber Rente, Geld & Versicherungen.
— ÖKO-TEST (2010): ÖKO-TEST – Kompakt Riester. Januar. 13 f.
— ÖKO-TEST (2011a): Allianz Transparenzoffensive – Kein Durchblick für Verbraucher. März.
— ÖKO-TEST (2011b): Riester-Rente – Reise ins Labyrinth. Juni.
— ÖKO-TEST (2011c): Riester-Rente – Das böse Verwirrspiel um die Kosten. Juni.
— ÖKO-TEST (2011d): Geförderte Altersvorsorge – in welchen Taschen Ihr Geld verschwindet. Oktober.
— ÖKO-TEST (2011e): Geförderte Altersvorsorge – So wird abkassiert. Ratgeber Rente, Geld &, Versicherungen.
— ÖKO-TEST (2011f): Altersvorsorgekonto – Ein Konto für alles. Ratgeber Rente, Geld & Versicherungen.
— ÖKO-TEST (2012a): Altersvorsorge für Selbstständige – Der Staat zahlt mehr. April.
— ÖKO-TEST (2012b): Riester-Renten – Weniger Leistung, mehr Risiko. September.
— ÖKO-TEST (2012c): Die Kosten fressen die Zulagen auf. September.
— ÖKO-TEST (2012d): So trickst die Versicherungslobby. September.
— ÖKO-TEST (2012e): Kühl kalkulierte Verbrauchertäuschung. September.
— Ortmann, Mark (2012): *10 Jahre Riester-Rente – empirische Analyse der Renditeentwicklung bei Riester-Verträgen 10 Jahre nach Einführung des AltZertG*. Berlin, Institut für Transparenz in der Altersvorsorge.
— Sachverständigenrat zur Begutachtung der gesamtwirtschaftlichen Lage (2007): Jahresgutachten 2007/2008 – Soziale Sicherung: Mehr Licht als Schatten.
— Schmähl, Winfried (2006): Der Weg zurück ins 19. Jahrhundert ist falsch. Thesen zur Situation und weiteren Entwicklung der Alterssicherung in Deutschland. *Frankfurter Rundschau* vom 13.1.2006. Zuletzt abgerufen am 10.9.2012 bei: www.sozialpolitik-aktuell.de/tl_files/sozialpolitik-aktuell/_Politikfelder/Alter-Rente/Dokumente/schmaehl.pdf
— Sozialbeirat (2004): Gutachten des Sozialbeirats zum Rentenversicherungsbericht 2004. Bundestagsdrucksache 15/4498 vom 1.12.2004. Abschnitt VIII (Zur Rendite der gesetzlichen Rentenversicherung).

— Tiffe, Achim, Michael Feigl, Jürgen Fritze, Veruschka Götz, Claudia Grunert, Lena Jaroszek und Ilonka Rohn (2012a): Zusammenfassung der Studie: Ausgestaltung eines Produktinformationsblatts für zertifizierte Altersvorsorge- und Basisrentenverträge. Im Auftrag des Bundesministeriums der Finanzen in Zusammenarbeit mit dem ZEW.
— Tiffe, Achim, Michael Feigl, Jürgen Fritze, Veruschka Götz, Claudia Grunert, Lena Jaroszek und Ilonka Rohn (2012b): Ausgestaltung eines Produktinformationsblatts für zertifizierte Altersvorsorge- und Basisrentenverträge. Studie im Auftrag des Bundesministeriums der Finanzen in Zusammenarbeit mit dem ZEW.
— Verbraucherkommission Baden-Württemberg (2010): Verbraucherschutz bei Finanzdienstleistungen im Bereich der geförderten Altersvorsorge. Vorlage der Arbeitsgruppe Finanzen für das Ministerium für Ländlichen Raum, Ernährung und Verbraucherschutz Baden-Württemberg, Juni.
— VZ NRW – Verbraucherzentrale Nordrhein-Westfalen (Hrsg.) (2002): Durchblick: Die Riester-Rente. Düsseldorf, Juni 2002.
— VZ NRW – Verbraucherzentrale Nordrhein-Westfalen (Hrsg.) (2005): Die Riester-Rente, Planungshilfen, Finanzierungsformen, Fördermöglichkeiten, Vorsorge im Betrieb. Düsseldorf, Januar 2005, 50.
— vzbv – Verbraucherzentrale Bundesverband (2002): Nachhaltige Anlagestrategien bei der privaten Altersvorsorge. Berlin, Dezember 2002, 57 ff.
— vzbv – Verbraucherzentrale Bundesverband (2003): Vorsorgender Verbraucherschutz in der privaten Altersvorsorge. Berlin, Februar 2003, 52.
— vzbv – Verbraucherzentrale Bundesverband (2011): Stellungnahme zum Diskussionsentwurf zur Einführung eines Produktinformationsblattes für zertifizierte Altersvorsorge- und Basisrentenverträge. Berlin, Juni 2011, 5 f.
— Weinmann, Hermann (2011): Verursachungsgerechte Beteiligung der Kunden am Ergebnis ist schwierig. *Versicherungswirtschaft*, 5, 321–323.
— Westerheide, Peter, Michael Feigl, Lena Jaroszek, Johannes Leinert und Achim Tiffe (2010): Transparenz von privaten Riester- und Basisrentenprodukten. Abschlussbericht im Rahmen von Projekt Nr. 7/09 des Bundesministeriums der Finanzen. Zentrum für Europäische Wirtschaftsforschung, Mannheim.
— Zimmer, Maximilian (2011): Allianz geht den Weg der Transparenz weiter. Präsentation anlässlich eines Pressegesprächs am 19.1.2011 in Berlin.

Streitfall Bewertung des Riester-Sparens

KORNELIA HAGEN

Kornelia Hagen, DIW Berlin – Deutsches Institut für Wirtschaftsforschung, E-Mail: khagen@diw.de

Zusammenfassung: Im Mittelpunkt des Beitrags steht eine Auseinandersetzung mit der Kalkulation von Riester-Rentenversicherungen und der Berechnung der Renditekennziffer Zielalter für diese Produkte. Eingegangen wird auf die Verteuerung durch die unterstellte hohe Lebenserwartung und die Selektionseffekte. Ausgeführt wird, dass eine 2008 erfolgte Veränderung der Überschussanteile zulasten der Riester-Sparer und -Versicherten allein eine Frage der Verteilung ist, die von der Politik zuungunsten der Sparer und Versicherten entschieden wurde. Argumentiert wird, dass für eine Renditeanalyse nicht nur eine versicherungsmathematische Sicht eingenommen werden dürfe, sondern auch die sozial- und rentenpolitischen Besonderheiten des Produktes berücksichtigt werden müssten. Zudem wird vertreten, dass eine Rendite, die sich nur auf die Sparphase bezieht, Sparer nur unzureichend informiert. Daher müssten in der Rendite auch die Kosten, die in der Rentenphase anfallen, berechnet werden. Begründet wird auch, dass die staatliche Förderung – die Zulagen – sowohl bei individuellen als auch bei gesellschaftlichen Erwägungen über die Rendite als Eigenkapital des Sparers zu betrachten sind. Für das Riester-Sparen wird eine wissenschaftlich unabhängige Evaluierung für erforderlich gehalten. Diese müsste sich an den sozial-, renten- und verbraucherpolitischen Zielen orientieren und dabei auch eine Renditebetrachtung, die sich auf die Spar- und Rentenphase bezieht, einschließen.

Summary: This article examines the calculation of *Riester pension* products and their returns, highlights the price increase caused by an assumed life expectancy and the selection bias. It states that changes to the profit participation components at *Riester* savers' and insurees' charge—applied in 2008—could neither be justified by adverse loan market trends nor by the level of the profit shares. Instead, this is solely due to the allocation of surpluses, which shortchanged savers and insurees by policy. Further, there is a discussion of

→ JEL Classification: D14, G22, H44, I38
→ Keywords: Riester pension scheme, Riester efficiency, Riester return, life expectancy, allotment of Riester surpluses

Der Artikel basiert in Abschnitt 2 auf der Veröffentlichung von Hagen und Kleinlein (2011). Die Abschnitte drei bis sechs dieses Artikels stützen sich auf einen Vortrag der Autorin (Hagen 2012a) auf dem Workshop „Riester-Rente: Grundlegende Reform dringend geboten!?" (DIW 2012).

Der Inhalt des Artikels meint zwar gleichermaßen männliche wie weibliche Personen, zur besseren Lesbarkeit wird im Artikel aber das Maskulinum verallgemeinernd für Frauen und Männer verwendet.

several issues regarding the concept of a target-age-related return. The paper argues that an analysis of the yield is not supposed to merely consider actuarial views, but rather to incorporate aspects of pension-policy and socio-political features of the products. Moreover, it is argued that focusing only on the yield during the saving period does not give savers a complete picture of their expected *Riester pension* benefits. Therefore, charges which accrue during the retirement phase should be taken into account. It is also established that government aid—bonuses granted—should be regarded as savers' equity in order to comply with both individual and societal considerations regarding the return. It is deemed necessary to subject *Riester* saving to a scientifically independent evaluation. This evaluation should be guided by aspects of targets of pension, welfare, and consumer policy issues; while, at the same time, it should reflect returns accrued during both saving and retirement periods.

1 Einleitung

Bei der Einführung der Riester-Rente wurde unter anderem argumentiert, dass mit einem Kapitaldeckungsverfahren eine höhere Rendite für die Altersvorsorge zu erzielen sei, das heißt bei gleicher Einzahlung ein höheres Absicherungsniveau zu erreichen sei. Vor diesem Hintergrund haben Hagen und Kleinlein (2011) in einer Bilanz zum zehnjährigen Bestehen des Riester-Sparens analysiert, welche Rente die Versicherten zu erwarten haben. Konkret wurde untersucht, wie sich die Rendite versicherungsförmiger Riester-Produkte seit ihrer Einführung im Jahr 2001 bis 2011 durch veränderte Zertifizierungsregelungen und durch aufsichts- und versicherungsrechtliche Regelungen entwickelt hat. Der Fokus auf Riester-Rentenversicherungen begründete sich dadurch, dass mehr als 70 Prozent oder rund 10,9 Millionen der gegenwärtig fast 15,6 Millionen bestehenden Riester-Verträge in dieser Produktsparte abgeschlossen wurden (BMAS 2012a, b). In dieser Studie wurde als Renditekennziffer das „Alter für eine Zielrendite" berechnet (im Weiteren auch als Zielalter oder Renditekonzept/-analyse bezeichnet). Das Konzept, die Befunde sowie die Schlussfolgerungen dieser Analyse entfachten eine bis heute anhaltende Diskussion. Nicht nur, aber insbesondere der Gesamtverband der Deutschen Versicherungswirtschaft (GDV 2011a, 2011b) hat das Zielalter-Konzept außerordentlich kritisch bewertet. Der vorliegende Beitrag ist eine Auseinandersetzung mit der Kritik an der Analyse von Hagen und Kleinlein (2011). [1]

Streitpunkte um die Renditeanalyse sind die Produktkalkulation, zu der die Kosten – diese sind nicht Thema der Renditeanalyse und damit auch nicht Thema dieses Artikels –, die Lebenserwartung und die Überschüsse gehören, der Renditebegriff und die Methode der Berechnung des Zielalters sowie die Behandlung der Förderung in der Renditebetrachtung. Diskussionen gab es zudem um die Frage, ob die Rendite ein geeigneter Indikator für die Beurteilung des Riester-Sparens ist und um die Kommunikation der Renditeanalyse. Der Vollständigkeit halber ist zu erwähnen, dass es eine Reihe weiterer Streitpunkte um das Riester-Sparen gibt, die nicht mit der Renditebetrachtung von Hagen und Kleinlein (2011) verknüpft sind. Dass die mit diesen Fragen

1 Die Kritik an der Produktkalkulation und dem Renditekonzept von Hagen und Kleinlein lässt sich bisher nur auf der Grundlage weniger schriftlicher Originalquellen nachzeichnen. Zwar sind mit den Artikeln von Riester, Rürup, Schwark und Dommermuth in dem vorliegenden Vierteljahrsheft eine Reihe schriftlicher Artikel nunmehr verfügbar, diese waren aber bei der Erarbeitung meines Artikels noch nicht verfügbar. Daher beziehe ich mich überwiegend auf Vorträge dieser Autoren auf dem Workshop des DIW Berlin zum Riester-Sparen (DIW 2012), die auch die Grundlage für die Artikel in diesem Viertejahrsheft sind.

einhergehenden Streitpunkte auch einer Aufarbeitung bedürfen, steht außer Zweifel, sie sind aber nicht das Thema dieses Artikels.

Die Auseinandersetzung mit diesen Streitpunkten findet sich in der Gliederung des Beitrags wie folgt wieder: Angesichts einiger wiederholt falscher Darstellungen zum Inhalt der Renditeanalyse von Hagen und Kleinlein (2011) rekapituliere ich eingangs wesentliche Aussagen und Befunde der kritisierten Analyse (Abschnitt 2). Im dritten Abschnitt des Beitrags befasse ich mich mit dem Streit über die *kalkulierten Lebenserwartungen,* der vierte Abschnitt geht auf Auseinandersetzungen über die *Überschüsse* ein. Daran schließt sich eine Auseinandersetzung mit der Kritik am *Konzept der Renditekennziffer Zielalter* an (Abschnitt 5). Ausgehend von der Auffassung, eine Renditebetrachtung sei kein *Erfolgsmaßstab* für das Riester-Sparen, ist der sechste Abschnitt der Frage gewidmet, welche Aspekte bei einer Beurteilung des Riester-Sparens berücksichtigt werden sollten. Das siebente Kapitel befasst sich mit der Kritik an der Kommunikation der Renditeanalyse. Der Beitrag endet mit einem kurzen Ausblick.

2 Renditekennziffer „Alter für eine Zielrendite": Rückblick auf die Analysemethode und auf die Befunde für 2001 und 2011

2.1 Personen- und produktbezogene Kalkulationsparameter

Die Analyse von 2011 wurde für *Beispielsparer* durchgeführt, die einen Vertrag über eine klassische Riester-Rentenversicherung abschließen (Übersicht 1). Das Zielalter wurde für einen bei Vertragsabschluss 35-jährigen Mann beziehungsweise eine Frau im entsprechenden Alter ermittelt, für beide wurde einmal ein Abschluss im Jahr 2001 und alternativ ein Abschluss 2011 angenommen.

Übersicht 1

Annahmen zu den Beispielsparern 2001 und 2011

Geschlecht	Mann/Frau
Alter bei Vertragsabschluss	35 Jahre
Familienstand	verheiratet
Ehepartner	ohne eigenen Riester-Vertrag, mittelbar förderberechtigt
Kinder	2 Kinder: 1. Kind: 5 Jahre, 2. Kind: 7 Jahre, beide bis zum 19. Lebensjahr förderberechtigt
Jahreseinkommen des unmittelbar Förderberechtigten	30 000 Euro
Gesamtprämie	1200 Euro: 2001 und 2011 gleiche Riester-Beiträge, also ohne Riester-Treppe
Vertragsbeginn	2001 (2011)
Rentenbeginn bei Vertragsbeginn 2001 (2011)	2033 (2043)

Quellen: Kleinlein 2011, Hagen und Kleinlein 2011, eigene Darstellung.

Übersicht 2

Komponenten der Kalkulation einer Riester-Rentenleistung und Berechnung der Rendite für Beispielsparer – Vertragsbeginn jeweils mit 35 Jahren

Vertragsbeginn	2001		2011	
Gesamtkosten – Durchschnittliche Belastung ...				
... bis Rentenbeginn	12,5 Prozent der eingezahlten Riester-Beiträge, 4 Prozent Abschlusskosten gezillmert enthalten.			
... ab Rentenbeginn	1,5 Prozent der Rente			
Höchstrechnungszins	3,25 Prozent		2,25 Prozent	
Überschussanteile an Sparerkollektiv				
Zinsüberschüsse	90 Prozent		mindestens 90 Prozent	
Kostenüberschüsse			mindestens 50 Prozent	
Risikoüberschüsse			mindestens 75 Prozent	
Überschussbeteiligung an Versicherten (pauschaliert im Tarif kalkuliert)				
Überschüsse insgesamt	1,25 Prozent		2,25 Prozent	
Nachrichtlich: Kostenüberschüsse in der Ansparphase	*2,5 Prozent der Prämie*			
Gesamtverzinsung (Garantiezins plus Überschussbeteiligung)	4,5 Prozent			
Lebenserwartung – in Jahren				
Ausprägung der Sterbetafel	Frau	Mann	Frau	Mann
Lebenserwartung Modellsparer[1]	88,7	82,5	89,9	83,7
Nachrichtlich:				
Statistisches Bundesamt 2006	*87,0*	*81,5*	*88,2*	*82,8*
DAV04R	*91,9*	*85,1*	*97,7*	*93,5*
Nachrichtlich: Inflationsausgleich	*2,5 Prozent*			

1 Für die Berechnung der Rentabilität wurden die Werte einer Sterbetafel von Kleinlein zugrunde gelegt. Sie ist eine mittlere Variante zwischen der Sterbetafel des Statistischen Bundesamtes (2006) und der Standardsterbetafel der Deutschen Aktuarvereinigung (DAV04R).

Quellen: Kleinlein 2011, Hagen und Kleinlein 2011, eigene Darstellung.

Die Höhe der Rentenleistung, die der Beispielsparer im Rentenbezug erhalten wird, und die Rendite seiner Riester-Rentenversicherung sind neben den personenbezogenen Faktoren durch vier für den Sparer nicht zu beeinflussende externe Einflussfaktoren bestimmt: durch die *Gesamtkosten, den Garantiezins,* die *Überschussanteile* (und daraus folgend durch die Gesamtverzinsung) und die *angenommene Lebenserwartung* (Übersicht 2).

Die Rendite wurde auf der Basis einer *Gesamtkostenbelastung bis zum Rentenbezug (im Rentenbezug)* einschließlich Abschlusskosten von 12,5 (1,5) Prozent ermittelt. Für 2001 und 2011 wurde dabei eine gleiche Belastung unterstellt. Angeknüpft wurde damit an Erfahrungswerte über Kosten für Riester-Produkte durch Anbieterangebote und Produkttests von Testorganisationen. Die Kostenbelastung ist damit eher moderat als zu hoch angesetzt. Der *Garantiezins* hängt von der Finanzmarktentwicklung ab und wird auf der Grundlage der Deckungsrückstellungsverordnung (DeckRV), die auf dem Versicherungsaufsichtsgesetz basiert, gesetzlich festgelegt. Für 2001 betrug der Höchstrechnungszins 3,25 Prozent, bis 2011 sank dieser Zins um fast ein Drittel auf nur noch 2,25 Prozent (ab 1.1.2012: 1,75 Prozent). Hinsichtlich der *Überschüsse* wurde berücksichtigt, dass der Gesetzgeber die Anteile der Überschüsse zwischen den beiden betrachteten Jahren der Vertragsabschlüsse zuungunsten der Sparer gesenkt hatte (zur genauen Aufteilung der Überschüsse siehe Übersicht 2). Für die Berechnung der Rentenleistung und die Ermittlung der Rendite wurde mit einer *Gesamtverzinsung nach der Überschussverteilung* für beide Betrachtungszeitpunkte mit 4,5 Prozent kalkuliert. Die Gesamtverzinsung wurde damit etwas höher angenommen, als die derzeitige Gesamtverzinsung tatsächlich ist. Hierin spiegeln sich die tatsächliche Entwicklung des Garantiezinses sowie Erfahrungswerte hinsichtlich der Überschussverteilung wider (zur Auseinandersetzung um die Überschussverteilung siehe Abschnitt 4).

Die Kalkulation der Rentenleistung und die Ermittlung der Rendite in der Analyse von Hagen und Kleinlein (2011) wurden auf der Grundlage einer Lebenserwartung kalkuliert, die eine mittlere Variante zwischen den Lebenserwartungen des Statistischen Bundesamtes und denen der DAV04R darstellt (Kleinlein 2011). Damit wurde der Überlegung Rechnung getragen, dass die Selektionseffekte in der DAV04R aufgrund des expliziten Ziels der Riester-Rente, Personen mit geringem Einkommen erreichen zu wollen, überzeichnet sein dürften. Andererseits würde eine Kalkulation auf der Grundlage der Sterbetafel des Statistischen Bundesamtes Selektionseffekte vollständig negieren.

2.2 Messung der Rendite von Riester-Rentenversicherungen durch das Zielalter

Bei Kleinlein (2011: 46–49) und auch in Hagen und Kleinlein (2011: 10) wurde ausgeführt, dass es für die Messung der Rentabilität von Altersvorsorgeprodukten verschiedene mögliche Kennziffern gibt, den Rentenfaktor, die Sparrendite bis Rentenbeginn, die Rentenrendite, den Anteil der Mittel für die „Rente ab 85“, das „Alter für eine Zielrendite“. Diese Kennziffern unterscheiden sich im Hinblick auf ihre Verständlichkeit für den Sparer und beantworten unterschiedliche Fragestellungen an die Ertragsfähigkeit eines Produktes. So gibt etwa der *Rentenfaktor* an, wie viel Rente Sparer auf einen bis zum Rentenbeginn konkret gesparten Betrag erhalten werden. Mit der *Sparrendite* wird angegeben, wie die Verzinsung auf ein Kapital sein muss, damit bis zum Rentenbeginn ein bestimmtes Kapital angespart ist, sie wird daher auch als Ansparrendite bezeichnet. Die *Rentenrendite* wiederum zeigt, wie hoch die Rente ist, wenn sie so lange gezahlt wird, wie es einer durchschnittlichen Lebenserwartung entspricht. Dabei handelt es sich also um eine Rentabilitätsbetrachtung inklusive Kosten im Rentenbezug. Mit dem *Zielalter* wird die Frage beantwortet, wie alt ein Sparer mindestens werden muss, damit er aus seinem Kapital eine bestimmte Zielrendite erzielen kann.

In der Analyse von Hagen und Kleinlein (2011) wurde der Schwerpunkt auf die Renditekennziffer „Zielalter“ gelegt. Unter Berücksichtigung der in verschiedenen Studien festgestellten geringen finanziellen Bildung in der Bevölkerung und insbesondere unter Geringverdienern (siehe dazu Ausführungen beispielsweise von Pfarr und Schneider in diesem Vierteljahrsheft) war ein Kriterium der Auswahl eines geeigneten Rendite-Messkonzeptes, die Verständlichkeit dieser Kennziffer für den Sparer. Berechnet wird die Renditekennziffer Zielalter aus den in den Riester-Vertrag eingehenden Zahlungsströmen und den als Rente an den Sparer zurückfließenden Werten. Die eingehenden Zahlungsströme sind dabei das gesamte Kapital des Sparers, das am Ende der Ansparphase auf seinem Konto aufgelaufen ist. Dies besteht aus seinen Eigenbeiträgen, aus der möglichen persönlichen Zulage und – sofern kindergeldberechtigte Kinder vorhanden sind – aus einer Kinderzulage, die der Sparer auf sein Vertragskonto gebucht bekommen hat. Nicht betrachtet wurde – aus Gründen der Vereinfachung – die Möglichkeit des Sonderabgabenabzugs, ebenso wenig wurden etwaige Steuervorteile in der Ansparphase und mögliche Steuerzahlungen in der Rentenphase berücksichtigt.

2.3 Berechnung des Zielalters nach Varianten

Für die Renditekennziffer Zielalter auf der Grundlage der zuvor beschriebenen personen- und produktspezifischen Kalkulationsgrundlagen wurden in der Analyse von Hagen und Kleinlein (2011) verschiedene Varianten berechnet. Die Ergebnisse für die Varianten stecken einen Ergebnisraum ab. Hinsichtlich des Zielalters wurde zunächst nach dem Jahr des Vertragsabschlusses (2001 und 2011) unterschieden sowie für 2001, als es noch keinen verpflichtenden Unisextarif gab, nach dem Geschlecht. Für jede dieser Konstellationen wurden hinsichtlich der Rendite drei Alternativen berechnet, und zwar für null, 2,5 und fünf Prozent. Modelliert wurde damit eine für den Sparer „ungünstigste" Konstellation, alternativ wurde eine Reihe „günstigerer" Konstellationen berechnet. In der für den Sparer „ungünstigsten" Variante wurde unterstellt, dass er als Rentner auf das angesammelte Kapital *Eigenmitteln einschließlich der Zulagen und Erträge (abzüglich der Kosten für seinen Vertrag)* keine Rendite erzielt (0 Prozent). Dass in der für den Sparer ungünstigsten Variante das Zielalter nur für eine Garantieprämie berechnet wird, begründet sich damit, dass die Überschüsse nicht garantiert sind. In der für den Sparer in den Modellbeispielen berechneten „günstigsten" Konstellation, erhält der Sparer auf sein angesammeltes Kapital *einschließlich* eines *Überschusses* eine *Rendite von fünf Prozent.*

2.4 Ergebnisse für das Zielalter und Schlussfolgerung

Die Modellberechnungen führten zusammengefasst zu folgenden Befunden (Einzelergebnisse siehe Tabelle 1, auf den Ausweis einer Berechnung „neuartige Produkte – 2011" wie sie in der Veröffentlichung ausgewiesen wurde, wird hier verzichtet, alle Varianten dazu führen zu einem deutlich höheren Zielalter):

1. Sparerinnen, die 35-jährig ihren Vertrag über eine Riester-Rentenversicherung 2001 abgeschlossen haben, erzielen eine „Null"-Rendite auf die garantierte Rentenleistung (auf die Rentenleistung mit Überschüssen), wenn sie ein Zielalter von 78,4 (75,4) Jahren erreichen (vergleichbare Zielalter für Männer: 76,8 (74,3) Jahre). Gemessen an der Lebenserwartung im statistischen Durchschnitt dieser Alterskohorte lässt sich diese Rendite wohl gut erzielen.

2. Möchte diese Sparerin aber eine Rendite von „2,5 Prozent" erzielen, müsste sie bei einer garantierten Rentenleistung (Rentenleistung mit Überschüssen) bereits 90 (82) Jahre werden (vergleichbares Zielalter für Männer: 85,8 (79,7) Jahre). Ein Alter, das – gemessen an dem statistisch zu erwartenden Lebensalter – wohl nicht viele erreichen werden.

3. Möchte die Sparerin eine Rendite von fünf Prozent erzielen, muss sie in der Garantievariante ein nach heutigen Maßstäben nicht zu realisierendes Alter erreichen (127,9 Jahre). Aber selbst für eine Prämie mit Überschuss muss die Sparerin, um eine Rendite von fünf Prozent erzielen zu können, mit 91,8 Jahren ein Alter erzielen, das von vielen Sparerinnen wohl kaum noch erreicht werden wird (vergleichbare Zielalter für Männer: 105,5 (87,1) Jahre).

Tabelle 1

Rendite „Zielalter" eines bei Vertragsabschluss 35-jährigen Sparers für Riester-Rentenversicherungen (klassische Produkte)

Um ... Prozent Rendite mit dem Riester-Sparen zu erzielen, muss die Sparerin/der Sparer ein Alter von mindestens ... Jahren erreichen.

Rendite in Prozent	2001 (geschlechtsabhängiger Tarif)				2011 Unisextarif	
	Sparerin		Sparer			
	Ohne Gehaltsdynamik					
	Garantieleistung	Rentenleistung mit Überschüssen	Garantieleistung	Rentenleistung mit Überschüssen	Garantieleistung	Rentenleistung mit Überschüssen
0	78,4	75,4	76,8	74,3	84,2	77,1
2,5	90,0	82,0	85,8	79,7	109,8	84,8
5	127,9	91,8	105,5	87,1	nicht erreichbar	96,2
	Mit Gehaltsdynamik (Inflationsausgleich: 2,5 Prozent)					
0	79,2	76,2	77,4	74,9	85,0	77,9
2,5	90,4	82,7	86,2	80,3	109,4	85,5
5	124,5	92,0	104,3	87,3	nicht erreichbar	96,4

Quellen: Kleinlein 2011, Hagen und Kleinlein 2011, eigene Darstellung.

4. Für vergleichbare Sparer und Verträge, die ihren Vertrag erst 2011 abgeschlossen haben, verschärfen sich diese Befunde. Die 2011 einen Vertrag abschließenden Sparer müssen in nahezu allen Varianten deutlich älter werden als die Sparer, die 2001 ihren Vertrag abgeschlossen haben. Fast alle Zielalter liegen zudem weit über dem statistisch zu erwartenden Alter. Die Gründe dafür sind die gegenüber 2001 durchgeführte Senkung des Garantiezinses, die im Vergleich zu 2001 ungünstigere Verteilung der Überschüsse sowie die 2011 höher als noch 2001 kalkulierte Lebenserwartung.

Alles in allem lassen sich die Befunde zur Renditekennziffer Zielalter zu der Aussage zusammenfassen, dass eine lohnende Rendite auf das angesammelte Kapital nur bei einem hohen Lebensalter möglich ist. Aufgrund der Befunde aus der Renditebetrachtung sowie in Anbetracht einer Reihe von Analysen, die den verschiedenen Komponenten des Riester-Sparens – der Förderung, den Kosten, der späteren Rentenleistung, der Beratung – Mängel bescheinigen, führten Hagen und Kleinlein (2011) als Schlussfolgerung aus, das Riester-Sparen sei sozial- und verbraucherpolitisch nicht zu vertreten und für viele wäre ein Vertrag als Riester-Rentenversicherung so, als hätten sie ihr Spargeld nur in einen „Sparstrumpf" gesteckt.

3 Streitpunkt Kalkulation der Lebenserwartung und von Selektionseffekten[2]

3.1 Anordnung einer Sterbetafel durch die Aufsicht und unternehmensspezifische Sterbetafeln sind kein Widerspruch

Riester beispielsweise hat in einem Vortrag (2012) indirekt die Auffassung von Hagen und Kleinlein bezweifelt, dass es – wie in der Praxis zu beobachten sei – unternehmensspezifische Sterbetafeln gäbe, die höhere Lebenserwartungen unterstellen als die von der DAV empfohlene Sterbetafel DAV04R. Riester argumentierte, Versicherungsprodukte *müssten* aufsichtsrechtliche Anforderungen erfüllen und eine von der Bundesanstalt für Finanzdienstleistungen (BaFin) bestimmte Sterbetafel verwenden.

Diese Anmerkung übersieht, dass in der Renditeanalyse nicht bestritten wurde, dass Versicherungen nach dem Versicherungsaufsichtsgesetz (VAG) zu einer sorgsamen und vorsichtigen Kalkulation angehalten sind, so dass „... ein Versicherungsunternehmen allen seinen Verpflichtungen nachkommen kann und insbesondere für die einzelnen Verträge ausreichende Deckungsrückstellungen bilden kann" (§ 11 Absatz 1 VAG). Auch ist den Autoren der Renditeanalyse bekannt, dass die Aufsicht darauf achten muss, dass in der Rentenversicherung eine Sterbetafel verwendet wird, die so sicher ist, dass die Erfüllbarkeit der Verträge dauerhaft gewährleistet ist. Allerdings lässt sich weder aus dem Rundschreiben der BaFin zur Verwendung einer Sterbetafel (BaFin 2004), noch aus einer Antwort der Bundesregierung auf eine Anfrage zur kalkulierten Lebenserwartung bei Riester-Renten (Deutscher Bundestag 2011) schließen, dass nur eine Sterbetafel verwendet werden darf.

Mit dem Rundschreiben zur Verwendung von Sterbetafeln durch Versicherer ordnete die Aufsicht für nach dem 31.12.2004 abgeschlossene Rentenversicherungsverträge die Verwendung der Sterbetafel DAV04R (DAV 2004) an. Diese geht von höheren Lebenserwartungen als frühere Sterbetafeln der DAV aus. Die Aufsicht begründete dies „mit der Beobachtung einer steigenden Lebenserwartung bei Versicherungen mit Erlebensfallcharakter" und einer sich daraus ergebenden „überproportionalen Abnahme der Sicherheitsmargen" bei den kalkulierten Lebenserwartungen, was voraussichtlich zu Risikoverlusten aus dem Sterblichkeitsergebnis führen würde (BaFin 2004). In der Verordnung wird zudem davon gesprochen, dass die für den einzelnen Vertrag zu bildende Deckungsrückstellung jederzeit – von Ausnahmen abgesehen – *mindestens* so hoch sein müsste, wie sie sich bei Verwendung der Sterbetafel DAV04R (und des zulässigen Höchstzinssatzes) ergeben würde. Dies schließt aber nicht aus, dass Anbieter auch höhere Lebenserwartungen kalkulieren können.

Den Ausführungen der Bundesregierung ist ein weiterer Hinweis darauf zu entnehmen, dass es sich bei der Sterbetafel DAV04R um eine Mindestanforderung an die Kalkulation handelt. So

---

2 Entsprechend der Zertifizierungskriterien müssen mit Ausnahme des Wohn-Riesters alle anderen Riester-Produkte einen Auszahlplan bis zum 85. Lebensjahr haben. Für den Erwerb dieser *„Rente ab 85"* bei Rentenbeginn, muss von dem bis zum Rentenbeginn gesparten Kapital ein Einmalbetrag reserviert werden. Insofern wirken sich die Lebenserwartung, Selektionseffekte und Überschüsse bei allen diesen Produkten auch aus.

spricht die Bundesregierung davon, dass es sich „... ein Lebensversicherer kaum erlauben kann, Sterbetafeln zu verwenden, die höhere oder gar offensichtlich unerreichbare Lebenserwartungen unterstellen.“ (Deutscher Bundestag 2011: 17). Diese Ausführung der Bundesregierung wäre vollkommen überflüssig, wenn eine Kalkulation auf der Grundlage anderer als der Sterbetafel DAV04R faktisch nicht möglich ist.

Die Auseinandersetzung darüber, ob die Aufsicht eine verbindliche Sterbetafel anordnet oder nicht, ließe sich nach meinem Verständnis sehr zügig beenden. Das einfachste und für die öffentliche Diskussion auch verträglichste wäre, wenn die Aufsicht und die Bundesregierung in nicht juristisch verschachtelten Worten – der Sachverhalt soll auch den potentiellen Sparern verständlich gemacht werden – eindeutig erklären würden, ob es nur eine verbindliche Sterbetafel gibt für die Kalkulation der Riester-Produkte oder ob es nur eine „Mindest“-Sterbetafel gibt. Darzulegen wäre dabei auch, wie die Prüfung der Kalkulation der Riester-Produkte durch die Aufsicht konkret erfolgt.

3.2 Lebenserwartung muss „auskömmlich" und „angemessen" kalkuliert sein – Unklare Begriffe verhindern Transparenz der Kalkulation von Riester-Produkten

Indirekt vorgeworfen wird Hagen und Kleinlein mit Verweis auf die Gesetzeslage auch, dass sie übersehen würden, dass die Versicherer zu einer *vorsichtigen* Kalkulation der Produkte gesetzlich verpflichtet wären (beispielsweise Rürup 2012a). Der Gesetzgeber spricht davon, dass die Aufsichtsbehörde prüft, „ob die Tarife auskömmlich kalkuliert sind, also insbesondere eine Sterbetafel mit ausreichenden Sicherheiten verwendet wird“ (Deutscher Bundestag 2011: 17). Die Kriterien „auskömmlich“ und „angemessen“ sind allerdings inhaltsleer, sie müssen erst durch Annahmen und Werte gefüllt werden, die aber gerade strittig sind. Der Gesetzgeber weist einerseits sogar selbst darauf hin, dass eine Einschätzung der Lebenserwartung in der Rentenversicherung schwierig ist – er spricht sogar von einem Irrtumsrisiko (Deutscher Bundestag 2011: 17) – geht aber andererseits offensichtlich dennoch davon aus, dass die Aufsicht weiß, was eine „angemessen“ und „auskömmlich“ kalkulierte Sterbetafel ist. Dabei gehen die Bundesregierung – wie auch diejenigen, die diesen Punkt an der Renditeanalyse kritisieren – einen Zirkelschluss ein, da die Sterbetafeln der DAV nicht geprüft, sondern als angemessen und auskömmlich definiert werden.

Es ist davon auszugehen, dass an den Rechenkünsten der Profession von Aktuaren und der DAV, die den Sachverstand der berufsständigen Vertretung der Versicherungs- und Finanzmathematiker repräsentiert, ganz sicher nicht zu zweifeln ist, aber als unabhängige Prüfung oder gar Kontrolle der kalkulierten Lebenserwartung durch die Aufsicht lässt sich dieses Verfahren wohl kaum bezeichnen. So ist keineswegs garantiert, dass neben versicherungsmathematischen Überlegungen auch beispielweise das Statistische Bundesamt, unabhängiges bevölkerungs- und wirtschaftswissenschaftliches Know-how und die Expertise von Gesundheitsforschern in die Generierung der Sterbetafeln eingehen, auf deren Grundlage die Riester-Produkte kalkuliert werden.

Für eine nicht allein von Aktuaren generierte, sondern von einer Expertengruppe diskutierten und abgestimmten Generierung der Sterbetafeln für Riester-Produkte sprechen eine Reihe von Gründen: Erstens gibt es Informationsasymmetrien zuungunsten der potentiellen Riester-Versicherten. Zweitens, könnten durch mehr Transparenz bezüglich der Produktkalkulation die von vielen Riester-Akteuren bemängelten Vertrauensdefizite in das Riester-Sparen abgebaut werden. Drittens geht es um die Kontrolle der Verwendung öffentlicher Steuergelder beim Riester-Sparen und letztlich um die Bewertung gesellschaftlicher Kosten. Dass der Staat auf diese Kontrolle bisher verzichtet hat, ist zu kritisieren. Es wäre aber unerklärlich, wenn der Gesetzgeber trotz der sehr strittigen Diskussion um die Kalkulationsgrundlagen von Riester-Rentenversicherungen auch künftig von der Einberufung eines Expertengremiums absehen würde. Transparenz und damit eine öffentliche eindeutige Information wären zudem darüber erforderlich, ob die Aufsicht hinsichtlich einer „missbräuchlichen" Kalkulation der Lebenserwartung über Sanktionsmöglichkeiten verfügt und falls ja, über welche und wie oft davon bereits Gebrauch gemacht wurde.

3.3 Die Kalkulation der Lebenserwartung ist von starker Unsicherheit geprägt

Mit Blick auf die Differenz zwischen den Werten der Sterbetafel des Statistischen Bundesamtes und denen durch die Aufsicht für mindestens angemessene angeordnete Sterbetafel der DAV haben Hagen und Kleinlein (2011) argumentiert, dass die darin berücksichtigten Lebenserwartungen fachlich nicht begründbar seien. Dagegen hat Rürup (2012a, 2012b: 272) beispielsweise argumentiert, dass sich die kalkulierte Lebenserwartung versicherungswirtschaftlich erklären lassen würde. Seine Einschätzung leitet Rürup wie folgt her: Jede Leibrentenversicherung, unabhängig von ihrer Finanzierungsart, sei eine Versicherung gegen den eigenen Tod der Sparer, in der jeder die Chance haben würde, von der Versicherung zu profitieren. Jeder würde aber auch das „Pech" haben können – wenn er früh stirbt – ein Verlustgeschäft zu machen. Rürups Schlussfolgerung ist, da die Sparer (intuitiv) darum wissen und da das Riester-Sparen freiwillig ist, käme es bezüglich der Riester-Vertragsabschlüsse zu Selbstselektionseffekten. Das heißt, Menschen, die erwarten, nicht lange zu leben (beispielsweise, weil sie krank sind), werden keine Rentenversicherung abschließen oder seltener als Menschen, die für sich von einem langen Leben ausgehen. Für die Anbieter sei die Kalkulation solcher Selbstselektionseffekte schwierig, gleichzeitig wären sie aber gehalten, mit Sicherheitsmargen zu kalkulieren. Daher müssten sie hohe Lebenserwartungen und Selbstselektionseffekte ansetzen. Auch aus der Versicherungswirtschaft – beispielsweise Schwark (2012a) – wird so die Höhe der kalkulierten Lebenserwartung begründet Diese Argumentation impliziert, dass die Höhe der Lebenserwartungen in der Sterbetafel der DAV04R zu Recht in dieser Höhe angenommen wird.

Damit keine falschen Kontroversen verfestigt werden, stelle ich als Entgegnung zu den Auffassungen von Rürup und Schwark noch einmal klar, Hagen und Kleinlein (2011) haben nicht einfach nur geurteilt, die kalkulierten Lebenserwartung seien vorsichtig, also hoch angesetzt. Vielmehr wurde in der Renditeanalyse einmal der Unterschied zwischen 2001 und 2011 als nicht begründbar beurteilt. Mit anderen Worten haben Hagen und Kleinlein zuvorderst eine Scherenentwicklung zwischen den Sterbetafeln des Statistischen Bundesamtes und denen der DAV und das stärkere Auseinanderklaffen zwischen Sterbetafeln des Statistischen Bundesamtes und unternehmensspezifischen Sterbetafeln angesprochen. Kleinlein bestätigt diesen Trend übrigens in seinem Artikel in diesem Vierteljahrsheft auch für das Jahr 2012. Zum anderen wurde die Dimension der „vorsichtigen" Kalkulation in Frage gestellt. Diese beiden Aussage zu negieren ist eine Schwäche der Kritiker.

Im Weiteren beleuchte ich auch die Auffassung kritisch, dass die kalkulierte Lebenserwartung eine *angemessen vorsichtige Kalkulation* sei. Dazu gehe ich auf die Argumentation der Bundesregierung zur kalkulierten Lebenserwartung ein, die nahezu identisch mit den diesbezüglichen Aussagen von Rürup und Schwark ist. So führt die Bundesregierung unter anderem aus, dass sich frühere Sterbetafeln bereits nach wenigen Jahren als unzureichend erwiesen hätten und dass daher die Deutsche Aktuarvereinigung (DAV) aus den Beobachtungen in den Beständen der Lebensversicherer eine neue Sterbetafel (DAV04R) hergeleitet hat. Nach Ansicht der Aufsicht sei diese für den Regelfall (auch hier kommt zum Ausdruck, dass es nicht nur eine Sterbetafel gibt, wie von Riester vertreten, siehe dazu Ausführungen zuvor) ausreichend und enthält notwendige Sicherheiten (zum Zirkelschluss zwischen DAV – Aufsicht – Bundesregierung siehe Ausführungen zuvor). Auch der Gesetzgeber geht also von Selektionseffekten aus und begründet damit, dass die aus aufsichtsrechtlicher Sicht angemessene Sterbetafel von einer höheren Lebenserwartung ausgehen muss, als sie für die Gesamtbevölkerung unterstellt wird. Ausgeführt wird, die Angemessenheit dieser kalkulierten Lebenserwartung würde sich durch eine empirisch zu beobachtende Sterblichkeit in den Beständen der Lebensversicherungen begründen, die auffallend niedriger sei als die Sterblichkeit in der Bevölkerung insgesamt. Zudem könnte sich die Lebenserwartung auch künftig noch verbessern (Deutscher Bundestag 2011: 18).

Diese Ausführungen sind keineswegs erhellend für die Frage, ob die Lebenserwartung möglicherweise *zu hoch* kalkuliert ist und mindestens so wenig zufriedenstellend wie die zuvor vorgetragenen Ausführungen zur kalkulierten Lebenserwartung von Rürup. Dazu ist anzumerken, dass sich Kritiker der Renditeanalyse wie auch die Autoren der Renditeanalyse auf Annahmen stützen, sich also auf sehr „dünnem Eis“ bewegen und ihre Annahmen und Trendüberlegungen starken Unsicherheiten unterliegen. Es stimmt zwar, dass es Trends gibt, die bezüglich der Bevölkerungsalterung auf eine Zunahme der Lebenserwartung hinweisen, aber die Fortschreibung eines für die Vergangenheit und die Gegenwart zu beobachtenden Trends über einen sehr langen Zeitraum hat immer auch eine stark spekulative Dimension, gewissermaßen ist es ein „stochern im Nebel“. Schwark (2012a) beispielsweise nahm in seinem Vortrag auf der Riester-Veranstaltung des DIW Berlin (DIW 2012) an, dass insbesondere die Lebenserwartung der Älteren künftig so stark zunehmen wird wie im Trend der letzten Jahre (ähnlich auch die Ausführungen in einem Arbeitspapier von Ruß 2012: These 1). Von den Verfechtern einer Fortschreibung und Erhöhung des Trends der Zunahme der Lebenserwartung wird dabei vor allem auf die Innovationsfähigkeit im Gesundheitswesen hingewiesen (beispielsweise Schwark 2012a). Ob diese Annahme zutreffen wird, lässt sich erst in 30 bis 50 Jahren – also im Nachhinein – beurteilen. Heute ließen sich genauso viele Argumente dafür vortragen, warum es sogar zu einem Sinken der Lebenserwartungen kommen könnte, etwa durch eine Zunahme von Krankheiten durch Stress und Klimabelastungen, durch einen späteren Renteneintritt, durch geringere Mittel für die Gesundheitsforschung und damit die Kalkulation einer weniger hohen Lebenserwartung begründet wäre.

Angesichts dieser Unsicherheiten haben Hagen und Kleinlein (2011) ihre eigene Berechnung des Zielalters auf eine Lebenserwartung gestützt, die eine mittlere Variante zwischen einer spekulativ hohen Lebenserwartung und der des Statistischen Bundesamtes darstellt. Eine vergleichbare Offenlegung der Kalkulationsparameter durch die einzelnen Versicherungsunternehmen gibt es übrigens nicht. Wenn auch die Kalkulation der Lebenserwartung unsicher ist, so kann doch sicher angegeben werden, dass die Werte in der Sterbetafel der DAV 2011 in höherem Ausmaß von den Werten der Sterbetafel des Statistischen Bundesamtes abweichen als 2001.

3.4 Ableitung von Effekten der Selbstselektion aus dem Versichertenbestand insgesamt negiert Spezifik des Riester-Versichertenbestandes

Ich komme noch einmal auf die Darstellung der Bundesregierung und auch auf die von Schwark zur Kalkulation der Lebenserwartung zurück, um einen Grund vorzutragen, warum ich vertrete, dass sich die Kalkulation (sehr) hoher Selektionseffekte fachlich nicht (sicher) begründen lässt. Die Aussagen des Gesetzgebers sowie der Kritiker der Renditeanalyse implizieren die Annahme, dass Selektionseffekte in dem Teilsegment „Riester-Versichertenbestand" tatsächlich in dem Ausmaß auftreten, wie sie auch in dem Versichertenbestand „Rentenversicherungen" insgesamt empirisch zu beobachten sind. Damit wird unterstellt, dass die Selektionsmechanismen bei einer geförderten Altersvorsorge den Selektionseffekten einer nicht geförderten Altersvorsorge entsprechen würden. In privaten nicht geförderten Versichertenkollektiven sind – den Auswertungen der Versicherungswirtschaft zufolge – Kranke, Geringverdienende und Bildungsferne deutlich unterrepräsentiert gegenüber Gutverdienenden, Gesunden oder Menschen mit einem höheren Bildungsgrad. Auch bei Rürup schimmerte durch, die Selektionseffekte beim Riester-Versichertenbestand können aus nicht geförderten Rentenversicherungen abgeleitet werden. Damit erkennen Rürup (2012b: 271), Schwark und die Bundesregierung nicht an, dass sich das Riester-Kollektiv möglicherweise anders strukturiert als das Gesamtkollektiv.

Erstaunlich daran ist, dass weder die Bundesregierung noch Rürup den Riester-Versichertenbestand ausgewertet haben, sie stützen sich vielmehr auf die Annahmen und die Arbeiten der DAV (siehe Zirkelschluss weiter vorne). Bei Schwark bleibt unklar, ob „seine" Selektionseffekte aus dem Versichertenbestand insgesamt oder allein aus dem Riester-Bestand ermittelt werden. Schwark sprach aber davon, dass Branchendaten ausgewertet werden, um die Selektionseffekte zu ermitteln. Außerdem trug Schwark vor, dass die Selbstselektion nicht nur vor dem Vertragsabschluss stattfinden würde, sondern auch vor dem Beginn der Rentenphase. Beide Effekte müssten die Versicherer im Interesse der Versicherten absichern. Dazu ist anzumerken, dass Schwark an anderer Stelle Produktoptionen vor Vertragsabschluss und die Auszahloptionen bei Sparende als Möglichkeit für die Versicherten beschreibt, ihre jeweils individuelle Renditechance zu erhöhen. Das kann allerdings nur dann der Fall sein, wenn die Rendite nur auf die Sparphase bezogen wird (dazu siehe Abschnitt 5.1). Vielleicht hat sich entweder Schwark oder Rürup nur ungenau ausgedrückt, aber aus dem Kontext der Formulierung von Rürup ist zu verstehen, dass er davon ausgeht, dass die Selektionseffekte durch Auswahl und am Ende der Sparphase dazu führen, dass die Versicherer höhere Selektionseffekte kalkulieren müssen.

In verschiedenen Diskussionen, die der Veröffentlichung der Renditeanalyse folgten, haben Hagen und Kleinlein wiederholt vertreten, dass es trotz Freiwilligkeit bei Riester-Rentenversicherungen geringere Selektionseffekte geben müsste als bei einem Versichertenkollektiv, dass entweder nur auf der Basis nicht geförderter oder auf der Grundlage eines zusammengefassten Bestandes aus geförderten und nicht geförderten Verträgen beobachtet wird. Unter anderem wäre auch die Auszahloption für Riester-Sparer nur sehr begrenzt möglich – dazu siehe beispielsweise auch Ausführungen in dem Artikel von Sternberger-Frey in diesem Vierteljahrsheft –, was mithin dagegen sprechen würde, die Selektionseffekte aus dem nicht geförderten Sparerkollektiv abzuleiten. Dass es nicht plausibel ist, aus einem Versichertenkollektiv über alle Rentenversicherungen hinweg Selektionsmechanismen für Riester-Kollektive abzuleiten, lässt sich auch sehr simple damit begründen, dass die Politik große Anstrengungen unternimmt, damit sich gerade auch untere Einkommensgruppen und Bildungsferne am Riester-Sparen beteiligen. Wäre es nun so, dass die Selektionseffekte bei dem Riester-Versichertenbestand genauso hoch wären wie bei dem Versichertenbestand einer nicht geförderten Rentenversicherung, ließe sich daraus ein großes Versagen der Politik ableiten, denn der Sparanreiz hätte versagt. Am Rande dieser Überlegungen verbleibt noch die Anmerkung, dass es nicht besonders plausibel ist, wenn einerseits mit Verweis auf Stolz und Rieckhoff (2010) beispielsweise von Schwark vertreten wird, dass Geringverdiener keineswegs unterdurchschnittlich in der Riester-Förderung vertreten sein würden, andererseits aber erhöhte Selektionseffekte kalkuliert werden.

3.5 Streitpunkt Lebenserwartung und Selektionseffekte in der Renditeanalyse Zielalter wären zu niedrig kalkuliert

Hinsichtlich der Modellierung der Modellrechnung meint beispielsweise Schwark (2012b), Hagen und Kleinlein hätten in ihrer Renditebetrachtung überhaupt *keine Selektionseffekte* berücksichtigt und würden nicht von den Erkenntnissen der Demografen ausgehen, sondern von mittlerweile veralteten Generationentafeln des Statistischen Bundesamtes aus dem Jahr 2006. Diese Werte würden jedoch unter den Annahmen zur Lebenserwartung der den Versicherern bereits heute nicht mehr erlaubten Rententafeln aus dem Jahr 1994 (DAV94R) liegen. Eine Verwendung der von Schwark für richtig erachteten Generationensterbetafel für die Kalkulation der Riester-Rentenversicherungen ist allerdings nicht hilfreich. Denn diese Sterbetafel betrifft die Personen, die 2011 geboren wurden. Aber nicht die Geburten des Jahres 2011, sondern die heute 30- bis 35-Jährigen schließen Riester-Verträge ab. Bei der unterstellten Steigerung der Lebenserwartung von ein bis zwei Monaten pro Jahr führt die Verwendung der Generationensterbetafel von 2011 – da die Sparer und Versicherten länger leben – zu erheblichen Reduzierungen der Auszahlungen.

Es ist noch einmal daran zu erinnern, dass in der Renditeanalyse in der Tat geringere Lebenserwartungen als auf der Basis der aktuellen DAV-Sterbetafel kalkuliert werden und nur von geringen Selektionseffekten ausgegangen wird. Richtig ist (siehe dazu auch Ausführungen zuvor), dass Hagen und Kleinlein bezüglich der Kalkulation der Lebenserwartung durch die Versicherer Zweifel anmelden, dass die Höhe der kalkulierten Lebenserwartungen und die der Selektionseffekte die tatsächliche „Riester-Welt“ angemessen widerspiegeln. Zumindest gibt es keine überzeugenden empirischen Beweise für die Höhe der kalkulierten Lebenserwartungen und die der Selektionseffekte durch die Versicherer. Wenn die Zweifel berechtigt wären und die Versicherungswirtschaft tatsächlich zu hohe Lebenserwartungen und Selektionseffekte unterstellen würde, dann ergäben sich daraus Extragewinne für die Versicherungswirtschaft zulasten der Altersvorsorge vieler Riester-Sparer.

Zum Thema Kalkulation der Lebenserwartungen und von Selektionseffekten bleibt abschließend anzumerken, dass der typische (Riester-)Sparer die Mechanismen, die sich aus diesen Kalkulationsparametern für die Rentenleistung und die Rendite der Riester-Produkte ergeben, vermutlich eher nicht nachvollziehen kann. Für ihn als Laien ist eine Prüfung, ob die Lebenserwartung und die Selektionseffekte ihn benachteiligen oder die realen Verhältnisse widerspiegeln – und damit die Auswahl eines Produktes nach Qualität – nicht möglich. Aber auch Produkttester sowie unabhängige Wissenschaftler und Experten können nur die Mechanismen darlegen, eine eigenständige Prüfung auf der Basis der Versichertendaten bleibt ihnen aber von der Versicherungswirtschaft bisher versperrt. Der Streit um die Kalkulation von Riester-Rentenversicherungen lässt sich aber ohne Datenverfügbarkeit nicht beilegen.

Angesichts der öffentlichen Förderung und in Anbetracht der Auseinandersetzungen um die Bestimmung der „richtigen und angemessenen“ Höhe der Selektionseffekte spreche ich mich neben der Einbeziehung weiterer Professionen als nur Versicherungswirtschaftler bei der Generierung der Sterbetafeln, auf deren Basis Riester-Produkte kalkuliert werden, auch dafür aus, dass die Lebenserwartung sowie die Selektion nicht auf der Basis eines allgemeinen Versichertenkollektivs, sondern spezifisch auf der Basis der Beobachtung der Riester-Bestände generiert wird.

3.6 Höher kalkulierte Lebenserwartungen 2011 gegenüber 2001 verschlechtern die Rendite Zielalter

Rürup (2012a) hat zur Aussage von Hagen und Kleinlein, dass die Zunahme in der kalkulierten Lebenserwartung zu einer sinkenden Rendite, also einer Zunahme des Zielalters führt, argumentiert, dass Annahmen einer höheren Lebenserwartung dann renditeneutral für Neuverträge wären, wenn die höheren Lebenserwartungen die tatsächliche Zunahme reflektieren würden, der Kapitalstamm also gleich bleiben würde. Oder anders ausgedrückt – die Rendite der Riester-Rentenversicherung würde wegen neuer Annahmen zur Lebenserwartung sinken, wäre nur dann zutreffend, wenn gezeigt werden würde, dass die Sicherheitsmargen im Vergleich zu den „alten“ Annahmen erhöht wurden, die daraus anfallenden Risikogewinne aber nicht korrekt erfasst und nicht in voller Höher dem Versichertenkollektiv gutgeschrieben werden würden.

Hierzu wurde bereits weiter oben ausgeführt, dass sich in den Befunden zeigt, dass die Überzeichnung von Selektionseffekten in den Sterbetafeln der Versicherungsunternehmen gegenüber der Lebenserwartung, die das Statistische Bundesamt ausweist, auch die Schere zwischen der von der DAV für 2001 und der für 2011 empfohlenen Sterbetafeln weiter öffnet. Der Effekt, höhere kalkulierte Lebenserwartungen für Neuverträge führen zu einem negativen Renditeeffekt, wurde in der Renditeanalyse daher nicht nur als mathematischer Mechanismus beschrieben, sondern durch den Vergleich der Sterbetafeln für zwei konkrete Beobachtungszeitpunkte empirisch belegt.

4 Streitpunkt Überschüsse

4.1 Aufteilung der Anteile der Überschüsse zuungunsten der Sparer lässt sich nicht mit einer negativen Entwicklung des Kapitalmarktes begründen

Hagen und Kleinlein haben in der Renditeanalyse kritisiert, die Sparer würden 2011 nur einen geringeren Anteil aus den Überschüssen erhalten als 2001, und ausgeführt, dass dies dazu beitragen würde, dass die Sparer ein höheres Zielalter erreichen müssten, ehe sie ihr Kapital (Eigenmittel plus Zulage) als Rentenleistung wieder zurückerhalten würden.

Die 2008 auf der Grundlage der neuen Mindestzuführungsverordnung erfolgte Neuaufteilung der Anteile aus Überschüssen auf Versicherte und Versicherer wird verschiedentlich mit dem Hinweis auf Kapitalmarktturbulenzen gerechtfertigt. Auch den Vertragsinformationen der Versicherer an ihre Sparer ist ein Hinweis zu entnehmen, dass die Aufteilung der Überschüsse von der Kapitalmarktentwicklung abhängt. Die Abhängigkeit der Überschüsse von den Kapitalmarktzinsen stellt aber die Entstehung und Entwicklung von Überschüssen nur unzureichend dar. Zwar ist unstrittig, dass die Kapitalmarktzinsen tatsächlich gesunken sind, und mathematisch ist es selbstverständlich exakt, dass sinkende Kapitalmarktzinsen ein Sinken der Zinsüberschüsse bewirken. Allerdings sind die Kapitalmarktzinsen nicht der einzige Einflussfaktor auf die Höhe der Überschüsse. So gibt es neben den Zinsüberschüssen auch noch Kosten- und Risiko-(Sterblickeits-)gewinne und letztere beispielsweise hängen von der Höhe der kalkulierten Lebenserwartungen im Vergleich zum tatsächlichen Sterbealter der Sparer und Versicherten ab. Entscheidend für die Entwicklung der absoluten Höhe der Überschüsse insgesamt ist daher nicht allein der Kapitalmarktzins, sondern entscheidend ist, welche Anteile diese drei Überschussarten jeweils an den Überschüssen insgesamt haben und wie sich diese drei Überschusskomponenten in Relation zu einander verändern.

Die Entwicklung der Kapitalmarktzinsen trägt aber aus einem ganz anderen Grund auch nicht als Begründung für eine Neuaufteilung der Überschussanteile auf Versicherte und Versicherer. Denn in der Renditeanalyse ging es nicht um die absolute Höhe der Überschüsse, sondern kritisiert wurde die Aufteilung der Anteile, diese ist aber recht unabhängig davon, in welchem Umfang Überschüsse anfallen. Es geht dabei um eine reine Verteilungs- und Gerechtigkeitsfrage. Weder ein hohes oder niedriges Niveau der Überschüsse noch eine positive oder negative Entwicklung der Kapitalmarktzinsen begründen inhaltlich die Verteilung der Anteile der Überschüsse. Es gibt für die konkrete Aufteilung der Anteile auf Sparer und Versicherer schlicht keine Begründung, die sich aus ökonomischen oder versicherungswirtschaftlichen Sachzwängen ableiten lassen würde. Vielmehr werden diese Anteile politisch festgesetzt – dies gilt für die Aufteilung der Anteile für 2001er ebenso wie für 2011er Verträge. Die konkrete Festsetzung der Anteile im Jahr 2008 (siehe dazu Übersicht 2, Seite 136) spiegelt wider, dass der Politik die wirtschaftlichen Interessen der Anbieter vorrangig waren gegenüber den wirtschaftlichen Interessen der Versicherten, die mit dem sinkenden Anteil an der Überschussbeteiligung nunmehr nur noch eine geringere Rentenleistung erhalten werden. Letztlich stellt sich in diesem Kontext die Frage, wieso die Überschüsse nicht vollständig den Sparern gutgeschrieben werden. Schließlich handelt es sich bei dem Kapital um das Ersparte der Sparer, und für die Verwaltung sowie das Management des Kapitals werden den Sparern bereits Kosten in Rechnung gestellt.

In Auseinandersetzung um die Effizienz von Riester-Produkten wird von Seiten der Versicherungswirtschaft und auch vom Gesetzgeber argumentiert, dass – aufgrund des Wettbewerbs zwischen den Anbietern – die Versicherungsunternehmen in der Regel einen höheren Anteil an Überschüssen an die Versicherten zurückführen, als die Regelung vorsieht. Dies mag stimmen, beantwortet aber nicht die Frage, warum nicht höhere Anteile verpflichtend festgeschrieben werden. Nicht unerwähnt bleiben sollte hier auch, dass die Politik im Dezember letzten Jahres angekündigt hatte, dass der Anteil der Überschüsse an die Sparer wieder auf 90 Prozent zurückgeführt werden soll (BMAS 2012c: 18–19). Allerdings wurde diese Ankündigung bis heute nicht umgesetzt, aktuell ist über diese Absicht auch nichts mehr zu hören.

4.2 Entwicklung und Verteilung der Überschüsse sind für unabhängige Forschung und für Sparer nicht prüfbar

Obwohl die Entwicklung der Überschüsse und die Modalitäten für ihre Verteilung nicht das Thema der Renditeanalyse und der Auseinandersetzungen darüber sind, sollte nicht unerwähnt bleiben, dass auch über diese Aspekte ziemlich unterschiedliche Auffassungen vertreten werden. Für die unabhängige Forschung besteht bezüglich der Überschüsse das Problem, dass ihr darüber keine verlässlichen Daten zur Verfügung stehen. So gibt es zwar vereinzelt Aussagen über die Entwicklung der Überschüsse von der Versicherungswirtschaft, diese Informationen sind aber nicht unabhängig vom wirtschaftlichen Interesse und der Interpretation von Befunden aus Anbietersicht.

Der GDV beispielsweise spricht davon, dass bei Rentenversicherungen noch nie Risikoüberschüsse angefallen sind, sondern „im Gegenteil, die Kalkulationsgrundlagen in der Vergangenheit mussten mehrfach an die tatsächliche Entwicklung angepasst werden und Risikoverluste waren durch Nachreservierungen auszugleichen“ (GDV 2012a).

Diese Ausführungen sowie die der Bundesregierung über die Berechnung und Verwendung von Risikoüberschüssen (Deutscher Bundestag 2008) und über die Datenlage zur Riester-Rente (Deutscher Bundestag 2011: 18 f.) liefern keine fundierten Informationen über die Entwicklung der Überschüsse. Die Bundesregierung spricht beispielsweise im Hinblick auf die Entwicklung der Überschüsse davon, dass zu Beginn für das Riester-Geschäft eine „erhebliche Anschubfinanzierung für den Bestandsaufbau" geleistet werden musste und daher die Riester-Bestände bis 2006 defizitär waren, dass sich die Ertragslage aber inzwischen „normal" entwickelt haben würde und 2010 das Riester-Segment die Gewinnzone erreichen wird. Ausgeführt wird zudem, dass die „Versicherten mit 575 Millionen Euro am Überschuss in Höhe von 556 Millionen Euro", also einer Quote von 115 Prozent beteiligt wurden. In keinem Fall sind diese Ausführungen aber durch Verweis auf Originaldaten unterlegt, und es werden auch keine Daten über die Ergebnisse der einzelnen Jahre ausgewiesen. Letztlich kann der sich Informierende diese Aussagen nur glauben und plausibel finden oder sie anzweifeln und nicht plausibel finden. Eine Möglichkeit der Prüfung gibt es jedenfalls nicht.

Auch sind die Ausführungen der Bundesregierung meines Erachtens nicht plausibel. Sie eröffnen eher eine Reihe von Fragen: Was meint konkret eine Anschubfinanzierung? Wer und woraus wird diese finanziert? Was ist der Referenzmaßstab für eine „normale" Überschussentwicklung? Wie erklärt sich eine Beteiligungsquote von mehr als 100 Prozent? Ebenso liefern Ausführungen der Bundesregierung über die Modalitäten der Zuführung aus den verschiedenen Quellen zur Rückstellung für Beitragsrückerstattung (RfB) und zur Ermittlung und Gutschrift der Überschüsse an die Versicherten keine ausreichenden Erklärungen. Ausgeführt wird, dass die Zuführung zur RfB nach Alt- und Neubestand erfolgt, dass es je nach der Versicherungsart (kollektiv, einzeln oder fondsgebunden) für Riester-Verträge eigene Bestandsgruppen geben kann und die Beteiligung der Versicherten an den Überschüssen verursacherorientiert und nicht verursachergerecht erfolgt (Deutscher Bundestag 2008: 4 f.). Aber auch diese Erläuterungen sind nur bedingt aufklärend. So wird nicht konkretisiert, was es für das Versichertenkollektiv und für den einzelnen Versicherten bedeutet, dass die Überschüsse verursacherorientiert auf die Versicherten aufgeteilt werden.

Eine deutlich weniger positive Sicht auf die Überschüsse und deren Verteilung wird beispielsweise von Weinmann (2011: 322) vertreten. Auf der Grundlage einer Untersuchung über die „Aufteilung des periodischen Erfolgs zwischen Versicherungsnehmern und Versicherungsunternehmen" kommt Weinmann am Beispiel eines konkreten Anbieters zu dem Ergebnis, dass in dem untersuchten Unternehmen die Untergrenze für die Beteiligung der Versicherten auch eine Untergrenze für die Unternehmern zustehenden Gewinne sein würde. Weinmann führt dies darauf zurück, dass der RfB nicht mehr zugeführt werden würde, als gesetzlich notwendig sei. Der Autor moniert zudem: „Der aktuelle rechtliche Rahmen birgt die Gefahr von „unanständigen" Eigenkapitalrenditen (des Anbieters) und Dividenden (der Aktionäre des Anbieters)."

Zusammengefasst: Der willkürlichen politischen Aufteilung der Anteile der Überschüsse fehlt es meines Erachtens an Transparenz und Information. Auf der Grundlage der zur Verfügung stehenden Informationen ist eine Beurteilung der Qualität der Riester-Produkte hinsichtlich der Komponente Überschüsse durch die unabhängige Forschung nur sehr begrenzt möglich. Noch viel weniger haben Sparer und Versicherte die Möglichkeit, auf der Grundlage der Informationen, die sie von den Anbietern erhalten, die Qualität der Überschüsse zu erkennen. Daher ist dem von Rürup (2012a) ausgesprochenen Wunsch, die Produktanbieter sollten etwaige Risikogewinne aufgrund zu vorsichtiger Annahmen korrekt erfassen und möglichst zeitnah zu mehr als den gegenwärtig gesetzlich vorgeschriebenen 75 Prozent dem Versicherungskollektiv gutschreiben, zwar vollständig zuzustimmen; das ist aber nicht ausreichend. Erst eine umfassende Offenlegung von Entwicklung und Verteilung der Überschüsse durch die Versicherer erlaubt auch eine qualitätsbewusste Entscheidung der Verbraucher.

4.3 Vorwurf Risikogewinne würden in der Modellrechnung zum Zielalter nicht berücksichtigt werden ist „aus der Luft gegriffen"

Ein weiterer Streitpunkt beim Zielalter ist die Behandlung der Überschüsse. Der GDV (2011a, b und 2012b) und Schwark (2012a, b) meint, das Zielalter wäre künstlich inszeniert und würde als Partialmodell keine Annahmen zur kollektiven Lebenserwartung der Versicherten insgesamt und damit auch keine Beteiligung der Sparer an den Risikoüberschüssen absichern können. Damit würden die Versicherungsleistungen nur unvollständig bewertet und das Zielalter zu hoch angesetzt werden. An anderer Stelle schreibt der GDV in seiner Gegenposition (2012b), in der Renditeanalyse wurden auch Rechnungen mit Überschussbeteiligung veröffentlicht (GDV 2012b). Ungeachtet dieser Verworrenheit – mal lautet die Kritik, es wären keine Überschüsse kalkuliert worden, mal wird gesagt, es wären doch Überschussvarianten berechnet worden – gehe ich nachfolgend auf die Beschuldigung ein, in der Renditeanalyse wären keine Überschüsse berechnet worden.

Hinsichtlich der Kritik an der Verwendung eines Partialmodells soll hier nur kurz klargestellt werden, dass Partialmodelle nicht relevante Aspekte ausklammern und aufgrund der Komplexität von Totalmodellen in der Praxis üblich und keine Besonderheit sind. Zur Entstehung von Überschüssen ist prinzipiell zu sagen, dass diese, wenn die Anbieter richtig kalkulieren würden, nicht existieren würden. Zum Verständnis von Überschüssen ist auch relevant zu wissen, dass diese für die Anbieter zu einer Steuerersparnis führen. Es dürfte also im wirtschaftlichen Interesse der Anbieter liegen, Überschüsse zu generieren, während es im wirtschaftlichen Interesse von Sparern liegt, wenn keine Risikoüberschüsse generiert werden.

Zu dem Anwurf, in der Renditeanalyse würden keine Risikogewinne berücksichtigt werden, ist anzumerken, dass Varianten berechnet wurden. Dabei gibt es sowohl Varianten mit Überschüssen als auch Varianten, die sich nur auf eine Garantieleistung beziehen. Damit wurde – wie vorne ausgeführt – der mögliche Renditeraum (günstige und ungünstige Fälle) für Sparer abgesteckt. Da es unklar ist, ob Überschüsse entstehen werden und diese nicht garantiert sind, ist das Ausweisen einer Variante ohne Überschüsse auch im Spektrum des Möglichen. Zugleich wurde für die beiden Zeitpunkte des Vertragsabschlusses von einer identischen Überschussbeteiligung ausgegangen. Damit konnte gezeigt werden, dass die Rendite auch unabhängig von der Höhe der Überschussbeteiligung abgenommen hat (siehe dazu Kleinlein 2011: 51). Konkret wurde bei der Überschussbeteiligung auf eine laufende Gesamtverzinsung von 4,5 Prozent abgestellt. Diese umfasst den Garantiezins (2001: 3,25 Prozent, 2011: 2,25 Prozent), die Kosten-, Zins- und Risikogewinne. In der Übersicht 2 (Seite 136) wird dies ebenso deutlich dargestellt wie in der Veröffentlichung von Hagen und Kleinlein (2011: 11). Es erschließt sich mir daher nicht, warum Schwark an seiner Meinung bezüglich der Behandlung der Risikogewinne festhält. Eigenartig ist, dass auch Wels und Rieckhoff behaupten, bei Kleinlein (2011) wären nur Kostenüberschüsse berücksichtigt (2012: 37). Sie leiten aus dieser bereits falschen Interpretation der Modellierung der Beispielfälle ab, dass bei der Betrachtung einer gesellschaftlichen Rendite (dazu Weiteres im folgenden Abschnitt), mindestens eine durchschnittliche Überschussbeteiligung berücksichtigt werden müsse, während aber bei Kleinlein (2011) Risikoüberschüsse nicht berücksichtigt worden wären (Wels und Rieckhoff 2011: 40). Sehe ich davon ab, dass unklar ist, wie die beiden Autoren eine durchschnittliche Überschussbeteiligung berechnen würden, bleibt die von mir nicht aufzuklärende Frage, warum die Autoren ignorieren, dass Risikoüberschüsse in der Gesamtverzinsung enthalten sind. Richtig ist, dass auch Risikoüberschüsse in geringem Ausmaß kalkuliert wurden.

Angesichts der offensichtlichen falschen Interpretationen im Zusammenhang mit der Berücksichtigung von Überschüssen in der Renditeanalyse ist es hilfreich, sich hier noch einmal zu vergegenwärtigen, wie es zur Entstehung von Risikoüberschüssen kommt. Risikoüberschüsse können nur anfallen, wenn die tatsächlichen Lebenserwartungen von der in den Verträgen unterstellten abweichen. In diesen Fällen profitieren die Langlebenden von dem Versterben der anderen Mitglieder der entsprechenden Kohorte. Wenn die Versicherer diese unterschiedliche Lebensdauer richtig kalkulieren und in den Prämien entsprechend berücksichtigen, dann vollzieht sich der Risikoausgleich intern zwischen diesen beiden unterschiedlichen Gruppen. Auch können Risikoüberschüsse nur entstehen, wenn die Versicherer unterstellen, dass die Gruppe der Frühversterbenden nicht existiert. Dies bedeutet aber, dass diesen zu hohe Prämien abverlangt wurden, die von den Versicherern an die Langlebenden verteilt werden können. Wenn die Versicherer eine Berücksichtigung von Risikoüberschüssen einfordern, dann impliziert dies, dass ein interner Ausgleich in den Kohorten von den Versicherern nicht berücksichtigt wird. Allein die Auflösung von – nicht benötigten – Sicherheitszuschlägen kann nicht zu erheblichen Unterschieden bei der Rentabilität führen. Daher ist es konsequent, wenn in der Renditeanalyse etwaige Risikogewinne nur in geringem Ausmaß kalkuliert wurden.

5 Streitpunkt Zielalter

5.1 Rendite bis Rentenbeginn negiert, Zielalter berücksichtigt Kosten des Rentenbezugs

Von den möglichen Renditekennziffern (siehe dazu Abschnitt 2.2) haben sich Hagen und Kleinlein auf die Kennziffer *Zielalter* fokussiert, mit der nicht nur die Verhältnisse des Ansparprozesses bewertet werden, sondern auch der *Rentenbezug* und die dabei anfallenden Kosten, die sogenannten Biometriekosten (Langlebigkeit und Selektionseffekte, dazu siehe Abschnitt 3). Die Versicherungswirtschaft oder auch Finanztest hingegen verwenden üblicherweise als Renditekennziffer die sogenannte *Sparrendite*, die sich nur auf die Zahlungsströme in der Ansparphase bezieht. Nicht immer ist dabei klar, ob dabei auch von dem Kapital die Kosten abgezogen werden (beispielsweise ist dies unklar in der auf die Renditeanalyse von Hagen und Kleinlein bezugnehmenden Präsentation des GDV 2011b). Dies ist ein durchaus wesentlicher Aspekt bei einer Renditebetrachtung, denn die Sparrendite wäre – ceteris paribus – geringer, wenn Kosten vom Kapital des Sparers abgezogen, und umgekehrt höher, wenn die Kosten in der Renditeberechnung nicht berücksichtigt werden würden.

Von Seiten der Versicherungswirtschaft wird nun gegen die Renditekennziffer Zielalter der Einwand erhoben, sie würde nicht die Rentabilität der Riester-Produkte messen, sei kein „gängiges" Konzept, Hagen und Kleinlein hätten eine grundlegend falsche Kennziffer ausgewählt. Richtig ist, dass mit dem Zielalter eine Renditekennziffer ausgewiesen wird, die sich nicht gedankenlos an den Konventionen und der ausgeübten Praxis der Versicherungswirtschaft orientiert. Tatsächlich berücksichtigt das Konzept die Spezifik eines privaten und staatlich geförderten Altersvorsorgeproduktes.

Die Renditekennziffer „Rendite auf die Sparphase“ ist – wenn auch die Kosten für die Sparphase darin tatsächlich berücksichtigt werden – ganz sicher formal und mathematisch korrekt. Allerdings fehlt ihr eine inhaltliche Fundierung, und ihr Aussagegehalt für den Sparer und die Gesellschaft ist gering. So bleibt die Logik, in der Rendite den Rentenbezug und die in dieser Phase entstehenden Biometriekosten „unter den Tisch fallen zu lassen“ und so zu tun, als ob das Riester-Produkt mit dem Ende des Sparprozesses „beendet“ ist, unverständlich. Eine Renditebetrachtung nur bis zum Ende des Sparprozesses zu bewerten, ist nur ein Teil der Wahrheit über die Ertragsfähigkeit des Produktes, denn in diesem werden von der Versicherungswirtschaft selbstverständlich auch Biometriekosten (Sicherheitsmargen für die Langlebigkeit der Versicherten und Selektionseffekte) kalkuliert (siehe dazu Abschnitt 3).

Hinzu kommt, dass die Kennziffer Zielalter und die Aussage, dass man 75 oder 90 Jahre alt werden muss, um sein Erspartes wieder zurückbekommen zu haben, sehr plastisch ist. Die Aussage, die Rendite beträgt drei Prozent, bleibt dagegen selbst dem finanziell durchschnittlich gebildeten Sparer sehr abstrakt und wirft Fragen auf. Worauf bezieht sich die Prozentangabe? Auf das Kapital? Auf das Kapital abzüglich Kosten? Der Sparer weiß auch nicht, für wie viel Euro und Cent diese Prozente stehen, der Sparer kann schon gar nicht einordnen, ob drei oder fünf Prozent ein gutes Ergebnis ist oder ein weniger gutes, da er keinen Referenzrahmen dafür hat. Der einzige Vorteil an dieser Betrachtung ist, dass der Sparer die Rendite mit der Rendite anderer Produktsparten vergleichen könnte, vorausgesetzt, die Renditen sind methodisch alle gleich berechnet.

Ich halte fest: Die beiden Renditekennziffern – Sparrendite bis Rentenbeginn einerseits, Zielalter andererseits – bedienen vollkommen andere Fragestellungen und nehmen sehr verschiedene Perspektiven auf den ökonomischen Hintergrund des Produktes ein. Eine der beiden Kennziffern als formal grundlegend falsch zu diskreditieren, ist vollkommen unangemessen. Anlass für kritische Auseinandersetzungen muss aber auf jeden Fall der Aussagegehalt der beiden Kennziffern sein. Nach meinem Dafürhalten führt die Sparrendite den Sparer über den Ertrag aus dem Sparvorgang schlicht in die Irre. Denn die Sparrendite wird höher ausgewiesen und das Produktergebnis besser bewertet, als wenn auch die Kosten des Rentenbezugs berücksichtigt werden. Alles in allem favorisiere ich vor diesem Hintergrund eine Renditebetrachtung, in der auch die Kosten des Rentenbezugs bewertet werden und mit der den Sparern eine reale Sicht auf das Verhältnis von Kosten und Leistungen des gesamten Produktes und nicht nur eines Teilergebnisses ermöglicht wird.

Ein Beklagen aber der unterschiedlichen Renditeaussagen als „Kakophonie“ (Rürup 2012b) ist meines Erachtens nicht zielführend. Das Durcheinander kommt daher, dass in Renditeanalysen, die nicht das Zielalter verwenden, die Berechnungsmethode und der Aussagegehalt der verwendeten Renditekennziffer sich eben nicht auf den Rentenbezug beziehen. Dieser Unterschied wird aber nach meinen Beobachtungen nicht explizit gemacht. So wird zumeist nicht ausgeführt, welche Renditekennziffer ermittelt wird. Beispielsweise kann auf Ortmann (2012a, b) verwiesen werden, der in einer Pressevorstellung seiner Renditeanalyse zwar betont, dass „seine“ Rendite für das Riester-Sparen zeigen würde, „riestern“ lohne sich, aber es versäumt gleichzeitig klar darauf hinzuweisen, dass seine und die Rendite Zielalter völlig unterschiedliche Inhalte messen. Auch bei Ruß ist dies zu beobachten (2012: These 3). Der Autor spricht in dem Fazit zu seiner

These 3 davon, dass bei korrekter Berechnung der Rendite von einer zu erwartenden (keiner garantierten) attraktiven Rendite für die meisten Riester-Sparer auszugehen ist. Allerdings finden sich weder in dem Papier noch anderswo Hinweise darauf, welche Renditekennziffer als Alternative zum Zielalter berechnet wird oder darauf, wie die Methode ist und auf der Grundlage, welcher Beispiel-Sparer seine Rendite ermittelt wird. Aus wissenschaftlicher Sicht lässt sich das Ergebnis von Ruß daher nicht bewerten und ist damit auch keine weiterführende Hilfe für eine Auflösung des Streits um das Zielalter.

Der Vorwurf, dass das Zielalter ein „ergebnisgeleiteter Ansatz" sei, dass also die Autoren gezielt eine Kennziffer und eine Methode entwickelt hätten, um auf eine ungünstige Rendite zu kommen, ist mit Verlaub gesagt, eine nicht akzeptable Unterstellung. Auch verhallt die Kritik von Rürup (2012b) – und sehr ähnlich von Schwark (2012a, b) – gegen Renditebetrachtungen, die mit einem „fiktiven und willkürlich gesetzten Sterbealter" (Ex-post-Daten) arbeiten würden. Denn gerade die Renditebetrachtung einer Rentenversicherung muss die gesamte Lebensphase und damit auch fiktive Daten einbeziehen. Auch ist es so, dass prinzipiell bei jeder Kalkulation einer Rentenleistung das Sterbealter und die Selektionseffekte fiktiv sind. Jede Renditekennziffer – auch die Sparrendite wie sie von der Versicherungswirtschaft präferiert wird – stützt sich implizit in Teilen auf fiktive und willkürliche Sterbealter. Hinzu kommt, dass mit dem Zielalter nicht die Frage aufgeworfen und beantwortet wird, wie hoch die Rendite ist, wenn der Sparer beispielsweise mit 80 Jahren stirbt, sondern es wird umgekehrt gefragt und beantwortet, wie alt ein Sparer werden muss, damit er eine bestimmte Rendite mit dem Riester-Sparen erzielen kann (siehe auch Tabelle 1, Seite 139).

Auch die Bundesregierung hat sich zum Zielalter als Konzept für eine Renditemessung ablehnend geäußert (Deutscher Bundestag 2012: 8). Sie begründet die prinzipielle Ablehnung sehr mager damit, dass das Zielalter nur auf Riester-Rentenversicherungen anzuwenden ist und die Vergleichbarkeit zwischen den verschiedenen Produktsparten damit nicht gegeben sei. Dies ist zwar eine berechtigte Anmerkung, allerdings war ein Vergleich der verschiedenen Produktsparten mit dieser Analyse auch nicht intendiert. Vielmehr wurde ein Vergleich über die Zeit für eine Riester-Produktsparte durchgeführt. Die Ergebnisse dafür sind brisant, denn sie zeigen, dass die Rendite für 2001er Verträge noch deutlich besser war als für 2011er Verträge. Eine Renditekennziffer für alle Produktsparten gleichermaßen hätte meines Erachtens auch einen eindeutigen Nachteil, sie würde die Spezifik der Produktsparten nicht ausreichend berücksichtigen. Ob eine Renditekennziffer über alle Produktsparten denn tatsächlich aussagekräftig sein wird, wird sich dann spätestens an dem standardisierten PIB erweisen müssen, das spartenübergreifende Renditeprofile ausweisen soll (BMF 2012).

Die Bundesregierung hat zum Zielalter auch ausgeführt, „man würde erwarten, je besser eine Rendite ist, desto früher werden die Rentenleistungen über dem eingezahlten Kapital liegen. Bei der Zielrendite wäre dies aber genau umgekehrt, das Alter würde umso höher sein, je höher die Zielrendite sein soll". Daraus einen Nachteil des Zielalters abzuleiten, verkennt die plastische Aussagekraft einer konkreten Zahl gegenüber einer Prozentangabe ohne Bezug zu einer Referenzgröße (siehe dazu Ausführungen weiter oben). Warum die Schwark folgende Ansicht der Bundesregierung, das Zielalter würde in keinem Zusammenhang zur Überschussbeteiligung stehen, nicht zutreffen kann, ist in den Ausführungen im Abschnitt 4 nachzuvollziehen.

Eine weitere Anmerkung ist gegen die Kritik an dem Zielalter erforderlich: Jedem Fachkundigen sollte klar sein, dass Befunde für zwei Beobachtungszeitpunkte vorliegen. Für beide Jahre wurden die gleichen Annahmen getroffen und die gleiche Methode verwendet. Das Ergebnis dazu – 2001er Verträge erzielen eine bessere Rendite als 2011 geschlossene Verträge – ist unabhängig davon, ob das Konzept möglicherweise Schwächen oder Fehler aufweist. Denn für beide Jahre wurden die gleichen Annahmen und die gleiche Methode verwendet. Dieser Fakt wird aber gerne von den Kritikern übersehen oder nicht mitgedacht.

Von Rürup (2012a) wurde zur Renditemessung von Riester-Produkten auch vorgetragen, dass es in einer Risikoversicherung schwierig ist, für die Auszahlphase eine Rendite zu berechnen, da die Zeitspanne zwischen dem Rentenbeginn und dem Rentenende durch den Tod unbekannt sei. Ich stimme der Feststellung vollkommen zu. Dazu lässt sich aber auch sagen, dass ein guter Teil dieser Schwierigkeiten bereits mit der Kalkulation des Produktes anfängt, wie die im dritten Abschnitt geführte Diskussion zeigt. Dennoch werden die damit auftretenden Probleme – das Ausmaß der Lebenserwartung und der Selektionseffekte nicht zu hoch und nicht zu gering zu kalkulieren – in einer Kalkulation der Produkte zumindest aus Sicht der Versicherungswirtschaft „gelöst". Zudem sollte – selbst wenn das Konzept Zielalter aus Sicht von Kritikern Mängel haben sollte – nicht verkannt werden, dass es ein Konzept ist, das einen Weg zur Überwindung der von Rürup genannten Schwierigkeiten aufzeigt. Es kann also gut als Ausgangspunkt für gemeinsame methodische Weiterentwicklungen dienen.

5.2 Zulagen sind das Kapital des Sparers und müssen auch bei einer Renditebetrachtung als Kapital des Sparers berücksichtigt werden

Anknüpfend an das Konzept Zielalter, das Hagen und Kleinlein auf der Basis der Eigenmittel und der Zulagen berechnet haben (siehe Abschnitt 2), gibt es eine Auseinandersetzung darüber, ob dies methodisch konsistent sei. Schwark (2012a, b) und auch das Institut für Vorsorge und Finanzplanung (IVFP) (2011) beispielsweise kritisieren, dass beim Zielalter Zulagen nicht so behandelt werden können, als würde sie der Sparer aus seinem eigenen Einkommen aufbringen, da dies systematisch die positive Förderwirkung der Zulagen des Staates unberücksichtigt lassen würde. Schwark (2012a) und auch der GDV (2012b) sprechen dabei immer wieder von „methodischen Tricks" und falschen Berechnungen, in denen „... die Wirkung der Zulagenförderung [...] systematisch herausgekürzt" wird. Das IVFP (2011) hat gegenüber der Presse vertreten, das DIW Berlin hätte einen „schweren handwerklichen Fehler" begangen und die „Methode würde nicht der Investitionstheorie" entsprechen.

Andererseits sprach Schwark aber gerade zu Beginn der Auseinandersetzung über das Zielalter gegenüber der Presse und auch in öffentlichen Diskussionen davon, die Förderung wäre in der Renditeanalyse nicht herausgerechnet worden. Diese sprachliche Konfusion erschwert eine sachliche inhaltliche Kontroverse. Auch ein aktuell in die Auseinandersetzung eingreifendes Papier von Ruß (2012) hat dazu leider keinen weiterführenden und klärenden Beitrag geliefert, sondern nur noch einmal mehr ein sprachliches Wirrwarr gestiftet. So wird in diesem Papier (Ruß 2012: These 3) gesagt, dass in Renditeanalysen von Riester-Verträgen aus Kundensicht die staatlichen Zulagen und die Steuerersparnis berücksichtigt werden müssen, und weiter wird von „Rendite erhöhende Effekte durch staatliche Zulagen ..." gesprochen. Dies könnte so verstanden werden, dass der Autor meint, die Renditeanalyse Zielalter wäre richtig berechnet. Denn gerade das machen Hagen und Kleinlein tatsächlich, sie *berücksichtigen die Zulage als Kapital der Sparer*. Dem gesamten Tenor des Beitrags von Ruß und seinen Ableitungen aus dieser Aussage ist aber zu entnehmen, dass er keineswegs dem Vorgehen in der Renditeanalyse zustimmt. Um es aber noch einmal eindeutig zu machen: In der Renditeanalyse Zielalter wurden Eigenmittel und Zulagen als Kapital des Sparers berücksichtigt.

Zu der Beschuldigung, die Zulagen wären unrechtmäßig in der Renditekennziffer Zielalter als Kapital der Sparer berücksichtigt worden, sind zunächst zwei Punkte zu kommentieren. Erstens ist gegen den Wunsch, die Wirkung der Förderung auf das Riester-Sparen darzustellen, nichts einzuwenden. Allerdings scheint mir, dass diese Fragestellung sich durch die Förderquote, also dem Anteil der Förderung am gesamten Sparbetrag, sinnvoll darstellen lässt. Hier sind in der Tat Eigenbeitrag und Förderung jeweils als separate Größen zu betrachten. Zweitens ist beachtenswert, dass die Zulagen selbstverständlich in die Berechnung der Rentenleistungen eingehen, also als Kapital des Sparers ja durchaus akzeptiert werden. Wieso dann die Zulage bei der Renditekennziffer Zielalter plötzlich ignoriert werden soll, konnte mir bisher noch nicht schlüssig dargelegt werden. Auch die Investitionstheorie, die den Spezialfall Riester-Produkt gar nicht behandelt, gibt da zu keinen weiterführenden Aufschluss.

Über die Zulagen im Kontext der Renditeanalyse richten auch Wels und Rieckhoff (2012: 39 f.). Sie vertreten, die Zulage dürfe in einer individuellen Renditebetrachtung nicht berücksichtigt werden. Diese Auffassung habe ich bereits im Absatz zuvor in Frage gestellt. Die beiden Autoren führen weiter aus, dass die Berücksichtigung der Zulage in einer gesellschaftlichen Sicht prinzipiell konsistent sein würde. Allerdings monieren sie, dass in dem konkreten Konzept des Zielalters methodische Ungereimtheiten auftreten, die insbesondere – aber nicht nur – die Behandlung der Überschüsse betreffen. Eine nach meinem Verständnis grundlegende Fehleinschätzung, auf die ich bereits im Abschnitt 4 eingegangen bin.

Zudem belehren Wels und Rieckhoff (2012: 40), für das Zielalter würde in der Ansparphase der Sonderausgabenabzug und in der Rentenphase die Rentenbesteuerung nicht berücksichtigt worden sein. Damit verkennen die beiden Autoren, dass es sich bei der Renditeanalyse um Berechnungen handelt, die auf der Grundlage modellierter Beispielpersonen durchgeführt wurden, die nicht jede mögliche konkrete Konstellation eines Sparers abbilden und nicht alle Besonderheiten und Optionen aufzeigen können. Den Autoren der Renditeanalyse Zielalter war durchaus bewusst, dass die Förderung auch als Sonderausgabenabzug geleistet wird und dass es aufgrund der nachgelagerten Besteuerung von Alterseinkünften auch zur Rentenbesteuerung kommen kann, ebenso gut gibt es aber ganz sicher ausreichend viele Sparer, bei denen beides nicht auftreten wird. Hinter der Modellierung von Beispielpersonen, die keinen Sonderausgabenabzug haben und später keine Rentenbesteuerung zahlen müssen, steht ganz bewusst eine Abwägung zwischen Vereinfachung im Modell und Annäherung an die Realität und Komplexität der realen Welt. Beispielsweise würde die Bewertung der nachgelagerten Besteuerung von einer Reihe von Faktoren abhängen, die sich in einer Modellierung nur schwer einfangen lassen. Daher: Die Analyse und Bewertung der nachgelagerten Besteuerung ist zweifelsohne eine wichtige Frage, muss aber in einer gesonderten Analyse beantwortet werden.

Auch die Beanstandung durch Wels und Rieckhoff (2012: 39), die Zielalteranalyse sei eine Verengung des Blickwinkels, da andere Produkte der privaten und betrieblichen Altersvorsorge nicht untersucht werden, ist befremdlich. Zum einen haben Hagen und Kleinlein deutlich gemacht, dass sie ihren Analyseschwerpunkt auf einen *Vergleich von Riester-Abschlüssen 2001 und 2011* legen. Zum anderen gilt auch hier, eine Analyse kann nicht allen möglichen und relevanten Fragestellungen nachgehen. Vorbehaltlos zuzustimmen ist aber Wels und Rieckhoff dahingehend, dass

Renditeanalysen auch für andere private Altersvorsorgeprodukte ein wichtiger Meilenstein in der Erforschung der Alterssicherung wären.

Schließlich äußert sich auch die Bundesregierung zur Berücksichtigung der Zulage in einer Renditebetrachtung (Deutscher Bundestag 2012: 8). Sie führt aus, dass die Berechnungsmethode in der Zielalteranalyse „zweifellos methodisch zulässig" ist, erklärt dann aber, dass die gewählte Sichtweise für Sparer ungewöhnlich und „verwirrend" sein würde, da der Sparer „regelmäßig den von ihm eingezahlten Wert mit der späteren Leistung" vergleichen wird. Damit wird suggeriert, dass der Sparer selbst die Zulage nicht als Kapital beachtet und deshalb auch keine Renditeansprüche daran hat. Diese Auffassung ruft Widerspruch hervor: Zum einen gibt es keine fundierten, also überprüfbaren und zuverlässigen empirischen Befunde darüber, was Sparer verwirrend finden und was sie regelmäßig vergleichen. Im Übrigen unterliegen der Gesetzgeber sowie verschiedene andere Kritiker des Zielalters, die die Auffassung vertreten, die Zulage würde in einer individuellen Renditebetrachtung auch von den Sparern selbst nicht als Kapital beachtet werden, meines Erachtens einem großen Irrtum. Denn ob die Zulage die individuelle Rendite beeinflusst oder nicht, ist nicht eine Frage, die sich am faktischen Verhalten der Sparer entscheiden oder festmachen lässt, sondern es muss inhaltlich begründet geklärt werden, ob die Zulage methodisch in der Renditebetrachtung berücksichtigt werden muss oder nicht.

Die Sichtweise des Gesetzgebers erstaunt auch vor dem Hintergrund, dass er doch dem Sparer die Zulage als Sparanreiz zahlt. Denn, wenn sich der Sparer an bestimmte Sparregeln hält, erkennt der Gesetzgeber auch grundlegend an, dass die Fördermittel für den Sparer kapitalbildend sind. Bemerkenswert ist auch, dass der Gesetzgeber beispielsweise mit dem Zertifizierungskriterium des Kapitalerhalts, den er auf Eigenmittel und Zulagen bezieht, ausdrücklich die Zulage als Kapital des Sparers anerkennt. Wenn aber neben den Eigenbeiträgen des Sparers auch die Zulage das Kapital des Sparers bildet, dann müssen der Sparer (individuelle Renditeanalyse) sowie der Gesetzgeber und der Steuerzahler (gesellschaftliche Renditeanalyse) auch ein berechtigtes Interesse daran haben, zu erfahren, wie sich der Rückfluss seines garantierten Kapitals und nicht nur der seiner Eigenmittel gestaltet. Beide, der Sparer wie der Staat müssten ein Interesse daran haben, dass mit der Zulage auch das intendierte Ziel erreicht wird. Für den Staat heißt das beispielsweise, dass ihm daran gelegen sein muss, dass geförderte im Vergleich zu nicht geförderten Rentensparverträgen höhere Renten ausweisen müssten, also die Zulage effizient verwendet wird. Die Betrachtung einer individuellen und gesellschaftlichen Rendite ist daher nicht voneinander zu trennen, beide Interessen zielen darauf, nicht nur die Eigenmittel, sondern auch die Zulagen möglichst gut anzulegen.

Was spricht noch dafür, die Zulage in der Renditeanalyse als Kapital des Sparers zu berücksichtigen? Ohne darauf im Einzelnen in diesem Artikel eingehen zu können, möchte ich hier noch folgende Überlegungen anfügen, die nach meiner Auffassung gegen das von Schwark, Wels und Rieckhoff oder auch vom IVFP propagierte „Unter-den-Tisch-fallen-Lassen" oder Rausrechnen der Zulage bei einer individuellen Renditebetrachtung sprechen. So ist meines Erachtens für die Renditebetrachtung nicht die Herkunft, also die Quelle des Zuflusses auf das Sparkonto (Eigen- oder Fremdkapital, geschenkt oder geborgt) und woraus sich das Kapital auf dem Konto des Sparers speist, entscheidend, sondern dass dieses Kapital auf dem Konto angesammelt verfügbar ist und mit ihm rentabel umgegangen wird.

Es wäre auch eine Fiktion, anzunehmen und geradezu absurd, dass der Kapitalbetrag, der sich während des Sparprozesses und in jeder Information an die Sparer aus den Eigenmitteln und der Zulage ergibt, am Ende der Ansparphase in zwei Teile aufspalten ließe. Ein Teilbetrag würde dann renditerelevant sein, hingegen könnte es nach der Logik der Kritiker des Zielalters dem Sparer gleichgültig sein, ob die Zulage ihm eine Rendite einbringt oder nicht. Auch würden die Steuerzahler und der Staat dem Sparer, der nicht dafür sorgt, dass sein gesamtes Altersvorsorgeerspartes gut angelegt ist, also auf die Ertragsfähigkeit des gesamten Kapitals schaut, berechtigt vorwerfen können, Steuermittel zu „verschwenden". Dass in der Praxis viele Sparer aufgrund des Charakters der Riester-Produkte als Vertrauensgüter deren Renditequalität nicht erkennen können und viele auch nicht über die finanzielle Allgemeinbildung verfügen, um dieser Sorgfaltspflicht nachkommen zu können, ändert nichts an der Tatsache, dass Gesellschaft und Staat das legitime Anliegen haben müssten, dass der einzelne Riester-Sparer nicht nur das aus seinen Einkünften und seinem Portemonnaie finanzierte Riester-Kapital mit gutem Ertrag anlegt, sondern auch die auf sein Konto gebuchten Zulagen.

Als Fazit halte ich fest: Eine Betrachtung des Riester-Sparens und der Rendite der Riester-Produkte allein aus einer versicherungsmathematischen und/oder investitionstheoretischen Perspektive wird dem komplexen Produkt, das nicht nur privatwirtschaftlich gemanagt wird, sondern auch sozial- und rentenpolitischen Zielen unterliegt, nicht gerecht. Das Anlegen alleiniger versicherungsmathematischer Maßstäbe ist daher fragwürdig. Angebracht ist es auch, noch einmal herauszustellen, dass eine Berechnung der Renditekennziffer im Sparprozess sich all den Aspekten, die von Kritikern dem Konzept Zielalter vorgeworfen werden, erst gar nicht stellt. Aber nicht etwa, weil diese Aspekte dort nicht relevant wären, sondern, weil negiert wird, dass es neben der Sparphase auch eine Rentenbezugsphase gibt, die für die Rendite der Sparer entscheidend ist.

6 Streitpunkt Ziele und Erfolgsmessung des Riester-Sparens

Diskutiert wird hinsichtlich der Renditebetrachtung auch, ob die Rendite überhaupt für eine Beurteilung des Riester-Sparens geeignet ist. Beispielsweise Riester (2012) zufolge ist sie dies nicht. Er vertritt die These, dass die Anzahl der Vertragsabschlüsse ein relevanter Erfolgsindikator für das Riester-Sparen ist. Hingegen hat er an einer Renditebetrachtung auszusetzen, dass mit ihr nicht das Ziel des Riester-Sparens beurteilt werden könnte. Dieses sieht er in der Garantie einer sicheren zusätzlichen und lebenslangen Altersvorsorge, die nicht mit dem Ziel eines Aufbaus von Vermögen verwechselt werden sollte. Ähnlich hat jüngst DB Research (2012) argumentiert: „Wer bei der Riester-Rente nur auf die aktuellen Renditen blickt, hat den falschen Kompass" (DB Research 2012). Wels und Rieckhoff (2012: 44) hingegen konstatieren Forschungsbedarf zur Rentabilität von Riester-Produkten.

An Riesters Auffassung, die Absicherung der Langlebigkeit und nicht ein Vermögensaufbau sei das Ziel des Riester-Sparens, moniere ich entschieden, dass dieser Gegensatz konstruiert ist oder implizit die Kalkulation hoher Lebenserwartungen und Selektionseffekte rechtfertigt. Gerade die Höhe beider Komponenten habe ich aber in meinen Ausführungen zuvor bezweifelt. Die Meinung von Riester oder auch beispielsweise von Finanztest (2011, 2012 und Anne Will 2011), Riester-Rentenversicherungen seien sicher, suggeriert, in der Renditeanalyse wäre vertreten worden, sie wären nicht sicher. Dies haben aber Hagen und Kleinlein (2011) nicht einmal ansatzweise in Frage gestellt, sie unterstellen nur keinen eindeutigen Gegensatz zwischen Sicherheit und Renditewunsch und halten die Rendite aus dem Produkt für viele Sparer für nicht ausreichend. Darüber hinaus wirft die Auffassung von Riester oder auch von Finanztest die Frage auf, warum

Versicherte über die Absicherung ihrer Langlebigkeit hinaus nicht auch an einer guten Rendite ihres Produktes interessiert sein sollten? Mir scheint zudem die implizite Gleichsetzung von Erzielung einer guten Rendite und Vermögensaufbau verfehlt zu sein.

Der andere Aspekt der Kritik von Riester (2012) und anderen (beispielsweise etwas moderater auch Wels und Rieckhoff 2012), eine alleinige Renditebetrachtung würde einen zu verengten Blick auf das Riester-Sparen einnehmen, stellt sich mir wie „Eulen nach Athen tragen" dar. Selbstverständlich, eine Renditebetrachtung darf nicht der einzige Maßstab für die Beurteilung des Riester-Sparens sein. In der Renditeanalyse wurde dieser Anspruch auch nicht erhoben. In der Veröffentlichung wurde vielmehr deutlich darauf hin gewiesen, dass es eine Reihe anderer Aspekte und auch Kritikpunkte zum Riester-Sparen gibt – beispielsweise hohe Kosten, mangelnde Transparenz, nicht ausreichende Verbreitung, Mitnahmeeffekte und einiges mehr –, die bei einer Erfolgsbewertung betrachtet werden müssen. Eine Renditebetrachtung, die sich auf die Anspar- und Rentenbezugsphase bezieht, muss meines Erachtens aber unabdingbar integraler Bestandteil einer Erfolgsmessung oder Evaluation des Riester-Sparens sein, denn den potentiellen Riester-Sparern wurde bei der Einführung der Riester-Rente versprochen, sie würden über das Kapitaldeckungsverfahren eine höhere Rendite für die Altersvorsorge erzielen können als mit der umlagefinanzierten gesetzlichen Rentenversicherung. Ob dies in der Tat so ist, müsste eigentlich im Auftrag des Gesetzgebers regelmäßig im Sinne einer Evaluation oder einer Folgenabschätzung geprüft werden.

Die Kritik einer einseitigen Erfolgsbetrachtung ist auch deshalb grundlos, weil aus dem DIW heraus und spezifisch auch von mir zu verschiedenen Gelegenheiten unterbreitet und empfohlen wurde, das Riester-Sparen umfassend im Rahmen eines öffentlichen Auftrags und durch unabhängige Wissenschaftler zu evaluieren (beispielsweise Hagen und Reisch 2010, Hagen 2011, 2012a, Wagner 2012a sowie sein Artikel in diesem Vierteljahrsheft). Eine Evaluation sollte die bisherige nach Wissenschaftsdisziplinen separierte Forschung überwinden und „über den Tellerrand" einzelner Forschungsdisziplinen und Politikfelder hinaus das Riester-Sparen evaluieren. Dieser ganzheitliche Ansatz müsste die sozial-, renten-, verbraucherpolitische und versicherungswirtschaftliche Dimension des Riester-Sparens auf der Grundlage verschiedener Indikatoren in einer Gesamtschau bewerten und eine systematische Auswertung von Informationen über den Stand der Umsetzung liefern. Dazu gehören würde nach meinem Verständnis die Anzahl und Entwicklung der abgeschlossenen Verträge, Kündigungen, Wechsel und Beschwerden. Anders als Riester halte ich aber die Zahl der Abschlüsse für sich allein nicht für ausreichend aussagekräftig. Eine Evaluierung müsste zudem Verbreitungs- und Akzeptanzquoten, Förderquoten und Mitnahmeeffekte darstellen und offenlegen, warum es diesbezüglich zu sehr unterschiedlichen Befunden kommt (siehe dazu beispielsweise Geyer in diesem Vierteljahrsheft). Des Weiteren müssten die bereits vorhandenen Erkenntnisse darüber, ob das Riester-Sparen zu einem zusätzlichen Sparen geführt hat, nachvollzogen und gegebenenfalls ergänzt werden. Relevant wäre ebenso den Forschungsstand darüber, ob „riestern" zur Schließung der Rentenlücke zum Zeitpunkt des Rentenbeginns und in jedem Jahr des Rentenbezugs bis zum Lebensende führt (siehe dazu beispielsweise Börsch-Supan 2010) zu berücksichtigen und auszubauen. Schließlich müssten die nur punktuellen und nicht repräsentativen Analysen zur Marktumsetzung des Riester-Sparens – diese umfasst die Qualität, Transparenz, Kosten, Rentenprämie, Vertrieb, Beratung und Rendite – auf eine breitere und systematischere Datenbasis gestellt werden. Um aus Forschungssicht zu sprechen, bedarf es einer kontinuierlichen Beobachtung und forschungsbasierten Politikberatung des Riester-Sparens und dafür bedarf es eines interdisziplinären, öffentlich finanzierten und unabhängigen Forschungsteams sowie einiger

Übersicht 3

Vorschläge zum Ausbau einer forschungsbasierten Politikberatung des Riester-Sparens
Unabhängige wissenschaftliche begleitende Evaluierung unter anderem zur Verbesserung der Datenlage
Verbraucherpanel mit Schwerpunkt Riester-Sparen zur empirischen Fundierung der Riester-Forschung und zur empirisch fundierten Politikberatung
Einrichtung eines Finanzmarktwächters
Durchführung von Verbraucherchecks
Bestellung eines unabhängigen Sachverständigenrates „Riester-Sparen"

Quelle: Eigene Zusammenstellung.

weiterer Instrumente, die in der Übersicht 3 zusammengestellt sind, die aber im Rahmen dieses Artikels nicht umfassend diskutiert werden können. Die Investition in eine forschungsbasierte Politikberatung zum Riester-Sparen sehe ich als eine Voraussetzung und als Kapital für eine verbraucherfreundliche Weiterentwicklung der Altersvorsorge an.

7 Streitpunkt Kommunikation der Renditeanalyse

7.1 Der Sparstrumpf hat seine Berechtigung

Eine Schlussfolgerung aus den Befunden der Renditeanalyse war, für viele Riester-Sparer wird die Situation so sein, dass sie ihr Geld genauso gut in einen „Sparstrumpf" hätten stecken können. Daran wurde Kritik geübt, da der Sparstrumpf nicht das Langlebigkeitsrisiko abdecken könnte (beispielsweise von Riester 2012, Schwark 2012b und fast gleichlautend von Ruß 2012: Fazit sowie von Wels und Rieckhoff 2012: 41). Natürlich wissen die Autoren der Renditeanalyse, dass das Riester-Sparen der Absicherung bis zum Todesfall dient. Der Vergleich mit dem Sparstrumpf ist aber berechtigt, weil nach dem statistischen Ermessen viele Sparer nicht zu den Langlebigen gehören. Sie werden also keine Gewinner der privaten und geförderten Altersvorsorge, sondern Zuzahler sein. Bei dem Befund handelt es sich auch keineswegs, wie beispielsweise von Riester (2012) unterstellt wurde, um eine pauschale Aufforderung oder einen Rat an die Sparer, sondern um eine Schlussfolgerung und einen nachdrücklichen Appell an die Politik, die Altersvorsorge zu verbessern. Dies war auch unschwer aus dem Kontext zu erkennen.

Auch sind die Variantenrechnungen sehr viel differenzierter, als von manchen Kritikern der Renditeanalyse ausgeführt wurde. Es wurde auch nicht pauschal gesagt – so stellt es beispielsweise Finanztest (2011, 2012) zum Teil dar – die Riester-Rentenversicherung lohne sich nicht und die Produkte seien nicht sicher. Vielmehr wurde ausgeführt, eine lohnende Rendite bei Riester-Rentenversicherungen sei nur bei hohem Lebensalter zu realisieren. Die Sicherheit der Produkte wurde von Hagen und Kleinlein nicht angezweifelt, sie vertreten aber weitergehend, dass diese allein nicht ein gutes Produkt ausmacht, sondern dass eine geförderte Altersvorsorge den Sparern auch eine gute Rendite einbringen muss.

7.2 Entstehung von Sparbereitschaft und Vertrauen in Altersvorsorgeprodukte hängt von vielen Einflussfaktoren ab

Wiederholt wurden in der Diskussion um die Renditeanalyse Hagen und Kleinlein sowie das DIW Berlin beschuldigt, sie hätten die Renditebefunde „extrem verantwortungslos“, „irreführend“, „populistisch“ und „politisch motiviert“ kommuniziert (beispielsweise GDV 2011a, Schwark 2012a, b). Zudem wurde von einigen Kritikern der Analyse behauptet, aktuelle Umfragen zeigten, dass die Analyse zu Verunsicherung gegenüber dem Riester-Sparen (Rürup 2012a) und zu „scharenweisen“ Kündigungen von Riester-Verträgen (Riester 2012) und möglicherweise sogar zu höheren Selektionseffekten (Schwark 2012b) beigetragen hätten.

Die Kritik, Hagen und Kleinlein hätten „Sparerschäden“ verursacht, ist drastisch. Darauf soll in diesem Artikel zumindest komprimiert eingegangen werden. Zum einen ist darauf hinzuweisen, dass es eine Reihe von Studien zur Entstehung von Vertrauen allgemein und zur Entstehung von Vertrauen und Sparbereitschaft in private Altersvorsorge gibt (dazu siehe beispielsweise die Veröffentlichung von Ehler und Haak 2011 mit weiteren Verweisen auf Literatur über die Entstehung von Vertrauen). Alle gehen gleichermaßen davon aus, dass die Sparbereitschaft neben ökonomischen Größen wie dem Einkommen auch von psychologischen Faktoren wie der Motivation, Einstellungen – die in der Regel langfristig geprägt sind – und Erwartungen determiniert ist (Ehler und Haak 2011: 273). Diese Zusammenhänge werden aber vernachlässigt oder vereinfacht, wenn kritisiert wird, das Vertrauen wäre durch die Renditeanalyse massiv beeinflusst worden. Darüber hinaus lässt die Kritik außer Acht, dass bereits seit Jahren über einen Vertrauensverlust beim Riester-Sparen gesprochen wird. Nach Ehler und Haak (2011) gibt es zudem empirische Hinweise darauf, dass seit der Finanzmarktkrise das Vertrauen in Produkte der privaten Altersvorsorge gesunken ist.

Auch entbehrt die Kritik einer empirischen Fundierung. Selbst wenn die Entwicklung der Vertragsabschlüsse in der Folge der Renditeanalyse eine negative Entwicklung gehabt hätte, könnten die Kritiker wissen, dass dies noch keine kausale Erklärung dafür liefert, dass die Sparer wegen der Renditeanalyse Verträge gekündigt oder erst gar keinen Vertrag abgeschlossen haben. Dem Verweis auf Mitteilungen von zahlreichen Menschen in den Medien, dass sie ihren Vertrag wegen der Analyse kündigen würden, ist zu entgegnen, dass die Verbraucherzentralen berichten, dass Verbraucher seit Jahren bezüglich des Riester-Sparens verunsichert sind. Auch gibt es anders als dargestellt nicht eine einzige Umfrage, die konkret der Frage nachgegangen ist, ob die Kritik an der Riester-Rentenversicherung von Hagen und Kleinlein Sparer veranlasste, ihren Vertrag zu kündigen oder keinen Vertrag abzuschließen. Gäbe es solche Studien, müsste deren methodischer Ansatz, deren konkrete Fragestellung und deren Interpretation zunächst einmal geprüft werden.

Abschließend sei hier nur noch angemerkt, dass zum 1.1.2012 der Garantiezins von 2,25 Prozent auf 1,75 Prozent gesenkt wurde. Meine These ist, dass ein möglicher Rückgang von Vertragsabschlüssen sehr viel eher damit korreliert als mit der Renditeanalyse.

7.3 Wissenschaftlich fundierte Politikberatung analysiert Ursachen gesellschaftlicher Problemlagen und liefert der Politik Denkanstöße für Problemlösungen

Dem DIW Berlin und mir wird auch nachgesagt, wir wären mit der Renditeanalyse nicht der wissenschaftlichen Analyse verhaftet, sondern würden selbst Politik betreiben beziehungsweise in den politischen Prozess eingreifen (GDV 2011, Schark 2012a, b). Meine zu diesem Wissenschafts- und Politikverständnis entgegenstehende Auffassung ist, dass forschungsbasierte Politikberatung eine Aufgabe des DIW Berlin ist. Dazu gehört es nach meinem Verständnis, dass – anknüpfend an gesellschaftlichen Problemen – diese systematisch und im Hinblick auf ihre Ursachen analysiert und Problemlösungen dazu unterbreitet werden. Der Unterschied zur Politik ist, dass die Wissenschaft der Politik Denkanstöße liefert, die Politik aber entscheidet, ob die vorgetragenen Denkanstöße aufgegriffen und für die Politikgestaltung aufgegriffen werden (Wagner 2012b: 16).

8 Ein kurzer Ausblick

Abschließend halte ich eine Anmerkung zu der Art, wie die Kritik an der Renditeanalyse geäußert wird, für erforderlich. Verschiedene Stellungnahmen zur Renditeanalyse werte ich als den Versuch, das Riester-Sparen gegen eine kritische Analyse zu immunisieren. Die Analyse hätte ja durchaus von der Politik, von der Wirtschaft, aber auch aus der Wissenschaft heraus dazu genutzt werden können – aus meiner Sicht vermeintlichen – Mängel produktiv aufzugreifen und methodisch weiterzuentwickeln. Dies zu leisten, haben die Kritiker aber fast überwiegend versäumt. Nach meinem Verständnis von Wissenschaft und forschungsbasierter Politikberatung steht eine Immunisierung dem Interesse an der Erkenntnis entgegen und verhindert Pluralität, die ein Gradmesser für die Freiheit in der Wissenschaft ist. Hans Albert, ein bekannter Vertreter der kritischen Vernunft, hat einmal sinngemäß gesagt, eine durch Dogmatisierung zu erreichende Sicherheit wäre fragwürdig, da sie voraussetzt, dass das Interesse an der Wahrheit und an der Erkenntnis geopfert wird. Das Festhalten am Bestehenden und die Zementierung erworbener Positionen führen seines Erachtens zur Hemmung der geistigen und sozialen Entwicklung (Albert 1994). Dies zu leisten haben die Kritiker fast überwiegend versäumt.

Gegenüber der in der Renditeanalyse ausgeführten Überlegung, dass wegen der immensen Mängel des Riester-Sparens eine Abkehr von der Freiwilligkeit, von der Förderung privater Altersvorsorge und eine Umleitung der Fördermittel in die gesetzliche Rentenversicherung nicht undenkbar sein dürfen, die ich auch heute noch relevant finde, wurde insbesondere – aber nicht nur – aus der Versicherungswirtschaft heraus die Meinung vertreten, dass Debatten über ein Zurück in die gesetzliche Rentenversicherung schädlich seien und damit die Glaubwürdigkeit in das System der sozialen Sicherheit erschüttert würde. Dazu möchte ich nur den folgenden Ausspruch aus Amerika – gewissermaßen als Weisheit der Vielen und als Leitgedanken für die meines Erachtens auch weiterhin erforderliche Diskussion um das Riester-Sparen und die Altersvorsorge – anführen:

> *„Wenn ein Elefant im Zimmer steht, darf man nicht so tun, als würde ihn niemand sehen; man muss von ihm sprechen und ihn beim Namen nennen."*

Literaturverzeichnis

- Albert, Hans (1994): Die Idee der kritischen Vernunft. Zur Problematik der rationalen Begründung und des Dogmatismus. *Aufklärung und Kritik*, 1 (2), 16 ff.
- „Anne Will" (2011): Versichern, verkaufen, verschaukeln – wer traut noch seinen Beratern? Sendung vom 23.11.2011.
- BaFin – Bundesamt für Finanzdienstleistungsaufsicht (2004): Rundschreiben 9/2004 (VA) – Anordnung betreffend die nach dem 31. Dezember 2004 abgeschlossenen Rentenversicherungsverträge. Geschäftszeichen VA 21 – A – 110/04 vom 29. Oktober 2004. www.bafin.de/SharedDocs/Veroeffentlichungen/DE/Rundschreiben/rs_0409_va_rentenvertragsanweisungen.html
- BMAS – Bundesministerium für Arbeit und Soziales (2012a): Entwicklung der privaten Altersvorsorge. Stand: 30.6.2012. www.bmas.de/SharedDocs/Downloads/DE/Thema-Rente/riesterrente-II-Quartal-2012.pdf?__blob=publicationFile
- BMAS – Bundesministerium für Arbeit und Soziales (2012b): Riester-Rente muss fit für die Zukunft werden. Pressemitteilung, 31.8.2012. www.bmas.de/DE/Service/Presse/Pressemitteilungen/Riestervertraege-II-Quartal-2012-08-31.html
- BMAS – Bundesministerium für Arbeit und Soziales (2012c): Informationen für die Presse. Das Rentenpaket: Verbraucherfreundliches Riestern, vom 7. August, 18–19; www.bmas.de/SharedDocs/Downloads/DE/PDF-Pressemitteilungen/rentendialog-gesamt-pdf.pdf?__blob=publicationFile
- BMF – Bundesministerium für Finanzen (2012): Formulierungshilfe für die Fraktionen der CDU/CSU und FDP. Entwurf eines Gesetzes zur Verbesserung der steuerlichen Förderung der privaten Altersvorsorge (Altersvorsorge-Verbesserungsgesetz – AltvVerbG), vom 17. September 2012. www.bundesfinanzministerium.de/Content/DE/Gesetzestexte/Gesetzentwuerfe_Arbeitsfassungen/Riester_Gesetzentwurf.html
- DAV – Deutsche Aktuarvereinigung (2004): Sterbetafeln und Reservierung für Rentenversicherungen. Köln, 16.6.2004.
- DB Research – Deutsche Bank (2012): Aktueller Kommentar. Riester-Rente bleibt unverzichtbar, vom 04. September. www.dbresearch.de/servlet/reweb2.ReWEB;jsessionid=8E1EB926F47D71813DA6F3616460056F.srv-loc-dbr-de?rwsite=DBR_INTERNET_DE-PROD&rwobj=ReDisplay.Start.class&document=PROD0000000000293477
- Deutscher Bundestag (2008): Berechnung und Verwendung der Risikoüberschüsse aus sogenannten Riester-Verträgen. Bundestags-Drucksache 16/9243 vom 21.5.2008.
- Deutscher Bundestag (2011): Zur lückenhaften Datenlage und anhaltenden Kritik nach 10 Jahren Riester-Rente. Bundestags-Drucksache 17/7964 vom 30.11.2011.
- Deutscher Bundestag (2012): Antwort der Bundesregierung auf die Kleine Anfrage der Abgeordneten Nicole Maisch u. a. und der Fraktion Bündnis 90/Die Grünen „Verbraucherschutz bei der Riester-Rente. Bundestags-Drucksache 17/10692 vom 13.09.2012.
- DIW Berlin (2012): „Riester-Rente: Grundlegende Reform dringend geboten!?". Workshop des DIW Berlin am 1. Juni 2012.
- Ehler, Jürgen und Carroll Haak (2011): Riester-Sparen – Eine Frage des Vertrauens? *Deutsche Rentenversicherung*, Heft 4, 269–290.
- Finanztest (2011): Riester-Rente: Es geht noch besser. Pressemitteilung, 23. November. www.test.de/Riester-Rente-Es-geht-noch-besser-4307193-0/
- Finanztest (2012): Es geht auch besser. www.test.de/Serie-Riester-Rente-Teil-5-Kritik-an-Riester-Was-an-der-Kritik-dran-ist-4363028-0/

— GDV – Gesamtverband der Deutschen Versicherungswirtschaft (2011a): GDV kritisiert Stimmungsmache gegenüber Riester-Rente. Presseerklärung vom 23.11.2011.
— GDV – Gesamtverband der Deutschen Versicherungswirtschaft (2011b): ... und sie lohnt sich doch. Die Riester-Rente: Warum sie sich für fast jeden rechnet. Folienpräsentation auf der Presseveranstaltung des GDV, 06.12.2011. www.gdv.de/2011/12/und-sie-lohnt-sich-doch/
— GDV – Gesamtverband der Deutschen Versicherungswirtschaft (2012a): Altersvorsorge. „Warum der Sparstrumpf nicht taugt", 27.7.2012. www.gdv.de/2012/07/warum-der-sparstrumpf-nicht-taugt/
— GDV – Gesamtverband der Deutschen Versicherungswirtschaft (2012b): Gegenpositionen. Der inszenierte „Riester-Skandal", 8.5.2012. www.gdv.de/2012/05/der-inszenierte-riester-skandal/
— Hagen, Kornelia (2011): Wirksame Beratung der Verbraucherpolitik setzt unabhängige Daten über das Verhalten von Verbrauchern voraus. *Wochenbericht des DIW Berlin*, Nr. 25, 18–24.
— Hagen, Kornelia (2012a): Replik auf die Kritik an der Riester-Kritik: „Riester-Produkte sind reformbedürftig". Vortrag auf dem Workshop des DIW Berlin „Riester-Rente: Grundle-gende Reform dringend geboten!? am 1. Juni 2012.
— Hagen, Kornelia (2012b): Dokumentation der Diskussionsbeiträge auf dem Workshop des DIW Berlin zum Thema „Riester-Rente – Grundlegende Reform dringend geboten?" am 2. Juni 2012. http://ejournals.duncker-humblot.de/toc/vjh/81/2
— Hagen, Kornelia (2012c): 10 Jahre Riester-Rente: Erfolg oder Scheitern? Was kann die staatlich geförderte Altersvorsorge leisten? Podiumsdiskussion auf der Tagung des Instituts für Finanzwirtschaft (IfF) am 12. Mai 2012 in Hamburg.
— Hagen, Kornelia und Axel Kleinlein (2011): Zehn Jahre Riester-Rente: Kein Grund zum Feiern. *DIW Wochenbericht*, Nr. 47, 3–14.
— Hagen, Kornelia und Lucia A. Reisch (2010): Riesterrente: Politik ohne Marktbeobachtung. *Wochenbericht des DIW Berlin*, Nr. 8, 2–14.
— Handelsblatt (2012): Herr Riester, was ist bloß aus Ihrer Rente geworden? *Handelsblatt* vom 15. August 2012.
— Institut für Vorsorge und Finanzplanung (2011): Institut für Vorsorge und Finanzplanung verweist auf schweren handwerklichen Fehler in DIW-Riester-Studie. Pressemitteilung Dezember. www.vorsorge-finanzplanung.de/LinkClick.aspx?fileticket=Y4hFDHv2TA8%3d&tabid=263
— Kleinlein, Axel (2011): 10 Jahre Riester – Bestandsaufnahme und Effizienzanalyse. WISO Diskurs, November. Friedrich-Ebert-Stiftung.
— Ortmann, Mark (2012a): 10 Jahre Riester-Rente – Eine empirische Analyse der Rendite-Entwicklung bei Riester-Verträgen 10 Jahre nach Einführung des AltZertG. Studie des ITA – Institut für Transparenz in der Altersvorsorge.
— Ortmann, Mark (2012b): Pressekonferenz zur Vorstellung der Studie: 10 Jahre Riester-Rente – Eine empirische Analyse der Rendite-Entwicklung bei Riester-Verträgen 10 Jahre nach Einführung des AltZertG am 15.5.2012. www.ita-online.info/Studien-Gutachten/92
— Riester, Walter (2012): Was der Erfinder der Riester-Rente mit ihrer Einführung gewollt hat, wie er die Kritik an der Riester-Rente beurteilt, was er ändern würde an der Riester-Rente! Vortrag auf dem Workshop des DIW Berlin „Riester-Rente: Grundlegende Reform dringend geboten!?" am 1. Juni 2012.

— Rürup, Bert (2012a): Die Riester-Reformen – Genese, Wunsch und Wirklichkeit. Vortrag auf dem Workshop des DIW Berlin „Riester-Rente: Grundlegende Reform dringend geboten!?“ am 1. Juni 2012.
— Rürup, Bert (2012b): Kommentar. Zehn Jahre Riester-Reform: Licht und Schatten in zehn Punkten. *Betriebliche Altersversorgung*, 4, 271–272.
— Ruß, Jochen (2012): Rechnen sich Riesterverträge nur, wenn der Sparer hundert Jahre alt wird? Vortrag und Arbeitspaper für einen Presse-Workshop des House of Finance an der Goethe-Universität in Frankfurt a.M. zum Thema „Kapitalgedeckte Altersvorsorge – Riesterrente“ am 27. September. www.ifa-ulm.de/
— Schwark, Peter (2012a): Die Riester-Kritik – fachlich fundiert oder vor allem Stimmungsmache? Vortrag auf dem Workshop des DIW Berlin „Riester-Rente: Grundlegende Reform dringend geboten!?“ am 1. Juni 2012.
— Schwark, Peter (2012b): „10 Jahre Riester“: DIW-Kampagne fachlich auf zweifelhaftem Fundament. Podiumsdiskussion auf der Tagung des Instituts für Finanzdienstleistungen (iFF) am 12. Mai 2012 in Hamburg.
— Stolz, Ulrich und Christian Rieckhoff (2010): Beitragsjahr 2007: Zulagenförderung nochmals um mehr als ein Viertel gestiegen. *RVAktuell*, (11), 355–362.
— Wagner, Gert G. (2012a): Riester: Gut gedacht, schlecht gemacht? Vortrag auf dem Workshop „Riester-Rente: Grundlegende Reform dringend geboten!?“ des DIW Berlin am 1. Juni 2012.
— Wagner, Gert G. (2012b): Politikberatung soll keine Politik machen. *Leibniz-Journal*, 2. www.leibniz-gemeinschaft.de/medien/publikationen/leibniz-journal/22012/
— Weinmann, Hermann (2011): Verursachungsgerechte Beteiligung der Kunden am Ergebnis ist schwierig. *Versicherungswirtschaft*, 5, 321–323.
— Wels, Maik und Christian Rieckhoff (2012): Lohnt sich die Riester-Rente? – Ausgewählte Renditeberechnungen in der Diskussion. *Deutsche Rentenversicherung*, 1, 36–44.

Riester-Rente und Niedrigeinkommen – Was sagen die Daten?

JOHANNES GEYER

Johannes Geyer, DIW Berlin – Deutsches Institut für Wirtschaftsforschung, E-Mail: jgeyer@diw.de

Zusammenfassung: Auswertungen auf Basis der Daten der Zulagenstelle für Altersvermögen (ZfA) zeigen einen hohen Anteil der Geringverdiener unter den Riester-Sparern. Dieses Ergebnis kann aber nicht auf die Bevölkerung übertragen werden, da die Daten nur die Riester-Sparer umfassen. Auswertungen auf Basis des Sozio-oekonomischen Panels (SOEP) zeigen, dass die Verbreitung der Riester-Rente bei Personen und Haushalten mit geringem Einkommen unterdurchschnittlich ist. Dieses Ergebnis zeigt sich sowohl bei nominalem und äquivalenzgewichtetem Haushaltseinkommen als auch bei individuellem Monatsbruttoeinkommen und Bruttostundenlohn. Die geringste Verbreitung findet sich bei Personen, die über kein Erwerbseinkommen verfügen.

Summary: Analyses based on data from the Zulagenstelle für Altersvermögen (ZfA) show a high proportion of low wage earners among Riester-Rente savers. This result cannot be generalized to the population because the data include only Riester-Rente savers. However, analyses based on the Socio-Economic Panel (SOEP) show that the demand for Riester plans by low income individuals and households is below average. This result is reflected both by household and personal income measures. The lowest share is found for individuals without earned income.

→ JEL Classification: H55, G23, D14, I38
→ Keywords: Riester pension, low-wage earner, take-up of Riester subsidies

Dieser Beitrag ist eine erweiterte und schriftliche Fassung eines Vortrages des Autors (Geyer 2012), der auf einem Workshop zum Thema Riester-Rente (DIW 2012) gehalten wurde Ich danke Kornelia Hagen, Hermann Buslei und Teilnehmerinnen und Teilnehmern des Workshops für hilfreiche Kommentare zu diesem Beitrag.

1 Einleitung

Die Rentenreform 2001 war konzipiert als ein Beitrag zur Stabilisierung des Beitragssatzes zur gesetzlichen Rentenversicherung (GRV). Dafür wurde das Niveau der Leistungen der GRV langfristig verringert, ähnliche Änderungen wurden auch für die Beamtenversorgung (BV) beschlossen. Die folgenden Rentenreformen gingen im Prinzip in dieselbe Richtung. Als Ergänzung wurde 2001 auch beschlossen, eine staatlich geförderte kapitalgedeckte Altersvorsorge einzuführen, die „Riester-Rente", zudem wurde die betriebliche Altersvorsorge (BAV) gestärkt (Deutscher Bundestag 2001).

Die Lücke, die durch die Senkung des Leistungsniveaus in der GRV entsteht, kann bei ausreichender privater Vorsorge auf diese Weise kompensiert werden. Obwohl die Niveausenkung der Leistungen der GRV und BV beinahe die gesamte Bevölkerung betrifft, wurde die private Altersvorsorge allerdings nicht als Pflichtversicherung eingeführt. Die staatliche Förderung beinhaltet insbesondere Anreize zum Abschluss einer Riester-Rente für Geringverdiener, junge Erwachsene und Familien mit Kindern. Diese Gruppen erhalten eher eine Förderung durch direkte Zulagen und seltener durch steuerliche Gutschriften, die zu einem Vorteil durch die Steuerstundung führen sowie, aufgrund des progressiven Steuertarifs, bei den meist niedrigeren Einkommen im Alter als im Erwerbsleben auch zu einem niedrigeren Steuersatz. In der Diskussion um die Akzeptanz und Inanspruchnahme der Riester-Förderung liegt ein Fokus auf der Frage, wie gut diese Anreize zum Abschluss einer privaten Rentenversicherung bei Geringverdienern wirken. Aus sozialpolitischer Sicht sind diese Haushalte relevant, da sie im Durchschnitt ein höheres Altersarmutsrisiko aufweisen und relativ stärker auf private Vorsorge zur Armutsvermeidung angewiesen sein dürften als Besserverdienende. Dies gilt umso mehr, je stärker die Entwicklung der Renten hinter der der Lohneinkommen zurückbleibt.

Verschiedene Studien zeigen, dass Personen mit geringen Einkommen, trotz hoher Förderquoten, seltener die staatliche Förderung in Anspruch nehmen als der Durchschnitt der Bevölkerung (Coppola und Reil-Held 2009, Geyer und Steiner 2009, Kriete-Dodds und Vorgrimler 2007, Kriete-Dodds 2008). Dieser Befund wurde jüngst durch Berechnungen des DIW Berlin bestätigt (Geyer 2011). Die Ergebnisse dieser Analyse wurden mit Verweis auf Auswertungen auf Basis der Daten der Zulagenstelle für Altersvermögen (ZfA) angezweifelt (Stolz und Rieckhoff 2006, 2007, 2008, 2009, 2010). Der Gesamtverband der Deutschen Versicherungswirtschaft (GDV) etwa schreibt in einer Presseerklärung als Reaktion auf die Analyse von Geyer (2011):

> *„Auch die Kritik des DIW zu den mit Riester erreichten Zielgruppen wird von den regelmäßigen Erhebungen der Zentralen Zulagenstelle für Altersvermögen (ZfA) nicht bestätigt. Danach nehmen gerade Menschen mit geringem Einkommen [...] die Zulagenförderung der Riester-Rente in erheblichem Maße in Anspruch: Rund 30 Prozent der Zulagenempfänger verfügten nach den jüngsten vorläufigen Zahlen der ZfA im Beitragsjahr 2009 über ein Einkommen von bis zu 10 000 Euro, rund 50 Prozent von bis zu 20 000 Euro und knapp 70 Prozent von bis zu 30 000 Euro" (GDV 2011).*

Und auch einer der Konstrukteure und Namensgeber der Reform, Walter Riester, äußerte sich laut MDR INFO folgendermaßen:

„Die Ergebnisse seien teils falsch, etwa dass Geringverdiener die Riester-Rente wenig nutzten. Nach seinen Informationen sei die Hälfte der laufenden Riesterverträge von Menschen mit niedrigem Einkommen abgeschlossen worden" (MDR 2012).

Der vorliegende Beitrag zeigt, wie sich diese unterschiedlichen Ergebnisse erklären lassen, und geht dabei noch einmal detailliert auf den Zusammenhang von Einkommenshöhe und Inanspruchnahme der Riester-Förderung ein. Die kurze Antwort auf die unzutreffende Kritik an der Studie des DIW Berlin ist, dass die Daten der ZfA ausschließlich die Gruppe der Riester-Sparer beinhalten. Damit lassen sich aber keine Aussagen über die Inanspruchnahme der Riester-Förderung in der Gesamtbevölkerung treffen.[1] Dieser Zusammenhang ist offensichtlich und wurde zum Beispiel in Geyer und Steiner (2009) ausführlich dokumentiert. Es wurde dort gezeigt, dass die Einkommensverteilung innerhalb der Riester-Sparer deutlich von der in der Bevölkerung abweicht und Aussagen über die Bevölkerung anhand der Daten der ZfA nicht ohne Weiteres möglich sind.

Der erste Abschnitt des Artikels gibt einen kurzen Überblick über die bisherigen Studien zur Inanspruchnahme der Riester-Förderung durch einkommensschwache Personen. Der zweite Abschnitt befasst sich mit der Frage, wie und ob man die förderberechtigte Population von der gesamten Bevölkerung abgrenzen kann. Daran anschließend werden auf Basis der Daten des Sozio-oekonomischen Panels (SOEP) empirische Befunde über die Inanspruchnahme der Riester-Förderung vorgestellt. Dabei werden auch weitere Faktoren diskutiert, die zu Unterschieden in den Ergebnissen führen können, etwa ob das Einkommen eines Haushalts oder das persönliche Einkommen betrachtet wird oder ob die Förderberechtigten oder die Gesamtbevölkerung die Grundgesamtheit bilden. Im letzten Abschnitt werden die wichtigsten Ergebnisse zusammengefasst und diskutiert.

2 Bisherige Befunde zur Inanspruchnahme der Riester-Förderung durch Geringverdiener

Die bisher vorliegenden empirischen Studien zur Inanspruchnahme der Riester-Förderung haben vor allem untersucht, wer eine Riester-Rente besitzt beziehungsweise abschließt und ob die private Altersvorsorge die Gesamtersparnis des Haushaltes erhöht. Es zeigen sich trotz unterschiedlicher Datensätze, Beobachtungszeitpunkte und Methoden deutliche Muster bei der Inanspruchnahme der Riester-Förderung. So besitzen Frauen, Ostdeutsche, besser gebildete, junge Menschen und Familien mit Kindern überdurchschnittlich häufig eine Riester-Rente. Im Gegensatz dazu nehmen Menschen mit niedrigem Einkommen die Förderung seltener in Anspruch als der Bevölkerungsdurchschnitt.

1 Stolz und Rieckhoff (2010) argumentieren zwar, dass rund 67 Prozent der Zulagenempfänger, die in der GRV pflichtversichert sind, über ein unterdurchschnittliches Einkommen (gemessen am durchschnittlichen Bruttojahresarbeitsentgelt der GRV in Westdeutschland) verfügen. Allerdings liegt das durchschnittliche Bruttojahresarbeitsentgelt in Westdeutschland um mehr als 4000 Euro höher als in Ostdeutschland. Zudem beinhaltet der Vergleich auch Personen, die zwar pflichtversichert sind, aber über kein Vorjahreseinkommen im Sinne der ZfA verfügen; die Durchschnittsgröße der GRV hingegen berücksichtigt nur positive rentenversicherungspflichtige Einkommen. Auch müsste man nachweisen, dass die Verteilung der betrachteten Einkommensgröße innerhalb der Zulagenempfänger von der in der Grundgesamtheit abweicht.

Pfarr und Schneider (2011) untersuchen mit dem SOEP (2004, 2006 und 2007) die Wahrscheinlichkeit des Abschlusses einer Riester-Rente. Sie finden einen positiven Zusammenhang zwischen Haushaltseinkommen und der Wahrscheinlichkeit, einen Riester-Vertrag zu besitzen, bestätigen also den Befund, dass einkommensschwache Personen seltener „riestern“. Die Autoren können zeigen, dass dieser Effekt insbesondere durch die Männer im Sample zustande kommt. Bei Frauen zeigt sich ein stärkerer Effekt der Bildung. Geyer (2011) nutzt die Wellen 2004, 2006, 2007 und 2010 des SOEP und findet einen positiven Zusammenhang zwischen dem eigenen Vorjahreseinkommen aus Erwerbstätigkeit und der Inanspruchnahme der Riester-Förderung. Lamping und Tepe (2009) zeigen auf Basis der Welle 2007 des SOEP, dass auch subjektive Erwartungen entscheidend für den Einkommenseffekt sind. So zeigen Personen, die nur geringe Anwartschaften in der gesetzlichen Rentenversicherung erwarten, eine mit dem Einkommen steigende Vorsorgebereitschaft. Personen, die sich ausreichend durch die gesetzliche Rentenversicherung abgesichert sehen, weisen demgegenüber einen negativen Einkommenseffekt auf.

Börsch-Supan et al. (2008b) untersuchen mit SAVE-Daten[2] das Verhältnis der Riester-Rente zu betrieblicher Altersvorsorge und anderen Altersvorsorgeprodukten. Ein interessanter deskriptiver Befund ist beispielsweise, dass die Einkommensabhängigkeit bei den beiden anderen Vorsorgeformen noch stärker hervortritt als bei der Riester-Rente. Es zeigt sich auch hier ein positiver Zusammenhang zwischen Nettohaushaltseinkommen und der Inanspruchnahme der Riester-Förderung. Das unterste Einkommensquintil[3] „riestert“ signifikant seltener als der Rest der Bevölkerung. Zudem zeigt sich, dass Wissen über die gesetzliche Rentenversicherung positiv mit der Inanspruchnahme der Riester-Förderung korreliert. Coppola und Reil-Held (2009) zeigen ebenfalls auf der Basis von SAVE-Daten, dass Personen mit geringem Haushaltseinkommen seltener „riestern“ als der Rest der Bevölkerung. Dabei zeigt sich zudem, dass die Einkommenshöhe auch bei anderen Variablen eine wichtige Rolle spielt. Zum Beispiel ist der Effekt von eigenen Kindern, der in der Regel positiv ist, desto höher je höher das Haushaltseinkommen ist; für das unterste Einkommensquintil ist der Effekt sogar negativ. Im zweiten und fünften Quintil ist zudem die staatliche Förderung ein wesentlicher Grund, eine Riester-Rente abzuschließen.

Auch mit administrativen Daten wurde die Einkommensstruktur der Riester-Sparer untersucht. Das ist aufgrund der administrativen Trennung zwischen Steuerbehörden und der ZfA leider nur eingeschränkt möglich (Rieckhoff et al 2010). Die Autoren diskutieren die Schwierigkeiten der Zusammenführung der Steuerdaten mit denen der ZfA. Insbesondere die verwendeten Einkommensbegriffe weichen stark voneinander ab. Kriete-Dodds und Vorgrimler (2007) und Kriete-Dodds (2008) vergleichen mit Daten der Einkommenssteuerstatistik (2002 und 2003) die Einkommensstruktur der steuerpflichtigen Riester-Sparer mit der aller steuerpflichtigen Personen. Dabei zeigt sich, dass Steuerpflichtige mit sehr niedrigen Einkommen und sehr hohen Einkommen innerhalb der Riester-Sparer unterrepräsentiert sind. Rieckhoff et al. (2010) bestätigen diesen Befund auch für das Steuerjahr 2005. Wels und Rieckhoff (2011) untersuchen die Daten der ZfA im Längsschnitt (2002 bis 2006) und stellen fest, dass Zulagenempfänger mit niedrigem, der Förderung zugrunde liegendem Einkommen (bis 10 000 Euro) die höchste

---

2 Die SAVE-Erhebung, die seit 2001 durchgeführt wird, beinhaltet insbesondere Daten zu finanziellen Variablen wie Einkommen, Ersparnis und Vermögen. Eine detaillierte Beschreibung findet sich in Börsch-Supan et al. (2008a).

3 Zur Berechnung der Quintilsgrenzen wird das Einkommen anhand seiner Höhe sortiert. Dann wird die Verteilung des Einkommens in fünf gleich große Teile geteilt, die sogenannten Quintile. Das unterste Einkommensquintil beinhaltet also die 20 Prozent Haushalte mit den geringsten Einkommen.

Ausschöpfungsquote bei der Zulage aufweisen (mehr als 90 Prozent). Das ist bemerkenswert, da sie in den höheren Einkommensklassen teilweise deutlich niedriger liegt und über die Zeit sogar abgenommen hat.[4] Allerdings weisen Personen im untersten Einkommensbereich auch die höchste Quote mit nicht durchgehender Zulagenförderung auf.

Corneo et al. (2009, 2010) untersuchen mit SOEP- und SAVE-Daten die Wirkung der Förderung auf die Gesamtersparnis. Das ist eine der wichtigsten Fragen im Zusammenhang mit der Riester-Rente. Wenn die Gesamtersparnis nicht durch die Förderung der privaten Altersvorsorge verändert wird, kann sich auch das zukünftige zu verteilende Einkommen nicht erhöhen. Dabei stehen Geringverdiener im Fokus ihrer Untersuchung. Hier vermuten die Autoren am ehesten Mobilisierungseffekte bezüglich der Spartätigkeit. Corneo et al. (2009) testen mit dem SOEP, ob sich die Ersparnis von Haushalten mit geringem Einkommen und zwei Kindern im Vergleich zu ähnlichen Haushalten mit höherem Einkommen verändert hat. Sie finden keinen signifikanten Effekt.[5] Corneo et al. (2010) erweitern ihre vorhergehende Studie und finden ebenfalls keine signifikanten Effekte.

3 Exkurs zur Populationsabgrenzung: Wer ist förderfähig und wer nicht?

Die bisher erschienenen Studien zur Verbreitung der Riester-Rente vergleichen in der Regel den Bestand der Verträge eines Jahres mit dem Querschnitt der in diesem Jahr förderberechtigten Population. Sommer (2007) schätzt beispielsweise mit Daten der Einkommens- und Verbrauchsstichprobe (EVS) für das Jahr 2007 den Umkreis der förderberechtigten Personen auf 37,5 Millionen, von denen 4,3 Millionen (11,3 Prozent) mittelbar förderberechtigt waren.[6] Fasshauer und Toutaoui (2009) kombinieren verschiedene administrative Daten, um den Kreis der förderberichtigten Personen zu schätzen. Sie schätzen für das Jahr 2007 zwischen 38 Millionen und 39 Millionen förderberechtigte Personen, davon zwischen 2,9 und 3,7 Millionen mittelbar förderberechtigte. Danach würde der Anteil an der Gesamtbevölkerung der förderberechtigten Population im Alter zwischen 15 und 64 Jahren 71 Prozent betragen.

Diese Schätzungen für ein bestimmtes Jahr sind für Fragestellungen zur Inanspruchnahme der Förderung wenig aussagekräftig, da sich der Status der Förderberechtigung im Lebenszyklus wandeln kann, unter anderem durch Selbstselektion, zum Beispiel bei Verzicht auf Versicherungsfreiheit bei geringfügiger Beschäftigung. Auch die Gruppe der Riester-Sparer ist nicht notwendig förderberechtigt, nur weil sie einen solchen Vertrag besitzt. Denn es kann sein, dass eine Person einen Riester-Vertrag abschließt und den Status der Förderberechtigung im Laufe der Zeit wieder verliert. Aus diesen Gründen spricht vieles dafür, die gesamte Bevölkerung mit Ausnahme der Altersrentner im Alter zwischen 16 und 64 Jahren als Grundgesamtheit zu de-

---

4 Die Ausschöpfungsquote bei der Zulage betrug beispielsweise in der Einkommensklasse 20 000 bis 30 000 Euro im Jahr 2006 nur knapp 60 Prozent.

5 Neben den methodischen Problemen, die von den Autoren in ihrem Beitrag diskutiert werden, ist eine Identifikation des Reformeffektes auch deswegen sehr schwierig, weil die Steuerreform aus dem Jahr 2000 unterschiedliche Effekte bezüglich des Nettoeinkommens und der Arbeitsanreize unterschiedlicher Einkommensgruppen hatte (Haan und Steiner 2005, 2006).

6 Die Daten der EVS 2003 werden anhand einer Bevölkerungsfortschreibung für das Jahr 2007 hochgerechnet. Außerdem werden die Daten bis in das Jahr 2030 fortgeschrieben. Aufgrund des demografischen Wandels nimmt die Zahl der förderberechtigten Personen kontinuierlich ab. Im Jahr 2030 wird sie aufgrund dieser Schätzung bei 33 Millionen Personen liegen.

finieren. Denn entscheidend für die Kompensation der Niveausenkung in GRV und BV ist der Einkommensmix im Alter. Und hier zeigt sich heute bereits, dass fast die gesamte Bevölkerung über eigene Ansprüche in der GRV oder der BV verfügt. Aktuellen Schätzungen zufolge werden gut 95 Prozent der Westdeutschen und beinahe 100 Prozent der Ostdeutschen der Geburtsjahrgänge 1942 bis 1961 eigene Ansprüche auf eine gesetzliche Rente erworben haben (Heien et al. 2007). Wird auch noch die BV berücksichtigt und die Alterssicherung der Landwirte, steigt die Quote weiter. Für deskriptive Auswertungen zur Verbreitung der privaten Altersvorsorge wäre deswegen die gesamte Bevölkerung, die sich noch nicht in Altersrente befindet, die relevante Grundgesamtheit. Das würde zudem die Vergleichbarkeit der Ergebnisse auf Basis verschiedener Datensätze deutlich verbessern.

In den folgenden empirischen Auswertungen ist die Grundgesamtheit, wenn nicht anders gekennzeichnet, die gesamte, noch nicht in Altersrente befindliche Population.

4 Empirische Analyse

4.1 Datengrundlage und deskriptive Befunde

Die Datengrundlage für die in diesem Artikel vorgestellten Auswertungen bildet das SOEP. Dieses ist eine jährlich wiederholte Haushaltsbefragung, die seit 1984 durchgeführt wird. Im Jahr 2010 wurden über 19 000 erwachsene Personen befragt, die in über 12 000 Haushalten lebten.[7] In den Jahren 2004, 2006, 2007 und 2010 wurde auch nach der Riester-Rente gefragt. Leider wurde aber nur erfasst, ob die Befragten eine Riester-Rente besitzen. Es wird weder nach der Art des Sparplans gefragt noch nach der Höhe der Ersparnis, die für das Alter aufgewendet wird.

Das SOEP ist repräsentativ in Bezug auf die Inanspruchnahme der Riester-Förderung. Vergleicht man die hochgerechnete Anzahl der Riester-Verträge des SOEP mit der, die das Bundesministerium für Arbeit und Soziales (BMAS) regelmäßig veröffentlicht, zeigt sich tendenziell eine große Übereinstimmung; lediglich im Jahr 2010 weicht das SOEP um eine Million Verträge beziehungsweise rund sieben Prozent ab (Tabelle 1).

Das SOEP bietet die Möglichkeit, die Gruppe der Riester-Sparer genauer nach sozioökonomischen Charakteristika zu untersuchen, als es mit administrativen Daten möglich ist. Die Daten der ZfA erlauben nur Aussagen über die erfassten Riester-Sparer (Zulagenempfänger) und eine sehr eingeschränkte Variablenauswahl, die praktisch keine Informationen zum Haushalt beinhalten.[8] Das SOEP hingegen liefert unter anderem Informationen zum Haushalt, zu sonstigen Einkünften und anderen Vermögensarten. Ein Vergleich der Daten aus beiden Quellen für das

---

7 Weiterführende Informationen zum SOEP finden sich in Wagner et al. (2007).

8 Die Daten beinhalten neben Alter, Region und Geschlecht insbesondere Informationen, die für die administrative Abwicklung der Förderung relevant sind, also zum Beispiel das rentenversicherungspflichtige Einkommen des dem Beitragsjahr vorausgegangenen Kalenderjahres, ob eine Kinderzulage bezogen wird, die Ausschöpfung der Zulage durch eigene Beiträge, den Anbietertyp des Riester-Vertrages oder auch den Anlegertyp (mittelbar Berechtigte, gesetzlich Rentenversicherte, Beamte oder Landwirte).

Tabelle 1

Anzahl der Riester-Verträge
In Millionen

	BMAS[1]	SOEP
2004	4,05	4,02
2006	6,32	6,68
2007	8,78	8,96
2010	13,74	12,74

[1] Zur besseren Vergleichbarkeit mit den SOEP-Daten wird hier bei den Daten des BMAS der Durchschnitt der ersten beiden Quartale des jeweiligen Jahres ausgewiesen.
Quellen: SOEPv27, BMAS, eigene Berechnungen.

Jahr 2007 zeigt eine fast identische Verteilung der Bevölkerung nach Einkommensgruppen (Tabelle 2).[9]

Das war keineswegs zu erwarten, denn der Einkommensbegriff der ZfA unterscheidet sich von dem erfragten Einkommen aus abhängiger Beschäftigung im SOEP. Zudem weisen Stolz und Rieckhoff (2010) nur das Einkommen der Personen aus, die nicht den Sonderausgabenabzug geltend gemacht haben. Im Fokus steht hier aber nicht der Vergleich von SOEP und ZfA-Daten, sondern der Vergleich mit der Einkommensverteilung in der Gesamtbevölkerung. Das ist auf Basis der Daten der ZfA nicht möglich, mit dem SOEP aber schon. Hier kann, basierend auf derselben Datengrundlage und gleichen Einkommensdefinitionen, die Einkommensverteilung innerhalb der Riester-Sparer mit der in der Bevölkerung verglichen werden. Anhand dieses Vergleichs lässt sich zeigen, warum von einer unterdurchschnittlichen Inanspruchnahme der Riester-Rente in der untersten Einkommenskategorie gesprochen werden muss. In dieser liegt der Bevölkerungsanteil bei gut 43 Prozent, während er innerhalb der Riester-Sparer nur bei gut 30 Prozent, also rund 30 Prozent niedriger, liegt. Deswegen ergibt sich hier mit knapp 13 Prozent auch die geringste Verbreitungsquote, verglichen mit den anderen Einkommenskategorien (Tabelle 2). In den übrigen Einkommensgruppen schwankt die Verbreitungsquote zwischen knapp 19 und 23 Prozent.

Man könnte argumentieren, dass dieses Ergebnis auf Basis der Jahreseinkommen aus abhängiger Erwerbstätigkeit nicht gleichzusetzen ist mit einer geringen Inanspruchnahme der Riester-Förderung durch einkommensschwache Personen. Denn diese könnten sich durchaus in einkommensstarken Haushalten befinden und keinen Bedarf nach zusätzlicher Altersvorsorge haben. Zudem differenziert diese Darstellung nicht zwischen erwerbstätigen Personen und Personen ohne Erwerbseinkommen. Auf beide Argumente wird im Folgenden eingegangen. Die Verbreitungsquote der Riester-Rente wird dafür anhand des verfügbaren Haushaltseinkommens

9 Wenn man die Bevölkerung nach nominalen Einkommenskategorien einteilt, sind die einzelnen Einkommenskategorien sehr ungleich verteilt. Insbesondere befinden sich rund 43 Prozent aller Beobachtungen in der Einkommensgruppe bis 10 000 Euro Jahreseinkommen aus Erwerbsarbeit. Diese Darstellungsweise wurde zur besseren Vergleichbarkeit mit den Daten der ZfA gewählt.

Tabelle 2

Verteilung der Riester-Sparer nach Einkommensklassen (ZfA und SOEP 2007)

Gewichtete Anteile

Zugrundeliegendes Jahreseinkommen[1]	Riester-Sparer		Gesamte Bevölkerung[3]	
	ZfA 2007[2]	SOEP 2007	Riester-Sparer	Gesamt
Bis 10000	30,3	30,4	12,8	43,1
10000–20000	20,3	19,1	23	14,3
20000–30000	19,6	18	22,6	13,8
30000–40000	14,3	14,6	18,9	13,3
40000–50000	7,2	7,6	18,9	6,9
Über 50000	8,3	10,2	20,4	8,6

[1] Das zugrundeliegende Jahreseinkommen der ZfA bezieht sich auf die Berechnungsgrundlage der Zulage, siehe dazu zum Beispiel Rieckhoff et al. (2010). Für das SOEP wurde das Vorjahreseinkommen aus abhängiger Beschäftigung verwendet.
[2] Mittelbar Berechtigte und Zulagenempfänger, die nur den Sonderausgabenabzug geltend gemacht haben beziehungsweise bei denen die Zulagenberechtigung ungeklärt ist, wurden nicht berücksichtigt.
[3] Um die bedingten Anteile innerhalb der Gruppe der Riester-Sparer einzuordnen, werden hier die Bevölkerungsanteile der jeweiligen Einkommensklasse der Bevölkerung im Alter zwischen 16 und 65 Jahren dargestellt.
Quellen: Stolz und Rieckhoff (2010), SOEPv27, eigene Berechnungen.

(absolut und äquivalenzgewichtet[10]) und anhand des aktuellen Erwerbseinkommens (Monatsbruttoeinkommen und Bruttostundenlohn) für die Personen mit eigenem Erwerbseinkommen ausgewiesen. Die Quoten werden als Anteile in den jeweiligen Quintilen der betrachteten Einkommensgröße dargestellt. Zudem wird die Quote für Personen ohne eigenes Erwerbseinkommen berichtet.

Im ersten Halbjahr 2010 verfügen im Durchschnitt 25,7 Prozent der Personen über eine Riester-Rente.[11] Personen, die in Haushalten mit Einkommen im ersten Quintil der Einkommensverteilung leben, weisen eine um neun Prozentpunkte niedrigere Verbreitungsquote auf. Die Differenz bleibt auch erhalten, wenn man das Haushaltseinkommen äquivalenzgewichtet (Tabelle 3).

Würden nur die Personen betrachtet, die zum Befragungszeitpunkt über ein Erwerbseinkommen verfügen, haben gut 29 Prozent einen Riester-Vertrag. Auch hier zeigt sich bei der Betrachtung sowohl des Bruttomonats- als auch des Bruttostundenlohns, dass die Inanspruchnahme der Förderung im untersten Quintil unterdurchschnittlich ist. Sie liegt zwischen vier (Bruttomonatslohn) und fünf (Bruttostundenlohn) Prozentpunkte unter dem Durchschnitt. Die Differenz ist also geringer als beim Haushaltseinkommen. Das liegt daran, dass die niedrigste Verbreitungs-

10 Die Äquivalenzgewichtung normiert das Einkommen, das Haushalten unterschiedlicher Größe und Struktur zur Verfügung steht und macht es dadurch zwischen den verschiedenen Haushalten vergleichbar. Dabei werden insbesondere positive Skaleneffekte einer gemeinsamen Haushaltsführung berücksichtigt.

11 Der Beobachtungszeitpunkt weicht von dem beim Vergleich der ZfA-Daten mit dem SOEP ab, da hier die aktuellsten verfügbaren Daten aus dem SOEP zugrunde gelegt wurden. Qualitativ unterscheiden sich die Ergebnisse aber nicht, wenn man die Daten aus dem Jahr 2007 verwendet. Die Auswertungen für 2007 können auf Anfrage vom Autor verfügbar gemacht werden.

Tabelle 3

Anteile der Riester-Sparer nach Einkommensquintilen im Jahr 2010 (Haushaltseinkommen und Erwerbseinkommen)
Gewichtete Anteile

Quintil	Verfügbares Haushaltseinkommen[1]		Arbeitseinkommen[2]	
	Absolut	Äquivalenzgewichtet[3]	Bruttostundenlohn	Bruttomonatslohn
1	16,5	16,0	24,5	25,5
2	23,6	26,9	32,2	34,3
3	27,1	29,1	29,0	31,7
4	27,8	27,3	29,5	25,4
5	29,4	27,9	31,6	29,5
Durchschnitt	25,7	25,7	29,4	29,4
Kein Arbeitseinkommen				14,8

[1] Die Basis bilden Personen im Alter zwischen 16 und 64 Jahren, die noch nicht in Altersrente sind. Die Quintilsgrenzen des Haushaltseinkommens wurden auf Basis der gesamten Bevölkerung berechnet.
[2] Die Basis bilden Personen im Alter zwischen 16 und 64 Jahren, die noch erwerbstätig und noch nicht in Altersrente sind. In der untersten Zeile wird nachrichtlich auch der Anteil der Riester-Sparer unter den nicht erwerbstätigen dieser Gruppe berichtet.
[3] Verwendet wurde die neue OECD Skala.
Quellen: SOEPv27, eigene Berechnungen.

quote Personen aufweist, die über kein eigenes Erwerbseinkommen verfügen, hier sind es nur knapp 15 Prozent.

Im Folgenden wird die Struktur der Riester-Sparer detailliert mit Hilfe eines multivariaten Modells ausgewertet. Neben dem Einkommen werden auch weitere Variablen berücksichtigt, die mit einem höheren Risiko späterer Altersarmut einhergehen: Bildung, Migrationshintergrund[12], Arbeitslosigkeitserfahrung und Gesundheitszustand. Zudem wird eine Reihe weiterer Variablen kontrolliert, insbesondere wurden Indikatoren zu sonstigem Vermögen in die Schätzung aufgenommen (Tabelle 4). Es hat sich bei vorhergehenden Studien (zum Beispiel Coppola und Reil-Held 2009, Geyer und Steiner 2009, Pfarr und Schneider 2011) gezeigt, dass sich das Altersvorsorgeverhalten sowohl zwischen Männern und Frauen als auch zwischen Ost- und Westdeutschland stark unterscheidet, deswegen werden die Schätzungen getrennt nach Geschlecht und Region durchgeführt.

Die Schätzungen werden auf Basis der gesamten, noch keine Altersrente beziehende Bevölkerung im Alter zwischen 18 und 64 Jahren durchgeführt. Als zusätzlich Variable wird ein Indikator für die Förderberechtigung im jeweiligen Jahr in die Schätzung aufgenommen. Die im Folgenden dargestellten Ergebnisse sind robust gegenüber einer engeren Definition des Schätzsamples. Das heißt, sie verändern sich nicht, wenn nur die förderberechtigte Population betrachtet wird.

---

12 Eine Person mit Migrationshintergrund ist hier definiert als direkter Immigrant oder als eine Person, deren Eltern nach Deutschland eingewandert sind. Dafür wurde die Variable „migback“ aus dem SOEP verwendet.

Tabelle 4

Deskriptive Statistik

	Männer		Frauen	
	Westdeutschland	Ostdeutschland	Westdeutschland	Ostdeutschland
Riester-Förderung	0,141	0,165	0,165	0,203
Erwerbseinkommen[1]				
Kein Einkommen	0,089	0,141	0,254	0,212
1.Quintil	0,183	0,172	0,162	0,159
2.Quintil	0,182	0,172	0,137	0,158
3.Quintil	0,183	0,171	0,149	0,156
4.Quintil	0,183	0,172	0,149	0,158
5.Quintil	0,180	0,171	0,149	0,157
Bildungsabschluss[2]				
Niedrig	0,139	0,095	0,176	0,093
Mittel	0,610	0,658	0,646	0,611
Hoch	0,252	0,247	0,179	0,296
Migrationshintergrund	0,138	0,021	0,149	0,024
Arbeitsmarkterfahrung				
Erwerbstätig (Jahre)	19,69	18,71	14,72	16,98
Arbeitslos (Jahre)	0,67	1,22	0,63	1,69
Gesundheit				
Schlecht	0,121	0,124	0,142	0,137
Schwerbehinderung[3]	0,051	0,048	0,047	0,055
Kinder				
0	0,610	0,691	0,593	0,652
1	0,181	0,189	0,197	0,215
2	0,157	0,095	0,158	0,106
3+	0,052	0,025	0,051	0,027
Verheiratet	0,623	0,521	0,641	0,541
Alter	42,9	42,2	42,7	41,8
Vermögensvariablen				
Hausbesitzer	0,561	0,496	0,547	0,474
Kredit	0,250	0,316	0,228	0,303
Sparbuch	0,716	0,694	0,718	0,687
Bausparvertrag	0,524	0,463	0,510	0,459
Lebensversicherung	0,663	0,621	0,626	0,611
Wertpapiere	0,180	0,138	0,173	0,131
Betriebsvermögen	0,086	0,069	0,070	0,060
Förderberechtigt[4]	0,854	0,854	0,798	0,863

Die Mittelwerte sind ungewichtet und gepoolt über die Jahre 2004, 2006, 2007 und 2010.

1 Bruttoerwerbseinkommen, Vorjahr.

2 Bildungsabschluss: niedrig – ISCED = 1, 2; mittel – ISCED = 3, 4, 5; hoch – ISCED = 6.

3 Schwerbehinderung: Grad der amtlich anerkannten Schwerbehinderung > 50 Prozent.

4 Förderberechtigt zum Interviewzeitpunkt.

Quellen: SOEPv27, eigene Berechnungen.

4.2 Multivariate Analyse

Für die Schätzung der Einflussfaktoren wird mit der Maximum-Likelihood-Methode folgendes Random-Effects-Logit-Modell spezifiziert:

$$W(y_{it} \neq 0) = P(x_{it}\beta + \alpha_i)$$

Das Modell wird für $i = 1, \ldots, N$ Beobachtungen und $t = 1, \ldots, T$ Perioden geschätzt. Die α_i sind identisch und unabhängig normal verteilt mit $N(0,\sigma_\alpha^2)$, und $P(z) = \{1-\exp(-z)\}^{-1}$ bezeichnet die kumulierte Dichtefunktion der logistischen Verteilung. Dem Modell liegt ein Varianz-Komponentenmodell zugrunde:

$$y_{it} \neq 0 \Leftrightarrow x_{it}\beta + \alpha_i + \varepsilon_{it} > 0$$

Wobei die ε_{it} unabhängig und identisch logistisch sind mit einem Mittelwert von null und Varianz $\sigma_\varepsilon^2 = \pi^2/3$ und unabhängig von α_i. Die Ergebnisse der Schätzung werden als marginale Effekte berichtet, das heißt als Änderung der Wahrscheinlichkeit der Inanspruchnahme der Riester-Förderung (Tabelle 5).

Die marginalen Effekte werden für eine Person im Alter von 40 Jahren für das Jahr 2010 ausgewiesen. Für Westdeutsche und für Männer in Ostdeutschland bestätigt sich der vorher bereits deskriptiv beschriebene positive Zusammenhang zwischen Einkommen und Inanspruchnahme der Riester-Förderung. Als Basis dienen hier Personen, die im Vorjahr nicht gearbeitet und kein Einkommen erzielt haben. Ein westdeutscher Mann im ersten Einkommensquintil hat gegenüber einer Person ohne eigenes Erwerbseinkommen eine um vier Prozentpunkte höhere Wahrscheinlichkeit die Riester-Förderung in Anspruch zu nehmen. Dieser Effekt ist ähnlich hoch für Männer in Ostdeutschland (4,6) und Frauen in Westdeutschland (5,2). Zudem bestätigt sich ein zweiter Befund: Personen im ersten Einkommensquintil weisen eine niedrigere Inanspruchnahme der Riester-Förderung verglichen mit den anderen Quintilen auf.

Auch unter Kontrolle des individuellen Einkommens findet sich mit Ausnahme der ostdeutschen Männer ein positiver Zusammenhang zwischen Bildungsabschluss und Inanspruchnahme der Förderung. Besonders ausgeprägt ist dieser Effekt bei Frauen mit höherer Bildung, diese haben eine um über zwölf Prozentpunkte höhere Wahrscheinlichkeit, die Förderung in Anspruch zu nehmen als Frauen mit niedriger Bildung (ohne beruflichen Ausbildungsabschluss).

Personen mit Migrationshintergrund nehmen die Förderung seltener in Anspruch als Personen ohne Migrationshintergrund. Dieser Befund zeigt sich nur für die westdeutschen Stichproben. Das könnte daran liegen, dass in Ostdeutschland nur sehr wenige Personen mit Migrationshintergrund leben beziehungsweise, dass nur sehr wenige Personen im SOEP vertreten sind.[13]

Erstaunlich ist, dass die vergangene Arbeitsmarkterfahrung, Erwerbstätigkeit und Arbeitslosigkeit keinen signifikanten Effekt auf die Inanspruchnahme der Förderung haben. Es findet sich

13 Seit 2007 wird im SOEP auch detailliert erfragt, wie gut die Deutschkenntnisse der Interviewten sind. Wird neben dem Merkmal Migrationshintergrund auch die Beherrschung der deutschen Sprache kontrolliert, wird der Effekt des Migrationshintergrunds insignifikant, und es bleibt lediglich die Sprachkompetenz signifikant. Allerdings können für diese Analyse nur die Wellen 2007 und 2010 genutzt werden. Diese Auswertung kann auf Anfrage vom Autor verfügbar gemacht werden.

Tabelle 5

Marginale Effekte des Random Effects Logit

	Männer		Frauen	
	Westdeutschland	Ostdeutschland	Westdeutschland	Ostdeutschland
Kein Einkommen	Basis			
1.Quintil	0,040***	0,046**	0,052***	0,032
	(0,012)	(0,020)	(0,019)	(0,038)
2.Quintil	0,110***	0,076***	0,167***	0,071*
	(0,017)	(0,023)	(0,022)	(0,041)
3.Quintil	0,103***	0,106***	0,174***	0,024
	(0,016)	(0,027)	(0,023)	(0,044)
4.Quintil	0,108***	0,101***	0,153***	-0,030
	(0,017)	(0,029)	(0,024)	(0,046)
5.Quintil	0,125***	0,147***	0,079***	-0,050
	(0,022)	(0,039)	(0,026)	(0,050)
Niedrige Bildung	Basis			
Mittlere Bildung	0,040**	0,035	0,090***	0,100**
	(0,016)	(0,034)	(0,021)	(0,048)
Hohe Bildung	0,067***	-0,022	0,122***	0,127**
	(0,025)	(0,041)	(0,029)	(0,058)
Migrationshintergrund	-0,073***	-0,017	-0,127***	-0,054
	(0,022)	(0,078)	(0,026)	(0,107)
Erwerbstätig	-0,000	-0,007*	0,002	0,003
	(0,002)	(0,004)	(0,002)	(0,004)
Arbeitslos	-0,006	-0,004	-0,008	0,011*
	(0,005)	(0,006)	(0,006)	(0,007)
Schlechte Gesundheit	0,001	0,016	-0,057***	-0,052
	(0,015)	(0,023)	(0,019)	(0,034)
Schwerbehinderung	0,016	-0,075	-0,045	-0,069
	(0,031)	(0,052)	(0,042)	(0,067)
Kein Kind	Basis			
1 Kind	0,029**	0,039*	0,134***	0,167***
	(0,013)	(0,022)	(0,018)	(0,034)
2 Kinder	0,089***	0,042	0,238***	0,284***
	(0,020)	(0,030)	(0,023)	(0,050)
3 und mehr Kinder	0,138***	0,193**	0,378***	0,451***
	(0,034)	(0,088)	(0,036)	(0,082)
Verheiratet	0,012	0,025	0,000	0,075**
	(0,015)	(0,024)	(0,019)	(0,034)
Hausbesitzer	0,001	-0,020	-0,022	0,023
	(0,013)	(0,020)	(0,017)	(0,030)
Kredite	0,032***	0,012	0,038***	0,027
	(0,011)	(0,016)	(0,014)	(0,024)
Sparbuch	0,016	0,006	0,013	0,038
	(0,012)	(0,017)	(0,015)	(0,025)

Fortsetzung Tabelle 5

	Männer		Frauen	
	Westdeutschland	Ostdeutschland	Westdeutschland	Ostdeutschland
Bausparvertrag	0,041***	0,038**	0,075***	0,076***
	(0,011)	(0,018)	(0,014)	(0,026)
Lebensversicherung	0,034***	0,053***	0,101***	0,073***
	(0,012)	(0,018)	(0,015)	(0,026)
Wertpapier	0,050***	0,026	0,029*	0,001
	(0,013)	(0,022)	(0,017)	(0,034)
Betriebsvermögen	-0,002	-0,017	-0,038	-0,053
	(0,019)	(0,031)	(0,026)	(0,051)
Förderberechtigt	0,151***	0,068**	0,133***	0,222***
	(0,022)	(0,028)	(0,020)	(0,044)
Log-Likelihood	-6005,8	-2285,4	-7091,3	-2648,1
σ_α	3,32***	3,74***	2,97***	3,44***
ρ	0,77***	0,80***	0,72***	0,78***
n	7701	2635	8353	2701
N	20398	7070	22537	7477

Irrtumswahrscheinlichkeit: *** $\alpha<0.01$, ** $\alpha<0.05$, * $\alpha<0.1$; Standardfehler in Klammern.

$$\rho = \frac{\sigma_\alpha^2}{\sigma_\alpha^2 + \sigma_\varepsilon^2}$$

Quellen: SOEPv27, eigene Berechnungen.

auch kein signifikanter Gesundheitseffekt, weder für die Selbsteinschätzung des gegenwärtigen Gesundheitszustandes noch für den Status der Schwerbehinderung. Gesundheit könnte eine Rolle spielen, da sie mit der Lebenserwartung korreliert ist und somit die Nachfrage nach einer privaten Rentenversicherung beeinflussen könnte.

Im Hinblick auf Kinder bestätigt sich der bereits in verschiedenen Studien gefundene Zusammenhang, dass die Inanspruchnahme der Förderung mit der Anzahl der Kinder zunimmt (zum Beispiel Coppola und Reil-Held 2009, Geyer und Steiner 2009, Pfarr und Schneider 2011). Dieser Effekt ist besonders stark bei Frauen in Ost- und Westdeutschland, aber er ist auch signifikant für Männer. Da nur ein Elternteil die Förderung für die Kinder in Anspruch nehmen kann, deuten diese Ergebnisse darauf hin, dass Familien mit Kindern eine höhere Vorsorgebereitschaft aufweisen als Alleinlebende oder Paare ohne Kinder.

Bezüglich des bereits vorhandenen Vermögensbestandes zeigt sich folgendes Muster: Wenn der Haushalt Kredite abzuzahlen hat, Lebensversicherungen oder Bausparverträge besitzt, steigt die Wahrscheinlichkeit der Inanspruchnahme der Riester-Förderung. Für Haushalte in Westdeutschland findet sich auch ein signifikanter Effekt für den Wertpapierbesitz. Diese Ergebnisse sind vergleichbar mit den Befunden in Pfarr und Schneider (2011) und auch in Lamping und Tepe (2009). Eine mögliche Erklärung dafür, dass diese verschiedenen Finanzprodukte komplementär und nicht substitutiv nachgefragt werden, sehen Pfarr und Schneider in der Marktorganisation und sprechen von einer „angebotsinduzierten Nachfrage". Die Idee dabei ist, dass Personen, die über andere Vermögensanlagen verfügen, über den Kontakt mit dem jeweiligen

Anbieter auch in Berührung mit Riester-Produkten kommen und so eine höhere Wahrscheinlichkeit aufweisen, eine solche zu besitzen.

5 Fazit

Der bereits in vielen Studien publizierte Befund, dass einkommensschwache Personen seltener „riestern" als der Bevölkerungsdurchschnitt, wurde jüngst mit neueren Daten des SOEP bestätigt (Geyer 2011). Aufgrund einiger kritischer Kommentare zu diesem Befund hat der vorliegende Artikel zum Ziel, dieses empirische Ergebnis noch einmal ausführlich darzustellen und zu zeigen, wie (vermutlich) die unterschiedlichen Interpretationen der Daten zustande kommen. Die Daten der ZfA scheinen hier den Ergebnissen auf Basis von SOEP oder SAVE zu widersprechen. In diesem Artikel wird argumentiert, dass auf der Grundlage der Daten der ZfA keine unmittelbaren Aussagen über die Gesamtbevölkerung getroffen werden können, da diese nur die Gruppe der Riester-Sparer enthält. Wird mit dem SOEP nur die Gruppe der Riester-Sparer betrachtet, ergibt sich eine sehr ähnliche Verteilung wie mit den Daten der ZfA. Es zeigt sich zwar, dass viele Riester-Sparer nur ein geringes eigenes Erwerbseinkommen haben, wird jedoch die Inanspruchnahme auf die gesamte Bevölkerung bezogen, dann zeigt sich, dass Personen mit niedrigem Einkommen seltener „riestern" als der Bevölkerungsdurchschnitt. Deskriptiv wird dieser Befund für verschiedene Einkommenskonzepte gezeigt: verfügbares Haushaltseinkommen, äquivalenzgewichtetes verfügbares Haushaltseinkommen, monatliches Bruttoerwerbseinkommen und Bruttostundenlohn. Dabei zeigte sich als weitere interessante Differenzierung, dass Personen ohne Erwerbseinkommen die niedrigsten Verbreitungsquoten aufweisen. Dies konnte auch in der multivariaten Analyse anhand des Jahresbruttoeinkommens bestätigt werden. Personen, die über ein positives Jahresbruttoeinkommen verfügen, „riestern" häufiger als Personen ohne Erwerbseinkommen. Innerhalb der Erwerbstätigen „riestert" das unterste Einkommensquintil unterdurchschnittlich. Auch andere Faktoren, die das Risiko von Altersarmut erhöhen könnten (Migrationshintergrund, niedriger Bildungsabschluss) korrelieren negativ mit der Inanspruchnahme der Riester-Rente.

Dass es zehn Jahre nach Einführung der Riester-Rente immer noch kontroverse Diskussionen über die Verbreitung der Riester-Rente gibt, ob sie von Geringverdienern, einer Zielgruppe dieser Reform, über- oder unterdurchschnittlich in Anspruch genommen wird, ist aus sozialpolitischer Sicht erstaunlich. Dabei sind Vebreitungsquoten von Riester-Verträgen mit Blick auf das Risiko künftiger Altersarmut nur ein Detail. Vernachlässigt wird dabei das Sparvolumen, die zu erwartenden Rentenzahlungen und auch andere Altersvorsorgeprodukte. Zudem gilt es bis heute als höchst fraglich, ob die Riester-Rente überhaupt zu vermehrter Ersparnis beigetragen hat. Deswegen sollten die hier vorgestellten Ergebnisse in künftigen Forschungsarbeiten in Beziehung zur Gesamtersparnis des Haushalts und seinem gesamten Altersvorsorgeverhalten – also auch anderen Vorsorgeprodukten wie zum Beispiel der BAV – gesetzt werden.

Literaturverzeichnis

— Börsch-Supan, Axel, Michela Coppola, Lothar Essig, Angelika Eymann und Daniel Schunk (2008a): *The German SAVE study – Design and Results.* MEA Studie Nr.6. Mannheim.

— Börsch-Supan, Axel, Anette Reil-Held und Daniel Schunk (2008b): Saving incentives, old-age provision and displacement effects: evidence from the recent German pension reform. *Journal of Pension Economics and Finance*, 7 (3), 295–319.
— Coppola, Michela und Anette Reil-Held (2009): *Dynamik der Riester-Rente: Ergebnisse aus SAVE 2003 bis 2008*. MEA Discussion Paper Nr. 195. Mannheim.
— Corneo, Giacomo, Matthias Keese und Carsten Schröder (2009): The Riester Scheme and Private Savings: An Empirical Analysis based on the German SOEP. *Schmollers Jahrbuch*, 129 (2), 321–332.
— Corneo, Giacomo, Matthias Keese und Carsten Schröder (2010): *The effect of saving subsidies on household saving: Evidence from Germany*. Freie Universität Berlin, School of Business & Economics Discussion Paper No. 3.
— Deutscher Bundestag (2001): Gesetz zur Reform der gesetzlichen Rentenversicherung und zur Förderung eines kapitalgedeckten Altersvorsorgevermögens. Gesetz vom 26.06.2001, Bundesgesetzblatt Jahrgang 2001, Teil I, Nr.31, 1310–1343.
— DIW Berlin (2012): Riester-Rente: Grundlegende Reform dringend geboten!? Workshop des DIW Berlin am 1. Juni 2012.
— Fasshauer, Stephan und Nora Toutaoui (2009): Die Anzahl des förderberechtigten Personenkreises der Riester-Rente – eine Annäherung. *Deutsche Rentenversicherung*, 64 (6), 478–486.
— Gesamtverband der Deutschen Wirtschaft (GDV) (2011): GDV kritisiert Stimmungsmache gegenüber Riester-Rente. Presseerklärung vom 23.11.11.
— Geyer, Johannes (2011): Riester-Rente: Rezept gegen Altersarmut? *DIW Wochenbericht*, 78 (47), 16–21.
— Geyer, Johannes (2012): Inanspruchnahme der Riester-Förderung durch Geringverdiener. Vortrag auf dem Workshop des DIW Berlin „Riester-Rente: Grundlegende Reform dringend geboten!?" am 1. Juni 2012.
— Geyer, Johannes und Viktor Steiner (2009): Zahl der Riester-Renten steigt sprunghaft: aber Geringverdiener halten sich noch zurück. *DIW Wochenbericht*, 76 (32), 534–541.
— Haan, Peter und Viktor Steiner (2005): Distributional Effects of the German Tax Reform 2000 – A Behavioral Microsimulation Analysis. *Schmollers Jahrbuch: Journal of Applied Social Science Studies / Zeitschrift für Wirtschafts- und Sozialwissenschaften*, 125 (1), 39–49.
— Haan, Peter und Viktor Steiner (2006): Labor Market Effects of the German Tax Reform 2000. In: Christian Dreger, Heinz Galler und Ulrich Walwei (Hrsg.): *Determinants of Employment*. Baden-Baden, Nomos, 101–117.
— Heien, Thorsten, Klaus Kortmann und Christof Schatz (2007): Altersvorsorge in Deutschland 2005 – Alterseinkommen und Biographie. Forschungsbericht von TNS Infratest. In: DRV/BMAS (Hrsg.): *DRV-Schriften Band 75/BMAS-Forschungsbericht Band 365*. Berlin.
— Kriete-Dodds, Susan (2008): Staatliche Förderung der Riester-Rente für das Jahr 2003. *Wirtschaft und Statistik*, (1), 60–68.
— Kriete-Dodds, Susan und Daniel Vorgrimler (2007): Staatliche Förderung der Riester-Rente für das Jahr 2002. *Wirtschaft und Statistik*, (3), 300–306.
— Lamping, Wolfram und Markus Tepe (2009): Vom Können und Wollen der privaten Altersvorsorge. Eine empirische Analyse zur Inanspruchnahme der Riester-Rente auf Basis des Sozio-oekonomischen Panels. *Zeitschrift für Sozialreform*, 55 (4), 409–430.
— MDR (2012): www.mdr.de/mdr-aktuell/thema/Riester102.html (abgerufen am 13.06.2012).

— Pfarr, Christian und Udo Schneider (2011): Anreizeffekte und Angebotsinduzierung im Rahmen der Riester-Rente: Eine empirische Analyse geschlechts- und sozialisationsbedingter Unterschiede. *Perspektiven der Wirtschaftspolitik*, 12 (1), 27–46.
— Rieckhoff, Christian, Ulrike Gerber und Stefan Dittrich (2010): Statistische Auswertung der Riester-Förderung. *Wirtschaft und Statistik*, (7), 653–663.
— Sommer, Mathias (2007): *Fiskalische Auswirkungen einer Erweiterung des Förderrahmens von Riester-Renten*. MEA Discussion Paper Nr. 122. Mannheim.
— Stolz, Ulrich und Christian Rieckhoff (2006): Zulagenzahlung der Zentralen Zulagenstelle für Altersvermögen – Auswertungen für das Beitragsjahr 2003. *RVaktuell*, (8), 306–313.
— Stolz, Ulrich und Christian Rieckhoff (2007): Zulagenförderung für das Beitragsjahr 2004 durch die Zentrale Zulagenstelle für Altersvermögen (ZfA). *RVaktuell*, (9), 306–313.
— Stolz, Ulrich und Christian Rieckhoff (2008): Förderung der zusätzlichen Altersvorsorge für das Beitragsjahr 2005 durch die ZfA. *RVaktuell*, (9), 267–273.
— Stolz, Ulrich und Christian Rieckhoff (2009): Beitragsjahr 2006: Erstmals mehr als eine Milliarde Euro Zulagenförderung durch die ZfA. *RVaktuell*, (11), 376–383.
— Stolz, Ulrich und Christian Rieckhoff (2010): Beitragsjahr 2007: Zulagenförderung nochmals um mehr als ein Viertel gestiegen. *RVaktuell*, (11), 355–362.
— Wagner, Gert G., Joachim R. Frick und Jürgen Schupp (2007): The German Socio-Economic Panel Study (SOEP): Scope, Evolution and Enhancements. *Schmollers Jahrbuch*, 127 (1), 139–170.
— Wels, Maik und Christian Rieckhoff (2011): Anstieg, Abstieg oder Ausstieg mit der „Riester-Treppe“? – Die Zulageförderung in der Längsschnittanalyse. *RVaktuell*, 5/6, 143–158.

Riester-Rente: (k)ein Kinderspiel!

CHRISTIAN PFARR UND UDO SCHNEIDER

Christian Pfarr, Universität Bayreuth, Lehrstuhl VWL III, insbesondere Finanzwissenschaft, E-Mail: christian.pfarr@uni-bayreuth.de
Udo Schneider, Wissenschaftliches Institut der Techniker Krankenkasse für Nutzen und Effizienz im Gesundheitswesen (WINEG), E-Mail: Dr.Udo.Schneider@wineg.de

Zusammenfassung: Die staatlich geförderte Riester-Rente beschäftigt Politik und Wissenschaft seit ihrer Einführung vor zehn Jahren. Für eine wissenschaftliche Analyse der Akzeptanz und der Anreizmechanismen ist eine angemessene Datengrundlage notwendig. Die vorliegende Analyse zeigt, dass der förderfähige Personenkreis durch die verwendeten SAVE-Daten adäquat abgebildet werden kann. Aufbauend auf dieser Stichprobe werden die Effekte finanzieller Bildung und die Wirkung der Kinderzulage analysiert. Die Ergebnisse implizieren, unabhängig von der Erhöhung der Kinderzulage im Jahr 2008, eine höhere Neigung einen Riester-Vertrag zu besitzen, je mehr Kinder im Haushalt wohnen. Somit erweist sich die Riester-Rente für Sparer durchaus als ein „Kinderspiel". Ebenso besitzt die finanzielle Bildung einen stark positiven Einfluss darauf, ob eine Person einen Riester-Vertrag besitzt. Aus dieser Sicht ist die Riester-Rente „kein Kinderspiel".

Summary: The Riester pension has been a constant topic of discussion since being introduced in 2002. For a scientific analysis of acceptance and incentives, a valid database is required. The German SAVE-study dataset underlying this study provides the possibility to represent the sample of those individuals eligible for a Riester pension. Based on this sample, the effects of financial education and the effect of the child allowance are analyzed. The results show a positive influence of the number of children on the probability of having a Riester pension. Taking into account the increase of the child allowance in 2008 a separate effect could not be found. Furthermore, we show that financial literacy is a major factor for the possession of a Riester-contract, increasing the likelihood of ownership.

→ JEL Classification: D12, H31, I38
→ Keywords: Riester pension, old-age provision, financial literarcy

1 Einleitung

Seit der Einführung der Riester-Rente vor zehn Jahren herrscht ein reger wissenschaftlicher, politischer, aber auch gesellschaftlicher Diskurs über die staatlich geförderte private Altersvorsorge. Aus wissenschaftlicher Sicht gilt es dabei unter anderem, das Abschlussverhalten näher zu analysieren und individuelle Anreize zu verstehen. Schwerpunkte der Untersuchungen bilden hierbei die Fragen nach einer möglichen Verdrängung anderer Sparformen, nach der Verbreitung der Riester-Rente insbesondere unter Geringverdienern sowie nach den Anreizen der Kinderförderung. Im Zeitablauf wurden Korrekturen der Rentenreform von 2002 vorgenommen, darunter unter anderem die Einführung der Unisex-Tarife oder die Erhöhung der Kinderzulage ab dem Jahr 2008. Die Notwendigkeit weiterer Reformen der geförderten Altersvorsorge dürfte zudem maßgeblich auch von den Erkenntnissen der wissenschaftlichen Forschung abhängen. Hierbei ist insbesondere die Verbreitung der Riester-Rente zu nennen. Wie im dritten Abschnitt dargelegt, gibt es noch keine umfassende Verbreitung des Riester-Sparens. Ein Grund hierfür könnte in der Freiwilligkeit des Riester-Abschlusses liegen. Andererseits scheint in der Gesellschaft nach wie vor ein gewisses Maß an Unsicherheit oder auch Unwissen hinsichtlich der künftigen Wahrung des Lebensstandards im Alter zu bestehen. Zum einen bedeutet dies, dass in Teilen der Gesellschaft die Auswirkungen der Absenkung des Rentenniveaus der gesetzlichen Rentenversicherung nicht berücksichtigt werden und auch staatliche Anreize zur privaten Altersvorsorge nicht wirken. Zum anderen scheint das finanzielle Wissen über Ersparnisbildung und Altersvorsorge ungleich in verschiedenen Gesellschaftsschichten verteilt zu sein. Wenn es tatsächlich ein Ziel staatlicher Politik darstellen sollte, eine umfassende private Absicherung zu fördern, ergibt sich hieraus eine Notwendigkeit für weitere Reformen. Insbesondere zu den Fragen der Auswirkung der steuerlichen Förderung besteht jedoch noch Forschungsbedarf. Einerseits werden diese *Steuervergünstigungen* zwar durch die amtliche Statistik im Rahmen des Sozialbudgets erfasst, andererseits erschwert die Komplexität des deutschen Steuersystems eine umfassende Analyse der Anreizwirkungen.

Als kritischer Faktor zur Wirksamkeit der staatlichen Riester-Förderung wird regelmäßig auf die ungenügende Informationslage potenzieller Interessenten verwiesen. Die bislang in der Literatur zur Riester-Rente eher wenig Beachtung findende finanzielle Bildung könnte dabei für den Abschluss eines Riester-Produktes zentral sein. In diesem Zusammenhang ist zu klären, ob Personen, die erfahren im Umgang mit Geldanlagen allgemein sind und sich diesbezüglich regelmäßig informieren, eher dazu neigen, eine geförderte Riester-Rente abzuschließen als Personen ohne dieses Wissen. Außerdem stellt sich die Frage, ob sich die teilweise Bindung der staatlichen Zulagen an Kinder und die erhöhte Kinderzulage im Jahr 2008 ebenfalls auf die Wahrscheinlichkeit eines Abschlusses auswirken. Es bleibt dabei zu prüfen, ob sich durch die Erhöhung der Kinderzulage für ab 2008 geborene Kinder die Abschlusswahrscheinlichkeit eines Riester-Vertrages gegenüber der bisherigen Kinderzulage erhöht.

Der vorliegende Beitrag analysiert hierzu den Besitz einer Riester-Rente unter Berücksichtigung der finanziellen Bildung und den Effekten der Kinderzulage. Dazu wird im zweiten Abschnitt zuerst ein Überblick zur bestehenden Literatur gegeben. Daran schließt sich die Beschreibung der verwendeten Datenbasis und deren Eignung für den Untersuchungsgegenstand an (Abschnitt 3). Im vierten Teil werden die Ergebnisse einer Panelschätzung diskutiert. Der Beitrag schließt mit Schlussfolgerungen (Abschnitt 5).

2 Stand der Forschung

Die für die vorliegende Untersuchung betrachtete Literatur zur Riester-Rente beschäftigt sich häufig mit der Frage eines bestehenden Substitutionseffektes sowie mit der Rolle der durch die staatliche Förderung gesetzten Anreize. Der Substitutionseffekt (auch Mitnahmeeffekt oder „crowding-in") bewirkt eine Umlenkung von nicht geförderten hin zu geförderten Ersparnissen, während der Einkommenseffekt eine Verdrängung privater Ersparnisse durch staatliche Zulagen beschreibt. In diesem Zusammenhang wird insbesondere die Wirkung der staatlichen Förderung für Geringverdiener und Familien mit Kindern diskutiert. Bisher wenig Beachtung im Zusammenhang mit der Riester-Rente findet die finanzielle Bildung der potentiellen Riester-Sparer.

Die Frage, ob die Riester-Rente substitutive Effekte auslöst, wird von Corneo et al. (2009, 2010) mit Daten des Sozio-oekonomischen Panels (SOEP) sowie der SAVE-Studie untersucht. Die Autoren stellen fest, dass Förderanreize zu keiner Erhöhung der Spartätigkeit führen, so dass ein substitutiver Effekt hinsichtlich anderer Ersparnisformen existiert. In die gleiche Richtung deuten die Ergebnisse von Börsch-Supan et al. (2008a), die mit Daten der SAVE-Studie einen Mitnahmeeffekt herausarbeiten. In diesem Kontext untersuchen Pfarr und Schneider (2012) ebenfalls mit Daten der SAVE-Studie jedoch unter Einbeziehung mehrerer Untersuchungsjahre durch die Verwendung von Panel-Daten die Interdependenzen einer geförderten Riester-Rente und einer nicht geförderten privaten Rentenversicherung. Dabei zeigt sich, dass diese beiden Altersvorsorgeformen – im Gegensatz zur Studie von Börsch-Supan (2008a) – nicht unabhängig voneinander sind. Besitzt eine Person weitere, alternative Anlageformen, erhöht dies die Tendenz, eine Riester-Rente sowie eine private Rentenversicherung zu besitzen.

Die Frage, inwieweit die durch die staatliche Förderung gesetzten Anreize ihre Wirkung entfalten, steht ebenso im Mittelpunkt vieler Untersuchungen. So finden Börsch-Supan et al. (2008a), dass die staatliche Förderung einen signifikant positiven Effekt auf den Abschluss einer Riester-Rente besitzt. Insbesondere die Kinderzulage erzielt ihre Wirkung, indem besonders kinderreiche Familien stärker zu einer Riester-Rente greifen (exemplarisch Börsch-Supan et al. 2012, Pfarr und Schneider 2011, 2012). Bisher offen bleibt jedoch die Frage, ob mit dem Erreichen der höchsten Förderstufe im Jahr 2008 dieser Effekt nochmals verstärkt wurde, da sich ab diesem Zeitpunkt die Zulage für Kinder vor dem Jahr 2008 und ab dem Jahr 2008 deutlich unterscheidet. Es ist davon auszugehen, dass die erhöhte Kinderzulage einen verstärkenden Effekt besitzt.

Neben den Effekten, die von der Kinderzulage ausgehen, befassen sich eine Reihe von Studien mit der Frage, ob sich die Riester-Rente insbesondere auf die Sparneigung von Geringverdienern auswirkt. Da diese Personengruppe tendenziell besonders durch die Kürzung des Rentenniveaus betroffen ist, sollten die gesetzten Förderanreize eigentlich insbesondere für diese Gruppe eine Wirkung entfalten. Coppola und Reil-Held (2009) kommen mit SAVE-Daten des Jahres 2008 zu dem Ergebnis, dass Bezieher niedrigerer Einkommen deutlich seltener „riestern" als die Referenzgruppe des mittleren Einkommens. In die gleiche Richtung weisen die Ergebnisse von Geyer und Steiner (2009) und Geyer (2011) auf Basis des SOEP. Besonders Geringverdiener schließen seltener als der Bevölkerungsdurchschnitt eine Riester-Rente ab. Die bisherigen Erkenntnisse deuten somit darauf hin, dass die staatlichen Förderanreize für Geringverdiener im Vergleich zu höheren Einkommensgruppen bisher ins Leere laufen.

Der Zusammenhang zwischen diesen negativen Effekten unter Geringverdienern und deren finanzieller Bildung wurde jedoch bislang nicht ausreichend untersucht. Dabei legen bisherige

Studien zur finanziellen Bildung nahe, dass eine Korrelation zwischen finanzieller Bildung und Einkommen existiert (exemplarisch Lusardi und Mitchell 2011). In der allgemeineren Literatur zur privaten Altersvorsorge wird die Frage nach der finanziellen Bildung bereits näher untersucht. Dabei wird in der Regel versucht, finanzielle Bildung über Verständnisfragen zu erfassen (siehe hierzu Abschnitt 3). Bucher-Koenen und Lusardi (2011) analysieren finanzielle Bildung mit Hilfe der SAVE-Daten. Sie kommen zu dem Ergebnis, dass insbesondere Frauen, Personen mit einem niedrigen Bildungsniveau und Menschen in Ostdeutschland relativ wenig Wissen über grundlegende finanzielle Zusammenhänge besitzen (siehe hierzu Abschnitt 3 für ein Beispiel). Danach unterscheiden sich Ostdeutsche mit geringer Bildung und geringem Einkommen deutlich von Westdeutschen hinsichtlich ihrer finanziellen Bildung. Die Autoren finden darauf aufbauend einen großen Einfluss der finanziellen Bildung auf die Planung der Altersvorsorge.

In Bezug auf die Riester-Rente versuchen beispielsweise Lamping und Tepe (2009) oder Pfarr und Schneider (2012) eine erste Erfassung finanzieller Bildung über die Erfahrungen mit Geldanlagen. Personen, die bereits in verschiedenste Anlageformen investiert haben, weisen eine größere Erfahrung im Umgang mit Finanzprodukten auf. Besitzer alternativer Geldanalageformen verfügen signifikant häufiger über einen Riester-Vertrag.[1] Erstmals unter Verwendung der oben angesprochenen Verständnisfragen zur Approximation des finanziellen Bildungsniveaus zeigen Bucher-Koenen (2011), dass für die Riester-Rente ein positiver Zusammenhang besteht. Insbesondere Bezieher niedriger Einkommen, also diejenigen, die am meisten von staatlichen Zulagen profitieren würden, weisen besonders geringe Anstrengungen zur Altersvorsorge auf und verfügen über eine vergleichsweise niedrige finanzielle Bildung.

Zusammenfassend zeigt die bisherige empirische Literatur zur Riester-Rente, dass die Effekte der Erhöhung der Kinderzulage im Jahr 2008 und der Einfluss der finanziellen Bildung bislang nur unzureichend analysiert wurden. Zwar existieren Studien sowohl zum Einfluss der Kinder als auch zur finanziellen Bildung. In der Regel lassen diese aber wichtige Kontrollfaktoren wie die Erhöhung der Kinderzulage oder Effekte im Zeitablauf unberücksichtigt oder betrachten die finanzielle Bildung nicht vor dem Hintergrund der Riester-Rente. Das Ziel dieser Arbeit ist es, die genannten Faktoren einer detaillierten empirischen Analyse zu unterziehen. Dabei wird geprüft, ob die Riester-Rente im Hinblick auf die finanzielle Bildung beziehungsweise die Anzahl der Kinder *(k)ein Kinderspiel* darstellt.

3 Erfolg der Riester-Rente und Datengrundlage

3.1 Bewertung der Riester-Rente

Um den Erfolg oder Misserfolg der Riester-Rente über die vergangenen zehn Jahre bewerten beziehungsweise untersuchen zu können, bedarf es einer angemessenen Datengrundlage. Wie Corneo und Schröder (2012) zu Recht anmerken, fehlt für eine Kosten-Nutzen-Analyse der Riester-Rente in Deutschland bisher eine geeignete Dateninfrastruktur. Daher greifen existierende wissenschaftliche Studien entweder auf Daten der Zentralen Zulagenstelle für Altersvermögen

1 Eine weitere Studie von Pfarr und Schneider (2011) untersucht erstmals den Einfluss von Versicherungsagenten auf einen Riester-Abschluss. Ein Versicherungskontakt im Jahr vor dem Abschluss ist danach ein Hauptgrund für den Besitz einer Riester-Rente.

(ZfA) oder auf Umfragedaten wie das Sozio-oekonomische Panel (SOEP) oder die SAVE-Studie des Munich Center for the Economics of Aging (MEA) zurück. Jedoch gelangen die Untersuchungen zu teilweise stark divergierenden Ergebnissen. Corneo und Schröder (2012: 243) stellen dies am Beispiel des Einkommenseffekts dar. Während Stolz und Rieckhoff (2011) mit Daten der ZfA einen positiven Einkommenseffekt feststellen und folglich der Riester-Rente gerade im unteren Einkommensbereich eine gute Wirkungsweise zusprechen, gelangt der Großteil der empirischen Literatur auf Basis von Umfragedaten zu einem negativen Einkommenseffekt der untersten Einkommensklassen. So widersprüchlich diese Ergebnisse zunächst erscheinen mögen, so einfach ist die Erklärung. Das den Daten der ZfA zugrundeliegende Einkommenskonzept stellt auf das individuelle, für die Beiträge zur gesetzlichen Rentenversicherung relevante Bruttoeinkommen ab (beitragspflichtiges Einkommen). Zudem befinden sich in den Daten der ZfA ausschließlich Informationen für die Personen, die einen Riester-Vertrag besitzen. Somit weicht die Grundgesamtheit der ZfA-Daten von derjenigen des förderfähigen Personenkreises ab. Demgegenüber werden in Studien basierend auf Umfragedaten verschiedene Einkommensabgrenzungen wie beispielsweise das Haushaltsnettoeinkommen verwendet, das sich dadurch auszeichnet, dass es die Finanzkraft des Haushalts und nicht nur des einzelnen Riester-Sparers widerspiegelt.

Problematisch ist die Abbildung des förderfähigen Personenkreises durch die Daten. Häufig fehlen relevante Informationen, und so wird in einigen Arbeiten der Personenkreis, für den der Abschluss eines Riester-Vertrags möglich wäre, nur unzureichend erfasst. Dabei ist zu bedenken, dass aufgrund gesetzlicher Regelungen eine Vielzahl von Personen direkt oder indirekt förderberechtigt ist und keine offiziellen Zahlen hinsichtlich des förderfähigen Personenkreises existieren. Daher müssen Schätzungen vorgenommen werden. Sommer (2007) und Fasshauer und Toutaoui (2009) präsentieren Berechnungen, die den förderfähigen Personenkreis auf 37 Millionen beziehungsweise 38,61 Millionen schätzen. Geyer (2011) gelangt für das Jahr 2010 mit circa 42 Millionen auf eine etwas höhere Zahl, was sicherlich mit den verschieden betrachteten Zeitpunkten sowie unterschiedlichen Arbeitsmarktsituationen zusammenhängen dürfte.

Aufbauend auf diesen Zahlen kann nun eine Bewertung des Erfolgs der Riester-Rente vorgenommen werden. Hierzu sind zwei zentrale Aspekte zu beachten. Erstens ist eine hohe Akzeptanz beziehungsweise eine hohe Verbreitungsquote wichtig für den wirtschaftspolitischen Erfolg der Riester-Rente. Vor dem Hintergrund des sinkenden Rentenniveaus müssten alle davon Betroffenen zusätzliche private Vorsorgeanstrengungen unternehmen. Zweitens sollte diese Akzeptanz in allen relevanten sozioökonomischen Subgruppen vorhanden sein, was das Augenmerk auf die Charakteristika der Riester-Sparer lenkt. Dieser zweite Aspekt wird vertieft im vierten Kapitel analysiert.

Betrachtet man den ersten Aspekt, ist die gesamte Zahl der Riester-Verträge zum förderfähigen Personenkreis ins Verhältnis zu setzen. Dies führt mit den Zahlen von Sommer (2007) und den circa 15 Millionen Riester-Verträgen zum Ende des Jahres 2010 zu einer Verbreitungsquote von etwa 41 Prozent (respektive 39 Prozent mit Daten von Fasshauer und Toutaoui 2009 und 36 Prozent mit Daten von Geyer 2011). Somit besitzen Ende des Jahres 2011 weniger als 50 Prozent der eigentlich förderfähigen Personen einen Riester-Vertrag. Es ist offenbar in den zehn Jahren nicht gelungen, eine flächendeckende Absicherung mit der Riester-Rente zu erreichen.[2]

2 Dabei wird der Fokus ausschließlich auf die durch Zulagen geförderte Riester-Rente gelegt. Eine Absicherung mit alternativen Vorsorgeprodukten ist natürlich möglich.

Eine weitere interessante Kennziffer ist diejenige über die Inanspruchnahme der Zulage. Für das Beitragsjahr 2008 beziffern Stolz und Rieckhoff (2011) den Anteil derer, die ihren Anspruch auf Zulagen vollständig realisiert haben, auf lediglich 62 Prozent. Umgekehrt impliziert dies, dass knapp 40 Prozent der Riester-Sparer zu geringe eigene Sparanstrengungen bezogen auf ihren Riester-Vertrag unternehmen beziehungsweise auf staatliche Zulagen verzichten.

3.2 Datengrundlage und Datenaufbereitung

Für die vorliegende Analyse verwenden wir Daten der Jahre 2007, 2008 und 2009 der repräsentativen SAVE-Studie. Die SAVE-Studie wird seit dem Jahr 2001 vom Munich Center for the Economics of Aging (MEA) konzipiert (Börsch-Supan et al. 2008b).[3] Die Längsschnittstudie über individuelles finanzielles Verhalten konzentriert sich auf Spartätigkeit und Altersvorsorge und bietet mit einer Vielzahl relevanter Fragen eine geeignete Datengrundlage für die vorliegende Analyse.[4] Die Beschränkung auf die Jahre 2007 bis 2009 resultiert aus der Tatsache, dass lediglich für diese Jahre Informationen zur finanziellen Bildung zur Verfügung stehen. Der Zeitraum ist jedoch von besonderem Interesse, da er es ermöglicht, das Jahr vor und nach dem Erreichen der höchsten Förderstufe sowie der erhöhten Zulage für Kinder, die ab dem Jahr 2008 geboren sind, zu erfassen.

In einem ersten Schritt wurde der Datensatz so abgegrenzt, dass der förderfähige Personenkreis adäquat abgebildet wird. Hierzu werden zunächst alle Individuen aus dem Datensatz ausgeschlossen, die zum Zeitpunkt der Befragung bereits im Ruhestand oder älter als 65 Jahre waren. Darüber hinaus werden Personen in Ausbildung nicht berücksichtigt, Selbständig tätige oder Personen, die nicht verheiratet sind und persönlich ein Einkommen erzielen, das 400 Euro nicht übersteigt. Damit wird die Annahme gesetzt, dass Personen mit einem Minijob auf ihre Versicherungsfreiheit nicht verzichten. Zur Erfassung der indirekt förderungsfähigen Personen werden nur diejenigen aus der Untersuchung ausgeschlossen, die weniger als 400 Euro verdienen und verheiratet sind, deren Ehepartner aber nicht förderungsfähig sind.

Um dieses Vorgehen zu überprüfen, können die Verbreitungsquoten des Riester-Vertrags in den jeweiligen Jahren im reduzierten Datensatz jeweils mit den zwei Abgrenzungen des förderfähigen Personenkreises von Sommer (2007) und Fasshauer und Toutaoui (2009) multipliziert werden. Auf diese Weise ergeben sich die aus dem vorliegenden Datensatz hochgerechneten gesamten Riester-Verträge. Diese Zahlen können in einem nächsten Schritt mit den offiziellen Daten zur Verbreitung der Riester-Rente, die vom Bundesministerium für Arbeit und Soziales (BMAS) bereitgestellt werden, verglichen werden. Zu zeigen ist einerseits die Entwicklung der Riester-Rente in den Jahren 2007 bis 2009 und andererseits, inwieweit der Datensatz in der Lage ist, den förderfähigen Personenkreis und somit die Anzahl der Riester-Verträge in Relation zu den anderen öffentlich verfügbaren Werten korrekt wiederzugeben (Abbildung 1).

---

3 Bis zum Jahr 2010 war die SAVE-Studie noch beim Mannheim Center for the Eocnomics of Aging angesiedelt.

4 Wie auch in anderen Studien ist die SAVE-Studie mit ihren speziellen Fragen zur Altersvorsorge, Ersparnissen und Vermögen anfällig für item-nonresponse. Aus diesem Grund werden in der SAVE-Studie fehlende Werte über ein iteratives multiples Imputationsverfahren ersetzt. Der vorliegenden Untersuchung liegen fünf imputierte Datensätze zugrunde. Alle deskriptiven Auswertungen basieren auf der ersten Imputation. Für weiterführende Informationen zum Umgang mit Imputationen wird auf Little und Rubin (2002) und Ziegelmeyer (2009) verwiesen.

Im linken Teil der Abbildung sind Zahlen auf Basis der Abgrenzung von Fasshauer und Toutaoui (2009), im rechten Teil der Abbildung auf der Grundlage von Sommer (2007) dargestellt. Für beide Szenarien liefert die Abgrenzung des Datensatzes eine gute Approximation der Anzahl der Riester-Verträge für die jeweiligen Jahre. Statistische Testverfahren, die die Unterschiede zwischen der amtlichen Statistik und der Stichprobe überprüfen, bestätigen diese Aussage. Demzufolge sind die vorgenommenen Einschränkungen angemessen und der dieser Arbeit zugrundeliegende Datensatz ist in der Lage, den förderfähigen Personenkreis zu erfassen.

Hierauf aufbauend werden im Folgenden insbesondere die Effekte der finanziellen Bildung und die Wirkung der Kinderzulage analysiert. An erster Stelle steht die Frage, auf welche Weise finanzielle Bildung in einer Befragung gemessen werden kann. In der internationalen Literatur haben sich diesbezüglich drei Fragen als Standard herausgebildet, zu deren Entwicklung maßgeblich Lusardi und Mitchell (2011) beigetragen haben. Diese drei Fragen zielen auf das Verständnis des Zinssatzes, der Inflation und der Risikodiversifikation und gehen im Wesentlichen auf ökonomische Modelle bezüglich des Sparverhaltens und der Portfoliotheorie zurück (Lusardi und Mitchell 2011, Atkinson und Messy 2011).[5]

Abbildung 1

Entwicklung der Riester-Rente und Erfassung durch den Datensatz

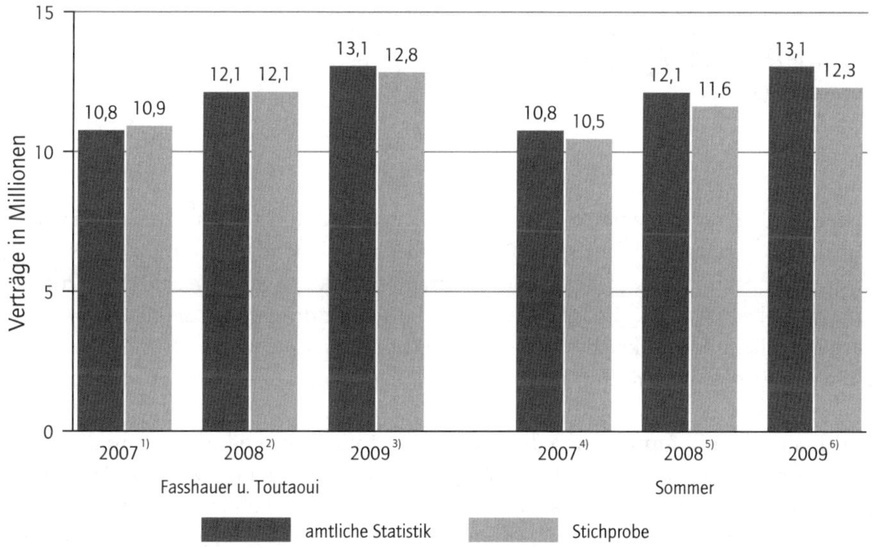

Anmerkungen: Differenzen zwischen der amtlichen Statistik und der Stichprobe sind auf dem 1-Prozent-Niveau nicht signifikant:
1) (p = 0,756), 2) (p = 0,977), 3) (p = 0,733, 4) (p = 0,535), 5) (p = 0,372), 6) (p = 0,226).

Quelle: Eigene Darstellung, Daten SAVE (2010).

5 Die Bedeutung der finanziellen Bildung für die Fähigkeit für das Alter vorzusorgen wurde besonders intensiv in einem Sonderband des Journal of Pension Economics and Finance im Jahr 2011 mit Beiträgen zu Deutschland, Italien, Schweden, USA, Japan und den Niederlanden diskutiert (JPEF 2011).

Für die vorliegende Analyse verwenden wir – im Einklang mit dem Vorgehen in Bucher-Koenen und Lusardi (2011) und Lusardi und Mitchell (2011) – drei Fragen, um die finanzielle Bildung der Individuen zu approximieren. Diese stellen auf ein grundlegendes Verständnis von Zinsen (Finanzielle Bildung I), Inflation (Finanzielle Bildung II) und Produktdiversifikation (Finanzielle Bildung III) ab. Tabelle 1 können die Anteile korrekter Antworten zu den jeweiligen Fragen entnommen werden.

Erhebungsfragen zur finanziellen Bildung nach Bucher-Koenen und Lusardi (2011) und Lusardi und Mitchell (2011)

- *Finanzielle Bildung I*: Angenommen Sie haben 100 Euro Guthaben auf Ihrem Sparkonto. Dieses Guthaben wird mit zwei Prozent pro Jahr verzinst, und Sie lassen es fünf Jahre auf diesem Konto. Was meinen Sie: Wie viel Guthaben weist Ihr Sparkonto nach fünf Jahren auf? Weniger als 102 Euro, genau 102 Euro oder mehr als 102 Euro?

- *Finanzielle Bildung II*: Angenommen die Verzinsung Ihres Sparkontos beträgt ein Prozent pro Jahr und die Inflationsrate zwei Prozent pro Jahr. Was glauben Sie: Werden Sie nach einem Jahr mit dem Guthaben des Sparkontos genauso viel, mehr oder weniger als heute kaufen können?

- *Finanzielle Bildung III*: Ist die folgende Aussage richtig oder falsch? „Die Anlage in einer einzelnen Aktie bietet in der Regel einen sichereren Gewinn als die Anlage in einem Aktienfonds."

Während der Großteil der Befragten die Fragen zum Zinseffekt und zur Inflation korrekt beantworten kann, verfügen lediglich knapp 70 Prozent über ausreichende Kenntnisse der Risikodiversifikation. Demnach ist ein großer Teil der Befragten in der Lage, insgesamt zwei der drei Fragen korrekt zu beantworten. Circa 63 Prozent geben auf alle drei Fragen die richtige Antwort. Für die sich anschließende deskriptive und ökonometrische Analyse wird eine Indikatorvariable gebildet, die den Wert eins annimmt, wenn alle drei Fragen korrekt beantwortet wurden.

Neben der finanziellen Bildung stehen die Anreize der Kinderzulage im Zentrum dieser Untersuchung. Für Kinder, die vor dem 1.1.2008 geboren sind, beträgt die Zulage 185 Euro, für später geborene Kinder 300 Euro. Ob sich diese Staffelung tatsächlich in einer höheren Wahrscheinlichkeit zu „riestern" ausdrückt und somit die Riester-Rente als *Kinderspiel* bezeichnet werden kann, soll mit Hilfe von geeigneten Indikatoren erfasst werden. Die Anzahl der Kinder im Haushalt wird über drei Indikatorvariablen abgebildet. So nimmt beispielsweise eine Variable den Wert eins an, wenn zwei Kinder im Haushalt leben und null, wenn dies nicht der Fall ist. Aufgrund der nahezu doppelten Kinderzulage für Kinder, die ab dem 1.1.2008 geboren sind, wird als weitere Größe ein Indikator berücksichtigt, der den Wert eins annimmt, wenn das Kind im Jahr 2008 oder 2009 geboren wurde.

Tabelle 1

Finanzielle Bildung

Variable	Anteil korrekter Antworten in Prozent
Finanzielle Bildung I	91,3
Finanzielle Bildung II	87,8
Finanzielle Bildung III	69,9
Zwei Fragen	89,6
Alle drei Fragen	62,9

Anmerkung: Es zeigen sich hinsichtlich der ersten Frage Abweichungen zu denen bei Bucher-Koenen und Lusardi (2011) präsentierten Zahlen. Dies lässt sich in erster Linie auf die unterschiedlichen Stichproben zurückführen, die sich durch die Berücksichtigung mehrerer Erhebungswellen beziehungsweise beziehungsweise durch die abweichende Eingrenzung des förderfähigen Personenkreises ergeben.
Quelle: Eigene Berechnung und Darstellung, Daten SAVE (2010).

Als weitere Größen werden das Alter der Befragten (lineare und quadratische Form)[6], der Familienstatus, der Bildungsstatus, das Einkommen (als äquivalenzgewichtetes Haushaltsnettoeinkommen[7]) (Statistisches Bundesamt und Wissenschaftszentrum Berlin für Sozialforschung 2011) und alternative Sparformen (Bausparvertrag, Kapitallebensversicherung, Sparplan, Aktien- und Immobilienfonds, festverzinsliche Wertpapiere, Wohneigentum) verwendet.

4 Ergebnisse

In einem ersten Schritt werden rein deskriptiv die Zusammenhänge zwischen Einkommen, finanzieller Bildung und dem Besitz eines Riester-Vertrags analysiert. Die Variable Riester ist eine Indikatorvariable, die den Wert eins annimmt, wenn der Befragte einen Riester-Vertrag besitzt. Dieser Zusammenhang wird aufgeschlüsselt nach verschiedenen Einkommenskategorien präsentiert (Abbildung 2). Es zeigt sich, dass die finanzielle Bildung in der untersten Einkommensklasse, also der Gruppe mit einem äquivalenzgewichteten Haushaltsnettoeinkommen (HH-ÄqEK) kleiner als 50 Prozent des Medians, am niedrigsten ist. Wie zu erwarten steigt mit steigendem Einkommen auch die finanzielle Bildung. Dieses Ergebnis bestätigt zuvor gefundene Resultate für Deutschland (Bucher-Koenen 2011) und andere Länder (Lusardi und Mitchell 2011). In der Abbildung ist für jede Einkommenshöhe abgetragen, ob ein Riester-Vertrag vorhanden ist (grauer Punkt) oder nicht (schwarze Raute). Über alle Einkommensklassen hinweg verfügen diejenigen, die einen Riester-Vertrag besitzen, über eine höhere finanzielle Bildung als diejenigen, die keinen Riester-Vertrag abgeschlossen haben. Die Unterschiede im finanziellen Bildungsstatus zwischen Personen mit und denen ohne einen Riester-Vertrag sind bis auf die

6 Die über einen linearen und quadratischen Term erfassten Kohorteneffekte korrespondieren mit einer Verwendung von Alterskategorien.

7 Alternativ wurde geprüft, ob durch die Äquivalenzgewichtung die Effekte für Kinder verzerrt werden. Dies kann aus den Robustheitsanalysen allerdings nicht bestätigt werden. Wird das Einkommen als logarithmiertes Haushaltsnettoeinkommen aufgenommen, ergeben sich vergleichbare Resultate und Signifikanzniveaus.

Δ

Abbildung 2

Einkommen, finanzielle Bildung und Riester

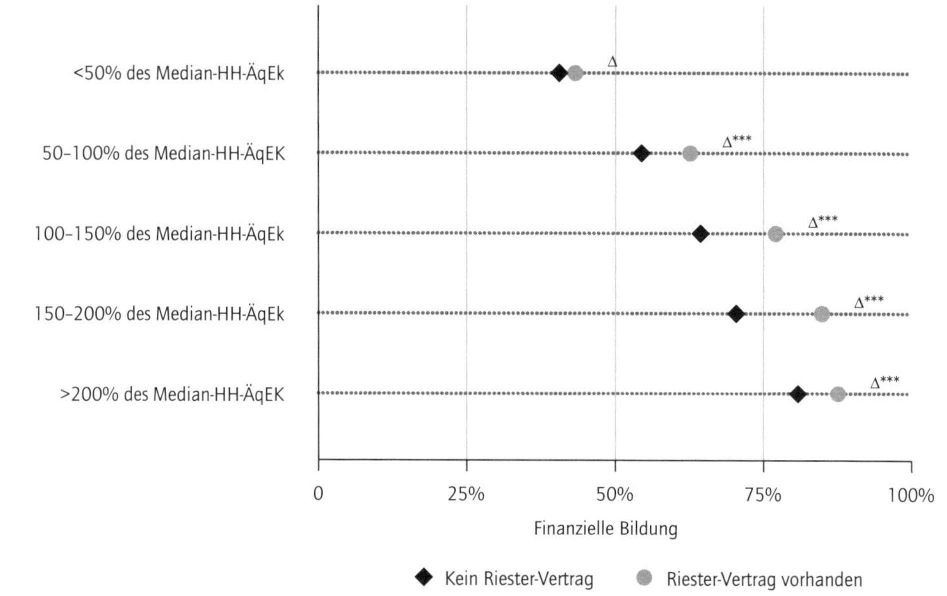

Anmerkung: Differenzen zwischen den einzelnen Einkommenskategorien sind auf dem 1-Prozent-Niveau signifikant:
***, **, *, signifikant auf dem 1-, 5- und 10-Prozent-Niveau.
HH-ÄqEK entspricht dem äquivalenzgewichteten Haushaltsnettoeinkommen.

Quelle: Eigene Darstellung; Daten SAVE (2010).

unterste Einkommensklasse hoch signifikant von null verschieden.[8] Der Bildungsunterschied ist dabei in den mittleren Einkommenskategorien am größten.

Des Weiteren ist es naheliegend, dass finanzielle Bildung mit dem allgemeinen (schulischen) Bildungsniveau positiv korreliert. Abbildung 3 liefert deskriptive Ergebnisse hinsichtlich dieses Zusammenhangs. Ergänzt werden diese Informationen wiederum um den Aspekt, ob ein Riester-Vertrag vorliegt oder nicht. Wie bereits beim Einkommen besitzen Personen mit der geringsten schulischen Bildung auch die geringste finanzielle Bildung, die sich sowohl beim schulischen Bildungsstatus als auch beim Einkommen auf einem vergleichbaren Niveau bewegt. Mit steigender Bildung ist, wie zu erwarten, eine steigende finanzielle Bildung festzustellen, wobei wiederum diejenigen, die über einen Riester-Vertrag verfügen, ein höheres finanzielles Wissen aufweisen als diejenigen, die bislang nicht „riestern". Auffällig ist, dass im Gegensatz zum Einkommen der Abstand zwischen den Personen mit und denen ohne Riester mit steigendem Bildungsstatus sinkt. Jedoch sind alle Differenzen statistisch hoch signifikant. Demnach bestätigt

8 Die hier präsentierte Berechnung erfolgte auf Basis der ersten Imputation. Alternativ wurden die Berechnungen mit den übrigen vier Imputationen durchgeführt. Die Resultate deuten in die gleiche Richtung wie die vorgestellten.

Abbildung 3

Bildungsstatus, finanzielle Bildung und Riester

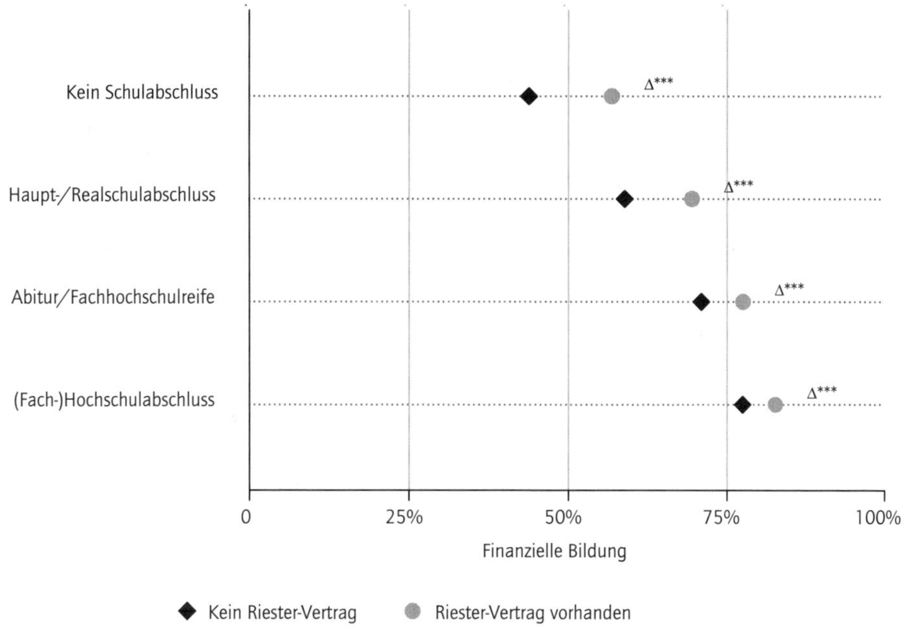

Anmerkung: Differenzen zwischen den einzelnen Bildungskategorien sind auf dem 1-Prozent-Niveau signifikant: ***, **, *, signifikant auf dem 1-, 5- und 10-Prozent-Niveau.

Quelle: Eigene Darstellung, Daten SAVE (2010).

sich das bereits für das Einkommen vorliegende Bild, dass offenbar das Wissen über finanzielle Angelegenheiten positiv auf den Besitz einer Riester-Rente wirkt.

Die Ausgestaltung der Riester-Rente macht diese besonders für Familien mit Kindern attraktiv. Bisherige Arbeiten finden nahezu einheitlich einen positiven Effekt der Anzahl der Kinder auf die Wahrscheinlichkeit, einen Riester-Vertrag zu besitzen und liefern somit Evidenz dafür, dass die Riester-Rente *ein Kinderspiel ist* (exemplarisch Börsch-Supan et al. 2012, Pfarr und Schneider 2012). Mit dem Erreichen der höchsten Förderstufe im Jahr 2008 wurde darüber hinaus die Kinderzulage differenziert. Für Kinder, die vor dem Jahr 2008 geboren wurden (und für die ein Anspruch auf Kindergeld besteht), erhält ein Riester-Sparer 185 Euro als Kinderzulage.[9] Kinder, die im Jahr 2008 beziehungsweise danach geboren wurden oder noch geboren werden, sichern einem Riester-Sparer eine Kinderzulage von 300 Euro pro Jahr. Es ist zu vermuten, dass die Erhöhung der Kinderzulage ab 2008 einen zusätzlichen Effekt auf die Wahrscheinlichkeit, einen Riester-Vertrag zu besitzen, hat. Abbildung 4 verbindet die Zahl der Kinder und die Existenz eines Riester-Vertrags wiederum mit dem Indikator für das Niveau der finanziellen Bildung.

9 Unter der Voraussetzung, dass die Mindesteigenleistung erbracht wurde und ein Förderanspruch besteht.

Abbildung 4

Kinder, finanzielle Bildung und Riester

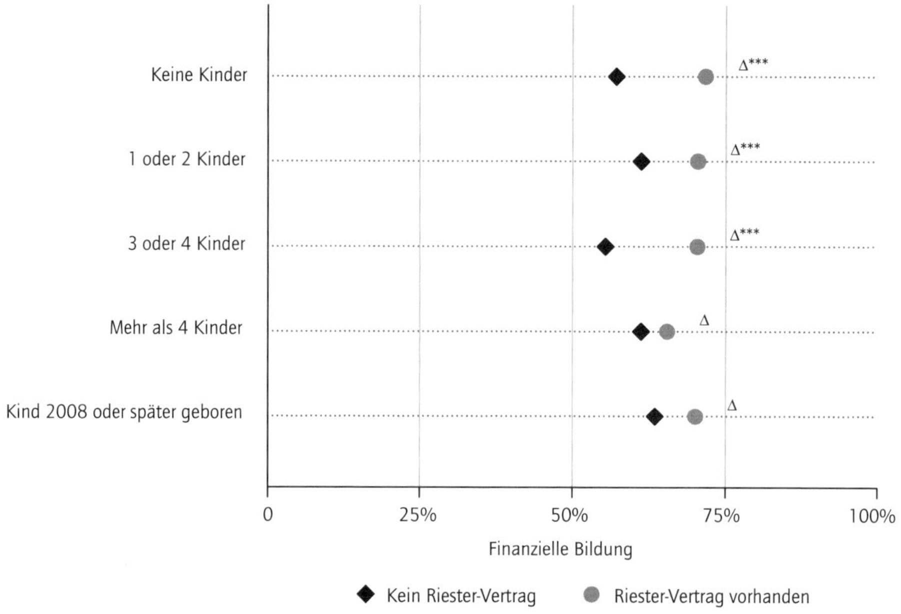

Anmerkung: Differenzen zwischen den einzelnen Kinderkategorien sind auf dem 1-Prozent-Niveau signifikant:
***, **, *, signifikant auf dem 1-, 5- und 10-Prozent-Niveau.

Quelle: Eigene Darstellung, Daten SAVE (2010).

Die Illustration impliziert keinen direkten Zusammenhang zwischen der Anzahl der Kinder und der finanziellen Bildung. Die Personen, die über einen Riester-Vertrag verfügen und kein oder ein Kind beziehungsweise zwei, drei oder vier Kinder haben, weisen alle ein ähnliches finanzielles Wissen auf. Lediglich Personen mit mehr als vier Kindern weisen offenbar eine leicht geringere finanzielle Bildung als die zuvor angesprochene Personengruppe auf. Ein Blick auf die Differenz zwischen Personen mit und ohne einen Riester-Vertrag liefert das bereits bekannte Muster. Demnach verfügen diejenigen, die „riestern", über eine höhere finanzielle Bildung als diejenigen, die bislang keine private staatliche Altersvorsorge besitzen. Jedoch ist diese Differenz für Personen mit mehr als vier Kindern nicht signifikant. Ebenso verhält es sich für Befragte, die für ihr Kind oder ihre Kinder, die seit Anfang 2008 geltende Zulage erhalten. Zusammenfassend ergibt sich kein einheitliches Muster, das einen Zusammenhang zwischen der Anzahl der Kinder und der persönlichen finanziellen Bildung nahelegt (Abbildung 4).

Die bisher vorgestellten Ergebnisse zur finanziellen Bildung und der Anzahl der Kinder lassen also auf einen Zusammenhang mit der Riester-Rente schließen. Im folgenden zweiten Analyseschritt wird nun in einer multivariaten Regression untersucht, inwiefern diese und weitere Faktoren die Wahrscheinlichkeit beeinflussen, einen Riester-Vertrag zu besitzen. Wir verwenden für die Schätzung ein *Random-Effects-Probit-Modell*[10] zur Untersuchung der binär abhängigen Variable *Riester*.[11] Als erklärende Größen werden neben dem Geschlecht und dem Wohnort, die Anzahl der Kinder im Haushalt, ein Indikator, ob das Kind im Jahr 2008 oder später geboren wurde, der Bildungsstatus, die Einkommensposition sowie die finanzielle Bildung aufgenommen. Ferner gehen eine Reihe weiterer Kontrollvariablen in die Schätzung ein, die im Detail der Anmerkung zu Abbildung 5 entnommen werden können.[12] Abgesehen von der Einkommensposition und der Anzahl der Kinder werden somit nur Informationen für ein Individuum verwendet.

Die Ergebnisse dieser multivariaten Analyse mit Daten der Jahre 2007, 2008 und 2009 sind in Abbildung 5 zu erkennen. Im Einklang mit den existierenden Studien existiert ein positiver Effekt der Anzahl der Kinder im Haushalt auf die Wahrscheinlichkeit, einen Riester-Vertrag zu besitzen. Dieser positive Effekt steigt, je mehr Kinder zum Haushalt gehören. Folglich können wir auch in dieser Untersuchung auf eine starke Anreizwirkung der Kinderzulage schließen. Hintergrund bildet die wahrscheinliche Erklärung, dass die Kombination aus staatlicher Zulage und Mindesteigenleistung der Förderfähigen insgesamt vier Prozent des jährlichen individuellen Bruttoeinkommens betragen muss. Daraus folgt, dass höhere staatliche Zulagen – beispielsweise durch zusätzliche Kinderzulagen – die notwendige Eigenleistung reduzieren. Demzufolge senkt jedes weitere Kind die faktische Eigenleistung bis zur gesetzlich festgelegten Untergrenze von 60 Euro pro Jahr (Pfarr und Schneider 2012). Im Gegensatz zu diesen Ergebnissen ergibt sich kein signifikanter Effekt für Kinder, die 2008 und später geboren wurden. Dies erscheint zunächst überraschend, da mit der höheren Förderung für diese Gruppe ex ante eine stärkere Inanspruchnahme vermutet worden war. Ursächlich dafür könnten verschiedene Faktoren sein. Einerseits ist die Fallzahl im vorliegenden Datensatz für diese Gruppe äußerst gering. In der Beobachtungswelle 2008 sind lediglich 15 Personen und 29 Personen in der Welle 2009, die ein Kind haben, das im Jahr 2008 oder 2009 geboren wurde. Dies entspricht nur 1,4 Prozent der gesamten Beobachtungszahl. Andererseits ist denkbar, dass Familien mit Kindern, die ein zweites, drittes oder viertes Kind in den Jahren 2008 oder 2009 bekommen haben, bereits einen Riester-Vertrag abgeschlossen hatten. In diesem Fall führt das Kind, das im Jahr 2008 oder 2009 geboren wurde, zu keinem positiven Effekt im Hinblick auf einen Riester-Abschluss. Im vorliegenden Datensatz bildet das jüngste Kind in 55 Prozent der Fälle das zweite oder ein weiteres Kind. Wiederum circa 42 Prozent dieser Gruppe sind bereits im Besitz einer Riester-Rente. Die Riester-Rente weist offenbar für viele Personen mit Kindern – auch vor der Erhöhung der Zulage – eine große Attraktivität auf. Ein möglicher Grund hierfür dürften die durch die staatlichen Zulagen gesetzten Anreize sein, die die Bürger mit Kindern vermehrt zum Abschluss einer Riester-Rente bewegen. Die Hypothese, dass die Riester-Rente *ein Kinderspiel* darstellt, kann somit nicht verworfen werden.

Die zweite für diese Arbeit zentrale Größe ist die finanzielle Bildung. Aus der deskriptiven Analyse ist bereits ersichtlich, dass diejenigen, die eine Riester-Rente besitzen, über ein höheres Wissen über finanzielle Angelegenheiten verfügen als die Personen, die (bislang) keine Riester-Sparer sind. Dieser Zusammenhang findet sich auch in der multivariaten Analyse. Der finanziellen

10 Im Übrigen gelten die klassischen Annahmen hinsichtlich der Verteilung der Störterme in diesem Modellrahmen. Für weiterführende Informationen wird auf Baltagi (2008), Greene (2008) und Verbeek (2008) verwiesen.

11 Dabei verzichten wir auf die Information, ob ein Haushalt über mehrere Riester-Verträge verfügt, da die Analyse auf die Wirkung der Förderanreize fokussiert. Die Förderung kann aber – bei direkter Förderberechtigung – nur einmal in Anspruch genommen werden.

12 Eine komplette Übersicht der Schätzergebnisse ist auf Anfrage bei den Autoren erhältlich.

Abbildung 5

Ergebnisse zu den Determinanten der Riester-Rente

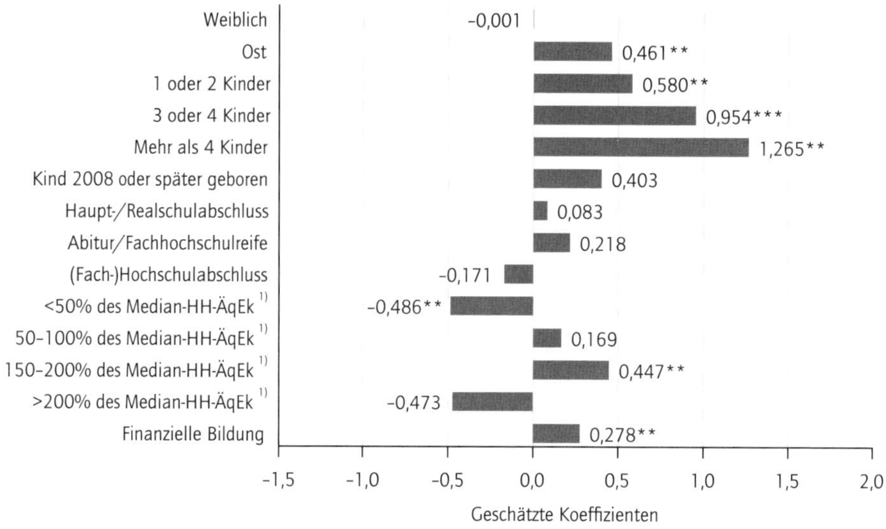

Anmerkung: Referenzkategorien: Dummy 2007, West, männlich, ledig, keine Kinder, kein Schulabschluss, 100–150 Prozent des Median-HH-ÄqEK. Weitere Referenzkategorien: Dummy 2008***, Dummy 2009***, Alter*** und Alter ^{2}***, verheiratet, verwitwet, geschieden, Bausparvertrag***, Kapitallebensversicherung**, Sparplan***, Aktien- und Immobilienfonds, festverzinsliche wertpapiere**, Immobilien**.
1) Haushalts-Äquivalenzeinkommen (netto).
***, **, *, signifikant auf dem 1-, 5- und 10-Prozent-Niveau.

Quelle: Eigene Darstellung, Daten SAVE (2010).

Bildung kann sehr eindeutig ein positiver, hoch signifikanter Einfluss auf die Wahrscheinlichkeit zu „riestern" zugeschrieben werden (Abbildung 5). Es scheint, als ob nicht so sehr der schulische Bildungsstatus, sondern vielmehr das Interesse an und die Kenntnis von Finanzmärkten beziehungsweise deren Funktionen einen wesentlichen Erklärungsbeitrag liefert. Insoweit bestätigt sich das Bild, dass diejenigen, die über grundlegende finanzielle Zusammenhänge informiert sind, in der Tendenz eher für das Alter vorsorgen und am Kapitalmarkt agieren und der Abschluss einer Riester-Rente *kein Kinderspiel* darstellt.

Einschränkend muss an dieser Stelle erwähnt werden, dass möglicherweise Endogenitätsprobleme beziehungsweise ein *omitted-variable-bias* (das heißt eine Nichtberücksichtigung möglicher relevanter erklärender Faktoren) existieren könnte. Jedoch zeigen Studien, die diese Probleme über einen Instrumentenvariablenansatz berücksichtigen, dass der *kausale* Effekt der finanziellen Bildung in unserem Modell eher unterschätzt wird (Bucher-Koenen und Lusardi 2011, Lusardi und Mitchell 2011).[13] Aus dieser Sicht unterstützen die Resultate die vorgestellten Ergebnisse.

13 Wobei die Güte dieser Modelle beziehungsweise die der verwendeten Instrumente an dieser Stelle nicht zur Diskussion gestellt werden.

Die hohe Signifikanz der Variable finanzielle Bildung deutet eindeutig auf einen existierenden Effekt hin.

Abschließend soll der Fokus auf wichtige Kontrollvariablen gelenkt werden. An erster Stelle sind hier verschiedene schulische Bildungsabschlüsse zu nennen. Wie bereits in anderen Studien (vergleiche Pfarr und Schneider 2012, Coppola und Reil-Held 2009) kann der schulischen Bildung kein signifikanter Effekt zugesprochen werden. Allerdings ist auch zu vermuten, dass, wie bereits in der deskriptiven Analyse gesehen, eine gewisse Korrelation zwischen dem schulischen Bildungsniveau und der finanziellen Bildung existiert.

Des Weiteren wurde das Einkommen – unterteilt in fünf Kategorien – aufgenommen, wobei die mittlere Einkommenskategorie die Referenz bildet. Mit den präsentierten Ergebnissen können die bestehenden Resultate eines negativen Effekts der untersten Einkommenskategorie (im Vergleich zu mittleren Einkommen) auf die Wahrscheinlichkeit, Riester-Sparer zu sein, bestätigt werden. Folglich scheint das politische Ziel, gerade diejenigen zu einer privaten Altersvorsorge zu bewegen, die von der Absenkung des Rentenniveaus mit den Rentenreformen 2001 und 2004 mit am schwersten getroffen werden, bisher nicht erfüllt. Die Anreizwirkung der staatlichen Zulage für diese untersten Einkommen scheint zu diesem Zeitpunkt zumindest fraglich. Ursächlich für die geringere Teilhabe von Personen der untersten Einkommensklassen ist möglicherweise auch die Anrechnung der Erträge aus einer Riester-Rente auf die Grundsicherung im Alter. Gerade diese Personengruppe dürfte aufgrund ihres sehr geringen Einkommens zu den potentiellen Empfängern einer Grundsicherung im Alter zählen. Durch die Einzahlungen in die Riester-Rente schränken sie ihre derzeitige Lebensqualität durch den Verzicht auf Konsum ein, mit dem Risiko, im Alter dennoch nicht in den (vollen) Genuss eines höheren Lebensstandards zu kommen. In gewisser Weise spiegelt dieses Verhalten eine starke Gegenwartspräferenz wider, die jedoch mit einem negativen externen Effekt zu Lasten der Gesellschaft einhergehen dürfte. Hieraus lässt sich direkt ein politischer Reformbedarf ableiten.

5 Schlussfolgerungen

Die vorliegende Arbeit hat das Ziel, die Determinanten der Riester-Rente unter besonderer Berücksichtigung der finanziellen Bildung und der Anreize, die durch die Kinderzulage ausgesendet werden, zu untersuchen. Unabhängig von der verwendeten Datengrundlage muss jede wissenschaftliche Studie, die die Determinanten der Riester-Rente untersuchen möchte und auf Umfragedaten abstellt, versuchen, den förderfähigen Personenkreis adäquat abzubilden. Nur so lassen sich verlässliche Aussagen über die Zusammenhänge zwischen sozioökonomischen Faktoren und der Entscheidung für einen Riester-Vertrag geben. Der für diese Arbeit verwendete Datensatz reflektiert den Personenkreis, der Anspruch auf eine Riester-Förderung besitzt. In der deskriptiven Analyse konnte gezeigt werden, dass die finanzielle Bildung mit steigendem Einkommen und steigendem Bildungsstatus zunimmt. Darüber hinaus implizieren diese Resultate eine höhere Verbreitung der Riester-Rente unter denjenigen, die über ein höheres finanzielles Wissen verfügen. Die Ergebnisse einer multivariaten Analyse für die Jahre 2007, 2008 und 2009 bestätigen den positiven Effekt der finanziellen Bildung auf den Riester-Vertragsabschluss. Zudem verdeutlichen die Ergebnisse die positive Wirkung der Kinderzulage. Je mehr Kinder sich im Haushalt befinden, desto höher ist die Tendenz, einen Riester-Vertrag zu besitzen. Jedoch führt die mit der höchsten Förderstufe im Jahr 2008 umgesetzte höhere Förderung für Kinder, die ab dem Jahr 2008 geboren wurden, bislang nicht zu einem messbaren Effekt. Die Frage, ob „riestern“ ein Kinderspiel oder nicht ist, lässt sich auf Basis der Ergebnisse der Untersuchung nicht eindeutig beantworten. Zum einen ist die Riester-Rente aufgrund der hier vorgestellten Ergebnisse *kein Kinderspiel*, da die finanzielle Bildung wesentlichen Einfluss hat, ob man „riestert“ oder nicht. Zum anderen besitzt die Riester-Rente insbesondere bei kinderreichen Familien eine durchaus hohe Akzeptanz und Abdeckung und ist – zumindest bildlich gesprochen – *ein Kinderspiel.*

Auf Basis der Ergebnisse dieser Arbeit lassen sich auch sozialpolitische Implikationen für die weitere Entwicklung der Riester-Rente ableiten. Der hier – wie auch in anderen Studien – bestätigte negative Effekt für die untersten Einkommensbezieher sollte von politischer Seite ernst genommen werden und in den Fokus weiterer Überarbeitungen der Riester-Rente eingehen. Insbesondere die Tatsache, dass sich diese Personengruppe möglicherweise durch eine Riester-Rente im Alter nicht wesentlich besser stellen kann als ohne dieses Vorsorgeinstrument, sollte überdacht werden.

Des Weiteren impliziert der hohe Einfluss der finanziellen Bildung, dass besonders in diesem Bereich nachgebessert werden muss. Da sich dies jedoch nicht sofort umsetzen lässt und zu einem Großteil nur über eine verstärkte Aufnahme wirtschaftspolitischer und finanzieller Themen in den Lehrplan der Schulen realisieren lassen würde, muss über die Reduzierung der Komplexität und eine Erhöhung der Transparenz der Riester-Produkte nachgedacht werden (vergleiche beispielsweise Westerheide et al. 2010 und Tiffe et al. 2012). Verschiedene Studien zeigen, dass viele Bürger sich nur unzureichend über das Mysterium Riester-Rente informiert sehen (exemplarisch Coppola und Gasche 2011). Die vom Gesetzgeber in Aussicht gestellte Einführung eines standardisierten Produktinformationsblatts zur verbesserten Vergleichbarkeit der verschiedenen Produkte ist ein erster – wenn auch nicht ausreichender – Schritt in die richtige Richtung, da dieser Schritt nur an der Produktdarstellung, nicht aber an der Fähigkeit der Individuen ansetzt, diese Informationen auch verarbeiten zu können.

Zudem ist zukünftig weiterer Forschungsbedarf auf die Hintergründe zu lenken, weshalb ein beträchtlicher Teil der Riester-Sparer die Zulagen nicht vollständig ausschöpft. Dies dürfte weitere Informationen darüber liefern, inwieweit die Riester-Sparer überhaupt informiert sind über die Anforderungen der Riester-Rente und die sie erwartende Rentenhöhe.

Literaturverzeichnis

— Atkinson, Adele und Flore-Anne Messy (2011): Assessing financial literacy in 12 countries: an OECD/INFE international pilot exercise. *Journal of Pension Economics and Finance*, 10 (4), 657–665.

— Baltagi, Badi Hani (2008): *Econometric analysis of Panel Data.* Chichester, Wiley.

— Börsch-Supan, Axel, Michaela Coppola, Lothar Essig, Angelika Eymann und Daniel Schunk (2008b): *The German SAVE Study – Design and Results. mea studies 06.* MEA, Mannheim.

— Börsch-Supan, Axel, Michaela Coppola und Anette Reil-Held (2012): *Riester Pension in Germany: Design, Dynamics, Targeting Success and Crowding-In.* NBER Working Paper Series. 18014. London.

— Börsch-Supan, Axel, Anette Reil-Held und Daniel Schunk (2008a): Saving incentives, old-age provision and displacement effects – evidence from the recent German pension reform. *Journal of Pension Economics and Finance*, 7 (3), 295–319.
— Bucher-Koenen, Tabea (2011): *Financial Literacy, Riester-Pensions, and Other Private Old Age Provision in Germany*. MEA Discussion Papers. 250-2011. Mannheim.
— Bucher-Koenen, Tabea und Annamaria Lusardi (2011): Financial literacy and retirement planning in Germany. *Journal of Pension Economics and Finance*, 10 (4), 565–584.
— Coppola, Michaela und Martin Gasche (2011): *Die Riester-Förderung – das unbekannte Wesen*. MEA Discussion Papers. 244-2011. Mannheim.
— Coppola, Michaela und Anette Reil-Held (2009): *Dynamik der Riester-Rente: Ergebnisse aus SAVE 2003 bis 2008*. MEA Working Paper. 195-2009. Mannheim.
— Corneo, Giacomo, Matthias Keese und Carsten Schröder (2009): The Riester scheme and private savings, An empirical analysis based on the German SOEP. *Schmollers Jahrbuch*, 129 (2), 321–332.
— Corneo, Giacomo, Matthias Keese und Carsten Schröder (2010): *The Effects of Saving Subsidies on Household Saving: Evidence from Germany*. Ruhr Economic Papers. 170.
— Corneo, Giacomo und Carsten Schröder (2012): Bewertung der Riester-Rente: Volkswirtschaftliche Kriterien und Anforderungen an die Daten. *Zeitschrift für Sozialreform*, 58 (2), 235–257.
— Fasshauer, Stephan und Nora Toutaoui (2009): Die Anzahl des förderberechtigten Personenkreises der Riester-Rente – eine Annäherung. *Deutsche Rentenversicherung*, 64 (6), 478–486.
— Geyer, Johannes (2011): Riester-Rente: Rezept gegen Altersarmut? *DIW Wochenbericht*, 78 (47), 16–21.
— Geyer, Johannes und Viktor Steiner (2009): Zahl der Riester-Renten steigt sprunghaft – aber Geringverdiener halten sich noch zurück. *Wochenbericht des DIW Berlin*, 76 (32), 534–541.
— Greene, William (2008): *Econometric analysis*. Upper Saddle River, NJ, Pearson Prentice Hall.
— JPEF (2011): Sonderband des Journal of Pension Economics and Finance. *Journal of Pension Economics and Finance*, 10 (04).
— Lamping, Wolfram und Markus Tepe (2009): Vom Können und Wollen der privaten Altersvorsorge: eine empirische Analyse zur Inanspruchnahme der Riester-Rente auf Basis des Sozio-ökonomischen Panels. *Zeitschrift für Sozialreform*, 55 (4), 409–430.
— Little, Roderik und Donald Rubin (2002): *Statistical analysis with missing data*. Hoboken, NJ, Wiley.
— Lusardi, Annamaria und Olivia Mitchell (2011): Financial literacy around the world: an overview. *Journal of Pension Economics and Finance*, 10 (04), 497–508.
— Pfarr, Christian und Udo Schneider (2011): Anreizeffekte und Angebotsinduzierung im Rahmen der Riester-Rente: Eine empirische Analyse geschlechts- und sozialisationsbedingter Unterschiede. *Perspektiven der Wirtschaftspolitik*, 12 (1), 27–46.
— Pfarr, Christian und Udo Schneider (2012): Choosing between subsidized and unsubsidized private pension schemes: evidence from German panel data. *Journal of Pension Economics and Finance* (im Erscheinen).
— SAVE (2010): *The German SAVE study, data from 2005 to 2009*. Mannheim.
— Sommer, Mathias (2007): *Fiskalische Auswirkungen einer Erweiterung des Förderrahmens von Riesterrenten*. MEA Working Paper. 122-2007. Mannheim.

— Statistisches Bundesamt und Wissenschaftszentrum Berlin für Sozialforschung (2011): Datenreport 2011. Ein Sozialbericht für die Bundesrepublik Deutschland. Bundeszentrale für politische Bildung (BpB), Bonn.
— Stolz, Ulrich und Christian Rieckhoff (2011): Förderung der Riester-Rente für das Beitragsjahr 2008 – Mehr als neun Millionen Personen mit Zulage. *RVaktuell*, 58 (12), 355–364.
— Tiffe, Achim, Michael Feigl, Jürgen Fritze, Veruschka Götz, Claudia Grunert, Lena Jaroszek und Ilonka Rohn (2012): *Ausgestaltung eines Produktinformationsblatts für zertifizierte Altersvorsorge- und Basisrentenverträge*. Hamburg, iff.
— Verbeek, Marno (2008): *A guide to modern econometrics*. Chichester, Wiley.
— Westerheide, Peter, Michael Feigl, Lena Jaroszek, Johannes Leinert und Achim Tiffe (2010): Transparenz von privaten Riester- und Basisrentenprodukten. ZEW, Mannheim.
— Ziegelmeyer, Michael (2009): *Documentation of the logical imputation using the panel structure of the 2003-2008 German SAVE Survey*. MEA Working Paper. 173-2009. Mannheim.

Kann die Riester-Rente die Absenkung des Rentenniveaus kompensieren?

TIM KÖHLER-RAMA

Tim Köhler-Rama, Forschungsnetzwerk Alterssicherung (FNA) der Deutschen Rentenversicherung Bund, E-Mail: Dr.Tim.Koehler-Rama@drv-bund.de

Zusammenfassung: Eine sozialpolitische Bewertung der Riester-Förderung ist auf der Grundlage der bislang verfügbaren Datenlage und Messkonzepte nicht möglich. Zum einen bedarf es einer transparenten und nach sozialen Kriterien differenzierten Darstellung der Leistungsrücknahmen in der gesetzlichen Rentenversicherung. Zum anderen muss die Frage beantwortet werden, ob das Ziel der Riester-Förderung erreicht wird, nämlich die reduzierten individuellen Ansprüche aus der ersten Säule mit neu erworbenen Ansprüchen aus der zweiten und dritten Säule zu kompensieren. Der Beitrag plädiert für Wirkungs- und Verteilungsanalysen von Rentenreformen, so wie sie für Arbeitsmarktreformen selbstverständlich existieren.

Summary: A socio-political evaluation of the Riester subsidy is not possible on the basis of the data and measures currently available. First, there needs to be a transparent report, based on socially criteria, about the declining standard pension level of the statutory pension insurance. Second is determining whether or not the Riester subsidy is successful, specifically do the occupational and personal savings really compensate for the decreased statual pensions? The article argues that we need an analysis of the outcome and distributional effects of pension reforms, similar to existing analyses on employment market reforms.

→ JEL Classification: H55
→ Keywords: Pension reform in Germany, Riester pension, Riester subsidy

Der Autor vertritt in dem Beitrag seine persönliche Meinung.

1 Einleitung

Derzeit wird die Riester-Rente von vielen Seiten kritisiert: Sie trage nicht dazu bei, den Anstieg künftiger Altersarmut zu verhindern (Geyer 2011). Die Fördermittel seien ineffizient eingesetzt, weil durch die steuerliche Förderung kein zusätzliches Altersvorsorgesparen generiert werde, sondern vor allem Mitnahmeeffekte (Lamping/Tepe 2009). Und die Produkte seien zu teuer und intransparent, sodass sie für viele Menschen ein schlechtes Geschäft seien (Sternberger-Frey 2011: 81). So berechtigt die Kritikpunkte sind, an der eigentlichen Zielsetzung der Riester-Förderung gehen sie vorbei: die Kompensation der Leistungsrücknahmen in der ersten Säule. Welche Personengruppen sind besonders von der Absenkung des Rentenniveaus betroffen? Und in welchem Umfang gelingt es diesen, sich kompensatorisch privat gegen das Altersarmutsrisiko (und Invaliditätsrisiko!) zu versichern? Zur Beantwortung dieser Fragen fehlen nicht nur Daten, sondern auch Messkonzepte. Eine zielgerichtete Evaluierung der Riester-Förderung – so die zentrale These des vorliegenden Beitrags – setzt mehr Transparenz über die langfristigen Wirkungen der Rentenreformen der vergangenen zehn Jahre voraus.

2 Der Erfolg der Riester-Förderung muss sich an der Zielsetzung der Reform messen lassen

Die offizielle Berichterstattung der Bundesregierung enthält keine Analysen der langfristigen Reformwirkungen. Es fehlen beispielsweise gänzlich Zahlen zu den Wirkungen der Reform der Erwerbsminderungsrenten im Jahr 2001, obwohl es zunehmend empirische Hinweise gibt auf ein stark angestiegenes Armutsrisiko von erwerbsgeminderten Personen (Hauser 2012). Im Hinblick auf die Alterssicherung weist die Bundesregierung zwar alljährlich im Rahmen ihres Rentenversicherungsberichtes für einen Zeitraum von 15 Jahren ein „Gesamtversorgungsniveau vor Steuern“ aus. Damit ist der Rentenanspruch für einen Versicherten gemeint, der 45 Jahre lang durchgehend beschäftigt war und durchschnittlich verdient hat, inklusive die nach dem Altersvermögensgesetz geförderte kapitalgedeckte Zusatzrente (mit vier Prozent pro Jahr verzinst). Für die Rentenzugänge bis 2025 weist der letzte Rentenversicherungsbericht für dieses „Gesamtversorgungsniveau“ einen Wert in Höhe von 51 Prozent aus (BMAS 2011: 38). Es ist evident, dass diese Zahl nicht ausreicht, um die Folgen der Riester-Reform bewerten zu können. Das „Gesamtversorgungsniveau“ enthält keine Annahmen über Lebensläufe und Haushaltskontexte. Aussagen über sich verändernde Alterseinkommensquellen – und infolgedessen ansteigender Altersarmutsrisiken besonders vulnerabler Gruppen wie Arbeitslose, Geringverdiener, Solo-Selbständige, Geschiedene und andere – sind auf dieser Grundlage nicht möglich. Das Problem dieses unzureichenden Messkonzeptes „Gesamtversorgungsniveau“ besteht daher nicht in den mehr oder weniger realistischen Annahmen über die künftige ökonomische Entwicklung. Das Problem besteht vielmehr darin, dass ihm ein Lebenslaufmuster zugrunde gelegt wird, das nicht den tatsächlichen Lebensrealitäten vieler Menschen entspricht. Eine Evaluierung der Riester-Förderung, die sich an der eigentlichen Zielstellung der Förderung orientiert, ist auf dieser Grundlage nicht möglich.

3 Das „Gesamtversorgungsniveau" als Indikator muss weiterentwickelt werden

Die Frage, ob die Riester-Rente die mit ihr verbundenen Ziele erreicht hat, impliziert vor allem die Frage, ob es gelungen ist, die sukzessive Absenkung des Rentenniveaus auszugleichen. Dabei stellt sich insbesondere die Frage, ob die Förderung dazu beigetragen hat, diejenigen Personen zu einer zusätzlichen Altersvorsorge zu bewegen, die in besonders hohem Maße von der Rentenniveauabsenkung in der Gesetzlichen Rentenversicherung betroffen sind. Hierzu sagt das erwähnte „Gesamtversorgungsniveau" der Bundesregierung nichts aus, sodass es als Maß für die Leistungsfähigkeit staatlicher Alterssicherungspolitik nicht ausreicht. Bislang fehlt in der Berichterstattung des Bundesministeriums für Arbeit und Soziales (BMAS) sowohl die transparente Darstellung der Leistungsrücknahmen in der Gesetzlichen Rentenversicherung infolge der Anpassungsdämpfungen als auch eine nachvollziehbare Beschreibung der *tatsächlichen* Kompensationswirkungen infolge der kapitalgedeckten Vorsorge – differenziert nach Geschlecht, Einkommen und Haushaltskontext. Sozialpolitische Schlussfolgerungen sind auf dieser Basis nicht möglich.

Der Forschungsbedarf zu den Wirkungen der Riester-Rentenreform ist hoch, zumal bei den älteren Kohorten die Quellen der Alterseinkommen vielfältig und komplex verteilt sind und die Absenkung des Rentenniveaus sich demgemäß langfristig je nach Biografie und sozialer Lage unterschiedlich auswirkt. Sehr viele Seniorinnen und Senioren leben im Alter nicht alleine, sondern in Paarhaushalten und verfügen – nicht zuletzt infolge der steigenden Erwerbsbeteiligung der Frauen – über gemeinsame Einkommensquellen (BMFSFJ 2012: 114). Hinzu kommt, dass von den 20,5 Millionen Rentnerinnen und Rentnern in der Gesetzlichen Rentenversicherung immerhin vier Millionen (überwiegend Frauen) mehr als eine Rente beziehen (BMAS 2011: 18). Rund jeder zweite Rentnerhaushalt bezieht Einkommen aus anderen Versorgungssystemen. Immerhin ein Drittel der Männer (und etwa 12 Prozent der Frauen) beziehen Leistungen aus der betrieblichen Altersversorgung (Deutsche Rentenversicherung 2011: 71). Laut Alterssicherungsbericht 2008 der Bundesregierung verfügen 35 Prozent der 65-Jährigen und Älteren zusätzlich zu ihrer gesetzlichen Alters- oder Hinterbliebenenrente über Zinseinkünfte, 15 Prozent über Einkommen aus Vermietung und 13 Prozent über Erwerbseinkommen (BMAS 2008: 94ff). In welchem Maße sich die verschiedenen Einkommensquellen der Älteren entwickeln und wie sie sich auf die Bevölkerung beziehungsweise die Rentnerhaushalte verteilen werden, ist eine Frage, die sich nur schwer prognostizieren lässt (Bönke et al. 2012). Das im Zuge der Rentenreform 2001 postulierte „Gesamtversorgungsniveau" ist jedenfalls ein Indikator, der diese Komplexität überhaupt nicht erfasst und deshalb weiterentwickelt werden muss, damit belastbare und sozialpolitisch sinnvolle Aussagen zu den Reformwirkungen und den Einkommensverhältnissen der Älteren getroffen werden können.

4 Für eine Evaluation der Riester-Förderung fehlen bislang noch die Daten

Als ein weiteres Problem kommt hinzu, dass die Auszahlungen aus Riester-Vorsorgeverträgen bislang noch sehr gering sind. Welche künftigen Auszahlungen anfallen, darüber lassen sich zum jetzigen Zeitpunkt und auf der Grundlage der vorhandenen Daten noch keine sicheren Aussagen machen. In der Zukunft werden umfangreiche Erhebungen notwendig sein, um ein realistisches Bild von der Entwicklung der individuell angesparten Altersvorsorgevermögen zu erhalten. Erforderlich hierfür wäre ein Datensatz, der die sozialversicherungspflichtigen Einkommen während der Aktivphase der Versicherten und ihre daraus erwarteten Rentenansprüche mit den zu erwartenden Ansprüchen aus eventuell vorhandenen Riester-Verträgen verbindet (Corneo und Schröder 2012). Grundlage hierfür müssen die Kontendaten der Versicherer in Kombination mit ihren kalkulierten künftigen Anwartschaften sein. Denn nur die Versicherer kennen die individuellen Merkmale jedes einzelnen Versicherten (Höhe der monatlichen Einzahlungen, Zulagen, Anzahl der Kinder, Vertragskündigungen oder Unterbrechungen), die Art des abgeschlossenen Vertrags (Rentenversicherung, Banksparplan, Fondssparplan), die Höhe der Verwaltungskosten, die kalkulierten Lebenserwartungen sowie die Dynamisierungsvorschriften – soweit vorhanden – in der Auszahlungsphase. Aufgrund der bislang noch mangelhaften Datenlage in Deutschland zu privaten Vorsorgetätigkeiten hat die Deutsche Bundesbank inzwischen mit dem Aufbau eines neuen, relativ umfangreichen Panels (4 000 Haushalte) zur Finanzlage der Haushalte begonnen. Diese Befragung soll voraussichtlich jedes zweite Jahr wiederholt werden und fügt sich ein in eine gemeinsame Initiative der Zentralbanken des Euroraums zur Einrichtung einer harmonisierten Dateninfrastruktur. Diese wird vom Euro Area Household Finance and Consumption Network verwaltet. Diese Initiative ist sehr zu begrüßen, und sie könnte eine wertvolle Grundlage für eine künftige Evaluierung der Riester-Förderung sein.

5 Die Vermeidung von Altersarmut war und ist kein Ziel der Riester-Rente

Der privaten Altersvorsorge kommt in Deutschland seit dem „Altersvermögensgesetz" eine *ersetzende* Funktion zu, das heißt, die Riester-Rente soll die Absenkung des Rentenniveaus kompensieren – und zwar unabhängig von der individuellen Rentenhöhe. Eine grundlegende Überlegung der Reform bestand darin, dass die vorgesehene Rentenniveauabsenkung durch eine freiwillige eigenfinanzierte Zusatzversorgung sogar überkompensiert werden könne, weil diese Form der Eigenvorsorge wegen der Verzinsung des angesammelten Kapitals höhere Renditechancen erwarten lasse. Auf diese Weise ließe sich – so die Überlegung – trotz Beitragssatzsenkung langfristig ein höheres Gesamtversorgungsniveau in der Alterssicherung erzielen. Jüngere Kohorten würden dadurch im Ergebnis bessergestellt, was die Gerechtigkeit zwischen den Generationen in einer alternden Gesellschaft verbessere. Zugleich wurde mit der Stabilisierung des Beitragssatzes zur Gesetzlichen Rentenversicherung auf maximal 20 Prozent bis 2020 beziehungsweise 22 Prozent bis zum Jahre 2030 das Ziel verfolgt, eine wichtige Voraussetzung für mehr Wachstum und Beschäftigung und damit für die Sicherung des Wirtschaftsstandortes Deutschland zu schaffen (Bundesregierung 2000).

Die Vermeidung von Altersarmut war nie eine Zielsetzung, die mit der Riester-Rente verbunden wurde. Wäre dies der Fall gewesen, hätte man konsequenterweise eine obligatorische zusätzliche Altersvorsorge einführen müssen und keine Anrechnung der Riester-Rente auf die Grundsicherung vornehmen dürfen. Die Vermeidung von Altersarmut gehörte demgemäß nicht zu den erklärten prioritären Zielsetzungen der Rentenreform 2001. Indem man im Sozialhilferecht für 65-jährige und ältere Menschen sowie für aus medizinischen Gründen dauerhaft Vollerwerbsgeminderte den Unterhaltsrückgriff gegenüber Kindern und Eltern entfallen ließ, wurde lediglich das Ziel verfolgt, bereits vorhandene, verschämte Altersarmut zu beseitigen. Insofern liefert das Argument, dass vor allem Personen mit geringem Einkommen, niedriger Bildung und mit Migrationshintergrund zu selten die Riester-Förderung in Anspruch nehmen (Geyer 2011), zwar einen wichtigen Hinweis auf künftig besonders altersarmutsgefährdete Personengruppen, im Hinblick auf die Effizienz und Effektivität der Riester-Förderung geht das Argument aber im Grunde ins Leere. Zumindest dann, wenn diese Personengruppen im Haushaltskontext nicht das Grundsicherungsniveau überschreiten. Insbesondere für Geringverdiener kann der Nichtabschluss einer zusätzlichen Vorsorge daher wegen der Anrechnung der Rentenleistungen auf die Grundsicherung im Alter durchaus rational sein. Allerdings gilt für die Erwerbstätigen dasselbe wie für die Rentenbezieher: Aussagen zur Armutsgefährdung sind nur im Haushaltskontext möglich. Von einem individuellen geringen Verdienst unmittelbar auf Bedürftigkeit im Haushalt zu schließen, ist verkürzt. Allenfalls bei den etwa 1,4 Millionen erwerbstätigen Arbeitslosengeld-II-Beziehern („Aufstocker") lässt sich ein solcher unmittelbarer Zusammenhang herstellen.

Es stimmt zwar: Wenn ein großer Teil der Versicherten nur eine Rente erhält, die unterhalb der Grundsicherungsschwelle liegt, dann wird sukzessive die Legitimationsbasis eines Pflichtversicherungssystems ausgehöhlt. Die Folge wäre ein auf Armutsvermeidung ausgerichtetes Mindestsicherungssystem, das folgerichtig letztlich durch Steuern zu finanzieren wäre (Nullmeier 2012: 126). Diese Gefahr lässt sich aber nicht mithilfe einer Förderung der privaten Altersvorsorge lösen. Denn diese hat – in Deutschland – lediglich ersetzenden Charakter. Sie dient der Sicherung des Lebensstandards oberhalb der Armutsgrenze während der Ruhestandsphase nur dann, wenn diese einer durchgängigen Erwerbsbiografie mit einem zumindest annähernd durchschnittlichen Einkommensniveau folgt. Vielleicht haben angekündigte Quoten der Inanspruchnahme in Höhe von 80 Prozent bis 90 Prozent der Förderberechtigten, wie sie beispielsweise in der Bundestagsdebatte zur Einführung der Riester-Rente explizit genannt wurden (Deutscher Bundestag 2001: 14437), zu hohe Erwartungen geweckt. Quoten in dieser Größenordnung sind – jedenfalls auf freiwilliger Basis – realistisch nicht zu erreichen.

6 Fazit

Die Riester-Fördermittel belaufen sich seit 2001 bis dato auf insgesamt zehn Milliarden Euro. Nach dem Willen des Gesetzgebers sollte sich die Förderung auf Pflichtversicherte mit niedrigen und mittleren Einkommen konzentrieren, damit ihnen ermöglicht wird, eine zusätzliche private Altersvorsorge aufzubauen. Das Ziel, Pflichtversicherten mit niedrigen und mittleren Einkommen die Aufbringung der Mittel zu ermöglichen, soll durch die Zulage – nicht mithilfe des Sonderausgabenabzugs – erreicht werden. Letzterer ist im Regelfall für höhere und höchste Einkommen aufgrund der Steuerprogression vorteilhafter als die Zulage. Bislang wurden für den Sonderausgabenabzug Fördermittel in Höhe von 500 Millionen Euro aufgewendet. Eine Evaluation der Riester-Förderung muss daher auch die einfache Frage beantworten, wer in welchem Umgang von diesen Fördermitteln profitiert und wer sie in welchem Umfang finanziert. Letztlich lässt sich der Erfolg der Riester-Förderung nicht an der Rentabilität der einzelnen Riester-Produkte messen und auch nicht daran, wie stark Familien mit Kindern die Förderung in Anspruch nehmen, sondern nur daran, ob es gelingt, die reduzierten individuellen Ansprüche aus der ersten Säule mit neu erworbenen Ansprüchen aus der zweiten und dritten Säule zu kompensieren. Hierzu bedarf es – wie zuvor erwähnt – neuer Messkonzepte und Datenerhebungen. Es ist erstaunlich, dass für die Wirkungs- und Verteilungsanalysen von Rentenreformen – anders als für Arbeitsmarktreformen – in Deutschland bislang kein gesetzlicher Auftrag existiert.

Literaturverzeichnis

— Bönke, Tim, Jürgen Faik und Markus Grabka (2012): Tragen ältere Menschen ein erhöhtes Armutsrisiko? Eine Dekompositions- und Mobilitätsanalyse relativer Einkommensarmut für das wiedervereinigte Deutschland. *ZSR*, 58 (2), 175–208.

— Bundesministerium für Arbeit und Soziales (BMAS) (2008): Ergänzender Bericht der Bundesregierung zum Rentenversicherungsbericht 2008 gemäß § 154 Abs. 2 SGB VI (Alterssicherungsbericht 2008). Deutscher Bundestag, Bundestagsdrucksache 16/11061, Berlin.

— Bundesministerium für Arbeit und Soziales (BMAS) (2011): Bericht der Bundesregierung über die gesetzliche Rentenversicherung (Rentenversicherungsbericht 2011). Berlin.

— Bundesministerium für Familie, Senioren, Frauen und Jugend (BMFSFJ) (2012): Achter Familienbericht Zeit für Familie – Familienzeitpolitik als Chance einer nachhaltigen Familienpolitik. Deutscher Bundestag, Bundestagsdrucksache 17/9000 vom 15.03.2012. Berlin.

— Bundesministerium für Gesundheit und Soziale Sicherung (2003): Nachhaltigkeit in der Finanzierung der Sozialen Sicherungssysteme – Bericht der Rürup-Kommission. Berlin.

— Bundesregierung (2000): Altersvermögensgesetz vom 14.11.2000. Deutscher Bundestag, Bundestagsdrucksache 14/4595.

— Corneo, Giacomo und Carsten Schröder (2012): Bewertung der Riester-Rente: Volkswirtschaftliche Kriterien und Anforderungen an die Daten. *Zeitschrift für Sozialreform*, 58 (2), 235–257.

— Deutsche Rentenversicherung (2010): Rentenbestand am 31.12.2010, Statistik der Deutschen Rentenversicherung. Bd. 182.

— Deutsche Rentenversicherung (2011): Rentenversicherung in Zahlen. Berlin.

— Deutscher Bundestag (2001): Stenographischer Bericht der 147. Sitzung des Deutschen Bundestags vom Freitag. 26. Januar 2001. Plenarprotokoll 14/147.

— Geyer, Johannes (2011): Riester-Rente: Rezept gegen Altersarmut? DIW Wochenbericht Nr. 47, 16–21.

— Hauser, Richard (2012): Invalidität und Armut. *DRV*, 1, 17–30.

— Lamping, Wolfram und Markus Tepe (2009): Vom Können und Wollen der privaten Altersvorsorge. Eine empirische Analyse zur Inanspruchnahme der Riester-Rente auf Basis des Sozio-oekonomischen Panels. *Zeitschrift für Sozialreform*, 55 (4), 409–430.

— Nullmeier, Frank (2012): Politische Rahmenbedingungen der Rentenpolitik. In: Eberhard Eichenhofer, Herbert Rische und Winfried Schmähl (Hrsg.): *Handbuch der gesetzlichen Rentenversicherung*. SGB VI, 2. Aufl., Köln, 109–129.

— Sternberger-Frey, Barbara (2011): Der Test und die Folgen. *Öko-Test*, Heft 6.

Was leistet die Riester-Rente für die Sicherung im Alter?

VOLKER MEINHARDT UND RUDOLF ZWIENER

Volker Meinhardt, selbstständiger Wissenschaftler, E-Mail: v.a.meinhardt@web.de
Rudolf Zwiener, Institut für Makroökonomie und Konjunkturforschung (IMK) in der Hans-Böckler-Stiftung, E-Mail: rudolf-zwiener@boeckler.de

Zusammenfassung: Eine Bewertung der Riester-Rente nach zehn Jahren zeigt, dass mit ihr weder die Rentenlücken, die durch die Reformmaßnahmen 2001 und 2004 entstanden sind, in der Regel geschlossen werden können noch dass sich die – im Vergleich zur gesetzlichen Rente – versprochenen höheren Renditen einstellen dürften.

Summary: Ten years after the Riester pension was introduced, two things become apparent: First, the pension gap, created by the reforms of 2001 and 2004, cannot be closed by Riester savings; second, the promised higher yields – compared to the traditional pension scheme – have not materialized.

→ JEL Classification: E21, G23, H55
→ Keywords: Private and public pension systems, rate of return of different pension systems

1 Vorbemerkung

Zehn Jahre Riester-Rente – ein Jubiläum? Bis heute hat die Politik es versäumt, dieses für die Absicherung im Alter wichtige Projekt von unabhängigen Experten umfassend und begleitend evaluieren zu lassen. Dies war für viele in Wissenschaft und Politik Anlass für eigene Analysen und für eine Bestandsaufnahme, ob die Ziele des Riester-Sparens realisiert wurden und ob „Riester" ein Erfolg ist oder nicht.

Für die Bewertung der privaten Rentenversicherung in Form der Riester-Rente bieten sich zwei Bewertungskriterien an:

1. Erfüllt die Riester-Rente ihre Funktion als Teil der Alterssicherung?

2. Ist die Riester-Rente hinsichtlich der Rendite der umlagefinanzierten gesetzlichen Rentenversicherung überlegen?

Diesen beiden Erfolgskriterien wird im Folgenden nachgegangen.

2 Riester-Rente als Teil der Alterssicherung

Die einzelnen Instrumente der Alterssicherung haben das Ziel, nach Wegfall des Erwerbseinkommens den Lebensunterhalt im Alter zu sichern. Dabei sind die Höhe und die Bezugsdauer der Leistung zu gewährleisten, denn eine Korrektur nach dem Rentenbeginn ist in der Regel nicht mehr möglich.

Der größte Teil der Erwerbstätigen ist abhängig beschäftigt und damit über die gesetzliche Rentenversicherung fürs Alter (und gegen eine Erwerbsminderung) abgesichert. Das Niveau der Absicherung ist in den letzten Jahrzehnten allerdings gegenüber früheren Zielvorgaben kräftig abgebaut worden.

Mit dem Altersvermögensgesetz (2001) und dem Altersvermögensergänzungsgesetz (2001) wurde in der Konsequenz vorgegebener Höhen der Beitragssätze eine weitere Senkung des Rentenniveaus beschlossen. Der Beitragssatz zur gesetzlichen Rente soll – trotz der absehbaren demographischen Entwicklung – nur bis maximal 22 Prozent im Jahr 2030 steigen. Über die sich im Indikator „Rentenniveau" niederschlagenden Maßnahmen hinaus wirken sich weitere Veränderungen auf die Rentenhöhe aus, so zum Beispiel die Aberkennung von Ausbildungszeiten, eine Reduzierung der Bewertung von Zeiten der Arbeitslosigkeit und die Abschläge bei vorzeitigem Rentenbezug.

Mit den Rentenreformen 2001 wurde ein grundsätzlicher Zielwechsel eingeleitet: Zielgröße ist nicht mehr ein zu erreichendes Sicherungsniveau, sondern eine bestimmte niedrige Beitragssatzhöhe. Die gesetzliche Rentenversicherung soll künftig keine volle Absicherung, sondern nur noch einen Teilbetrag – wenn auch den größten – zur Alterssicherung leisten. Zum Ausgleich der starken Absenkung des Rentenniveaus sollen die Beschäftigten freiwillig privat vorsorgen, entweder in Form einer Entgeltumwandlung oder durch den Abschluss einer Riester-Rente. Die zuletzt genannte private Vorsorge wird in Abhängigkeit vom Familienstand und Einkommen durch staatliche Zuschüsse oder Steuererleichterungen gefördert (Riester-Rente nach dem Altersvermögensgesetz). Versprochen wurde, dass das Gesamtversorgungsniveau, welches sich aus der staatlichen Rente und der privaten Riester-Rente zusammensetzt, die Höhe erreichen sollte, die sich auch ohne die das Niveau senkenden Maßnahmen der Rentenreform ergeben hätte. Mit der Riester-Rente soll damit die Lücke geschlossen werden. Der Namensgeber erklärte nach der Verabschiedung des Rentenreformgesetzes:

> *„Jede Rentnerin und jeder Rentner wird jetzt und in Zukunft mehr Rente erhalten als nach altem Recht" (zitiert bei Schmähl 2011: 213).*

Börsch-Supan et al. (2012) untersuchen in einer aktuellen Studie, wieweit mit der Riester-Rente die Rentenlücke geschlossen werden kann, die sich durch die Rentenreformen 2001 und 2004 im Vergleich zu dem Status ohne diese Reformen ergibt. Ihre Befunde zeigen, dass nur unter sehr optimistischen Annahmen eine Schließung der so definierten Rentenlücke möglich ist. Die Bedingungen für ein Schließen der Lücke sind: hohe Verzinsung (4,5 Prozent), eine jährliche Lohnwachstumsrate von drei Prozent und lange Laufzeiten der Verträge (25 bis 30 Jahre). Unter diesen Bedingungen ist eine Schließung zu Rentenbeginn möglich. Soll die Lücke aber auch für die gesamte Rentenlaufzeit unter Einschluss einer Dynamisierung der Rente geschlossen werden, dann erweist sich der Beitrag für ein privates Vorsorgeprodukt von vier Prozent des Bruttoeinkommens als zu niedrig; es müsste noch mehr gespart werden, um die Lücke zu schließen.

Grundvoraussetzung der Schließung der Lücke ist allerdings, dass überhaupt ein privater Rentensparvertrag abgeschlossen wird. Bislang liegt die Quote der Abschlüsse allerdings nur unter 50 Prozent der Abschlussberechtigten (Hagen et al. 2010). Auch viele Niedrigeinkommensbezieher werden ihre Rentenlücke nicht schließen können, da sie aufgrund der Rentenniveauabsenkung damit rechnen müssen, dass ihre gesetzliche Rente unterhalb der Grenze der Grundsicherung für Ältere liegen wird und damit die möglichen Erträge eines Riester-Vertrages auf die Grundsicherung angerechnet werden. Dies gilt besonders für ostdeutsche Männer und Frauen der Kohorten 1956 bis 1965 (Simonson et al. 2012). Das würde bedeuten, dass diese Personen unabhängig davon, ob sie privat vorgesorgt haben oder nicht, jeweils nur das niedrige Versorgungsniveau der Grundsicherung für Ältere erreichen würden. Auch nicht schließen können die Lücke die Bestandsrentner, weil sie für eine Riester-Rente nicht mehr förderberechtigt sind, und rentennahe Jahrgänge, die von den Anbietern keinen Riester-Rentenvertrag wegen ihres Alters mehr angeboten bekommen oder für die sich ein Abschluss wegen der kurzen Ansparphase nicht mehr lohnt.

Das Problem des Erreichens einer ausreichenden Höhe der Alterssicherung wird auch noch dadurch verschärft, dass das Riester-Sparen nur teilweise zusätzlich erfolgt und auch andere Sparformen verdrängt. Darauf weisen zumindest die Ergebnisse verschiedener Untersuchungen hin. So zeigen etwa Coppola et al. (2009) und Corneo et al. (2009 und 2010) auf der Grundlage von Daten aus freiwilligen Haushaltsbefragungen des Sozio-oekonomischen Panels (SOEP) und der SAVE-Studie[1], dass die Riester-Rente anfällig für Mitnahmeeffekte ist – viele Haushalte also nicht zusätzlich sparen, sondern ihre Sparaktivitäten nur auf Riester-Verträge verlagern. Dies gilt insbesondere für Haushalte mit niedrigem Einkommen. Nach der „alten" Rentenregel hätten

1 Die Daten des SOEP geben Auskunft zu Fragen über Einkommen, Erwerbstätigkeit, Bildung oder Gesundheit. Die SAVE-Studie erfasst dynamische Veränderung des Sparverhaltens im Zeitablauf. Einen Einblick zu den erhobenen Themen, der Repräsentativität und weiteren Details, siehe für das SOEP beispielsweise Wagner (2007) und für die SAVE-Studie beispielsweise Börsch-Supan (2008).

sie in der Rentenphase ihre Rentenzahlung durch ihre Ersparnisse aufstocken können. Jetzt fließen diese Ersparnisse in Riester-Verträge, ohne damit das insgesamt reduzierte Gesamtversorgungsniveau aufstocken zu können. Insofern sagt allein die Zahl der Riester-Verträge noch nichts darüber aus, ob die Rentenlücke geschlossen wird, und ist für sich genommen auch kein Indikator für den Erfolg der Reform.

Aus beiden zuvor vorgestellten Befunden lässt sich ableiten, dass die Riester-Rente kein Instrument ist, das für Rentner ein Gesamtversorgungsniveau in Höhe einer Lebensstandardsicherung im Alter gewährleistet. Diejenigen, die einen Riester-Rentenvertrag abschließen, gehen eine Wette auf Zinshöhe, Lohnwachstum und Lebenserwartung ein. Hinzu kommt, dass der Einsatz mit vier Prozent des Bruttoeinkommens höher ist als der Beitrag, der bei einer paritätischen Finanzierung in der gesetzlichen Rentenversicherung notwendig wäre, um so ein insgesamt höheres Rentenniveau inklusive Absicherung gegen Erwerbsminderung und Versorgung der Hinterbliebenen zu erreichen.

3 Lohnt sich die Riester-Rente im Vergleich zur gesetzlichen Rente?

Die Absenkung des Rentenniveaus in der gesetzlichen Rentenversicherung sollte durch eine freiwillige, private Altersvorsorge mit Kapitaldeckung ausgeglichen werden. Mit dem Teilumstieg vom Umlageverfahren zur Kapitaldeckung bei der Rentenversicherung wurde auch den Empfehlungen aus dem internationalen Umfeld gefolgt. Dieser Umstieg sei angebracht, weil bei einer Kapitaldeckung eine höhere Rendite zu erzielen sei (World Bank 1994 und eine spätere Relativierung durch Orszag et al. 1999). Zudem sollte damit die internationale Wettbewerbsfähigkeit der deutschen Unternehmen verbessert werden. Denn die Finanzierung der kapitalgedeckten Rente sollte allein von den Arbeitnehmern finanziert werden und würde somit die Arbeitskosten nicht erhöhen, sondern kurzfristig sogar senken. Auch sollten die jüngeren Generationen durch die demographische Alterung weniger belastet werden.

Verschiedene Analysen und Produkttests liefern bezüglich der Riester-Rendite ernüchternde empirische Ergebnisse (Kleinlein 2011, Hagen et al. 2011, Ökotest verschiedene Jahrgänge). Lediglich unter optimistischen Annahmen und für alte Riester-Verträge ergeben sich attraktive Renditen: Ein Vertrag, der 2001 im Alter von 35 Jahren für einen Mann oder für eine Frau geschlossen wurde, würde eine garantierte Rendite von 2,6 Prozent erbringen. Nur wenn die Überschussbeteiligung auch in Zukunft so ausfallen würde wie in der Vergangenheit, würde eine Rendite von rund 3,9 Prozent erreicht werden (Kleinlein 2011, Tabelle A-2, Variante mit Überschüssen). In den neuen Unisex-Tarifen ab 2011 sinkt die garantierte Rendite für Frauen auf 1,3 Prozent (3,6 Prozent mit Überschüssen) und für Männer auf 0,7 Prozent (3,0 Prozent mit Überschüssen). Bei neuartigen Verträgen ab 2011 liegen die unter Modellannahmen errechneten Renditen sogar noch darunter. Allen Berechnungen mit hohen Überschüssen in der Zukunft liegt die Annahme zugrunde, dass die Versicherung sowohl in der Ansparphase als auch in der Rentenphase eine Rendite von 4,5 Prozent auf die kumulierten Sparbeträge inklusive der Zulagen auszahlt. Die Absenkung des Garantiezinses seit Beginn des Jahres 2012 auf 1,75 Prozent zeigt aber an, dass mit hoher Wahrscheinlichkeit nur eine deutlich niedrigere Verzinsung für die Versicherten zu erwarten ist als diese 4,5 Prozent. Für Neukunden fällt zum Beispiel die zugesicherte Beitragsrendite einer privaten Rentenversicherung mit einer Laufzeit von 25 Jahren unter ein Prozent (Krohn 2012). Schon derzeit sind die Versicherungen gezwungen, Geld zu reservieren, um sicherzustellen, dass sie die Verträge mit vierprozentiger Garantie aus der Vergangenheit erfüllen können. Damit dürften die Überschussbeteiligungen in Zukunft deutlich niedriger ausfallen als in der Vergangenheit.

Legt man die Gesamteinzahlungen der Sparer – eigene Einzahlungen plus Zulagen – in den Verträgen zugrunde, dann dürften viele Sparerinnen und Sparer sogar den Zeitpunkt, bei dem das angesammelte Kapital ohne Verzinsung wieder ausgeschüttet wird, nicht mehr erleben. Sie müssten bei neuen Verträgen mindestens 87 Jahre alt werden (Hagen et al. 2011). Strittig ist allerdings, ob die Zulagen als Kapital der Sparer in eine personenbezogene Renditeberechnung einbezogen werden können. Während Hagen et al. (2011) dies machen, berücksichtigen andere Renditebetrachtungen die Zulagen explizit nicht als Kapital des Sparers (Ortmann 2012).

Darüber hinaus zeigen Joebges et al. (2012) in ihrer Studie, dass die Renditen der kapitalgedeckten Riester-Rente keinesfalls den Renditen in der gesetzlichen Rentenversicherung überlegen sind. In dieser ist die Verzinsung für Frauen – trotz teilweise sehr konservativer Annahmen – höher als bei den Riester-Verträgen ab 2011 inklusive der unterstellten hohen Überschussbeteiligung. Auch bei den Männern sinkt für die Riester-Verträge ab 2011 die maximale Verzinsung unter die für die gesetzliche Rentenversicherung ermittelten Renditen. Nur für die Riester-Verträge von 2001 – mit der Annahme weiterhin hoher Überschüsse – sind die Renditen leicht besser als die in der gesetzlichen Rentenversicherung. Die Rentenrendite ohne Überschüsse liegt aber immer unter der Rendite der gesetzlichen Rentenversicherung.

Zudem muss ein Vergleich der Riester-Renditen mit den Renditen der Renten der gesetzlichen Rentenversicherung berücksichtigen, dass in der gesetzlichen Rentenversicherung durch die Absicherung der Erwerbsunfähigkeit und der Hinterbliebenenversorgung eine renditesenkende Wirkung eintritt. Bei dieser Betrachtung haben die Rentenreformen mit den Rentenniveaukürzungen und die zunehmend schlechtere Verzinsung der Riesterrente für die sozialversicherungspflichtig Beschäftigten und Rentner geradezu desaströse Wirkungen. Schließlich muss ein Vergleich von Riester-Rendite und Rendite der Rente aus der gesetzlichen Rentenversicherung auch berücksichtigen, dass die Beiträge zur privaten Riester-Rente allein von den Arbeitnehmern ohne Beteiligung der Arbeitgeber aufzubringen sind.

4 Fazit

Unsere Bewertung der Riester-Rente nach den beiden oben angeführten Kriterien – Riester-Rente als Teil der Alterssicherung und Renditevergleich zur gesetzlichen Rentenversicherung – fällt negativ aus: Die Absicherung im Alter wird durch die Riester-Rente insgesamt nicht besser. Selbst Arbeitnehmer, die eine freiwillige zusätzliche Altersvorsorge eingehen und sich ein Riester-Produkt kaufen, können die durch die Rentenreformen entstandene Lücke im Versorgungsniveau in der Regel durch die Riester-Rente nicht füllen. Personen, die nicht das staatlich geförderte Riester-Sparen in Anspruch nehmen, stehen erheblich schlechter da als vor der Reform. Immerhin beträgt die Lücke mindestens 16 Prozent des früheren Rentenbetrages. Der Umstieg auf die Kapitaldeckung zahlt sich für die Versicherten nicht aus. Hinzu kommt, dass in der gesetzlichen Rentenversicherung weitere Risiken ohne zusätzliche Beitragszahlung abgedeckt werden. Angesichts der Kapitalmarktentwicklungen und der Eurokrise sind die zukünftigen Renditen der Riester-Rente wie auch anderer Kapitalanlagen mit hohen Risiken behaftet.

Arbeitnehmer, die eine zusätzliche Altersvorsorge betreiben, müssen derzeit Beiträge in Höhe von 13,6 Prozent ihres Bruttoeinkommens leisten. Berechnungen zeigen, dass das Aufrechterhalten des Rentenniveaus vor den Rentenreformen 2001 und 2004 mit einer Beitragsleistung in Höhe von 26 Prozent bis 2030 in der Gesetzlichen Rentenversicherung zu erreichen wäre (Dedring et al. 2010). Bei einer paritätischen Finanzierung müssten die Arbeitnehmer davon 13 Prozentpunkte übernehmen. Dies wäre für sie günstiger als die Beiträge zur gesetzlichen Rente plus der Zahlung für einen Riester-Vertrag in Höhe von vier Prozent. Zudem wären alle Arbeitnehmer über die gesetzliche Rentenversicherung durch eine vernünftige Berufs- und Erwerbsunfähigkeitsversicherung und die Hinterbliebenenversorgung abgesichert, die über die Finanzmärkte nicht geleistet wird.

Literaturverzeichnis

- Börsch-Supan, Axel, Michaela Coppola, Lothar Essig, Angelika Eymann und Daniel Schunk (2008): *The German SAVE study. Design and Results.* MEA Study Nr. 6, MEA Mannheim.
- Börsch-Supan, Axel und Martin Gasche (2010): *Kann die Riester-Rente die Rentenlücke in der gesetzlichen Rente schließen?* MEA working paper 201.
- Coppola, Michaela und Anette Reil-Held (2009): *Dynamik der Riester-Rente: Ergebnisse aus SAVE 2003 bis 2008.* MEA working paper 105.
- Corneo, Giacomo, Matthias Keese und Carsten Schröder (2009): The Riester Scheme and Private Savings: An Empirical Analysis based on the German SOEP. *Journal of Applied Social Science Studies,* 129, 321–332.
- Corneo, Giacomo, Matthias Keese und Carsten Schröder (2010): *The Effect of Saving Subsidies on Household Saving – Evidence from Germany.* Ruhr Economics Papers, 0170.
- Dedring, Klaus-Heinrich, Jörg Deml, Dieter Döring, Johannes Steffen und Rudolf Zwiener (2010): Rückkehr zur lebensstandardsichernden und armutsfesten Rente. Expertise im Auftrag der FES, WISO Diskurs, August.
- Hagen, Kornelia und Axel Kleinlein (2011): Zehn Jahre Riester-Rente: Kein Grund zum Feiern. *DIW Wochenbericht,* 47/2011, 3–14.
- Hagen, Kornelia und Lucia A. Reisch (2010): Riester-Rente: Politik ohne Marktbeobachtung. *Wochenbericht des DIW,* 8/2010, 2–14.
- Joebges, Heike, Volker Meinhardt, Katja Rietzler und Rudolf Zwiener (2012): Kapitaldeckung in der Krise – Die Risiken privater Renten- und Pflegeversicherungen. Expertise im Auftrag der FES, WISO Diskurs, Juni 2012.
- Kleinlein, Axel (2011): Zehn Jahre „Riester-Rente" – Bestandsaufnahme und Effizienzanalyse. Expertise im Auftrag der FES, WISO Diskurs, November.
- Krohn, Philipp (2012): Sinkende Verzinsung – Lebensversicherungen im Anlagenotstand. www.faz.net/aktuell/finanzen/anleihen-zinsen/sinkende-verzinsung-lebensversicherungen-im-anlagenotstand-11625899.html. Stand vom 5.4.2012.
- Orszag, Peter R. und Joseph E. Stiglitz (1999): Rethinking Pension Reform: Ten Myths about Social Security Systems. Paper presented at the conference on "New Ideas about Old Age Security". The World Bank, Washington, D.C., September 14–15.
- Ortmann, Mark (2012): 10 Jahre Riester-Rente – Eine empirische Analyse der Rendite-Entwicklung bei Riester-Verträgen 10 Jahre nach Einführung des AltZertG. Studie des ITA – Institut für Transparenz in der Altersvorsorge.

— Schmähl, Winfried (2011): Von der Ergänzung der Gesetzlichen Rentenversicherung zu deren partiellem Ersatz: Ziele, Entscheidungen sowie sozial- und verteilungspolitische Wirkungen. In: Eberhard Eichenhofer, Herbert Rische und Winfried Schmähl (Hrsg.): *Handbuch der Gesetzlichen Rentenversicherung* SGB VI.
— Simonson, Julia, Nadiya Kelle, Laura Romeu Gordo, Markus Grabka, Anika Rasner und Christian Westermeier (2012): Ostdeutsche Männer um 50 müssen mit geringen Renten rechnen. *DIW Wochenbericht*, 23/2012.
— Wagner, Gert G., Joachim R. Frick und Jürgen Schupp (2007): The German Socio-Economic Panel Study (SOEP): Scope, Evolution and Enhancements. *Schmollers Jahrbuch*, 127 (1), 139–170.
— World Bank (1994): *Averting the old age crisis, policies to protect the old and promote growth.* New York, NY, Oxford University Press.

Das schwedische Beispiel der kapitalgedeckten Altersvorsorge – Ein Vorbild für Deutschland?

MARLENE HAUPT UND SEBASTIAN KLUTH

Marlene Haupt, Munich Center for the Economics of Aging (MEA) am Max-Planck-Institut für Sozialrecht und Sozialpolitik, München, E-Mail: haupt@mea.mpisoc.mpg.de
Sebastian Kluth, Munich Center for the Economics of Aging (MEA) am Max-Planck-Institut für Sozialrecht und Sozialpolitik, München, E-Mail: kluth@mea.mpisoc.mpg.de

Zusammenfassung: Im Zuge der Kritik an der Riester-Rente wird vielfach auf die schwedische Prämienrente als Vorbild für mögliche Korrekturen und Reformen verwiesen. Dort kam es mit der Rentenreform von 1998 zu einem Umbau des staatlichen Alterssicherungssystems hin zu einem Mischsystem, bestehend aus einer umlagefinanzierten und einer kapitalgedeckten Komponente. Neben dem grundlegenden Gegensatz, dass es sich bei der kapitalgedeckten Prämienrente, im Vergleich zur Riester-Rente, um ein obligatorisches Versicherungselement der ersten Säule handelt, existieren eine Vielzahl weiterer Unterschiede, die zumeist systembedingt sind. Im folgenden Beitrag wird zum einen die vollständige Übertragung des schwedischen Modells auf Deutschland (deutsche Prämienrente) und alternativ eine Teiladaption einzelner Elemente zur besseren Ausgestaltung der Riester-Rente (Schweden-Riester) geprüft und bewertet. Dabei zeigt sich, dass Deutschland trotz evidenter Systemunterschiede insbesondere hinsichtlich der Bereitstellung standardisierter, transparenter und verständlicher Produktinformationen vom Beispiel und den Erfahrungen der kapitalgedeckten Altersvorsorge in Schweden profitieren kann.

Summary: In the course of the ongoing debate regarding the critique of the German Riester pension the Swedish premium pension has often been referred to as a role model regarding potential amendments and reforms. The Swedish pension reform of 1998 has led to a reorganization towards a stratified scheme, consisting of a pay-as-you-go and a fully funded element. The mandatory implementation of the Swedish premium pension has proved to be the major difference in comparison to the voluntary German Riester pension. In addition, numerous differences between the two systems can be outlined, of which most are due to the differing methods of implementation in the countries old age provision systems. This paper evaluates the possibilities and limitations of a complete adoption of the Swedish premium pension (German premium pension) as well as a partial modification of the existing Riester scheme (Swedish-Riester). It becomes evident, that despite differences between the two schemes, the German Riester pension can in particular benefit from the Swedish premium pension with regard to transparent, coherent and consistent product information.

→ JEL Classification: D18, G23, H55
→ Keywords: Public-private pension mix, Riester scheme, transferability of social policies, international comparison

Wir danken Dr. Martin Gasche (MEA München) und Kornelia Hagen (DIW Berlin) für wertvolle Hinweise und Diskussionen.

1 Einleitung[1]

Das zehnjährige Bestehen der Riester-Rente ist vielfach Anlass gewesen, Bilanz zu ziehen und die Erreichung der sozialpolitischen Ziele dieser staatlich geförderten Form der privaten Altersvorsorge zu prüfen. Dabei wurde den Produkten bescheinigt, nicht ausreichend verbreitet und zu teuer zu sein. Weitere Kritikpunkte sind eine zu hohe unterstellte Lebenserwartung, fehlende standardisierte Informationen sowie die damit einhergehende mangelnde Transparenz und Verständlichkeit der Angebote. Geht es um notwendige Reformen der Riester-Rente, so reichen die vorgeschlagenen Maßnahmen von kleineren Korrekturen, wie der Einführung transparenter und verständlicher Informationen, bis zur vollständigen Abschaffung oder Umwandlung in eine Zwangsversicherung. In Bezug auf Vorbilder für mögliche Reformen und Korrekturen der Riester-Rente wird dabei häufig auf das Ausland verwiesen, wobei insbesondere das schwedische Beispiel der kapitalgedeckten Altersvorsorge als nachahmenswert angeführt wird (Hagen und Reisch 2010, Hagen und Kleinlein 2011, Hahn und Neumann 2011). In diesem Zusammenhang verweist Wagner (2011) zum Beispiel auf die wenigen zur Auswahl stehenden Produkte, die staatlich qualitätsgeprüft und zertifiziert werden. Die OECD (2012) schließlich kommt zu dem Schluss, dass grundsätzlich eine Einführung von verpflichtenden Systemen der privaten Altersvorsorge zu empfehlen beziehungsweise der Zugang zu privaten Renten verbessert werden sollte, um Versorgungslücken zu schließen.

Doch wie genau funktioniert die kapitalgedeckte Altersvorsorge in Schweden überhaupt und stellt diese tatsächlich ein uneingeschränkt zu übertragendes Vorbild für Deutschland dar? Ziel des Beitrags ist es, zunächst das schwedische Beispiel der kapitalgedeckten Prämienrente darzustellen (Abschnitt 2) und anschließend systematisch die institutionellen sowie konzeptionellen Unterschiede zur Riester-Rente herauszuarbeiten (Abschnitt 3). Abschließend werden die Möglichkeiten und Grenzen der Übertragbarkeit auf Deutschland geprüft, wobei zum einen eine vollständige Übertragung im Sinne eines Systemwechsels und zum anderen die Übernahme einzelner Elemente diskutiert wird (Abschnitt 4).

2 Die Reform des staatlichen Alterssicherungssystems in Schweden

2.1 Das alte System und der Reformprozess

Vor der großen Rentenreform von 1998 bestand die erste Säule der schwedischen Alterssicherung aus einem zweigliedrigen System: einer universalistischen Volksrente, die bedürftigkeitsunabhängig und steuerfinanziert eine Grundsicherung für jeden Einwohner darstellte, und einer umlagefinanzierten einkommensabhängigen Zusatzrente, deren Leistungshöhe vom individuellen rentenbegründenden Einkommen[2] und den Versicherungsjahren abhing, die in

---

1 Wegen der besseren Lesbarkeit wird im nachfolgenden Beitrag allein das generische Maskulinum verwendet. Unabhängig davon sind selbstverständlich Frauen wie Männer angesprochen.

2 Als rentenbegründendes Einkommen gelten im schwedischen Alterssicherungssystem insbesondere Arbeitseinkommen, Einkommen aus selbständiger Tätigkeit und viele Sozialleistungen. Nicht rentenbegründend sind hingegen unter anderem Kapitaleinkünfte und Leistungen der Sozialhilfe. Einkommen, die das 7,5-fache des Grundbetrags (prisbasbelopp) beziehungsweise im reformierten System des Einkommensgrundbetrags (inkomstbasbelopp) übersteigen, sind nicht rentenbegründend für die staatliche Alterssicherung. An diesen jährlich festgelegten Grundbeträgen orientiert sich auch eine Vielzahl anderer Sozialleistungen.

ein Punktesystem (ähnlich den Entgeltpunkten in Deutschland) übertragen wurden. Eine volle Zusatzrente erhielt, wer mindestens 30 Beitragsjahre beziehungsweise wer mindestens 40 Jahre in Schweden seinen Wohnsitz hatte. Zur Ermittlung der Rentenhöhe wurde jeweils die durchschnittliche Punktezahl der einkommensstärksten 15 Jahre herangezogen (15-30-Regel). Renten konnten ab dem 65. Lebensjahr, unter Inanspruchnahme von Ab- und Zuschlägen alternativ auch zwischen dem 60. und 70. Lebensjahr bezogen werden. Ein Teilrentenbezug war möglich und sollte den schrittweisen Übergang vom Erwerbsleben in die Rente erleichtern. In der Kombination konnte das System aus Volks- und Zusatzrente bis zur Reform durchschnittlich eine Ersatzquote in Höhe von zwei Dritteln des Bruttoeinkommens der 15 einkommensstärksten Jahre leisten (Wadensjö 1997, Anderson und Immergut 2006, Haupt und Sesselmeier 2011).

Ergänzt wurde das System der staatlichen Alterssicherung zumeist um freiwillige Leistungen aus der betrieblichen Altersvorsorge, da über vier zentral vereinbarte Versorgungswerke nahezu alle Arbeitnehmer abgedeckt wurden. Eine größere Ausnahme stellten nur selbständig Tätige dar, die allerdings freiwillig den Versorgungswerken der Privatwirtschaft beitreten konnten. Weiterhin gab es auch vor der Reform die Möglichkeit zur privaten Zusatzvorsorge, häufig durch eine Zahlung von Zusatzbeiträgen in die betrieblichen Versorgungswerke, in günstige kollektiv vereinbarte Verträge oder durch arbeitsvertraglich geregelte Zusagen. Darüber hinaus konnten auch Privatrenten bei Versicherungsunternehmen abgeschlossen werden.

Nachdem 1990 durch einen Kommissionsbericht insbesondere die Schwächen des Zusatzrentensystems deutlich wurden, zum Beispiel eine schwache Koppelung von Beiträgen und Leistungen durch die 15-30-Regel, und dass das System damit langfristig weder finanziell tragfähig noch demografiefest gewesen wäre,[3] wurde eine parlamentarische Arbeitsgruppe eingerichtet, die zunächst bis 1994 allgemeine Grundprinzipien eines neuen Alterssicherungssystems entwickelte. Zur Klärung offener Detailfragen wurde anschließend eine weitere Kommission zur Implementierung des reformierten Systems eingerichtet. Aufgrund umfangreicher politischer Verhandlungen zur Ausgestaltung der kapitalgedeckten Komponente und dem Rentenanpassungsmechanismus dauerte es weitere vier Jahre bis über die Reform abgestimmt werden konnte. Insgesamt erstreckte sich der Reformprozess so auf einen Zeitraum von circa 14 Jahren, fand anschließend aber eine breite parlamentarische Mehrheit (257 zu 17 Stimmen) und wird seitdem auch nicht mehr grundsätzlich in Frage gestellt (Andersson und Immergut 2006). Zum 1.1.1999 trat schließlich das reformierte Alterssicherungssystem Schwedens in Kraft.

Im Rahmen der Reform folgte Schweden dem Mehrsäulenmodell der Weltbank aus gesetzlicher, betrieblicher und privater Altersvorsorge, allerdings eher im Sinne eines Schichtensystems, bei dem die einzelnen Elemente aufeinander aufbauen und durch ein Mindestsicherungselement ergänzt werden. Zur Risikodiversifikation wurde das System aus Volks- und Zusatzrente durch ein beitragsorientiertes Mischsystem ersetzt, bestehend aus einer größeren umlagefinanzierten Komponente und einem kleineren kapitalgedeckten Element, flankiert durch eine bedürftigkeitsgeprüfte Garantierente. Auch der Zeitpunkt des Renteneintritts wurde weiter flexibilisiert: Mit dem Erreichen des 61. Lebensjahrs können jetzt Leistungen aus dem staatlichen Alterssicherungssystem in Anspruch genommen werden, darüber hinaus erfolgt keine weitere Festlegung des Renteneintrittsalters.

---

3 Für eine detaillierte Analyse zur Reformnotwendigkeit des Alterssicherungssystems siehe SOU (1990) und Könberg et al. (2006).

2.2 Die Neuausrichtung der umlagefinanzierten Komponente

Die Hauptkomponente des staatlichen Alterssicherungssystems bildet im Sinne einer NDC-Konzeption (notional defined contribution) die beitragsorientierte, einkommensbezogene Altersrente (inkomstgrundad ålderspension). Dabei werden jährlich 16 Prozent des rentenbegründenden Einkommens auf einem Individualkonto „akkumuliert“. Da es sich um ein Umlagesystem handelt, das heißt, die aktuellen Beitragseinnahmen die derzeitigen Rentenausgaben finanzieren, ist diese „Akkumulation“ jedoch nicht kapitalgedeckt, sondern nur fiktiv. Der Kontostand wächst sowohl durch jährliche Beitragszahlungen als auch durch die Dynamisierung über einen automatischen Bilanzierungsmechanismus (Settergren 2001). Die Höhe der umlagefinanzierten Rente ist damit im Gegensatz zum vorherigen System abhängig von der gesamten Erwerbsbiographie, der Verdiensthöhe und der individuellen Wahl des Renteneintrittsalters. Die tatsächliche Höhe der Annuität (Monatsrente) wird individuell bei Renteneintritt ermittelt und ergibt sich aus dem Quotienten des akkumulierten Kontostands und einem vom Geburtsjahrgang und Renteneintrittsalter abhängigen Annuitätendivisor.[4] Somit kann jeder Beitragszahler individuell mit dem Einfluss der steigenden Lebenserwartung auf die Höhe der Altersrente umgehen, indem entweder länger gearbeitet wird oder entsprechend niedrigere Rentenzahlungen akzeptiert werden (Haupt und Sesselmeier 2012).

2.3 Die Einführung einer obligatorischen kapitalgedeckten Komponente

Die Einführung eines obligatorischen kapitalgedeckten Elements innerhalb der ersten Säule des Alterssicherungssystems stellt für viele Betrachter die eigentliche Innovation dar. Bei der Prämienrente (premiepension) handelt es sich um eine FDC-Komponente (funded defined contribution), das heißt um eine kapitalgedeckte, beitragsorientierte Altersrente, bei der weitere 2,5 Prozent des rentenbegründenden Einkommens auf Individualkonten verbucht werden.[5] Durch die Einführung der Prämienrente wurden erstmals sozial- und privatrechtliche Elemente im Alterssicherungssystem miteinander verbunden. So gilt einerseits das Prinzip der Zwangsversicherung mit geltenden sozialrechtlichen Regelungen, andererseits entstehen daraus privatrechtliche Ansprüche, über die der Versicherte frei bestimmen kann. Zur Verwaltung der Prämienrente wurde zunächst eigens eine Prämienrentenbehörde (Premiumpensionsmyndigheten) geschaffen. Seit 2010 sind deren Aufgaben jedoch auf die neu errichtete Rentenbehörde (Pensionsmyndigheten) übergegangen, die nun die gesamte staatliche Alterssicherung verantwortet und so Leistungen und Informationsmöglichkeiten „aus einer Hand“ anbieten kann.

---

4 Der Annuitätendivisor berücksichtigt bekannte demographische und unterstellte zukünftige ökonomische Entwicklungen bei einer angenommenen Verzinsung von nominal 1,6 Prozent. Er gilt für Frauen und Männer gleichermaßen und wird kohortenspezifisch auf Basis der durchschnittlichen Lebenserwartung zum Zeitpunkt des frühestmöglichen Renteneintritts bestimmt. Bis zum 65. Lebensjahr wird der Divisor bei neueren Erkenntnissen angepasst, anschließend bleibt er konstant.

5 Ursprünglich wurde von der Kommission eine Beitragshöhe von zehn Prozent für die Prämienrente vorgeschlagen. Im Rahmen des politischen Verhandlungsprozesses einigte man sich schließlich auf 2,5 Prozent. Die sozialdemokratische Partei Schwedens hatte eine vollständige Fortführung des Umlageverfahrens gefordert, die anderen beteiligten Parteien hatten hingegen für einen größeren Anteil des Kapitaldeckungsverfahrens plädiert.

Tabelle 1

Staatlich angebotene Fondsprodukte in Schweden

Fondsprodukt der staatlichen Behörde (AP7)	Alter	Anteil des AP7 Aktienfonds am Portfolio	Anteil des AP7 Rentenfonds am Portfolio	Gebühren	Wertentwicklung des Fonds im Jahr 2011	Zahl der Teilnehmer	Anteil an der Gesamtteilnehmerzahl	Verwaltetes Kapital	Anteil am Gesamtkapital	Kombination mit anderen Produkten möglich
		In Prozent					In Prozent	In Milliarden SEK	In Prozent	
AP7 Såfa	Bis 55	100	0	0,12–0,15	-10,5	2 764 852	44,11	104,57	26,60	nein
	56–74	36–97	3–64							
	75 und älter	33	67							
AP7 Försiktig		33	67	0,12	-1,5	2 741	0,04	0,22	0,06	nein
AP7 Balanserad		50	50	0,13	-4,0	3 286	0,05	0,27	0,07	nein
AP7 Offensiv		75	25	0,14	-7,7	3 355	0,05	0,24	0,24	nein
AP7 Aktienfonds		100	0	0,15	-11,5	4 894	0,08	0,15	0,04	ja
AP7 Rentenfonds		0	100	0,09	3,4	1 357	0,02	0,06	0,02	ja

Quelle: Eigene Berechnungen für das Jahr 2011 auf Grundlage von AP7 (2012), Pensionsmyndigheten (2012a) und SCB (2012).

Die Investitionsentscheidung trifft bei der Prämienrente grundsätzlich der Versicherte, der gemäß seiner individuellen Risikopräferenzen aus einem Pool[6] behördlich zugelassener Fonds[7] bis zu fünf Fonds auswählen kann. Durch die verpflichtende Teilnahme am Prämienrentensystem erfolgt für den Fall, dass der Versicherte keine individuelle Anlageentscheidung trifft, automatisch eine Zwangsinvestition der Beiträge in einen Standardfonds, der durch eine staatliche Behörde (AP7) verwaltet wird. Mit Einführung der kapitalgedeckten Komponente wurde zunächst ein allgemeiner Prämiensparfonds (premiesparfonden) aufgelegt, der zum 24. Mai 2010 durch den Fonds „AP7 Såfa" abgelöst wurde. „AP7 Såfa" existiert dabei nicht als eigenständiger Fonds, sondern ist vielmehr eine Mischung aus den beiden durch die Behörde verwalteten Aktien- und Rentenfonds, die in ihrer Kombination individuell an das Alter des Versicherten angepasst werden, um eine altersangepasste Risikostruktur zu realisieren (Generationenfonds). Ziel von „AP7 Såfa" ist das Erreichen einer Wertentwicklung, die mindestens dem Durchschnitt der privatwirtschaftlich angebotenen Produkte entspricht. Neben der Standardoption bietet die Behörde für die Versicherten drei weitere Portfolios sowie den reinen Aktien- und Rentenfonds an (Tabelle 1 auf Seite 5).

Sowohl der Standardfonds „AP7 Såfa" als auch die drei Portfolios (Försiktig, Balanserad und Offensiv) sind nicht mit anderen Produkten kombinierbar. Seit 2010 hat der Versicherte jedoch die Möglichkeit zu den staatlichen Fondsprodukten zurückzuwechseln.[8] Sowohl der angebotene Aktien- als auch der Rentenfonds können hingegen bei der individuellen Portfoliozusammenstellung mit Fonds der privaten Versicherungswirtschaft kombiniert werden (AP7 2012).

3 Die Unterschiede der schwedischen Prämienrente zur Riester-Rente

An erster Stelle zeigt sich ein Unterschied in der *Freiwilligkeit* beider Optionen. In Schweden zahlt jeder Versicherte obligatorisch einen Beitrag zur Prämienrente. Ein Austritt aus der Prämienrente ist nicht möglich. Dagegen beruht der Abschluss eines Riester-Vertrags in Deutschland auf dem Prinzip der Freiwilligkeit, und die Entscheidung für einen Vertragsabschluss wird individuell getroffen. Einen Zwang zur privaten Altersversorge sieht das deutsche System nicht vor.

Aus der historisch bedingten unterschiedlichen Ausgestaltung der Rentensysteme – Volksversicherung in Schweden und Arbeitnehmerversicherung in Deutschland – ergeben sich auch bei den kapitalgedeckten Systemen Unterschiede hinsichtlich des *einbezogenen Personenkreises*. Die Zwangsversicherung in Schweden sorgt dafür, dass jeder in das Prämienrentensystem eingebunden ist. In Deutschland ist hingegen ein begrenzter Personenkreis in der Riester-Rente unmittelbar oder mittelbar förderberechtigt (§ 10a Einkommensteuergesetz (EStG)). Nicht un-

6 Bereits kurz nach der Einführung der Prämienrente konnte aus 644 Fonds, verwaltet durch 87 Fondsgesellschaften, ausgewählt werden. Aktuell sind 797 Fonds zugelassen, die durch 99 Fondsgesellschaften verwaltet werden. Davon sind 72 Prozent Aktien-, 15 Prozent Renten- und der verbleibende Anteil Generationen- und Mischfonds (Riksförsäkringsverket 2003, Pensionsmyndigheten 2012b).

7 Grundsätzlich kann sich jeder Fonds, der die Richtlinie 85/611/EWG vom 20. Dezember 1985 zur Koordinierung der Rechts- und Verwaltungsvorschriften betreffend bestimmte Organismen für gemeinsame Anlagen in Wertpapieren (OGAW-Richtlinie) erfüllt und von der schwedischen Finanzbehörde zugelassen ist, auch am Prämienrentensystem beteiligen, sobald ein Vertrag mit der Rentenbehörde unterzeichnet wurde, der insbesondere die Gebühren, Wechselmöglichkeiten sowie das Berichtswesen regelt. 2008 wurde zudem beschlossen, dass pro Fondsmanager nicht mehr als 25 Fonds registriert werden dürfen (Pensionsmyndigheten 2010).

8 Hierbei fallen für die Versicherten keine Wechselgebühren an (siehe dazu auch ausführlicher Abschnitt 3).

mittelbar förderberechtigt sind Pflichtversicherte einer berufsständischen Versorgungseinrichtung, freiwillig Versicherte sowie geringfügig Beschäftigte, die versicherungsfrei sind. Mittelbar förderberechtigt sind Ehepartner von unmittelbar förderberechtigten Personen, wenn sie selbst einen eigenen Altersvorsorgevertrag abgeschlossen haben.

Das schwedische Prämienrentenmodell sieht aufgrund des Zwangs keine *staatliche Förderung* vor. Bedingt durch die politisch gesetzte Freiwilligkeit wird die Riester-Rente hingegen gezielt über zwei Instrumente gefördert. Zum einen durch auf Antrag gewährte Zulagen in Höhe von aktuell 154 Euro pro förderberechtigter Person sowie 185 Euro für jedes vor 2008 geborene beziehungsweise für jedes später geborene kindergeldberechtigte Kind 300 Euro (§§ 84, 85 EStG). Darüber hinaus können maximal 2 100 Euro als Sonderausgabenabzug in der Steuererklärung geltend gemacht werden, wobei ein etwaiger Steuervorteil mit den bereits gewährten Pauschalzulagen verrechnet wird (§ 10a EStG).

Der Wunsch, an der Kapitalmarktentwicklung zu partizipieren, war ein zentrales Argument bei der Ausgestaltung beider Altersvorsorgekomponenten. Ungeachtet dessen zeigen sich Unterschiede in der *finanziellen Grundlage*. In Schweden werden die Beiträge der Prämienrente am Kapitalmarkt investiert. Trifft der Versicherte keine Anlageentscheidung, erfolgt die Zwangsinvestition in den Standardfonds. In Deutschland bietet die Riester-Rente darüber hinausgehende Investitionsmöglichkeiten. Der Versicherte kann hier, ähnlich wie in Schweden, in einen Riester-Fonds investieren. Weiterhin bestehen die Möglichkeiten, eine klassische oder fondsgebundene Rentenversicherung, einen Riester-Banksparplan oder einen Wohnriester-Vertrag abzuschließen.[9] Sämtlichen Alternativen beider Länder ist gemein, dass sie dem Aufbau einer zusätzlichen Altersvorsorge jenseits des Umlageverfahrens dienen. Beide Systeme ermöglichen individuelle Anlageentscheidungen.

Ein zentraler Unterschied der beiden Vorsorgeoptionen zeigt sich allerdings in der *Ansiedlung im Alterssicherungssystem*. In Schweden ist die Prämienrente innerhalb der staatlichen Alterssicherung angesiedelt. Im Gegensatz dazu ist die deutsche Riester-Rente zum größten Teil in der privaten Altersvorsorge verankert.[10] Der Vertrag wird mit einem privaten Anbieter geschlossen, diesem demgegenüber erwirbt der Riester-Sparer privatrechtliche Vermögensansprüche.

Für die kapitalgedeckte Altersvorsorge gelten in beiden Ländern unterschiedliche *Beitragssätze*. In Schweden werden 2,5 Prozent des rentenbegründenden Einkommens auf die Individualkonten der Prämienrente eingezahlt, eine höhere oder niedrigere Einzahlung ist nicht möglich. In Deutschland liegt der maximal förderwirksame Beitragssatz aktuell bei vier Prozent der relevanten Bemessungsgrundlage (§ 86 EStG). Setzt man den jeweiligen Beitragssatz in Bezug zum Gesamtbeitragssatz, der sich aus der umlagefinanzierten Komponente des jeweiligen Landes plus dem Beitragssatz zur Prämien- beziehungsweise Riester-Rente berechnet, so fließen in Schwe-

9 Beim Banksparplan wird der Sparbeitrag auf einem eigenen Konto gutgeschriebenen und mit einem bestimmten Zinssatz, zum Beispiel der Umlaufrendite deutscher Staatsanleihen, verzinst. Beim Wohnriester wird der Kauf einer selbstgenutzten Immobilie gemäß Eigenheimrentengesetz (EigRentG) gefördert. Das Anlageobjekt ist in diesem Fall die Wohnimmobilie.

10 Die Riester-Förderung kann auch im Rahmen der betrieblichen Altersvorsorge in Anspruch genommen werden.

den 13,51 Prozent des Gesamtbeitrags in die Prämienrente im Vergleich von bis zu 16,95 Prozent in die Riester-Rente in Deutschland.[11]

In beiden Ländern gilt der Beitragssatz nur bis zu einer bestimmten *Höchstgrenze*. Generell führt in Schweden die Ansiedlung in der ersten Säule dazu, dass Arbeitnehmer und Arbeitgeber Beiträge zahlen, wenn auch in unterschiedlicher Höhe. Arbeitnehmer zahlen einen Beitrag in Höhe von sieben Prozent bis zum 8,07-fachen des Grundbetrags. Für Arbeitgeber existieren keine Höchstgrenzen, so dass diese den Beitragssatz von 10,21 Prozent immer auf die gesamte Lohnsumme leisten. In Deutschland muss jeder Riester-Sparer vier Prozent der relevanten Bemessungsgrundlage abzüglich der gewährten Pauschalzulagen – mindestens aber 60 Euro pro Jahr einzahlen –, um die Zulagen in vollem Umfang zu erhalten. Der förderwirksame Beitrag wird jedoch für jeden Versicherten bei 2 100 Euro jährlich abzüglich der pauschalen Zulagen gedeckelt (§ 86 Abs. 1 EStG).

Durch die unterschiedliche institutionelle Anbindung ergeben sich in beiden Ländern auch Unterschiede hinsichtlich der *Verwaltung*. In Schweden fungiert die Rentenbehörde als zentrale Abwicklungs- und Verrechnungsstelle für die Prämienrente und ist damit als Mittler zwischen Versicherten und Unternehmen für alle Wertpapiertransaktionen zuständig. Auch die Kontenverwaltung und Auszahlung der Renten wird dort übernommen. Durch die Bündelung der Transaktionen kennen die Unternehmen ausschließlich die Gesamtanlagesumme, die durch die Behörde investiert wird, nicht aber den einzelnen Kunden. In Deutschland hingegen erfolgen Vertrieb und Verwaltung der Riester-Produkte durch die privaten Anbieter. Lediglich die Koordination der staatlichen Förderung erfolgt gebündelt durch die Zentrale Zulagenstelle für Altersvermögen.

Weitere Unterschiede bestehen hinsichtlich der *Auszahlungsregeln*. In beiden Ländern erhält der Versicherte eine Annuität. In Schweden ist die Auszahlung der Prämienrente in Form einer Annuität obligatorisch und kann ab dem 61. Lebensjahr beantragt werden. Eine Einmalauszahlung des vorhandenen Kapitals ist nicht möglich. Der Versicherte muss sich zwischen einer festen (garantierten) oder variablen Annuität entscheiden, wobei der Bezug der Prämienrente unabhängig davon ist, ob Leistungen aus der umlagefinanzierten Komponente beantragt werden (Könberg et al. 2006). Auch der Abruf einer Teilrente ist möglich. Die Höhe der Annuität wird dabei ähnlich wie bei der Altersrente ermittelt, indem der Wert des Prämienrentenkontos durch einen Annuitätendivisor geteilt wird. Entscheidet sich der Versicherte für eine garantierte Rente, werden alle Fondsanteile durch die Behörde verkauft und die zum Rentenbeginn berechnete Annuität monatlich ausgezahlt. Die Dynamisierung der Rente orientiert sich an der durch den Kapitalstock erzielten Rendite der Rentenbehörde. Wird eine variable Annuität gewählt, verkauft die Rentenbehörde jährlich einen Teil des Fondsvermögens und bedient daraus die fälligen Zahlungen. In Deutschland startet die Auszahlungsphase frühestens mit dem 60. beziehungsweise mit dem 62. Lebensjahr bei Verträgen, die ab 2012 geschlossen werden. Maximal 30 Prozent des Kapitals können dann als Einmalzahlung ausgezahlt werden, das verbleibende Kapital wird verrentet. Ein Teilrentenbezug ist bei der Riester-Rente nicht möglich. Darüber hinaus ist zu beachten, dass in beiden Ländern die Rentenbezüge während der Auszahlungsphase voll steuerpflichtig sind.

11 In Deutschland besteht die Möglichkeit auch über die förderwirksamen vier Prozent der relevanten Bemessungsgrundlage hinausgehende Zahlungen in die Riester-Rente zu leisten. Die Analyse beschränkt sich hier jedoch auf den geförderten Beitragsanteil.

Ein aus Sparersicht zentraler Unterschied ergibt sich hinsichtlich der *Risikobegrenzung* und der *Renditechancen*. Bei der schwedischen Prämienrente trägt jeder Bürger das Kapitalmarktrisiko selbst und in voller Höhe. Turbulenzen an den Kapitalmärkten wirken sich direkt auf die Rentenhöhe aus, ein Mindestsicherungselement gibt es nicht. Im Umfeld einer Rezession, verbunden mit hohen Kursverlusten, bleibt für die Versicherten so oft nur die Wahl der variablen Annuität, bei der die Möglichkeit besteht, wieder an zukünftigen Kursgewinnen zu partizipieren. Im Gegensatz dazu gilt in Deutschland für die Riester-Rente eine Beitragsgarantie. Der Anbieter ist demnach gesetzlich dazu verpflichtet, eine Mindestauszahlung in Höhe der geleisteten Beiträge einschließlich der Zulagen zu gewährleisten (§ 1 Abs. 1 Nr. 3 Altersvorsorgeverträge-Zertifizierungsgesetz (AltZertG)). Der Riester-Sparer trägt somit ebenfalls das Kapitalmarktrisiko, dieses ist aber durch die Beitragsgarantie begrenzt. Da eine Garantie für den Sparer Kosten verursacht, wirkt sich dies konsequenterweise senkend auf die Rendite aus. Die unterschiedliche Rendite-Risiko-Struktur der Riester-Produkte im Vergleich zur schwedischen Prämienrente ergibt sich aber allein schon aus den unterschiedlichen Riester-Produkten. So sind Riester-Banksparpläne risikoärmer als zum Beispiel ein Riester-Fondssparplan, jedoch auch mit geringeren Renditechancen versehen.

Neben der Höhe der Annuität spielt auch die Auszahlungsdauer eine wichtige Rolle. Sowohl die schwedische Prämien- als auch die deutsche Riester-Rente versichern den Einzelnen gegen sein individuelles *Langlebigkeitsrisiko*. In Schweden hat jeder Prämienrentenbezieher bis zum Tod Anspruch auf seine persönliche Annuitätenzahlung. In der Konsequenz übertrifft für besonders langlebige Personen die Summe der Annuitätenzahlungen das individuell angesparte Fondsvermögen. Dieses Langlebigkeitsrisiko wird von der Rentenbehörde und deren kollektivem Kapitalstock getragen und damit indirekt vom schwedischen Staat. In Deutschland garantiert jeder Riester-Vertrag dem Versicherten eine lebenslange Auszahlung (§ 1 Abs. 1 Nr. 4 AltZertG), wobei das Langlebigkeitsrisiko über eine private Versicherung abgesichert wird.[12]

Die Kalkulation des Langlebigkeitsrisikos hängt dabei im Wesentlichen von der *unterstellten Lebenserwartung* ab. Darüber hinaus ist zu beachten, dass in beiden Ländern Unisex-Tarife angeboten werden müssen und folglich bei der Berechnung der Rentenhöhe eine Lebenserwartung unterstellt wird, die sich aus einer Mischkalkulation zwischen der durchschnittlichen Lebenserwartung für Männer und Frauen berechnet.[13] In Schweden berechnet sich der Annuitätendivisor anhand der Generationensterbetafeln von Statistics Sweden (statistiska centralbyrån), welche die erwartete durchschnittliche kohortenspezifische Lebenserwartung der schwedischen Gesamtbevölkerung widerspiegeln. Im Gegensatz dazu kommen in Deutschland spezielle Kohortensterbetafeln der deutschen Aktuarvereinigung zum Einsatz, die ausschließlich die Mortalität der Individuen im Besitz einer privaten Altersvorsorge abbilden. Die Gewichtung nach Frauen und Männern variiert in Deutschland je nach Anbieter. Allgemein gilt, je höher der unterstellte Frauenanteil, desto höher die unterstellte geschlechtsneutrale Lebenserwartung. Die unterstellten Lebenserwartungen liegen insgesamt deutlich über denen der Gesamtbevölkerung. Die Notwendigkeit zur Verwendung spezieller Sterbetafeln wird mit einem Selektionseffekt begründet, der der Freiwilligkeit der Riester-Rente geschuldet ist. Die Anbieter gehen dabei davon aus, dass

---

12 Dies gilt auch für Banksparpläne und Fonds-Verträge, bei denen ab dem 85. Lebensjahr des Riester-Rentners die Rentenzahlung durch eine Versicherung gewährleistet wird. Der Anbieter bildet hierfür Rücklagen aus dem angesparten Kapital jedes Riester-Sparers.

13 Richtlinie 2004/113/EG des Rates vom 13. Dezember 2004 zur Verwirklichung des Grundsatzes der Gleichbehandlung von Männern und Frauen beim Zugang zu und bei der Versorgung mit Gütern und Dienstleistungen.

Individuen mit einem hohen Langlebigkeitsrisiko mit einer höheren Wahrscheinlichkeit einen Riester-Vertrag abschließen und daher die zugrunde liegenden Lebenserwartungen im Vergleich zur Gesamtbevölkerung nach oben hin angepasst werden müssen.

Aus Verbrauchersicht sind auch die *Vererbungsmöglichkeiten* erworbener Ansprüche interessant, da dies eine bessere Absicherung der Hinterbliebenen garantiert. Bei der schwedischen Prämienrente kann bei Erfüllung bestimmter Voraussetzungen zum Zeitpunkt des Renteneintritts ein Hinterbliebenenschutz erkauft werden. Die Höhe der Prämienrente wird dann in Abhängigkeit vom Alter des Versicherten und des Partners gekürzt. Für den Hinterbliebenen wird die vererbte Prämienrente anschließend lebenslang ausgezahlt. In Deutschland muss bei der Vererbung von Riester-Verträgen zwischen drei verschiedenen Phasen unterschieden werden. Verstirbt ein Riester-Sparer in der Ansparphase, so hat der Ehepartner die Möglichkeit, den Vertrag inklusive aller Zulagen innerhalb von zwei Jahren auf seinen eigenen Riester-Vertrag zu übertragen (§ 93 Abs. 1 Punkt c EStG). Kinder und andere Hinterbliebene erben lediglich das eingezahlte Kapital abzüglich der gesamten staatlichen Förderung. Bei einem Todesfall in der Auszahlphase, aber vor dem Erreichen des 85. Lebensjahrs, muss man zwischen den einzelnen Vertragsformen unterscheiden. Kapital aus Bank- und Fondssparplänen fließt direkt an die Erben, wobei dann ebenfalls die Förderung zurückgezahlt werden muss. Bei klassischen Rentenversicherungsverträgen kommt es auf die Vertragsgestaltung an. Es besteht die Möglichkeit eine Rentengarantiezeit zu vereinbaren. Stirbt die Vertragsperson vor Ablauf der Rentengarantiezeit, erhalten die Hinterbliebenen die entsprechende Rentenzahlung bis zum Ablauf der Garantiezeit. Nach dem Erreichen des 85. Lebensjahrs ist eine Vererbung von Ansprüchen grundsätzlich nicht möglich.

Ein weiterer zentraler Unterschied besteht bei den *Kosten*. Durch das Obligatorium fallen in Schweden keine Abschlusskosten an. Auch bei einer Änderung der Fondszusammenstellung entstehen für die Versicherten keine Wechselgebühren. Es fallen einzig jährliche Verwaltungskosten an, deren Höhe je nach Portfoliostruktur und dem damit verbundenen Verwaltungsaufwand variiert. Die nach Investitionssumme gewichteten durchschnittlichen Verwaltungskosten betragen 0,3 Prozent des aktuellen Kontostands. Die akkumulierten Kosten[14] hängen von den Verwaltungskosten, der Laufzeit, dem unterstellten Lohnwachstum sowie der unterstellten Rendite ab. Bei zum Beispiel durchschnittlich 0,3 Prozent Verwaltungskosten pro Jahr, 40 Beitragsjahren, einem unterstellen Lohnwachstum von 2,5 Prozent pro Jahr sowie einer unterstellten jährlichen Rendite von drei Prozent betragen diese Kosten rund sechs Prozent. Bei gleichen Rahmenbedingungen, aber einer konservativen Anlagestrategie, die sämtliche Beiträge in den staatlichen Rentenfonds investiert, liegen die summierten Kosten dank niedriger Verwaltungskosten lediglich bei rund zwei Prozent. Bei Riester-Verträgen setzen sich diese Kosten aus mehreren Bausteinen zusammen, die je nach Vertragsart variieren. Beim Abschluss eines Vertrags entstehen für den Verbraucher zuerst Abschluss- und Vertriebskosten, die der Anbieter laut Gesetz mindestens über die ersten fünf Vertragsjahre verteilen muss, soweit sie nicht als Prozentsatz von den Altersvorsorgebeiträgen abgezogen werden (§ 1 Abs. 1 Nr. 8 AltZertG). Entschließt sich ein Riester-Sparer innerhalb der Ansparphase zu einem Produktwechsel werden hierfür, anders als in Schweden, Wechselgebühren fällig. Daneben entstehen, wie in Schweden, laufende Verwaltungskosten, deren Höhe je nach Produktart zum Teil deutlich variieren. Zu den kumulierten Kosten von Riester-Verträgen ist aufgrund der komplexeren Kostenstrukturen wenig bekannt.

---

14 Akkumulierte Kosten definieren sich als Verhältnis aus dem Guthaben des Prämienrentenkontos zu Beginn der Auszahlungsphase und dem fiktiven Guthaben, das sich aus der Entwicklung der einzelnen Fonds ohne Berücksichtigung von Verwaltungskosten ergibt.

Tabelle 2

Vergleich der schwedischen Prämienrente mit der deutschen Riester-Rente

	Prämienrente	Riester-Rente
Freiwilligkeit	Nein	Ja
Kreis der Bezugspersonen	Alle Erwerbspersonen	Begrenzter Personenkreis
Staatliche Förderung	Nein	Ja, Pauschalzulagen und Steuervergünstigung
Finanzielle Grundlage	Kapitalmarkt	Kapitalmarkt/Wohneigentum
Ansiedlung im Alterssicherungssystem	Staatlich	Betrieblich beziehungsweise privat
Beitragssatz	2,5 Prozent fix	0–4 Prozent
Beitragshöchstgrenze	Für Arbeitnehmer maximal 7 Prozent des 8,07-fachen Grundbetrags, für Arbeitgeber keine Grenze	Für Riester-Sparer mindestens 60 Euro und maximal 2100 Euro minus pauschalen Zulagen
Verwaltung	Zentral durch Rentenbehörde	Dezentral durch Anbieter
Auszahlungsregeln	Rentenbezug ab 61, fixe oder variable Annuität, Teilrentenbezug möglich	Bezug bei Altverträgen ab 60, bei Vertragsabschluss ab 2012 ab 62 Jahren, maximal 30 Prozent als Einmalzahlung, Teilrentenbezug nicht möglich
Rendite und Risikobegrenzung	Kapitalmarktrisiko trägt Individuum	Kapitalmarktrisiko trägt Individuum, durch Beitragsgarantie nach unten begrenzt
Versicherung Langlebigkeitsrisiko	Ja	Ja
Unterstellte Lebenserwartung	Anhand Kohortensterbetafeln des Statistischen Zentralamts von Schweden für die Gesamtbevölkerung	Anhand Kohortensterbetafeln der Deutschen Aktuarvereinigung oder unternehmensspezifische Sterbetafeln für den Versichertenkreis
Vererbungsmöglichkeit	Zusatzoption gegen Abschlag	Teilweise
Kosten	Verwaltungskosten	Abschluss- und Vertriebskosten, Verwaltungskosten, Wechselkosten
Transparenz	Jährliche Übersicht (Oranger Brief), Fondskatalog, Internetportal	Jährliche Informationspflicht durch Anbieter, komplizierte Kostenstruktur

Quelle: Eigene Darstellung.

Ein Kostenvergleich gestaltet sich aufgrund der unterschiedlichen Riester-Produkte sowie der uneinheitlichen Kostenausweisung seitens der Anbieter als schwierig (Oehler 2009, Kleinlein 2011). Erste Ergebnisse eines gegenwärtig noch unveröffentlichten Projekts des Munich Center for the Economics of Aging (MEA) zum Kostenvergleich von klassischen Riester-Versicherungen zeigen, dass eine Gesamtkostenquote von sechs Prozent auch mit einigen Riester-Versicherungen erreicht werden kann. Die durchschnittliche Gesamtkostenquote der bisher untersuchten Versicherungen liegt deutlich darüber. Insgesamt zeigt sich, dass die Streuung der Kosten bei Betrachtung unterschiedlicher Verträge im schwedischen System im Vergleich zu den Riester-Versicherungen geringer ausfällt.

Abschließend soll die *Transparenz* beider Altersvorsorgeprodukte analysiert werden. Die schwedische Rentenversicherung informiert ihre Versicherten einmal jährlich durch ein Auskunftsschreiben – den orangen Brief – über die gesamten Ansprüche aus der Alters- und Prämienrente. Das Schreiben soll unter anderem über die zu erwartende Rentenhöhe aufklären, um den Einzelnen für die eventuelle Notwendigkeit einer Zusatzvorsorge zu sensibilisieren. Aufgrund der unterschiedlichen Ansiedlung im Mehrsäulensystem erfolgt die Bereitstellung von Informationen in Deutschland durch mehrere Quellen und damit im Vergleich zu Schweden oft uneinheitlich. Mithilfe der Renteninformation erhält der Versicherte ausschließlich Auskünfte zur staatlichen Alterssicherung. Die Informationspflicht für Riester-Produkte liegt beim jeweiligen Anbieter. Vor und während der Ansparphase unterliegt der Anbieter unterschiedlichen Informationspflichten (§ 7 Abs. 1 bis 6 AltZertG). Vor Vertragsabschluss hat eine Aufklärung über die Höhe und zeitliche Verteilung der Abschlusskosten sowie zu den Verwaltungskosten zu erfolgen. Während der Ansparphase ist der Anbieter verpflichtet, den Versicherten jährlich über die Verwendung der eingezahlten Altersvorsorgebeiträge, das bisher gebildete Kapital, die einbehaltenen anteiligen Abschluss- und Vertriebskosten, die Kosten für die Verwaltung des gebildeten Kapitals oder des gewährten Darlehens sowie die erwirtschafteten Erträge zu informieren (§ 7 Abs. 4 AltZertG). Trotz dieser Informationspflicht hat es der Sparer schwer, die insgesamt komplexe Kostenstruktur eines Riester-Vertrags zu durchdringen, da neben reinen Verwaltungskosten weitere Kostenbausteine anfallen. In Schweden sind die Informationen deutlich weniger komplex (Tabelle 2 auf Seite 11).

4 Die Übertragbarkeit auf Deutschland

Im Zuge der Riester-Kritik wird vielfach auf das „Vorbild Schweden" verwiesen und implizit angedeutet, dass die Prämienrente besondere Vorteile hinsichtlich der Kosten, der unterstellten Lebenserwartung und der Transparenz bietet. Bei genauerer Betrachtung zeigt sich allerdings, dass viele „Vorteile" systembedingt sind und sich nicht uneingeschränkt auf die Riester-Rente übertragen lassen. In der Konsequenz lohnt es sich daher die Frage zu stellen, inwieweit das schwedische Modell der Prämienrente als Ganzes auf Deutschland übertragen werden kann und welche Folgen dieser Systemwechsel mit sich bringen würde. Alternativ wird geprüft, inwieweit Möglichkeiten bestehen, den Schwächen der Riester-Rente durch partielle Korrekturen nach schwedischem Vorbild zu begegnen. Mit anderen Worten: Ist bei einer Fokussierung auf spezielle Probleme der Riester-Rente ein Verweis auf die Vorteile in Schweden hilfreich, oder beruht die „bessere" Ausgestaltung in Schweden letztlich auf dem übergeordneten System der schwedischen Altersvorsorge und kann damit nicht ohne Weiteres partiell auf Deutschland übertragen werden?

4.1 Ein Systemwechsel: Die „deutsche Prämienrente"

Eine Eins-zu-eins-Übertragung des schwedischen Systems der kapitalgedeckten Altersvorsorge auf Deutschland wäre grundsätzlich denkbar. Diese „deutsche Prämienrente" wäre ein obligatorisches Sicherungssystem, in dem alle Erwerbspersonen versichert sind. Die zentrale Verwaltung des Standardprodukts und der individuellen Konten könnte durch die Deutsche Rentenversicherung erfolgen, die auch das Langlebigkeitsrisiko versichert.

In Deutschland sieht das staatliche Alterssicherungssystem eine Arbeitnehmer- und keine Erwerbstätigenversicherung vor. Letztere bietet einen umfassenderen Versicherungsschutz auch für Gruppen wie zum Beispiel geringfügig Beschäftigte, Selbstständige, Beamte und Freiberufler, die bisher nicht automatisch Teil der Deutschen Rentenversicherung sind. Aus diesem Grund würde eine vollständige Übertragung nicht zum beschriebenen „inhomogenen" deutschen System passen. Unabhängig davon würden, auch bei einer Abweichung von diesem Prinzip, zahlreiche Hürden bei der Einführung einer „deutschen Prämienrente" bestehen. Zuerst müsste ein Zwang zur privaten Altersvorsorge begründet werden. Um die neue Form der zusätzlichen Altersvorsorge zu verwalten, müssten weiterhin neue Verwaltungsstrukturen geschaffen werden, damit die zuständige Behörde erfolgreich als Verhandlungspartner gegenüber den Fondsunternehmen auftreten könnte. Ferner müsste ein staatliches Standardprodukt geschaffen werden. Die Umsetzung dieser Maßnahmen würde eine entsprechende Vorlaufzeit benötigen. Gemäß den schwedischen Erfahrungen hätte ein vollständiger Systemwechsel wohl positive Auswirkungen auf die Höhe der Kosten für die private Altersvorsorge. Dieser systembedingte Vorteil entstünde zum einen durch die Verhandlungsmacht der Behörde und zum anderen dadurch, dass eine Beitragsgarantie nicht etabliert wäre.

Bestehende Riester-Verträge blieben aufgrund der rechtlichen Bindung zwischen Riester-Sparer und Anbieter bei einem Systemwechsel mit größter Wahrscheinlichkeit unangetastet, wenngleich auch andere Wege vorstellbar wären. Im Zuge eines konsequenten Systemwechsels würde jedoch keine staatliche Förderung mehr erfolgen. Die bestehenden Riester-Produkte wären damit in der verbleibenden Ansparphase einem rein privaten Altersvorsorgeprodukt gleichgestellt. Von den bereits erhaltenen Zulagen könnten die Riester-Versicherten aufgrund von Zinseszins-Effekten allerdings weiterhin profitieren. Andererseits wären sie auch unweigerlich von einer höheren Beitragsbelastung betroffen, da Alt-Riester-Sparer nun zum einen verpflichtend in die umlagefinanzierte und kapitalgedeckte staatliche Altersvorsorge einzahlen müssten und darüber hinaus zusätzlich Beiträge an bestehende Riester-Verträge leisten. Aus Sicht der Versicherten wäre eine Stilllegung von Riester-Verträgen insbesondere dann nachteilig, wenn die Verträge erst wenige Jahre alt sind und daher die Abschluss- und Vertriebskosten besonders ins Gewicht fallen.

Neben den hier skizzierten Problemen existiert eine Vielzahl weiterer rechtlicher und organisatorischer Herausforderungen. Die Einführung einer „deutschen Prämienrente" erscheint vor diesem Hintergrund wenig erstrebenswert. Auch ist fraglich, ob dieser erneute Systemwechsel bei der Bevölkerung tatsächlich zu einer größeren Akzeptanz des deutschen Alterssicherungssystems beitragen könnte. Stattdessen bietet es sich daher an zu prüfen, inwieweit sich einzelne Elemente der schwedischen Prämienrente auch ohne eine Eins-zu-eins-Umsetzung auf das System der Riester-Verträge übertragen ließen.

4.2 Eine partielle Übertragung: Der Schweden-Riester

Auf den ersten Blick erscheint eine Übertragung einzelner Elemente der schwedischen Prämienrente auf Deutschland besonders reizvoll, verspricht sie doch die Möglichkeit, bestehende Unvollkommenheiten des deutschen Systems zu beseitigen. Es wird daher geprüft, inwieweit sich die Hauptkritikpunkte der Riester-Rente durch eine Teiladaption des schwedischen Prämienrentenmodells (Schweden-Riester) beseitigen lassen.

An der Riester-Rente wird oft bemängelt, dass auch nach über zehn Jahren die *Verbreitungsquote* bei erst circa 40 Prozent liegt. Demnach macht über die Hälfte der Zulageberechtigten bisher von der Riester-Förderung keinen Gebrauch. Der Blick nach Schweden ist in diesem Fall wenig ergiebig, da dort ein Obligatorium eingeführt wurde und so per definitionem eine Deckungsquote von 100 Prozent erreicht wird. Eine partielle Übertragung schwedischer Elemente zur Verbesserung der Verbreitungsquote ist demnach nur bei Einführung einer obligatorischen Komponente möglich.

Die Übertragung des *Obligatoriums* auf die Riester-Rente wäre mit zahlreichen Schwierigkeiten verbunden. Folgt man dem schwedischen Vorbild, müssten grundsätzlich alle Personen, die sich im Umlagesystem der Gesetzlichen Rentenversicherung befinden, aber bisher keinen bestehenden Riester-Vertrag abgeschlossen haben, automatisch in einen staatlich verwalteten Standard-Riester übertragen werden. Im Detail ergibt sich jedoch das Problem, dass der Personenkreis der Beitragszahler in der Gesetzlichen Rentenversicherung nicht mit dem Personenkreis der für einen Riester-Vertrag unmittelbar und mittelbar Zulagenberechtigten übereinstimmt. In der Konsequenz gilt der Versicherungszwang nicht für alle Riester-Sparer. Eine mittelbar zulagenberechtigte Hausfrau hätte zum Beispiel die freie Entscheidung für oder gegen einen Riester-Vertrag, während ein sozialversicherungspflichtiger Beschäftigter automatisch in ein obligatorisches Riester-System integriert würde. Hinzu kommen weitere Probleme sowohl hinsichtlich der Rechtfertigung als auch der praktischen Umsetzung, die hier nicht umfänglich betrachtet werden können.

Zudem könnte man sich nach schwedischem Vorbild überlegen, die *Versicherung des Langlebigkeitsrisikos* bei Riester-Verträgen direkt an die Rentenversicherung zu übertragen. Zu Beginn der Auszahlungsphase würde dann das in einem Riester-Vertrag gebundene Kapital veräußert und an die Rentenversicherung überwiesen werden. Diese verwaltet das Kapital und berechnet kohortenspezifische Leibrenten, die bis zum Lebensende des Riester-Sparers direkt von der Rentenversicherung bezahlt werden. Die Leistung der privaten Anbieter von Riester-Renten wird damit auf die Verwaltung und die möglichst gewinnbringende Anlage von Beitragszahlungen bis zum Rentenbeginn beschränkt. Mithin würden Riester-Versicherungen keine Versicherungsfunktion mehr wahrnehmen, was vor dem Hintergrund, dass Riester-Versicherungen den weitaus größten Teil der Riester-Verträge ausmachen, ein wenig befremdlich wirkt. Die Bündelung des Langlebigkeitsrisikos bei einer zentralen Stelle reduziert die Varianz des Risikos und ermöglicht somit die Kalkulation mit einem geringeren Sicherheitspuffer. Die Annuitäten bestimmen sich aber nicht nur über die Höhe der Sicherheitsaufschläge, sondern hängen vor allem von den unterstellten Lebenserwartungen ab. Diese sinken jedoch nicht automatisch aufgrund der Risikoübertragung an die Rentenversicherung.

Damit ist ein weiterer Streitpunkt an den Riester-Verträgen angesprochen. Denn bei der Kalkulation der Versicherungstarife werden, wie bereits in Abschnitt 3 erläutert, spezielle *Lebens-*

erwartungen unterstellt. Neben deren Höhe wird oft auch der starke Anstieg seit Einführung der Riester-Rente im Jahr 2001 kritisiert (Hagen und Kleinlein 2011). Auch hier gilt, dass sich die Vorteile der Prämienrente auf das Obligatorium in Kombination mit der Übertragung des Langlebigkeitsrisikos auf die Rentenbehörde zurückführen lassen. Die Kalkulation der Renten unter Verwendung der Kohortensterbetafeln für den Durchschnitt der Gesamtbevölkerung ist in Schweden möglich, da letztlich die gesamte Bevölkerung in die Prämienrente einzahlt und das Langlebigkeitsrisiko durch die Risikobündelung bei der Rentenbehörde nicht von den einzelnen Anbietern der Prämienrente abgedeckt werden muss. Daneben muss die Rentenbehörde in ihren Kalkulationen keine größeren Sicherheitspuffer in Bezug auf die unterstellte Lebenserwartung einbauen, da sie im Fall eines unerwartet starken Anstiegs der durchschnittlichen Lebenserwartung, verbunden mit etwaigen Zahlungsschwierigkeiten, letztlich vom Staat und damit vom schwedischen Steuerzahler aufgefangen würde. Die den Riester-Versicherungen zugrunde liegenden hohen Lebenserwartungen erscheinen tatsächlich sehr optimistisch. Eine Reduzierung auf die durchschnittliche Lebenserwartung der deutschen Bevölkerung ist aufgrund von möglichen Selektionseffekten, bedingt durch die Freiwilligkeit und der Erfordernis einer vorsichtigen Kalkulation, nicht möglich.

Der Wunsch, die *Kosten* der Riester-Rente zu senken, verknüpft mit dem Verweis auf eine geringere Kostenquote in Schweden ist ebenfalls nur bedingt hilfreich. Für die schwedische Rentenbehörde fallen aufgrund des Obligatoriums keine Vertriebsgebühren an. Daneben entstehen durch die Reduktion der Marktteilnehmer Kostenvorteile sowohl auf der Angebots- als auch auf der Nachfrageseite. Die zentrale Verhandlungsposition der Rentenbehörde sowie die direkte Konkurrenz durch den staatlichen Standardfonds sorgen hinsichtlich der Kosten für einen größeren Verhandlungsspielraum der Behörde. Die Fondsanbieter profitieren ihrerseits, im Vergleich zu vielen Einzelverträgen, von den relativ hohen Investitionssummen der Rentenbehörde in ihre Fonds. In der Tendenz bietet das schwedische System sicherlich Kostenvorteile. Das bedeutet jedoch nicht, dass sich unter der Auswahl an Fonds ausschließlich sehr günstige Produkte befinden. In beiden Ländern stehen teils sehr kostenintensive Angebote zur Auswahl. Für den Verbraucher ist letztlich die Nettorendite, also die Rendite abzüglich aller Kosten, entscheidend. Kostenvergleiche sind daher nur bei Produkten mit vergleichbarer Anlagestruktur aussagekräftig. Darüber hinaus ist, insbesondere aufgrund der Forderungen seitens der Verbraucherorganisationen und neuerer Forschung, im Rahmen der aktuellen Rentenreform unter dem Stichwort „verbraucherfreundliches Riester“ eine Deckelung von Riester-Vertragskosten geplant. So sollen zum Beispiel bei einem Vertragswechsel in der Ansparphase die Wechselkosten auf maximal 150 Euro begrenzt werden.

Der sinnvollste Punkt einer partiellen Übertragbarkeit ist sicherlich die *Transparenz*. Die Übersichtlichkeit über die Investitionsmöglichkeiten innerhalb der Prämienrente begründet sich nicht durch die limitierten Auswahlmöglichkeiten. In Schweden gibt es letztlich auch circa 800 Fonds,[15] die aber durch einen Fondskatalog der schwedischen Rentenbehörde anhand standar-

15 Da im Portfolio bis zu fünf Fonds miteinander kombiniert werden können, ergeben sich in Schweden rein rechnerisch für die Versicherten aktuell

$$\binom{797}{1}+\binom{797}{2}+\binom{797}{3}+\binom{797}{4}+\binom{797}{5}$$

Kombinationen, das heißt über 2,6 Billionen Auswahlmöglichkeiten.

disierter Kriterien schematisiert, verständlicher und leichter vergleichbar gemacht werden.[16] In Schweden informiert die Rentenbehörde zudem jährlich mithilfe des orangen Briefs individuell über die gewählten Fonds und deren Wertänderung, angefallene Verwaltungsgebühren sowie über die Verteilung der Fonds im Portfolio. Zusätzlich werden sowohl die Wertänderungen als auch die Gebühren als Referenzwert für den Durchschnittssparer ausgewiesen, um Vergleichsmöglichkeiten zu bieten. Ergänzend zum Auskunftsschreiben findet der Versicherte weitere ausführliche Hinweise zur Produktwahl auf den Internetseiten der Rentenbehörde. Dass hinsichtlich der Transparenz von über 5 000 zertifizierten Riester-Produkten Nachholbedarf besteht, ist in Deutschland mittlerweile bekannt. Im Rahmen der aktuellen Rentenreform ist daher auch, basierend auf der Arbeit von Westerheide et al. (2010) die Einführung von individuellen und Muster-Produktinformationsblättern geplant. Mit einer Studie zur Ausgestaltung eines Produktinformationsblatts für zertifizierte Altersvorsorge- und Basisrentenverträge von Tiffe et al. (2012) liegt darüber hinaus ein erster Vorschlag zur sprachlichen und gestalterischen Umsetzung der Produktinformationsblätter vor, der aktuell vom Bundesministerium der Finanzen (BMF) geprüft und weiterentwickelt wird.

Aufgrund der unterschiedlichen Ansiedlung der kapitalgedeckten Komponenten im Mehrsäulensystem ist darüber hinaus das Vorbild der säulenübergreifenden Informationen in Schweden zwar auch für Deutschland erstrebenswert, allerdings im Detail schwerer umsetzbar. Eine Investition in diesem Bereich würde sich aus Sicht der Versicherten jedoch lohnen. Denn damit könnte die Konsumentensouveränität einer komplexen Entscheidungssituation bei der vorherrschenden Angebots- und Anbietervielfalt deutlich gestärkt werden.

5 Fazit

Bei genauerer Betrachtung der schwedischen Prämienrente werden die vielschichtigen Unterschiede im Vergleich zur deutschen Riester-Rente evident. Das schwedische Modell bietet augenscheinlich einige Vorteile gegenüber der Riester-Rente. So ist die Prämienrente für den Verbraucher dank einer einfacheren Kostenstruktur sowie niedrigeren unterstellten Lebenserwartungen günstiger, weiter verbreitet und für den Einzelnen leichter verständlich. Es zeigt sich jedoch auch, dass sich diese Vorteile nicht einfach auf die Riester-Rente übertragen lassen, sondern vielmehr eng mit dem Obligatorium und den sonstigen Besonderheiten des schwedischen Systems verknüpft sind. Die Fokussierung auf eine grundlegende Umstrukturierung des deutschen Systems hin zu einer Zwangsversicherung ist in Bezug auf den Wunsch die bestehende Riester-Rente zu verbessern wenig zielführend. Ein einmal etabliertes System lässt sich nicht ohne Weiteres und ohne angemessene Vorlaufzeit in ein vermeintlich besseres Modell übertragen.

Die Kritik an der Riester-Rente mag in vielen Fällen berechtigt sein. Partiell lohnt sich deshalb der Blick nach Schweden. An kleineren Stellschrauben kann das deutsche System jedoch auch ohne Systemwechsel von den Erfahrungen der schwedischen Prämienrente profitieren. Eine

16 Im Fondskatalog werden für jeden Fonds folgende Informationen angegeben: Produktgruppe (Aktien-, Renten-, Misch- oder Generationenfonds), Fondsnummer, -name und -unternehmen, Kurzbeschreibung des Produkts (zwei- bis dreizeilig und durch das Unternehmen formuliert), Fondsgebühren (brutto und netto), Risikoklasse (schematisiert als Ampelsystem in fünf Farbabstufungen von grün bis rot), Wertentwicklung im Vorjahr, durchschnittliche Wertentwicklung in den letzten fünf Jahren, Rating und ein Hinweis, ob ethisch-ökologische Kriterien berücksichtigt werden.

transparentere Produktgestaltung mit klaren Vorgaben hinsichtlich der Produktinformation sowie der Schaffung einer säulenübergreifenden Renteninformation würde die einzelnen Produkte für den Verbraucher leichter vergleichbar machen. Insbesondere hinsichtlich der Bereitstellung standardisierter, transparenter und verständlicher Produktinformationen könnte Deutschland daher von den Erfahrungen der kapitalgedeckten Altersvorsorge in Schweden profitieren.

Literaturverzeichnis

- Anderson, Karen M. und Ellen M. Immergut (2006): Sweden: After Social Democratic Hegemony. In: Ellen M. Immergut, Karen Anderson und Isabelle Schulze (Hrsg.): *The Handbook of West European Pension Politics.* Oxford, Oxford University Press, 349–395.
- AP7 (2012): Årsredovisning 2011. Stockholm.
- Hagen, Kornelia und Axel Kleinlein (2011): Zehn Jahre Riester-Rente: Kein Grund zum Feiern. *Wochenbericht des DIW Berlin,* 78 (47), 3–14.
- Hagen, Kornelia und Lucia A. Reisch (2010): Riesterrente: Politik ohne Marktbeobachtung. *Wochenbericht des DIW Berlin,* 77 (8), 2–14.
- Hahn, Christoph und Dirk Neumann (2011): Verbraucherschutz bei Riesterverträgen – Probleme und Lösungsvorschläge. *Soziale Sicherheit,* 60 (12), 421–425.
- Haupt, Marlene und Werner Sesselmeier (2011): Eine Analyse der Altersvorsorgeinformationen in Schweden. Projektbericht für das Forschungsnetzwerk Alterssicherung (FNA) der Deutschen Rentenversicherung. www.fna-rv.de/SharedDocs/Projekte/FNA-P-2011-04.html?nn=12348. Stand 13. August 2012.
- Haupt, Marlene und Werner Sesselmeier (2012): Altersvorsorgeinformationen in Schweden – ein Vorbild für Deutschland? *Deutsche Rentenversicherung,* 67 (2), 82–96.
- Kleinlein, Axel (2011): Zehn Jahre „Riester-Rente" Bestandsaufnahme und Effizienzanalyse. Expertise im Auftrag der Abteilung Wirtschafts- und Sozialpolitik der Friedrich-Ebert-Stiftung.
- Könberg, Bo, Edward Palmer und Annika Sundén (2006): The NDC Reform in Sweden: The 1994 Legislation to the Present. In: Robert Holzmann und Edward Palmer (Hrsg.): *Pension Reform: Issues and Prospects for Non-Financial Defined Contribution (NDC) Schemes.* Washington, D. C., World Bank, 449–466.
- OECD (2012): OECD Pensions Outlook 2012. Paris, OECD Publishing.
- Oehler, Andreas unter Mitarbeit von Daniel Kohlert (2009): Alles „Riester"? Die Umsetzung der Förderidee in der Praxis. Gutachten im Auftrag des Verbraucherzentrale Bundesverbandes e.V.
- Pensionsmyndigheten (2010): The Swedish Pensions Agency and the Swedish premium pension system – Information for Fund Managers prior to conclusion of cooperation agreements and enrolment of funds. www.pensionsmyndigheten.se/download/18.2c8f793e1335aaf986a8000291136/Directions+co-operation+agreement+2010+PM.pdf. Stand 19. August 2012.
- Pensionsmyndigheten (2012a): Fonder och fondsparande. Årsstatistik 2011. Stockholm.
- Pensionsmyndigheten (2012b): Orange Rapport. Pensionssystemets Årsredovisning. Stockholm.
- Riksförsäkringsverket (2003): Pensionssystemets Årsredovisning 2002. Stockholm.
- SCB (2012): Statistisk årsbok för Sverige 2012. Stockholm.
- Settergren, Ole (2001): The Automatic Balance Mechanism of the Swedish Pension System: A Non-technical Introduction. *Wirtschaftspolitische Blätter,* 48 (4), 339–349.

— SOU (1990): Allmän pension. Huvudbetänkande av pensionsberedningen. 1990: 76. Stockholm.
— Tiffe, Achim, Michael Feigl, Jürgen Fritze, Veruschka Götz, Claudia Grunert, Lena Jaroszek und Ilonka Rohn (2012): Ausgestaltung eines Produktinformationsblatts für zertifizierte Altersvorsorge- und Basisrentenverträge. Projekt im Auftrag des Bundesministeriums der Finanzen.
— Wadensjö, Eskil (1997): The Welfare Mix in Pension Provisions in Sweden. In: Martin Rein und Eskil Wadensjö (Hrsg.): *Enterprise and the Welfare State*. Cheltenham, Edward Elgar, 266–308.
— Wagner, Gert G. (2011): Gut gemeint, aber nicht gut gemacht. Kommentar. *DIW Wochenbericht*, 78 (47), 24.
— Westerheide, Peter, Michael Feigl, Lena Jaroszek, Johannes Leinert und Achim Tiffe (2010): Transparenz von privaten Riester- und Basisrentenprodukten. Projekt im Auftrag des Bundesministeriums für Finanzen.

Verbraucherpolitische Initiativen zur Riester-Rente

CHRISTIAN GRUGEL

Christian Grugel, Bundesministerium für Ernährung, Landwirtschaft und Verbraucherschutz, E-Mail: Christian.Grugel@bmelv.bund.de

Zusammenfassung: Der Beitrag gibt einen Überblick über die allgemeinen und spezifisch staatlichen und verbraucherpolitischen Initiativen, für die das Bundesministerium für Ernährung, Landwirtschaft und Verbraucherschutz (BMELV) im Bereich von Finanzdienstleistungen auf das Riester-Sparen bezogen (mit-) verantwortlich zeichnet.

Summary: The paper gives an overview of state consumer policy initiatives that the Federal Ministry of Food, Agriculture and Consumer Protection (BMELV) is (co-)responsible for, with respect to financial services in general, and Riester-Rente products specifically.

→ JEL Classification: H55, D 18, G28
→ Keywords: Riester pension, government policy and regulation, product transparency, consumer protection

Dieser Beitrag ist eine Kurzfassung eines Vortrages des Autors (Grugel 2012), der auf dem Workshop zum Thema Riester-Rente vom DIW Berlin am 1.6.2012 (DIW Berlin 2012) gehalten wurde.

1 Verbraucherprobleme bei Riester-Produkten als Ausgangspunkt für Verbraucherpolitik

Verbrauchern wird empfohlen, über die gesetzliche Altersvorsorge hinaus private Vorsorge zu leisten, um im Rentenalter ihren Lebensstandard halten zu können. Gerade für Verbraucher mit kleinen und mittleren Einkommen bilden hierbei die staatlich geförderten Produkte zur Altersvorsorge einen wichtigen Baustein. Verschiedene Untersuchungen zur Riester-Rente haben allerdings auch gezeigt, dass für Verbraucher Probleme bestehen, das für sie passende Altersvorsorgeprodukt zu erkennen, da die verschiedenen Produkte nur schwer miteinander vergleichbar sind (Westerheide et al. 2010). Ursächlich hierfür sind insbesondere, dass sich der Anlagehorizont über mehrere Jahrzehnte erstreckt, die Anlagestruktur vieler Riester-Produkte während der Laufzeit variiert und die Kostenmodelle unterschiedlich ausgestaltet sind (höhere Kosten in der Anspar- oder Auszahlungsphase je nach Produktart). Zudem droht dem Verbraucher eine Informationsüberflutung („Information Overload“). Ein weiteres Problem ergibt sich für Verbraucher daraus, dass sie oft nur unzureichend beraten werden. Hierzu wurde untersucht, wie durch Regulierung und Anreizsetzung die Beratungsqualität in der Vermittlung von Versicherungen, Kapitalanlagen und Krediten verbessert werden kann (Habschick et al. 2008). Schließlich wurde festgestellt, dass in den letzten Jahren nicht alle Verbraucher, die einen Riester-Vertrag abgeschlossen hatten, auch die volle staatliche Zulage bekamen (Stolz et al. 2011). Einer Analyse des Forschungszentrums Generationenverträge (2012) zufolge wurden im Jahr 2008 rund 1,3 Milliarden Euro an staatlichen Zulagen für Riester-Verträge nicht abgerufen, allein 853 Millionen Euro entfielen dabei auf die fehlende Beantragung von Zulagen, 470 Millionen Euro auf unzureichende Eigenbeiträge des Förderberechtigten.

2 Staatliche verbraucherpolitische Initiativen

2.1 Qualitätsoffensive Verbraucherfinanzen für einen besseren Anlegerschutz allgemein

Im Koalitionsvertrag hat die Bundesregierung vereinbart, ein konsistentes Finanzdienstleistungsrecht zu schaffen, damit Verbraucher in Zukunft besser vor vermeidbaren Verlusten und falscher Finanzberatung geschützt werden (CDU et al. 2009, 46). Um diese Ziele zu erreichen, gibt es seit März 2009 eine *„Qualitätsoffensive Verbraucherfinanzen“* des Bundesministeriums für Ernährung, Landwirtschaft und Verbraucherschutz (BMELV). Mit dieser Offensive soll dazu beigetragen werden, die Qualität der Finanzberatung zu steigern, die Verbraucher besser als bisher vor Falschberatung und Risiken zu schützen und die Information der Verbraucher durch mehr Transparenz und Vergleichbarkeit zu verbessern (BMELV o. J.).

Qualität der Finanzberatung und Qualifikation der Finanzvermittler

Auf der Grundlage eines Expertengesprächs mit Verbänden der Finanzwirtschaft und Akteuren des Verbraucherschutzes hat das BMELV ein Thesenpapier zur Qualität der Finanzberatung und Qualifikation der Finanzvermittler entwickelt (BMELV 2009). Zudem sind die Banken und Sparkassen seit dem 1. Januar 2010 dazu verpflichtet, das mit dem Kunden geführte Beratungsgespräch über Wertpapiere zu dokumentieren und das Protokoll dieser Beratung dem Kunden auszuhändigen (Gesetz zur Neuregelung des Schuldverschreibungsrechts). Außerdem wurde die Verjährungsfrist für fehlerhafte Anlageberatung von längstens drei auf maximal zehn Jahre verlängert.

Produktinformationsblatt

Seit dem 1. Juli 2011 haben Banken und Sparkassen ihren Kunden ein kurzes, übersichtliches und leicht verständliches Produktinformationsblatt auszuhändigen (Gesetz zur Stärkung des Anlegerschutzes und Verbesserung der Funktionsfähigkeit des Kapitalmarkts). Das Produktinformationsblatt muss die wesentlichen Informationen enthalten, insbesondere über die Art des Finanzinstruments, seine Funktionsweise, die damit verbundenen Risiken, die Aussichten für die Kapitalrückzahlung und Erträge unter verschiedenen Marktbedingungen und die mit der Anlage verbundenen Kosten.

Reform der Finanzaufsicht

Am 2. Mai 2012 hat das Kabinett den Gesetzentwurf zur Stärkung der nationalen Finanzaufsicht verabschiedet. Dieses Gesetz sieht unter anderem vor, dass Verbraucherfragen bei der Aufsichtstätigkeit der Bundesanstalt für Finanzdienstleistungsaufsicht (BaFin) stärker berücksichtigt werden. Zu diesem Zweck soll ein gesetzliches Beschwerdeverfahren für Verbraucher und Verbraucherverbände geschaffen und bei der BaFin ein Verbraucherbeirat eingerichtet werden. Zudem wird in der Gesetzesbegründung klargestellt, dass die BaFin künftig auch im sogenannten „kollektiven Verbraucherinteresse“ tätig ist. Dies ist berührt,

> *„wenn ein Verstoß eines Unternehmens gegen Verbraucher schützende Rechtsvorschriften vorliegt, der in seinem Gewicht und seiner Bedeutung über den Einzelfall hinausreicht und eine generelle Klärung geboten erscheinen lässt“ (Deutscher Bundestag 2012).*

2.2 Spezifische staatliche verbraucherpolitische Maßnahmen zur Verbesserung der Riester-Rente

Vereinfachung des Verfahrens zur Beantragung der Zulage

Die Bundesregierung hat bereits zum 1. Januar 2005 das Verfahren zur Beantragung der Zulage durch die Einführung des sogenannten Dauerzulagenantrags vereinfacht. Der Zulagenberechtigte kann seinen Anbieter einmalig für die Dauer des Vertrages bevollmächtigen, den Zulagenantrag für ihn zu stellen (Alterseinkünftegesetz).

Produktinformationsblatt

Die Bundesregierung hat sich zum Ziel gesetzt, die *Transparenz* der staatlich geförderten privaten Altersvorsorgeprodukte zu verbessern und die *Vergleichbarkeit* dieser Produkte zu erhöhen. Um dieses Ziel zu erreichen hat das Bundesministerium der Finanzen (BMF) im Sommer 2011 einen Diskussionsentwurf zur Einführung eines Produktinformationsblatts für zertifizierte Altersvorsorge- und Basisrentenverträge vorgelegt. Ziel ist, die Transparenz und Vergleichbarkeit staatlich geförderter Altersvorsorgeprodukte zu erhöhen. Im Kern ist Folgendes vorgesehen:

- Ein Muster-Produktinformationsblatt auf der Grundlage eines Musterkunden (im Internet zu veröffentlichen) und

— ein *individuelles Produktinformationsblatt* auf der Grundlage der individuellen Situation des Verbrauchers (vor Vertragsschluss an den Kunden auszuhändigen) (BMF 2011).

Wie ein Informationsblatt für Riester-Produkte gestaltet sein könnte, war Gegenstand einer vom BMF beim Institut für Finanzdienstleistungen (iff) in Auftrag gegebenen Studie (Tiffe et al. 2012). Die Autoren haben im Januar 2012 ein Muster für alle Produktgruppen vorgelegt. Diese Empfehlungen wurden vom BMF geprüft; ein Entwurf zur Verbesserung der Altersvorsorge liegt mittlerweile vor.

Weitere Kernelemente des Entwurfes sind eine Begrenzung der Kosten bei einem Wechsel des Anbieters auf maximal 150 Euro und der erneuten Abschluss- und Vertriebskosten bei einem Vertragswechsel. Zudem prüft die Bundesregierung derzeit, ob die Weitergabe der erwirtschafteten Risiko- und Sterblichkeitsüberschüsse an die Versicherten von 75 Prozent auf 90 Prozent erhöht werden kann.

Honorarberatung

Die Initiative des BMELV zur Honorarberatung im Rahmen der Qualitätsoffensive Verbraucherfinanzen soll eine von Vertriebsinteressen unabhängige Honorarberatung auch für Altersvorsorgeprodukte gesetzlich regeln. Verbraucher sollen wählen können, ob sie sich an einen auf Provisionsbasis arbeitenden Vermittler oder an einen auf Honorarbasis arbeitenden Berater wenden. Um diese Entscheidung treffen zu können, müssen sie aber wissen, mit wem sie es zu tun haben. Künftig sollen die Kunden klar erkennen, wer ihnen gegenübersitzt (Vermittler, die über Provisionen an den Abschlüssen beteiligt sind, oder Berater, die unabhängig von den Entscheidungen der Verbraucher über ein Honorar bezahlt werden).

Damit die Verbraucher hier unterscheiden können, soll das Berufsbild des Honorarberaters klar und deutlich in einem eigenen Gesetz definiert werden. Das BMELV hat hierzu im Juli 2011 Eckpunkte für eine gesetzliche Regelung des Berufsbildes zur Honorarberatung vorgelegt.

Da es sich bei dem Diskussionsentwurf zur Einführung eines Produktinformationsblattes für zertifizierte Altersvorsorge- und Basisrentenverträge des BMF und die noch nicht in einen Entwurf umgesetzten Eckpunkte des BMELV zur Honorarberatung noch um Vorhaben in einer frühen Phase der Rechtsetzung handelt, kann für die weitere Entwicklung noch kein Ausblick gegeben werden.

Literaturverzeichnis

— BMELV – Bundesministerium für Ernährung, Landwirtschaft und Verbraucherschutz (o. J.): Die Qualitätsoffensive Verbraucherfinanzen des BMELV. www.bmelv.de/SharedDocs/Standardartikel/Verbraucherschutz/Finanzen-Versicherungen/Qualitaetsoffensive-Verbraucherfinanzen.html
— BMELV – Bundesministerium für Ernährung, Landwirtschaft und Verbraucherschutz (2009): Qualitätsoffensive Verbraucherfinanzen. Thesenpapier zur Qualität der Finanzberatung und Qualifikation der Finanzvermittler. 1.7.2009.

- BMF – Bundesministerium der Finanzen (2011): Diskussionsentwurf zur Einführung eines Produktinformationsblattes für zertifizierte Altersvorsorge- und Basisrentenverträge des BMF. Artikel 1, Nr. 3.
- CDU, CSU und FDP (2009): Wachstum. Bildung. Zusammenhalt. Koalitionsvertrag zwischen CDU, CSU und FDP. 17. Legislaturperiode. 26.10.2009.
- Deutscher Bundestag (2012): Entwurf eines Gesetzes zur Stärkung der deutschen Finanzaufsicht. Bundestagsdrucksache 17/10040.
- DIW Berlin (2012): Riester-Rente: Grundlegende Reform dringend geboten!? Workshop des DIW Berlin, 1.6.2012.
- Forschungszentrum Generationenverträge der Universität Freiburg (2012): Vorsorgeatlas Deutschland 2011 – Riester-Zulagen. Studie im Auftrag der Union Investment.
- Grugel, Christian (2012): Erwartungen an die Riester-Rente aus Verbrauchersicht. Vortrag auf dem Workshop des DIW Berlin „Riester-Rente: Grundlegende Reform dringend geboten!?" 1.6.2012.
- Habschick, Marco, Jan Evers, Mirko Bendig, Sascha Behnk und Ulrich Krüger (2008): Anforderungen an Finanzvermittler – mehr Qualität, bessere Entscheidungen. Studie im Auftrag des Bundesministeriums für Ernährung, Landwirtschaft und Verbraucherschutz, Hamburg.
- Stolz, Ulrich und Christian Rieckhoff (2011): Förderung der Riester-Rente für das Beitragsjahr 2008 – Mehr als neun Millionen Personen mit Zulagen. *RVaktuell,* 12, 355–364.
- Tiffe, Achim, Michael Feigl, Jürgen Fritze, Veruschka Götz, Claudia Grunert, Lena Jaroszek und Ilonka Rohn (2012): Ausgestaltung eines Produktinformationsblattes für zertifizierte Altersvorsorgeverträge. Studie im Auftrag des Bundesministeriums für Finanzen.
- Westerheide, Peter, Michael Feigl, Lena Jaroszek, Johannes Leinert und Achim Tiffe (2010): Transparenz von privaten Riester- und Basisrentenprodukten. Abschlussbericht im Rahmen von Projekt Nr. 7/09 des Bundesministeriums der Finanzen. Mannhein, Zentrum für Europäische Wirtschaftsforschung (ZEW).

Vorschläge zur Verbesserung der kapitalgedeckten Altersvorsorge aus verbraucherpolitischer Sicht

GERD BILLEN UND LARS GATSCHKE

Gerd Billen, Verbraucherzentrale Bundesverband, E-Mail: billen@vzbv.de
Lars Gatschke, Verbraucherzentrale Bundesverband, E-Mail: gatschke@vzbv.de

Zusammenfassung: Der Erfolg der staatlich geförderten Altersvorsorge hängt von drei wesentlichen Faktoren ab: (i) Die Verbraucher müssen tatsächlich willens sein, zusätzliche Sparleistungen aufzubringen. Dafür müssen sie aber auch einfache und transparente Informationen zu den Produkten und bestehenden Anwartschaften erhalten. (ii) Fehlanreize im Vertrieb von Finanzprodukten müssen beseitigt werden; und (iii) Regulierung muss eine wirksame Aufsicht umfassen. Dies setzt bei der Aufsichtsbehörde aber auch einen Paradigmenwechsel voraus: Der Schutz der kollektiven Interessen der Verbraucher muss in den Fokus der Aufsichtspraxis rücken.

Summary: The success of the government-sponsored pension depends on three main factors: (i) Empowering willing consumers to save additional money for the future. For it simplified, standardized, and comparable information about Riester products and expected benefits are needed. (ii) False incentives for distribution of financial products must be eliminated. (iii) Regulation has to be effectively supervised and the consumer protection has to be a focus of the regulatory authority.

→ JEL Classification: G20, I39, K29
→ Keywords: Private pensions, transparency, independent advice, non profit product

Der Artikel ist eine ergänzte Version eines Vortrags von Billen (2012) auf einem Workshop des DIW Berlin (2012) zum Thema Riester.

1 Einleitung

Mit dem Altersvermögensgesetz ging es erstmals nicht um die Gewährung eines bestimmten Sicherungsniveaus (Oehler 2009: 46). Vorrang hatte die Stabilität des Beitragssatzes in der Gesetzlichen Rentenversicherung (GRV) (Deutscher Bundestag 2000). Gleichwohl wird auch für die Zukunft ein annähernd gleiches Versorgungsniveau wie heute angestrebt. Erreicht werden soll dies durch eine verstärkte private Vorsorge – die sogenannte Riester-Rente – bei der der Staat erstmals ausdrücklich den Aufbau einer kapitalgedeckten privaten Rente fördert (Deutscher Bundestag 2000).

Die Riester-Rente kann jedoch die in sie gesetzten politischen Erwartungen nur dann erfüllen, wenn sie von Verbrauchern auch angenommen wird und die Fördermöglichkeiten optimal genutzt werden. Unklar ist jedoch, welcher Anteil der zusätzlichen Altersvorsorge auf die Riester-Förderung zurückgeht, und wie hoch der Anteil sogenannter Mitnahmeeffekte ist; hohe Mitnahmeeffekte würden letztlich bedeuten, dass es nicht zu einer faktischen Zunahme der Altersvorsorge kommt. Die Politik hat es bislang versäumt zu überprüfen, ob das Ziel einer flächendeckenden Gesamtversorgung durch zusätzliche Vorsorge mittels einer Riester-Rente, betrieblicher und ungeförderter Vorsorge tatsächlich erreicht wird (Verbraucherzentrale Bundesverband 2011a).

Im Artikel werden zentrale Aspekte aus der Diskussion von Reformmaßnahmen im Bereich der Riester-Rente dargestellt, die aus Sicht des Verbraucherzentrale Bundesverband (vzbv) erforderlich sind, um die Vorsorgebereitschaft bei den Verbrauchern zu erhöhen und für eine Versorgung mit passenden Produkten zu sorgen. Dies sind eine verbesserte, verbrauchergerechte Transparenz und Alternativen zum vorherrschenden provisionsbasierten Vertrieb von Altersvorsorgeprodukten.

2 Transparenz hinsichtlich bestehender Vorsorgeanwartschaften

Nach Einschätzung der Autoren haben Verbraucher ein diffuses Gefühl, dass sie etwas für ihre Altersvorsorge tun müssen. Sie bewegen sich dabei aber quasi im Blindflug. Ein Grund dafür sind unzureichende Informationen über die erreichten und voraussichtlichen Versorgungsansprüche. Es würde einen wesentlichen Schritt in Richtung Transparenz bedeuten, wenn die Versicherten künftig nicht mehr unabhängig voneinander und durch unterschiedliche Institutionen erfahren, welche Leistungen sie im jeweiligen System erhalten. Wünschenswert wäre eine zentrale Information, zumindest jedoch eine zentral abgestimmte und verknüpfbare Information über erworbene und voraussichtliche Leistungen aus gesetzlicher, privater und betrieblicher Altersvorsorge. Mittels dieser Information sollten Verbraucher jährlich darüber in Kenntnis gesetzt werden, welche Leistungen sie aus den verschiedenen Vorsorgewegen insgesamt erwarten können (Verbraucherzentrale Bundesverband 2011a).

3 Verbrauchergerechte Produktinformationen

Soweit sich die Verbraucher dazu entschieden haben, etwas für ihre Altersvorsorge zu tun, sind sie aber bei der konkreten Vorsorgeentscheidung überfordert. Denn es fehlt bereits an aussagekräftigen Informationen, damit die Verbraucher die Produkte miteinander vergleichen können. Einer Analyse von Oehler (2009: 16) zufolge bereiten die Anbieter Informationen für die Verbraucher über die Kosten der Riester-Produkte nur unzureichend auf: Knapp die Hälfte der untersuchten Anbieter halten wirklich nutzbare Kosteninformationen bereit. Fast 40 Prozent der Angebote weisen die Kosten nicht wie vorgeschrieben in Euro aus oder machen nur teilweise Angaben. Ein Drittel der Angebote enthält keine Angaben zu den Kosten eines Vertragswechsels. Aus diesen Befunden leitet der vzbv ab, dass eine übersichtliche Darstellung der wichtigsten Informationen in einem standardisierten Schema erforderlich wäre. Dieses soll den Informationsbedürfnissen vom Laien bis zum Experten Rechnung tragen.

Anfang des laufenden Jahres wurde von Tiffe et al. (2012) ein Vorschlag für ein standardisiertes Informationsblatt für Riester-Produkte vorgelegt. Dieser Vorschlag enthält aus Sicht des vzbv richtige und Lösungsvorschläge. Wichtig ist jedoch insbesondere, dass es bei Kostenberechnungen, Renditeerwartungen und Risikoprofilen einheitliche und detaillierte Vorgaben zu den Berechnungsmethoden gibt. Dies kann entweder eine verbindliche DIN-Norm gewährleisten, deren Einhaltung der jeweilige Anbieter bestätigen muss, oder eine zentrale staatliche Stelle führt die Berechnungen zu Kosten, Renditen und zu den Risikoprofilen auf einer einheitlichen Grundlage durch. Diese Institution könnte sich das Know-how und die Kapazitäten im Wege einer Ausschreibung einkaufen. Die Ausgaben dafür ließen sich über Zertifizierungs- und Nutzungsgebühren refinanzieren (Verbraucherzentrale Bundesverband 2011b).

Für die Transparenz von Verbrauchern, die in aller Regel nicht über professionelles Finanzwissen verfügen, sondern Laien sind, muss es zusätzlich eine Kostenangabe in Euro und Cent geben (Verbraucherzentrale Bundesverband 2011b). Zusätzlich sollte zur Abgrenzung der einzelnen Produktgruppen innerhalb eines Förderweges ein auffälliges, zuordenbares und an einer spezifischen Stelle stehendes Logo auf den Produktblättern eingeführt werden (Gatschke 2012).

4 Verbraucherprobleme beim provisionsbasierten Produktverkauf

Jedoch werden selbst mit diesen Informationen nicht alle Verbraucher zu Vorsorgeexperten. Die Erkenntnisse der Verhaltensökonomie untermauern, dass die Beurteilungs- und Entscheidungskompetenz vieler Verbraucher unzureichend ist (Weber 2010). Das Gros der Verbraucher wird damit, selbst wenn sie besser informiert werden würden, auf individuelle Beratung zur Altersvorsorge angewiesen sein. In der Beratung sind nach unserer Auffassung zwei Probleme festzustellen: Viele Verbraucher können kaum die Qualität der Finanzberatung beurteilen. Sie „müssen" auf die Kompetenz und Seriosität der Verkäufer von Finanzprodukten vertrauen können. Dieses Vertrauen wird aber mit Blick auf Vertriebstests (Stiftung Warentest 2009 und 2010) sowie nach Aussagen von Vertriebsmitarbeitern enttäuscht (Bergermann 2008).

Vorsorgeprodukte werden verkauft. Der Vertrieb wird wie der Verkauf von Finanzdienstleistungen insgesamt über Provisionen gesteuert. Die Politik hat sich sogar dieses Mechanismus bedient, um den Absatz von Riester-Produkten anzukurbeln. Mit dem Alterseinkünftegesetz

(BGBl. I S. 1427), das am 1. Januar 2005 in Kraft trat, wurde die Verteilung der Abschluss- und Vertriebskosten von mindestens zehn Jahren auf mindestens fünf Jahre reduziert. Das war ein „Kniefall" des Gesetzgebers vor dem Vertrieb, denn nun können die Vermittler gleich zu Beginn des Vertrages höhere Provisionen ausgezahlt bekommen.

Das Ergebnis ist ein Verkauf am Verbraucher vorbei. So werden hauptsächlich provisionsträchtige, nicht aber für den Verbraucher passende und auch nicht unbedingt günstige Produkte verkauft (Verbraucherzentrale Baden-Württemberg 2011). Gleichzeitig führt die Vertriebsmethode zu einer schlechten oder fehlenden Betreuung während der Vertragslaufzeit. Wozu dies führen kann, zeigte sich beispielsweise 2011: Das Bundesministerium für Finanzen kündigte an, dass die Zentrale Zulagenstelle für Altersvermögen für die Jahre 2005 bis 2007 rund 500 Millionen Euro an Zulagen, die Sparer auf ihren Konten bereits gutgeschrieben worden waren, zurückgebucht werden sollten. Als mögliche Ursachen für diese Rückbuchungen wurden neben der förderschädlichen Vertragskündigung auch Änderungen bei der Förderberechtigung angeführt. Eine Reihe von Sparern hatte offensichtlich nicht den Eigenbeitrag eingezahlt, der erforderlich ist, um die volle Zulage zu erhalten (Verbraucherzentrale Bundesverband 2011c). Bei einer guten Vertragsbetreuung durch die Anbieter hätten diese Rückforderungen zumindest minimiert werden können.

Eine weitere Folge des Provisionssystems über eine Verteilung der Abschluss- und Vertriebskosten auf die ersten Vertragsjahre ist ein erheblicher finanzieller Schaden bei einer vorzeitigen Vertragskündigung, weil mit den Beiträgen der Verbraucher zu einem wesentlichen Teil zunächst die kalkulierten Kosten beglichen werden müssen und kein auszahlbares Kapital gebildet werden konnte. Nach einer Studie, für die konkrete Beratungsfälle der Verbraucherzentrale Hamburg im Hinblick auf die wirtschaftlichen Folgen einer vorzeitigen Kündigung von Lebensversicherungen ausgewertet wurden, liegt der durchschnittliche Schaden für den Verbraucher bei einem vorzeitigen Vertragsabbruch bei 4 000 Euro (Oehler 2011).

Eine kurzfristige Reaktion darauf würde darin bestehen, die Abschluss- und Vertriebskosten über die gesamte Vertragslaufzeit zu verteilen. Zusätzlich muss aber auch über Alternativen zum provisionsbasierten Vertrieb nachgedacht werden.

5 Honorarberatung als wirkliche Wahlalternative zur Provisionsvermittlung

Die Provisionsvermittlung erscheint zunächst kostenfrei, und gleichzeitig entsteht der Eindruck, eine Beratung auf Honorarbasis sei teuer und unattraktiv. Denn einem Beratungshonorar in Euro pro Beraterstunde eines Honorarberaters steht ein scheinbar kostenfreies Beratungsgespräch bei einem Finanzvermittler gegenüber. Dieses Bild ist aber falsch. Schaut man sich nämlich die Höhe der in die Anlage- und Altersvorsorgeprodukte einkalkulierten Provisionen einmal näher an, wandelt sich der Nachteil der Honorarberatung vielfach zum Vorteil, denn das Beratungshonorar fällt gerade bei langlaufenden Vorsorgeverträgen niedriger aus als die Provision. Insofern stellt eine Finanzberatung auf Honorarbasis aus Sicht des vzbv tatsächlich eine gute Alternative zur provisionsbasierten Finanzberatung dar. Die mangelnde Preistransparenz bezüglich des Produktes und bezüglich der Beratungsleistung verhindert aber letztlich eine Entscheidung zugunsten der Honorarberatung. Daher müssten in einem ersten Schritt die Kosten für die Finanzvermittlung auf Provisionsbasis tatsächlich offengelegt werden. Dafür sollte es klare Preisschilder in Euro und Cent differenziert nach den Kosten für die Verwaltung eines Produktes und für den Produktvertrieb (Provisionen, Kickbacks, Margen und Innenprovisionen) geben.

Damit sich aber die Honorarberatung am auch Markt durchsetzen kann, ist zusätzlich ein gesetzlicher Rahmen erforderlich, der sicherstellt, dass die Finanzvermittlung klar von der Finanzberatung abgegrenzt wird. Bis heute fehlen ein Namensschutz, eine gesetzliche Trennung der Provisions- und Honorarberatung und ein umfassendes Angebot tatsächlich provisionsfreier Finanzprodukte. Geregelt werden müsste, dass Finanzberater keine Provisionen, sonstige Vergütungen oder Vorzüge von dritter Seite – insbesondere vom Produktherausgeber – annehmen dürften. Der vzbv fordert zudem, dass ein Finanzberater nicht zugleich als Vermittler tätig sein sollte und dass Mischformen ausgeschlossen werden müssten. Auch ist es, um die Honorarberatung für den Verbraucher wirtschaftlich attraktiv zu machen, erforderlich, die Herausgeber von Finanzprodukten gesetzlich zu verpflichten, ihre Produkte gleichzeitig auch als ‚Nettotarife' anzubieten, das heißt ohne einkalkulierte Provisionen, Zuwendungen oder Innenprovisionen (Gatschke 2012).

6 Vorsorgekonto als „Non-profit-Lösung"

Neben der Förderung der Honorarberatung sollte geprüft werden, ob eine „Non-profit-Lösung", das heißt ein Produkt oder mehrere kostengünstige Produkte angeboten werden sollten. Nach unserer Vorstellung sollte es sich dabei um ein zusätzliches Marktangebot handeln, das wir als Vorsorgekonto bezeichnen. Es müsste auf dem Grundgedanken beruhen, dass Verbraucher einer auf gesetzlicher Grundlage zu etablierenden Institution Anlagebeiträge zur Bildung ihrer Altersvorsorge überlassen. Dieses Vorsorgekonto müsste ausschließlich den Interessen seiner Beitragszahler verpflichtet sein und einen kostengünstigen, einfachen und transparenten Durchführungsweg zur Bildung der privaten Altersvorsorge ermöglichen. Es dürften dabei keine Abschluss- und Vertriebskosten anfallen. Die Management- und Verwaltungskosten wären auf das unbedingt Erforderliche zu begrenzen. Dies müsste durch öffentliche Ausschreibungen für die Umsetzung der Anlagestrategie sichergestellt sein. Die Umsetzung der kontinuierlichen Anlageentscheidungen müsste eine dafür geeignete glaubwürdige Institution übernehmen, und zwar auf der Grundlage klarer, verständlicher und nachvollziehbarer Regeln. Die privaten Anleger würden die für sie relevanten Informationen in jährlichen Mitteilungen erhalten. Weitere Informationen würden veröffentlicht und für jedermann einsehbar sein müssen (Verbraucherzentrale Bundesverband 2011d).

7 Ausblick

Die CDU/CSU-Fraktion im Deutschen Bundestag hatte 2011 ein Maßnahmenpaket zur Verbesserung der Altersvorsorge angekündigt. Dabei geht es um eine Erhöhung der bestehenden Förderung, die Absicherung einer Berufsunfähigkeit bei der Basisrente und der Riester-Rente, eine Vereinfachung des Wohnriesters – einer der fünf Produktarten des Riester-Sparens – und um eine Anhebung der Förderhöchstgrenze bei der Basisrente, also der sogenannten „Rürup-

Rente" (Flosbach 2011). Wir erwarten für den Herbst 2012, dass ein Entwurf in den Deutschen Bundestag eingebracht wird, der die im vorigen Jahr angekündigten Verbesserungen aufnimmt.

Der vzbv hält es für sinnvoll, dass in dem Entwurf die Vorschläge aus dem Rentenpaket des Bundesministeriums für Arbeit und Soziales für ein verbraucherfreundliches „Riestern" aufgegriffen werden. So sollen bei einem Wechsel des Anbieters nur noch maximal 150 Euro Kosten in Rechnung gestellt werden dürfen. Darüber hinaus sollen bei einem Anbieterwechsel keine erneuten Abschluss- und Vertriebskosten anfallen dürfen. Die Riester-Kunden sollen mehr als bisher an den sogenannten Risikoüberschüssen der Versicherungen beteiligt werden, wobei die verpflichtende Weitergabe dieser Überschüsse an die Kunden von 75 Prozent auf 90 Prozent erhöht werden soll (Bundesministerium für Arbeit und Soziales 2012).

Außerdem sollen die Riester-Produkte künftig besser kontrolliert werden. Die Bundesanstalt für Finanzdienstleistungsaufsicht (BaFin) soll die Aufgabe erhalten, staatlich geförderte Altersvorsorgeprodukte zu kontrollieren (Bundesministerium für Arbeit und Soziales 2012, Middelberg 2012). Auch diesen Vorstoß begrüßt der Dachverband der Verbraucherorganisationen. Dies setzt bei der Aufsichtsbehörde aber auch einen Paradigmenwechsel voraus: Der Schutz der kollektiven Interessen der Verbraucher[1] muss in den Fokus der Aufsichtspraxis rücken (Verbraucherzentrale Bundesverband 2012).

Literaturverzeichnis

— Bergermann, Melanie (2008): Bankberater packen aus: „Ich habe Sie betrogen". Wirtschaftswoche vom 4.8.2008. www.wiwo.de/unternehmen/banken-bankberater-packen-aus-ich-habe-sie-betrogen/5346846.html

— Billen, Gerd (2012): Vorschläge zur Stärkung der kapitalgedeckten Altersvorsorge. Vortrag auf dem Workshop des DIW Berlin „Riester-Rente: Grundlegende Reform dringend geboten!?" am 1. Juni 2012.

— Bundesministerium für Arbeit und Soziales (2012): Das Rentenpaket. Informationen für die Presse vom 08.04 2012. www.bmas.de/SharedDocs/Downloads/DE/PDF-Pressemitteilungen/rentendialog-gesamt-pdf.pdf?__blob=publicationFile

— Deutscher Bundestag (2000): Entwurf eines Gesetzes zur Reform der gesetzlichen Rentenversicherung und zur Förderung eines kapitalgedeckten Altersvorsorgevermögens (Altersvermögensgesetz – AVmG). Drucksache 14/4595, 14.11.2000. www.juris.de/jportal/docs/news_anlage/jpk/sgbf/mat/1404595.pdf

— DIW Berlin (2012): „Riester-Rente: Grundlegende Reform dringend geboten!?" Workshop des DIW Berlin am 1. Juni 2012.

— Flosbach, Klaus-Peter (2011): Anreize zur privaten Altersvorsorge attraktiver ausgestalten. Pressemeldung vom 8.2.2011. www.cducsu.de/Titel__pressemitteilung_anreize_zur_privaten_altersvorsorge_attraktiver_ausgestalten/TabID__6/SubTabID__7/InhaltTypID__1/InhaltID__17857/Inhalte.aspx

1 Das Aufsichtsziel der BaFin ist nicht die Wahrnehmung der Interessen des einzelnen Verbrauchers im Sinne der Durchsetzung individueller Ansprüche. Es geht vielmehr darum, die Gesamtheit der Verbraucher als Vertragspartner des beaufsichtigten Unternehmens im Blick zu haben. Eine Verletzung der Belange der Verbraucher wäre, wenn es einen Schutz kollektiver Verbraucherinteressen geben würde, ein Missstand im aufsichtsrechtlichen Sinne und würde von der Aufsicht gegebenenfalls ein Einschreiten erforderlich machen.

— Gatschke, Lars (2012): 10 Jahre Riester-Rente: Erfolg oder Scheitern? Was kann die staatlich gefördete Altersversorgung leisten? Konferenz Reader (Institut für Finanzdienstleistungen e. V.) zur Internationalen Konferenz zu Finanzdienstleistungen. www.iff-hamburg.de/pdf/Konferenz_Reader_2012.pdf
— Middelberg, Mathias (2012): Rede vor dem Deutschen Bundestag am 14.06.2012 zur Beratung des Antrags der Abgeordneten Matthias W. Birkwald, Klaus Ernst, Diana Golze, weiterer Abgeordneter und der Fraktion DIE LINKE „Risiken der Riester-Rente offenlegen – Altersvorsorge von Finanzmärkten entkoppeln". Plenarprotokoll 17/184. 21938 f. http://dip21.bundestag.de/dip21/btp/17/17184.pdf
— Oehler, Andreas (2011): Bei Abschluss: Verlust? Das Ende vom Anfang einer Vorsorge: Milliardenschäden durch fehlgeleitete Abschlüsse von Kapitallebens- und Rentenversicherungen. www.vzhh.de/versicherungen/151190/Oehler_Studie_Handout.pdf
— Oehler, Andreas, unter Mitarbeit von Daniel Kohler (2009): Alles „Riester"? Die Umsetzung der Förderidee in der Praxis Stärken und Schwächen, Risiken und Chancen der staatlich geförderten kapitalgedeckten privaten Altersvorsorge von abhängig Beschäftigten (ohne Beamte) im Kontext der umlagefinanzierten gesetzlichen Rentenversicherung. Gutachten im Auftrag des Verbraucherzentrale Bundesverbandes. www.vzbv.de/cps/rde/xbcr/vzbv/altersvorsorge_gutachen_oehler_12_2009.pdf
— Stiftung Warentest (2009): Versicherungsvermittler: Kein Unternehmen gut. www.test.de/Versicherungsvermittler-Kein-Unternehmen-gut-1804881-1806620/
— Stiftung Warentest (2010): Banken im Test: Die Blamage geht weiter. www.test.de/Banken-im-Test-Die-Blamage-geht-weiter-4113924-4114313/
— Tiffe, Achim, Michael Feigl, Jürgen Fritze, Veruschka Götz, Claudia Grunert, Lena Jaroszek und Ilonka Rohn (2012): Ausgestaltung eines Produktinformationsblatts für zertifizierte Altersvorsorge- und Basisrentenverträge. Studie im Auftrag des Bundesministeriums der Finanzen. www.iff-hamburg.de/media.php?id=4458
— Verbraucherzentrale Baden-Württemberg (2011): Finanzberatung ist nicht bedarfsgerecht. Pressemeldung vom 16.5.2011. www.vz-bawue.de/UNIQ134304590232194/link878311A.html
— Verbraucherzentrale Bundesverband (2011a): Vorschläge zur Stärkung der Altersvorsorge im Allgemeinen und der Riester-Förderung im Speziellen. Positionspapier des vzbv vom 18.5.2011. www.vzbv.de/cps/rde/xbcr/vzbv/Altersvorsorge_Riesterfoerderung_Postitionspapier_18_05_2011.pdf
— Verbraucherzentrale Bundesverband (2011b): Stellungnahme zum Diskussionsentwurf zur Einführung eines Produktinformationsblatts für zertifizierte Altersvorsorge- und Basisrentenverträge vom 24.6.2011.
— Verbraucherzentrale Bundesverband (2011c): Stellungnahme zum Entwurf eines Gesetzes zur Umsetzung der Beitreibungsrichtlinie sowie zur Änderung steuerlicher Vorschriften vom 14.9.2011. www.bundestag.de/bundestag/ausschuesse17/a07/anhoerungen/2011/060/Stellungnahmen/27-vzbv.pdf
— Verbraucherzentrale Bundesverband (2011d): Regierungsdialog Rente: Vorschläge zur Stärkung der kapitalgedeckten Altersvorsorge. Positionspapier des vzbv vom 23.11.2011. www.vzbv.de/cps/rde/xbcr/vzbv/Rentendialog-Positionspapier-vzbv-2011.pdf
— Verbraucherzentrale Bundesverband (2012): Finanzaufsicht: Verbraucherschutz bleibt Feigenblatt. Pressemeldung vom 2.5.2012. www.vzbv.de/9437.htm
— Weber, Martin (2010): Prognosen von Aktienkursen sind Unsinn. Interview im *Tagesspiegel* vom 1.11.2010. www.tagesspiegel.de/wirtschaft/finanzexperte-weber-prognosen-von-aktienkursen-sind-unsinn/1971044.html

Riester-Rente – Reformen und ein staatliches Basisprodukt sind dringend erforderlich

ANNABEL OELMANN UND RALF SCHERFLING

Annabel Oelmann, Verbraucherzentrale Nordrhein-Westfalen, Gruppe Finanzdienstleistungen, E-Mail: fdl@vz-nrw.de
Ralf Scherfling, Verbraucherzentrale Nordrhein-Westfalen, Gruppe Finanzdienstleistungen, E-Mail: fdl@vz-nrw.de

Zusammenfassung: „Soll ich jetzt riestern?" Die Beratungspraxis der Verbraucherzentrale NRW zeigt, dass Verbraucher diese Frage oft nicht beantworten können. Ratsuchende empfinden die Regeln der Riester-Rente als zu kompliziert und die Produkte als intransparent und zu teuer. Die Verbraucherzentrale Nordrhein-Westfalen sieht Staat und Anbieter in der Pflicht, einfache und kostengünstige – ergo: verbraucherfreundliche – Riester-Produkte am Markt zu etablieren. Um das Vertrauen der Verbraucher zu stärken, halten wir es für erforderlich, die gesetzlichen Regeln anzupassen und ein staatliches Basisprodukt einzuführen, beispielsweise bei der Deutschen Finanzagentur.

Summary: "Should I start a Riester pension?" According to consumer rights protection agency, Nordrhein-Westfalen (NRW), consumers often cannot answer this question. Many people feel that the rules and regulations of the Riester-Rente products are too complicated, not transparent, and too expensive. The consumer rights protection agency expects both the government and Riester pension providers to provide a consumer friendly market with easy to understand and affordable products. To strengthen consumer confidence, we strongly recommend adopting legal rules and regulations, plus introducing a publically managed Riester pension product offered by, for example, the German Finance Agency, Deutsche Finanzagentur.

→ JEL Classification: G01, G02, G18, G28, G38
→ Keywords: Riester pension, basic product, retirement account, German Finance Agency, retirement investments, consumer rights protection agency, consumer-friendly product

1 Einleitung

„Soll ich jetzt riestern?" – Immer wieder stellen verunsicherte Verbraucher diese Frage der Verbraucherzentrale Nordrhein-Westfalen (im Folgenden VZ NRW). In unseren Beratungen erleben wir seit zehn Jahren regelmäßig, dass viele Verbraucher durchaus bereit sind, für den späteren Ruhestand Geld zur Seite zu legen, um sich ein zweites Standbein neben der gesetzlichen Rente zu schaffen. Weniger klar ist den Ratsuchenden, welchen Weg sie einschlagen sollen, um das Ziel zu erreichen. Dies betrifft die private Altersvorsorge insgesamt, aber auch die staatlich geförderte Riester-Rente. Alternative Formen der staatlich geförderten Altersvorsorge sind die Rürup-Rente und die betriebliche Altersvorsorge. Einen ausführlichen Überblick darüber gibt beispielsweise Herrmann (2009). Diese Versorgungsarten sind aber nicht Teil der weiteren Ausführungen. Politiker, Wissenschaftler, Anbieter, Verbraucherschützer und sonstige Experten beziehen regelmäßig und kontrovers Stellung zur Riester-Rente (beispielsweise Bund der Versicherten 2011, Gesamtverband der Deutschen Versicherungswirtschaft 2011). Die Meinungen über die Vorteile der Riester-Rente sind so unterschiedlich wie die Ergebnisse wissenschaftlicher Untersuchungen. Wer hier ratlos zurückbleibt, sind die Verbraucher. Wem sollen sie glauben? Den Befürwortern, die darauf hinweisen, dass aufgrund der staatlichen Förderung kaum eine andere Geldanlage eine so hohe Rendite ermöglicht wie die Riester-Rente (beispielsweise Gesamtverband der Deutschen Versicherungswirtschaft 2011)? Oder den Gegnern, die ausführen, dass man nicht zuletzt aufgrund der Kosten ein hohes Alter erreichen müsste, um sein Geld wieder herauszubekommen (beispielsweise Hagen und Kleinlein 2011, Kleinlein 2011)?

Im Folgenden geht es nicht um eine Bewertung der Argumente von Befürwortern und Kritikern der Riester-Rente. Vielmehr geht es darum, darzulegen, mit welchen Problemen sich Verbraucher zum Thema Riester an die VZ NRW wenden. Die Ausführungen erheben keinen Anspruch auf Repräsentativität. Dies liegt zum einen daran, dass es sich um eine ausgewählte Gruppe von Verbrauchern handelt. Es sind die Verbraucher, die eine Honorarberatung zur Altersvorsorge der VZ NRW in Anspruch genommen haben. Zum anderen gibt es „den" Verbraucher schlicht nicht (Ahlswede 2011). Es gibt Männer und Frauen, Ledige und Verheiratete, junge und alte Menschen, Geringverdiener und Gutverdiener, kinderlose Paare und Familien mit Kindern mit sehr unterschiedlichen Anliegen.

Dennoch lassen sich aus den Beratungen wertvolle Erkenntnisse ziehen. Viele Menschen sind beim Abschluss einer Riester-Rente zurückhaltend oder wollen einen bestehenden Vertrag vorzeitig kündigen, obwohl sie förderberechtigt im Sinne des Gesetzes sind und den Handlungsbedarf bei der privaten Altersvorsorge sehen. Auch wenn jeder Fall individuell ist, sind doch Übereinstimmungen bei den Gründen beider Gruppen festzustellen, von einer Riester-Rente Abstand zu nehmen. Diese geben dem Staat, aber auch den Anbietern, Hinweise, wo – aus Sicht des Verbrauchers – Probleme liegen. Auf dieser Basis sollten Politik und Anbieter Maßnahmen für die Lösung der Probleme ergreifen.

2 Erkenntnisse aus dem Beratungsalltag der VZ NRW: Riester ist zu kompliziert, zu intransparent und zu teuer

In den Jahren 2009 bis 2011 wurde das Beratungsangebot der VZ NRW im Bereich Altersvorsorge insgesamt mehr als 1200 mal per annum in Anspruch genommen (Ministerium für Klimaschutz, Umwelt, Landwirtschaft, Natur- und Verbraucherschutz des Landes NRW 2012). Zum Vergleich: Im Jahr 2007 – vor Ausbruch der Finanzmarktkrise – waren es 800 Beratungen. In vielen dieser Beratungen ging es den Verbrauchern um das Thema Riester.

Eine Aufbereitung der Erfahrungen aus den Beratungen zeigt: Es herrscht allgemeine Unsicherheit bei den Verbrauchern in Bezug auf die Riester-Rente. Viele Verbraucher können die konkreten Gründe für ihre Unsicherheit bezüglich des Riester-Sparens nicht benennen. Aus Sicht der VZ NRW finden sich Ursachen für diese Unsicherheit zum Teil beim Staat und den gesetzlichen Regeln, zum Teil aber bei den Anbietern und ihren Produkten. Die Ratsuchenden lassen sich in zwei Gruppen einordnen: Verbraucher, die aus Angst davor, einen Fehler zu machen, bisher im Bereich Altersvorsorge keine Entscheidung getroffen haben. Sie wollen wissen, ob sie nicht doch „riestern" sollen. In der zweiten Gruppe sind Verbraucher, die vor einigen Jahren einen Riester-Vertrag abgeschlossen haben und wissen wollen, ob es empfehlenswert ist, den Vertrag fortzuführen. Viele dieser Verbraucher haben in Unkenntnis alternativer Anlageformen auf Vertrauensbasis eine Riester-Versicherung gekauft.

2.1 Gründe, warum Verbraucher bisher keinen Riester-Vertrag abgeschlossen haben

Vier Faktoren sind nach den Erfahrungen der VZ NRW maßgeblich für Verbraucher, keinen Riester-Vertrag abzuschließen: die Komplexität der Regeln, die Gefahr der Anrechnung auf eine Grundsicherung im Alter, Misstrauen gegenüber Anbieter und die unbekannte Produktvielfalt.

Komplexität: Vielen Verbrauchern sind die Regeln der Riester-Rente zu kompliziert. Beispielsweise ist den wenigsten Ratsuchenden bekannt, dass es neben der Zulagenförderung eine zweite Förderkomponente gibt: den Sonderausgabenabzug. Im Jahr 2012 beträgt die Grundzulage 154 Euro, zusätzlich 185 Euro Kinderzulage, für Kinder, die nach 2007 geboren sind, sogar 300 Euro Kinderzulage. Im Rahmen der Einkommenssteuererklärung können jährlich maximal 2 100 Euro steuerlich geltend gemacht werden (Herrmann 2009). Nur wenige Verbraucher wissen, wie die beiden Komponenten zusammenhängen oder können einschätzen, ob der Sonderausgabenabzug überhaupt relevant ist.

Anrechnung auf die Grundsicherung im Alter: Verbraucher mit niedrigen Einkommen sind verunsichert, ob sie in der Rentenphase von der Riester-Rente profitieren werden. Die Anrechnung der Riester-Rente auf die Grundsicherung schreckt einige Verbraucher ab. Den Wenigsten ist bekannt, dass es sich hierbei nicht um eine Besonderheit der Riester-Rente handelt, sondern dass die Anrechnung auf die Grundsicherung auch für andere Einkommensarten gilt. Viele können nicht abschätzen, ob die Grundsicherung im Alter für sie überhaupt relevant sein wird. Von staatlicher Seite wird bereits über Änderungen bei der Anrechnung auf die Grundrente nachgedacht (Aigner 2012).

Misstrauen: In den vergangenen zwölf Jahren haben viele Verbraucher an den Finanzmärkten ihr Geld verloren: Anfang des Jahrtausends platzte zunächst die Internet-Blase. 2007/08 folgte die US-„Subprime"-Krise mit weltweiten Auswirkungen. Die Insolvenz der amerikanischen Investmentbank Lehman Brothers bescherte vielen Kleinanlegern hohe Verluste. Die Finanzkrise übertrug sich auf die Realwirtschaft und beherrscht seit 2010 mit der Staatsschuldenkrise in der Eurozone die Schlagzeilen der Tagespresse. Vor diesem makroökonomischen Umfeld sorgen sich viele Anleger vor allem um den Erhalt ihres Vermögens. Die Verbraucher sind nachhaltig verunsichert. Die oft undifferenzierte Berichterstattung in den Medien zu Riester verstärkt diese

Unsicherheit (Union Investment 2012). Sie wollen wissen, ob ihr Geld sicher angelegt wird und ob sie es überhaupt wiedersehen, wenn sie in Rente gehen. Dieses Misstrauen betrifft ebenfalls die Riester-Rente – auch wenn zum Zeitpunkt des Rentenbeginns die Summe der eingezahlten Beiträge und der erhaltenen Zulagen garantiert ist. Die Verbraucher haben das Vertrauen in die Anbieter und Finanzwirtschaft allgemein verloren, nicht aber unbedingt das Vertrauen in die eigene Bank. Auch der eigene Berater ist davon oft ausgenommen (Bundesverband Deutscher Banken 2011), und die Verbraucher folgen seiner Empfehlung.

Unbekannte Produktvielfalt: Vielen Verbrauchern ist es in dem intransparenten Markt nicht möglich, das beste Produkt und den passenden Anbieter zu identifizieren. Tatsächlich denken die meisten Ratsuchenden ausschließlich an eine Rentenversicherung – aber nicht an die anderen ebenfalls staatlich geförderten Riester-Angebote. Dazu zählen nicht nur klassische und fondsgebundene Rentenversicherungen, sondern auch Fondssparpläne, Banksparpläne und Wohn-Riester. Aktuell gibt es bei den Riester-Interessenten einen Trend zur Immobilie: Viele Verbraucher überlegen, ob sie künftig Sachwerte wie Immobilien bei der Vermögensbildung stärker berücksichtigen sollen. Bei den Beratungen zum Thema Riester geht es immer häufiger um Möglichkeiten, die staatliche Förderung in diesem Bereich zu nutzen. Dies ist möglicherweise eine Erklärung für die zunehmende Zahl von Wohn-Riester-Verträgen (Bundesministerium für Arbeit und Soziales 2012b).

2.2 Gründe, warum Riester-Sparer ihren Vertrag vorzeitig kündigen wollen

Vor allem drei Gründe werden von Verbrauchern, die sich an die VZ NRW mit der Überlegung wenden, ob sie ihren Riester-Vertrag kündigen wollen, vorgetragen: Unklarheit bei der Zulagenbesparung, Kosten, unbekannte Handlungsalternativen.

Unklarheit bei der Zulagenbesparung: Viele Verbraucher wissen nicht, welche Summe sie einzahlen müssen, um die volle Zulage zu bekommen. Dafür müssen sie einschließlich der Zulagen vier Prozent des rentenversicherungspflichtigen Bruttovorjahreseinkommens sparen (Herrmann 2009). Vielen ist nicht klar, dass sie die Sparhöhe anpassen müssen, wenn sich ihr Einkommen oder ihre persönliche Situation ändert, zum Beispiel nach der Geburt eines Kindes. Die Konsequenz daraus ist, dass nicht alle Verträge optimal bespart werden. 2011 gab es eine Rückforderungsaktion der Zentralen Zulagenstelle für Altersvermögen. Sie überprüfte systematisch, ob den Riestersparern die staatlichen Zulagen tatsächlich zustanden. In den Fällen, wo diese unberechtigt gewährt worden waren, buchte der Staat das Geld zurück. Dies hat – trotz der nachträglich geschaffenen Nachzahlungsmöglichkeiten (Bundesfinanzministerium 2011) – die Sorge der Verbraucher verstärkt, am Ende die Zulagen nicht oder nicht vollständig zu bekommen.

Kosten: Verbraucher erkennen häufig erst die zum Teil sehr hohen Kosten eines Vertrages – vor allem für Abschluss und Vertrieb sowie für die Verwaltung –, wenn sie die Jahresmitteilungen zur Entwicklung ihres Riester-Produkts erhalten. Das Produkt, das die meisten Ratsuchenden verkauft bekommen haben, ist eine Riester-Versicherung. Dieses Produkt ist erfahrungsgemäß mit hohen Kosten verbunden.

Unbekannte Handlungsalternativen: Viele Riester-Anleger kennen keine andere Möglichkeit, als den Vertrag zu kündigen. Die Alternativen – Beitragsfreistellung oder Vertragswechsel – sind vielen nicht bekannt.

3 Was ist zu tun, damit „Riester" von Verbrauchern angenommen wird?

Die Beratungspraxis der VZ NRW zeigt, dass viele Verbraucher die Riester-Rente immer noch als zu kompliziert empfinden. Ihnen sind viele Produkte nach wie vor zu intransparent und zu teuer. Deshalb meiden viele Menschen trotz staatlicher Förderung die Riester-Rente. Um dies zu verändern, werden eine Reihe von Maßnahmen zur Verbesserung diskutiert. Nachstehend werden die Reformvorstellungen der VZ NRW vorgetragen.

3.1 Forderungen an den Staat - Nachbesserung und Einführung eines Basisprodukts in Form eines Vorsorgekontos

Die Verbesserungen, die der Staat in den vergangenen zehn Jahren an der Riester-Rente vorgenommen hat, reichen nicht aus. Appelle an die Verbraucher, die staatliche Förderung für die Altersvorsorge zu nutzen, entfalten wenig Wirkung, solange keine grundsätzlichen Änderungen vorgenommen werden.

In den vergangenen zehn Jahren hat der Markt nicht funktioniert: Die Anbieter haben es nicht geschafft, ein leicht verständliches und kostengünstiges – ergo: verbraucherfreundliches – Altersvorsorge-Produkt zu entwickeln. Die Materie ist für die Masse der Verbraucher zu komplex – mit der Folge, dass viele Menschen überhaupt nicht „riestern". Vielen Verbrauchern, die bei der VZ NRW Rat suchen, wird die gesetzliche Rente alleine nicht reichen, um den gewohnten Lebensstandard im Ruhestand aufrecht zu erhalten. Sie benötigen im Zweifel weitere Ressourcen wie zum Beispiel bezahltes Wohneigentum, betriebliche Altersvorsorge, Wertpapiere, Erbschaft oder Lottogewinn. Ohne zusätzliche Ressourcen droht ihnen im Rentenalter im schlimmsten Fall das Abrutschen in Altersarmut (Schmähl 2011, Vogel 2011).

Um die Akzeptanz der Riester-Rente zu erhöhen, müssten die bestehenden Regeln angepasst werden. Maßnahmen wie eine Deckelung der Kosten, eine bessere Beteiligung der Verbraucher an den Risikoüberschüssen, standardisierte Produktinformationsblätter und eine bessere Kontrolle von Riester-Produkten einschließlich Sanktionsmöglichkeiten bei Verstößen (Bundesministerium für Arbeit und Soziales 2012a) könnten aus Sicht der VZ NRW das Vertrauen in die staatlich geförderte Altersvorsorge stärken. Vertrauen ist die zentrale Voraussetzung für Verbraucher, um überhaupt einen Riester-Vertrag abzuschließen (Ehler et al. 2011).

Die VZ NRW befürchtet aber, dass solche Einzelmaßnahmen allein das Marktversagen nicht beheben werden. Daher ist es notwendig, ein staatliches Vorsorgekonto einzuführen, um zumindest ein verbraucherfreundliches Basisprodukt neben den anderen Riester-Produkten anzubieten. Zwar entstehen dem Staat als zusätzlichem Anbieter Kosten, aber diese sind nach Meinung der VZ NRW geringer als die Kosten, die dem Staat durch fehlende staatlich geförderte Altersvorsorge der Bürger in der Zukunft entstehen würden. Der Eingriff des Staates ist daher gerechtfertigt. Ähnliche Produkte befinden sich zwar auch im Produktportfolio der privaten Anbieter. Unsere Beratungspraxis zeigt jedoch, dass diese von den Anbietern kaum aktiv verkauft werden und Verbraucher diese auf dem intransparenten Markt selten finden.

Das Thema Altersvorsorgekonto wurde in den letzten Jahren immer wieder erörtert (beispielsweise Bundesverband Investment und Asset Management 2003, Scheel et al. 2008). Diese Diskussion hat sich seit dem Sommer 2010 intensiviert. Positiv dazu geäußert haben sich unter anderem Wissenschaftler wie Schwintowski (2011), Verbraucherschutzorganisationen wie die

Verbraucherzentrale Bundesverband (2011), die Verbraucherzentrale Baden-Württemberg (Rezmer 2011), die Verbraucherkommission Baden-Württemberg (Stellpflug 2010) sowie die Deutsche Rentenversicherung Baden-Württemberg (2011). ÖKO-TEST bietet eine Übersicht (2011b) und fordert ebenfalls die Einführung eines Altersvorsorgekontos (2011c).

Die VZ NRW unterstützt die grundsätzliche Idee eines staatlichen Basisprodukts. Bei einem Vorsorgekonto zahlt der Bürger auf freiwilliger Basis auf ein Konto bei einer Institution des Staates ein. Der Staat überweist seine Zuschüsse ebenfalls auf dieses Konto. Fehlende Abschluss- und Vertriebskosten sowie geringe Verwaltungskosten tragen dazu bei, dass sich das Geld – dank des Zinseszins-Effektes – schneller vermehren kann als bei vielen derzeit am Markt existierenden kostenintensiven Riester-Produkten (ÖKO-TEST 2011c).

Neben der Gesetzlichen Rentenversicherung (Deutsche Rentenversicherung Baden-Württemberg 2011) eignet sich aus Sicht der VZ NRW insbesondere die Deutsche Finanzagentur (früher: Bundesschuldenverwaltung) als „Vermögensverwalter des kleinen Mannes“. Ein Vorteil der Finanzagentur ist, dass sie über Erfahrungen im Privatkundengeschäft verfügt. Durch die aktuelle Ankündigung der Deutschen Finanzagentur, das Privatkundengeschäft mit Bundeswertpapieren einzustellen (2012), zeichnen sich unserer Einschätzung nach außerdem freie Kapazitäten ab. Die Gesetzliche Rentenversicherung ist dagegen immer noch von Vertrauensverlusten seitens der Verbraucher betroffen (Brandstetter 2009, Brenke et al. 2011, Schmähl 2005 und 2011).

Das staatliche Basisprodukt hat das Ziel, eine risikoarme und kostengünstige Alternative zu bieten. Damit könnte der Personenkreis erreicht werden, der aus Misstrauen gegenüber der Finanzwirtschaft sonst gar nicht vorsorgen würde. Es stellt außerdem eine Alternative für diejenigen dar, die sich nicht mit den intranten Produkten am Markt beschäftigen wollen. Unserer Erfahrung nach gibt es auch einen Personenkreis, der im Zweifel einfach nichts falsch machen möchte. Für diese Verbraucher kann das Basisprodukt ebenfalls eine Alternative darstellen.

Bei der Einrichtung eines Basisprodukts sollte der Staat nach Auffassung der VZ NRW auch den Aspekt der Nachhaltigkeit berücksichtigen. Dabei geht es um die Einhaltung von bestimmten sozialen, ethischen und ökologischen Gesichtspunkten (ÖKO-TEST 2011c). Diese verbindlichen Nachhaltigkeitsregeln sollten im nächsten Schritt für alle Riester-Produkte gelten – egal ob von einer staatlichen Institution oder einem privaten Anbieter. Dabei sollte die Bundesrepublik Deutschland sicherstellen, dass bestimmte Produkte, denen sie ablehnend gegenübersteht, nicht mit geförderten Mitteln indirekt unterstützt werden. Ein Negativbeispiel hierfür waren die entdeckten Streubomben in staatlich geförderten und damit zertifizierten Riester-Produkten aus der Privatwirtschaft (Stiftung Warentest 2011).

3.2 Forderung an die Anbieter – Verbraucherfreundliche Produkte aktiv anbieten

Erfahrungen aus der Beratungspraxis der VZ NRW bestätigen die von Verbraucherschützern schon lange geäußerte Vermutung, dass Verbrauchern vor allem Produkte verkauft werden, die den Anbietern hohe Provisionen einbringen (Finanztest 2012, ÖKO-TEST 2011a). Der Wettbewerb bei der Riester-Rente krankt vor allem daran, dass viele Bank- und Versicherungsberater primär provisionsträchtige Versicherungen verkaufen oder aufgrund von Vorgaben seitens des Arbeitsgebers verkaufen müssen. Im Frühjahr 2012 waren von den 15,5 Millionen abgeschlossenen Riester-Verträgen fast elf Millionen Versicherungslösungen (Bundesministerium für Arbeit und Soziales 2012b).

Diese Kritik an der Verkaufspraxis und der Produktpalette wird vom Gesamtverband der Deutschen Versicherungswirtschaft (GDV) zurückgewiesen. Der Gesamtverband bemängelt insbesondere, dass die Kritiker bei ihren Untersuchungen zusätzliche Überschüsse über die garantierte Leistung hinaus nicht ausreichend berücksichtigen und mit einer zu niedrigen Lebenserwartung kalkulieren. Die Kritik an der Riester-Rente sei abzulehnen und teilweise politisch motiviert (GDV 2011).

Aus Sicht der VZ NRW sollten die Anbieter die Fokussierung auf teure Versicherungen umgehend beenden und stattdessen verbraucherfreundliche Produkte anbieten. Damit könnten die Anbieter im eigenen Interesse einen ersten Schritt zur Bewältigung der anhaltenden Vertrauenskrise gehen.

3.3 Verbraucher sollten die Grundregeln der Geldanlage beachten

Solange Staat und Anbieter die bisherige Riester-Architektur nicht grundlegend ändern, sind Verbraucher gezwungen, sich mehr als eigentlich erforderlich in das Thema Altersvorsorge einzuarbeiten und so zu informierten Managern zu werden (Lamping 2009). Verbraucher sollten sich niemals zu einem Vertragsabschluss drängen lassen, sondern sich Zeit nehmen und umfassend informieren. Neben den anbieterunabhängigen Honorarberatungen bieten anbieterneutrale Produkttests eine Orientierungshilfe.

Die VZ NRW stellt in ihren Beratungen außerdem fest, dass viele Verbraucher zum falschen Zeitpunkt mit der privaten Altersvorsorge beginnen. Schulden tilgen, existenzbedrohende Risiken absichern und der Aufbau einer eisernen Reserve sind vorrangig.

Schulden tilgen: Oft sparen Verbraucher Teile ihres Vermögens für die Altersvorsorge mit geringer Verzinsung an – und nehmen zur selben Zeit bewusst oder unbewusst einen teuren Raten- oder Dispositionskredit in Anspruch. Eine Grundregel der Geldanlage der VZ NRW besagt, dass Verbraucher eine höhere Rendite als ersparte Kreditzinsen nicht auf sicherem Wege erreichen können. Die VZ NRW empfiehlt daher, dass eine Schuldentilgung für Verbraucher vorrangig sein sollte.

Existenzbedrohende Risiken absichern: Auch diese Absicherung sollte nach Einschätzung der VZ NRW Vorrang haben. Viele Verbraucher sparen zwar für die Altersvorsorge, sichern sich aber nicht gegen existenzbedrohende Risiken ab. Sie „sparen" sich beispielsweise eine private Haftpflichtversicherung und/oder eine Berufsunfähigkeitsversicherung.

Eiserne Reserve aufbauen: Schließlich sollten Verbraucher auch daran denken, eine Liquiditätsreserve aufzubauen, bevor sie eine Riester-Rente abschließen. Ohne eiserne Reserve passiert es immer wieder, dass Verbraucher bei unvorhergesehenen Ausgaben langfristige Verträge kündigen und hohe Verluste in Kauf nehmen müssen. Auslöser kann schon eine teure Autoreparatur sein.

4 **Fazit**

Im Beratungsalltag der VZ NRW zeigt sich immer wieder, dass die Verbraucher der privaten Altersvorsorge im Allgemeinen und der staatlich geförderten Riester-Rente im Besonderen kritisch gegenüberstehen. Die Frage „Soll ich jetzt riestern?“ können sie nicht abschließend beantworten. Zwar sind viele Menschen bereit, Geld für den späteren Ruhestand zurückzulegen, dennoch machen sie wegen der komplizierten staatlichen Förderung und der hohen Kosten einen Bogen um die Riester-Rente.

Die VZ NRW sieht Staat und Anbieter in der Pflicht, verbraucherfreundliche – das heißt einfach zu verstehende und kostengünstige – Riester-Produkte am Markt zu etablieren. Aufgrund des bisherigen Marktversagens sollte aus Sicht der VZ NRW zusätzlich zu den vorhandenen Produktklassen bei den privaten Anbietern ein staatliches Basisprodukt in Form eines Vorsorgekontos eingeführt werden. Hier bietet sich vor allem die Finanzagentur mit ihrer bewährten, kostengünstigen Infrastruktur und ihrer Erfahrung im Privatkundengeschäft als „Vermögensverwalter des kleinen Mannes“ an.

Literaturverzeichnis

— Ahlswede, Sophie (2011): Verbraucherschutz bei Finanzdienstleistungen. Deutsche Bank Research. Aktuelle Themen 514, 24.5.2011. Frankfurt a. M.
— Aigner, Ilse (2012): Aussage im Rahmen der Veranstaltung 13. MCC-Zukunftsmarkt in Berlin: Reform der Riester-Rente gefordert. 28./29.2.2012.
— Brandstetter, Barbara (2009): Die Finanzkrise zerstört das Vertrauen der Bürger. *Welt Online*. 03.02.2009.
— Brenke, Karl und Klaus F. Zimmermann (2011): Herausforderung „Sichere Rente“. *Vierteljahrsheft zur Wirtschaftsforschung*, 80 (2), 5–9.
— Bund der Versicherten (2011): 2012 als Schicksalsjahr der Riester-Rente. Medieninformation, 1.12.2011.
— Bundesfinanzministerium (2011): Besserer Verbraucherschutz bei der Riester-Rente: Zulagenanspruch kann nachträglich gesichert werden. Pressemitteilung. 12/2011.
— Bundesministerium für Arbeit und Soziales (2012a): Das neue Rentenreformpaket. Pressemitteilung, 21.3.2012.
— Bundesministerium für Arbeit und Soziales (2012b): Riester-Rente weiter im Trend. Pressemitteilung. 23.5.2012.
— Bundesverband Deutscher Banken (2011): Vertrauen in Banken/Zufriedenheit von Bankkunden. Repräsentative Umfrage im Auftrag des Bankenverbandes vom 4. bis 10. Oktober 2011.
— Bundesverband Investment und Asset Management (2003): BVI will Altersvorsorge-Konto für alle: einfach, flexibel und attraktiv. 28.11.2003. Frankfurt a. M.
— Deutsche Finanzagentur (2012): Über das Privatkundengeschäft der Finanzagentur. Ankündigung auf der Homepage, 5.7.2012.
— Deutsche Rentenversicherung Baden-Württemberg (2012): Verbraucherminister Bonde und der Chef der Deutschen Rentenversicherung Seiter zum Weltverbrauchertag: „Private Altersvorsorge muss einfach, transparent und kostengünstig sein“. Pressemitteilung, 14.03.2012.
— Ehler, Jürgen und Carroll Haak (2011): Riester-Sparen – Eine Frage des Vertrauens? *Deutsche Rentenversicherung*, 66 (4), 269–290.
— Finanztest (2012): Schlechter Rat. *Finanztest*, 3/2012, 42–44.
— GDV (2011): 10 Jahre Riester-Rente. Und sie lohnt sich doch. Pressemeldung, 6.12.2011.

— Hagen, Kornelia und Axel Kleinlein (2011): Zehn Jahre Riester-Rente: Kein Grund zum Feiern. *DIW Wochenbericht*, Nr. 47, 3–14.
— Herrmann, Karl-Heinz (2009): *Riester-, Eichel- oder Rürup-Rente? So schließen Sie Ihre Versorgungslücke und nutzen die staatlich geförderten Vorsorgewege optimal!* Norderstedt, Books on Demand GmbH.
— Kleinlein, Axel (2011) Zehn Jahre „Riester-Rente". Bestandsaufnahme und Effizienzanalyse. Friedrich-Ebert-Stiftung. Wiso-Diskurs, November 2011.
— Lamping, Wolfram (2009): Verbraucherkompetenz und Verbraucherschutz auf Wohlfahrtsmärkten: Neue Herausforderungen an eine sozialpolitische Verbraucherpolitik. *Vierteljahrsheft zur Wirtschaftsforschung*, 78 (3), 44–62.
— Ministerium für Klimaschutz, Umwelt, Landwirtschaft, Natur- und Verbraucherschutz des Landes NRW (2012): Minister Remmel fordert mehr Kontrolle von Finanzdienstleistern: Gute Beratung statt hoher Provisionen – Verbraucherinnen und Verbraucher berichten über Abzocke mit der Altersvorsorge, Dispo-Krediten und Angeboten auf dem grauen Kapitalmarkt. Pressemitteilung, 24.5.2012.
— ÖKO-TEST (2011a): Ausgetrickst. *Ratgeber Rente, Geld, Versicherungen*, 2011, 75–81.
— ÖKO-TEST (2011b): Ein Konto für alles. *Ratgeber Rente, Geld, Versicherungen*, 2011, 18–19.
— ÖKO-TEST (2011c): Riester-Rente abschaffen, Altersvorsorgekonto einführen. Pressemitteilung, 6.12.2011, Frankfurt a. M.
— Rezmer, Anke (2011): Was man bei privater Altersvorsorge beachten muss. *Handelsblatt* vom 27.09.2011.
— Scheel, Christine, Thea Dückert, Kerstin Andreae, Ekin Deligöz, Hans-Josef Fell, Kai Gehring, Priska Hinz (Herborn), Brigitte Pothmer, Wolfgang Strengmann-Kuhn, Harald Terpe und Fraktion BÜNDNIS 90/DIE GRÜNEN (2008): Individuelles Altersvorsorgekonto einführen. Antrag Deutscher Bundestag, Drucksache 16/8759, 09.04.2008.
— Schmähl, Winfried (2005): Einige Thesen zur Situation und weiteren Entwicklung der Alterssicherung in Deutschland – Zugleich Hinweis auf die Empfehlungen der Kommission für den 5. Altenbericht der Bundesregierung, Rentenfachgespräch der Volkssolidarität, Berlin, 17. November 2005.
— Schmähl, Winfried (2011): Politikberatung und Altersicherung: Rentenniveau, Altersarmut und das Rentenversicherungssystem. *Vierteljahrshefte zur Wirtschaftsforschung*, 80 (3), 159–174.
— Schwintowski, Hans-Peter (2011): Kein System ist absolut sicher. Interview in: *Die Korrespondenten* vom 21.12.2011.
— Stellpflug, Jürgen (2010): Schaffung eines Vorsorgekontos für die Altersvorsorge-Einzahlungen eines jeden Bürgers. Hintergrundinformation zu den Forderungen des Empfehlungspapiers der Verbraucherkommission Baden-Württemberg „Verbraucherfreundliche Regeln bei der privaten Altersvorsorge".
— Stiftung Warentest (2011): Auf vermintem Gelände. Serie *Finanztest*, 1/2011, 37–43.
— Union Investment (2011): Die Mehrheit der Deutschen denkt, für das Alter ausreichend vorgesorgt zu haben. Presse-Information, 13.6.2012.
— Verbraucherzentrale Bundesverband (2011): Private Altersvorsorge braucht politische Führung. Pressemitteilung, 23.11.2011.
— Vogel, Claudia (2011): Altersarmut in Deutschland. Deutsches Zentrum für Altersfragen, 17. April 2012, Berlin.

Riester-Renten müssen verbraucherfreundlicher sein

EVA BELL

Eva Bell: Bundestagsfraktion Bündnis 90/Die Grünen, E-Mail: eva.bell@gruene-bundestag.de*

Zusammenfassung: Die Wogen um die Riester-Rente gehen immer noch hoch. Eine Dekade nach Einführung der kapitalgedeckten Altersvorsorge stehen die Produktqualität und die Informationsgrundlagen für Verbraucherinnen und Verbraucher immer noch in der Kritik. Konstruktion und Umsetzung der Riester-Renten weisen aus Verbrauchersicht Mängel auf. Exemplarisch werden Reformvorschläge zur effizienten Produktgestaltung und für ein verbraucherfreundliches Informationsblatt behandelt. Die Autorin gibt Hinweise zum regulatorischen Bedarf, damit das angestrebte Ziel erreicht wird, das bei Einführung der Riester-Rente angestrebt wurde: die Sicherung des Lebensstandards im Alter.

Summary: There is still much controversy concerning Riester pensions. A decade after the introduction of funded pensions, criticism has turned to product quality and the lack of basic information for consumers. The design and implementation of the Riester pension shows problems. The paper proposes reforms for an efficient product design and for a requirement for consumer friendly standardized product information sheet. The author gives advice on regulatory requirements to ensure that the original goal of the Riester pension, which is that living standard in retirements, can be achieved.

→ JEL Classification: D18, G23
→ Keywords: Riester pension, consumer protection

Seit Mitte Oktober 2012 hat die Autorin als geschäftsführender Vorstand die Leitung der Verbraucherzentrale Berlin e. V. übernommen, E-Mail: bell@vz-bln.de

1 Einleitung

Die Einführung der privaten, kapitalgedeckten Altersvorsorge, der sogenannten Riester-Rente, vor zehn Jahren war von einer heftigen sozial- und rentenpolitischen Debatte begleitet. Letztlich wurde die Grundsatzentscheidung für eine ergänzende, private Altersvorsorge in ihrer jetzigen Form aber von einer großen politischen Mehrheit getragen: Die damalige rot-grüne Regierungskoalition begründete ihren Gesetzentwurf zur Riester-Rente mit der Sicherung des im Erwerbsleben erreichten Lebensstandards im Alter und einer breiteren finanziellen Grundlage der Alterssicherung (Deutscher Bundestag 2000: 2). Auch die damalige Opposition begrüßte die private Alterssicherung als grundsätzlich richtig und sprach von einer 30-jährigen Geltungsdauer (Deutscher Bundestag 2001a: 14406 C). Abgelehnt wurde der Gesetzentwurf von der PDS (Deutscher Bundestag 2001b: 24).

Das neue, staatlich geförderte Angebot für Verbraucherinnen und Verbraucher wurde von deren Interessenverbänden von Anfang an bis heute kritisch begleitet. Im Bundestag forderten die Verbraucherverbände Nachbesserungen an den Produkten und mehr Transparenz (Deutscher Bundestag 2001b: 21). Der Verbraucherzentrale Bundesverband (vzbv) kritisiert im Hinblick auf Riester-Produkte gegenwärtig konkret: unübersichtlich, zu kostenintensiv, nicht vergleichbar und zu schlecht kontrolliert (vzbv 2011).

Die Verbraucherverbände appellieren an die Bundesregierung, die Probleme bei der zusätzlichen Altersvorsorge nochmals grundlegend und umfassend anzugehen. Die zentrale Frage laute, wie der Rahmen so vereinfacht werden könne, dass der Verbraucher ihn verstehe (vzbv 2011).

Der Themenkatalog, der sich unter der Überschrift verbraucherfreundliche Riester-Renten aufmachen lässt, ist breit. Allerdings konnte die Frage, welchen Nutzen das Riester-Sparen für die Verbraucher hat, auch von der Forschung bislang noch nicht hinreichend beantwortet werden, was Blank (2011) auf fehlende oder widersprüchliche Daten zurückführt. In der nachfolgenden Darstellung sollen die wissenschaftlichen Untersuchungen zu Mängeln der privaten Altersvorsorge ausgewertet werden. Hintergrund ist die Frage nach der Qualität der privaten Altersvorsorge. Erhalten Verbraucherinnen und Verbraucher die effizientesten Produkte oder riskieren sie Kapitalverluste? Ein weiterer Blickwinkel wird auf die Informationslage zum Zeitpunkt der Verbraucherentscheidung gelegt.

2 Konstruktion und Umsetzung der privaten Altersvorsorge weisen Mängel auf

Rund 15,4 Millionen Riester-Verträge wurden laut Bundesministerium für Arbeit und Soziales (BMAS) bis Ende 2011 abgeschlossen (BMAS 2012a). Sie teilen sich auf in rund zwei Drittel Versicherungen, fast ein Fünftel Investmentfondsverträge und zu geringeren Teilen auf Banksparpläne und Wohn-Riester-Verträge. Geschätzt 18,5 Prozent der Verträge ruhen, das heißt, in der Ansparphase werden keine Beiträge entrichtet (BMAS 2012 b). Studien und Umfragen erzeugen folgendes Bild zur Nutzerstruktur: Frauen „riestern" häufiger, ebenso jüngere und mittlere Altersgruppen sowie Gruppen mit höherer Bildung und Personen mit Kindern. Menschen mit niedrigem Einkommen nehmen die Riester-Verträge seltener in Anspruch (Geyer und Steiner 2009). Die unterdurchschnittliche Teilnahme von Migranten wird mit Sprachbarrieren und daraus resultierenden Informationsdefiziten in Verbindung gebracht (Geyer 2011: 21). Damit zeigt sich, dass einige potentielle Zielgruppen, deren Teilnahme durchaus sozialpolitisch erwünscht wäre, noch nicht ausreichend erreicht werden.

Und wo die Riester-Rente recht rege angenommen wird, kritisieren Verbraucherverbände vor allem die Versicherer. Sie beklagen, dass Qualitäts- und Effizienzkriterien für die Riester-Produkte bisher nicht (ausreichend) definiert sind sowie eine fehlende Effizienz der Produktangebote.[1] Der vzbv fordert kostenschlanke Produkte und einheitliche Methoden für die Kostenberechnungen sowie für Renditen den Ausweis von Risikoprofilen (vzbv 2011: 3).

Hagen und Reisch (2010) zufolge gibt es keine systematischen Analysen des Marktangebots, keine repräsentativen Evaluierungen der Kosten sowie Leistungen und Renditeberechnungen liegen nur in Einzelfällen vor. Allerdings gibt es Anhaltspunkte für Marktfunktionsstörungen und Qualitätsunsicherheit, zum Beispiel die Unvergleichbarkeit von Kosten und Leistungen oder die hohe Stornoquote der Verträge, die nur mit einer umfassenden Marktbeobachtung geprüft werden können (Hagen et al. 2010: 13). Auch Oehler (2009: 170) kommt in einer Auswertung von 134 Riester-Verträgen von 83 Anbietern zu dem Ergebnis, dass die Kostentransparenz nur unzureichend ist. Zudem berechnet er Vermögensverluste. Der Autor schlägt vor, einen Riester-Vertrag in zwei Stufen zu beurteilen, „erstens anhand des erreichten Endvermögens zum Renteneintritt und zweitens hinsichtlich der Bedingungen für die danach erfolgende Verrentung“. In einer aktuellen Studie stellt Oehler (2011) fest, dass der Abschluss einer Lebens- oder Rentenversicherung allgemein sehr verlustreich ist. Seinen Schätzungen zufolge beläuft sich der Gesamtschaden für Verbraucher in der Dekade von 2001 bis 2010 auf mehr als 160 Milliarden Euro.

Jaeger (2008) kommt auf der Grundlage einer Fallstudie zu dem Befund, dass vor allem junge Sparer ohne Kinder in den unteren Einkommensklassen eine nur geringe „Profitquote“ realisieren können. Er weist aus, dass diese Gruppe von den bis zum Rentenbeginn angesammelten staatlichen Zuschüssen wegen der Steuerzahlungen im Alter nur im Umfang von knapp 23 Prozent bis 25 Prozent profitieren. Eine Riester-Rente „lohnt“ sich danach erst, wenn die jungen Singles über 91 Jahre alt werden.

Hagen und Kleinlein (2011: 13) schließlich erklären, dass Sparer, die 2001 einen Riester-Rentenvertrag abgeschlossen haben, höhere Renditen erzielen können als ein vergleichbarer Sparer, der einen Vertrag erst 2011 abgeschlossen hat. Sie erklären dies damit, dass die gesetzlichen Zertifizierungskriterien und der Rahmen für die Kostenkalkulationen der Anbieter zuungunsten der Sparer verändert wurden. Auch das Sinken des gesetzlichen Garantiezinses wird angeführt, wenn dieser Faktor auch ein deutlich geringeres Gewicht hat als die beiden anderen Faktoren. Diesen Autoren zufolge liegt der Grund für niedrige Renditen – ausgewiesen als Rendite für ein Zielalter –, in den Kalkulationsgrundlagen und dabei insbesondere an den von den Anbietern verwendeten Sterbetafeln mit sehr hohen Lebenserwartungen. Hagen und Kleinlein (2011) kritisieren, dass für den Verbraucher nicht transparent ist, welche Sterbetafeln die Anbieter bei ihrer Kalkulation verwenden. Die von den Unternehmen kalkulierte Lebenserwartung liegt um 3,5 bis elf Jahre über der Lebenserwartung, wie sie der Sterbetafel des Statistischen Bundesamtes zu entnehmen ist. Dies falle in der Rentenbezugsphase zu Lasten der Versicherungsnehmer

1 Die Vorwürfe des Bundes der Versicherten im Handelsblatt vom 27. Juli 2012: „Riester, Rürup und Lebensversicherung: Die Versicherer haben in der Altersvorsorge versagt“, wurden von den Versicherungsgesellschaften umgehend zurückgewiesen. Handelsblatt vom 30. Juli 2012: „Weltfremd“, „Fatal“, „Stimmungsmache: Versicherer attackieren Verbraucherschützer“.

aus und verteuere die Prämien. Hagen und Kleinlein (2011) ist nicht verständlich, warum die Kalkulation der Produkte bezüglich der Sterbetafel vom Gesetzgeber nicht verbindlich reguliert wird. Einen weiteren Grund für eine niedrige Rendite sehen diese Autoren in der Verteilung der Überschüsse. Aktuell seien diese zu Lasten der Riester-Sparer geregelt, da die aufsichtsrechtlichen Vorgaben aus der Einführungsphase, die vorsahen, dass 90 Prozent aller Überschüsse an die Versicherten verteilt werden müssen, zum Nachteil der Verbraucherinnen und Verbraucher gelockert wurden. Für Risiko- und Sterblichkeitsüberschüsse ist nur noch eine Beteiligung von 75 Prozent, bei Kostenüberschüssen nur noch eine von 50 Prozent für die Riester-Sparer vorgesehen (Hagen und Kleinlein 2011: 8–9). Eine lohnende Riester-Rente – so die Bewertung – sei nur bei hohem Lebensalter sicher. Gegenüber den Anfangstarifen aus dem Jahr 2001 verringerten sich die Rentenleistungen, so dass die „Rendite für viele Sparer nicht höher (sei), als wenn sie ihr Gespartes in einen Sparstrumpf gesteckt hätten." Im Süddeutschen Verbrauchermonitor (2012: 44) wird festgestellt, dass Verbraucherinnen und Verbraucher vor allem mit der schlechten Entwicklung der Rendite und den hohen Kosten unzufrieden sind.

Kritik an den Riester-Produkten wird auch an den zur Verfügung stehenden Informationen geübt, die dem Verbraucher zum Zeitpunkt seiner Auswahl vorliegen. Verständnisprobleme der Verbraucher werden auf die nicht standardisierten Informationen zurückgeführt (Westerheide 2010: 92–93). Eine empirische Untersuchung des Instituts für Markt-Umwelt-Gesellschaft e. V. (imug) zum Informationsbedarf der Verbraucherinnen und Verbraucher bezüglich der Riester-Rente stellt einen spezifischen Informationsbedarf wegen der Vertrauenseigenschaften fest, der darin besteht, dass die Leistungen erst in einer fernen Zukunft erfolgen und beurteilt werden können (imug 2004). Die Befragten äußerten sich mehrheitlich äußerst negativ zum vorhandenen Informationsangebot und fanden das Angebot nicht verständlich und nicht vergleichbar. Ein besonderes Informationsdefizit besteht hinsichtlich der Förderhöhe: So schätzt ein erheblicher Teil der förderberechtigten Haushalte die Förderhöhe zu gering ein (Coppola und Gasche 2011: 799, Braun und Pfeiffer 2011) nennen Unsicherheit und Unwissenheit als Gründe, die vom Abschluss eines Riester-Vertrages abhalten.

Erleichtert wird den Verbraucherinnen und Verbrauchern der Abschluss einer Riester-Rente, wenn sie durch verständliche und vergleichbare Informationen ermächtigt werden, sich selbst ein Bild über die Produktpalette zu machen, um so eine souveräne Entscheidung treffen zu können. In qualitativen und in Telefoninterviews bei 214 Anbietern von Riester-Produkten hält eine sehr deutliche Mehrheit der befragten Experten sowohl der Banken als auch der Versicherungen Transparenz „langfristig für absatzfördernd"(ZEW 2010: 65). Standardisierte Produktinformationsblätter werden positiv eingeschätzt,

> *„zumindest was den Nutzen für die Verbraucher betrifft: 79 Prozent der Befragten halten standardisierte Inhalte beziehungsweise Informationskategorien in Produktinformationsblättern für hilfreich für den Kunden, 71 Prozent ein darüber hinausgehendes standardisiertes Layout" (ZEW 2010:75).*

Eine Prüfung der Bundesanstalt für Finanzdienstleistungsaufsicht (BaFin) der seit Juli 2011 gesetzlich vorgeschriebenen Informationsblättern zu Finanzinstrumenten nach § 31 Abs. 3a WpHG sieht die Funktion, dem Kunden ein hinreichendes Verständnis der verschiedenen Finanzinstrumente und vor allem einen Vergleich der Produkte untereinander zu ermöglichen, nur unzureichend erfüllt; die von den Bankinstituten eingesetzten Informationsblätter seien in vielen Fällen nur eingeschränkt vergleichbar (BaFin 2011). Und eine Stichprobe von Habschick et al. (2012) im

Auftrag des Bundesministeriums für Ernährung, Landwirtschaft und Verbraucherschutz hat ergeben, dass die rechtsverbindlichen Produktinformationsblätter etwa zur Hälfte nicht den gesetzlichen Anforderungen an Vollständigkeit, Verständlichkeit und Vergleichbarkeit entsprechen. Angesichts der Überlegungen des BMAS (2012b) und des Bundesfinanzministeriums (BMF 2011), auch für Riester-Renten Informationsblätter einzuführen, kommt diesen Erkenntnissen besondere Bedeutung zu.

Die zuvor aus verschiedenen Studien vorgetragenen Befunde sind aus Sicht der Autorin des vorliegenden Artikels ein deutlicher Hinweis darauf, dass es einen erheblichen Reformbedarf hinsichtlich der Produktgestaltung der privaten kapitalgedeckten Altersvorsorge gibt wie auch für die Transparenz über die Riester-Produkte.

3 Verbraucherpolitische Reformvorschläge

Aufgabe der Verbraucherpolitik mit Blick auf die Riester-Rente sollte es sein, die am Markt befindlichen Finanzprodukte für durchschnittlich informierte Privatpersonen transparent zu machen und die wirtschaftlichen Interessen der Sparer zu wahren. Riester-Produkte in einer guten Qualität anzubieten, müsste eigentlich die Aufgabe der Anbieter sein. Allerdings weisen die im Abschnitt zuvor aufgezeigten Qualitätsmängel daraufhin, dass die Anbieter keine zufriedenstellende Qualität herstellen und auch die Verbraucherinformationen nicht den gesetzlichen Anforderungen entsprechen. Die Notwendigkeit weiterer regulatorischer Maßnahmen ist daher nicht von der Hand zu weisen.

Nachstehend werden zwei Reformvorschläge zur Riester-Rente diskutiert, eine Maßnahme zur Verbesserung der Effizienz in der Rentenbezugsphase und die Einführung eines Produktinformationsblattes, worüber die Transparenz der Kosten und Leistungen der Riester-Produkte verbessert werden soll. Dabei wird vorgetragen, welche Vor- und Nachteile in der Fachwelt hinsichtlich dieser beiden Maßnahmen ausgemacht werden, und es wird erörtert, wie diese beiden Vorschläge fortentwickelt werden können.

3.1 Reformvorschlag: Effizienz verbessern

Zu der Frage, welches die größten Kapitalverluste der Riester-Rente in der Rentenbezugsphase sind, liegt noch keine Studie vor. Die Stiftung Warentest zieht nach zahlreichen Produkttests zum zehnjährigen Bestehen den Schluss, die Riester-Rente stecke noch in den „Kinderschuhen" und habe die „Kinderkrankheiten noch nicht hinter sich gelassen." Bessere Rentenzahlungen könnten Verbraucherinnen und Verbraucher aber durch die Auswahl eines passenden Vertrags erzielen (Finanztest 2011). Ein praktischer „Wegweiser" in Form eines Flussdiagramms soll Ratsuchende zum passenden Produkttyp führen (Finanztest 2012).

Hagen und Kleinlein (2011: 13) bringen zum Ausdruck, dass eine gesetzliche Regulierung der von den Versicherungsgesellschaften verwendeten Sterbetafeln sowie der Überschussbeteiligung erfolgen sollte, jedenfalls sei nicht nachvollziehbar, dass der Staat die Kalkulationsgrundlagen nicht allgemein verbindlich vorgibt.

Oehler (2009: 18) legte dem Gesetzgeber eine Deckelung der Kosten nahe. Die Kosten sollen gleichmäßig über die Laufzeit verteilt werden und insgesamt nicht höher sein als 20 Prozent der staatlichen Zulage. Kleinlein (2011: 78) fordert in seiner Bestandsanalyse zum zehnjährigen Bestehen der Riester-Rente eine „Positivliste" geeigneter Produkte. Durch eine Ausschreibung solle die Produktauswahl beschränkt werden, die Produkte sollten eine höhere Sicherheit bieten und besser kalkuliert werden.

Die ausgeführten Ansätze zur Verbesserung der Effizienz der Riester-Produkte stoßen auf geteiltes Echo in der Fach- und Medienwelt.

Der vzbv begrüßt eine Kostenobergrenze von fünf Prozent nach drei, fünf, zehn und 20 Jahren sowie zum Renteneintritt und sieht darin eine Möglichkeit, dass die staatlichen Zulagen nicht länger von den Kosten aufgezehrt werden (vzbv 2011). Die Wechselkosten seien auf 150 Euro zu begrenzen und mindestens 90 Prozent der Gewinne aus allen Überschussquellen seien an die Verbraucher auszuschütten (vzbv 2011, 2012).

Die Reformvorschläge werden vom Gesamtverband der Deutschen Versicherungswirtschaft (GDV) bisher überwiegend abgelehnt, der einwendet, dass die Kritik an Sterbetafeln und Überschüssen an der „Realität vorbeigeht" und eine „Stimmungsmache gegen die Riesterrente" befürchtet (GDV 2012). Der GDV verweist darauf, dass „bei Rentenversicherungen noch nie Risikoüberschüsse angefallen" seien. Die Lebensversicherung biete selbst im Umfeld der Finanzkrise eine stabile Verzinsung.

Das Bundesministerium für Arbeit und Soziales hat auf die Kritik an der gesunkenen Überschussbeteiligung der Verbraucher reagiert und im April 2012 angekündigt zu prüfen, ob die verpflichtende Weitergabe dieser Überschüsse an die Kunden von 75 Prozent auf 90 Prozent erhöht werden könne. Außerdem wurde der Vorschlag aus der Wissenschaft und des vzbv aufgegriffen, die Kosten zu deckeln. Auch hierzu wurde eine Änderung angekündigt. Danach sollen die Leitplanken für die Anbieter enger gesetzt werden und zum Beispiel für einen Anbieterwechsel nur noch höchstens 150 Euro in Rechnung gestellt werden dürfen (BMAS 2012b).

Die Parteien im Deutschen Bundestag kommen im Hinblick auf den Reformbedarf der Riester-Rente zu unterschiedlichen Bewertungen, ohne allerdings auf die vorliegenden Reformvorschläge überhaupt einzugehen. Die Linke sieht keine „Erfolgsstory" und fordert lediglich pauschal, einen jährlichen Bericht vorzulegen (Deutscher Bundestag 2012: 21938 A). Die CDU/CSU-Fraktion spricht sich für die Deckelung der Wechselkosten aus (Deutscher Bundestag 2012: 21939 B). Die Renditen seien „nicht zufriedenstellend", es müsse zu Verbesserungen kommen. Die SPD findet, „dass gerade die staatlich geförderte Altersvorsorge höheren Standards und strengeren Kriterien entsprechen muss." Sie will das Vorgehen der deutschen Nachbarländer aufgreifen, die „die Höhe der Gebühren gedeckelt und für ein konservatives Portfolio gesorgt" haben (Deutscher Bundestag 2012: 21940 D). Nur von den Grünen werden eine Deckelung der Kosten und klare Kostenkennzahlen gefordert. Zudem müsse die verschlechterte Überschussbeteiligung rückgängig gemacht werden (Maisch 2012).

Die politische Debatte über eine Reform zur Verbesserung der Kostenhöhe und besserer Transparenz der Riester-Produkte ist somit noch recht pauschal und unsortiert.

3.2 Reformvorschlag: Standardisiertes Produktinformationsblatt

Ein standardisiertes Informationsblatt wird derzeit im Bundesministerium für Finanzen (BMF) als Entscheidungshilfe erarbeitet. Das Bundesministerium für Arbeit und Soziales spricht von einem „Beipackzettel" (BMAS 2012b). Börsch-Supan et al. (2012:54) sehen in einem Diskussionsentwurf des Bundesfinanzministeriums für Muster-Informationsblätter für zertifizierte Altersvorsorge- und Basisrentenverträge (BMF 2011) einen Beitrag zur Transparenz und Akzeptanz der Riester-Rente. Allerdings würden Verbraucher wegen der Vielfalt der Anbieter weiterhin erheblichen Zeit- und Beratungsbedarf für ein individuell zugeschnittenes Produkt haben. Entscheidend sei auch Ort und Zeitpunkt der Informationserteilung.

Tiffe et al. (2012) formulieren ansprechendere Anforderungen für gestaltete und standardisierte Produktinformationen und präsentieren Musterblätter. Die vorgelegten Produktinformationsblätter sollen Riester-Produkte mit einfachen Worten beschreiben, über Basisdaten informieren, zum Beispiel, ob Zahlungen auch reduziert werden können und über einzelne Kosten für Anspar- und Rentenphase sowie bei Vertragswechsel Auskunft geben. Die Studie geht davon aus, dass Risikoklassen dem Bedürfnis vieler Verbraucherinnen und Verbraucher entgegenkommen, sich selbst einschätzen zu wollen. Durch die Kenngröße der Effektivkosten (Reduction in Yield) sollen die Kosten der Ansparphase einfach vergleichbar sein. Daneben sollen die Kosten in Euro und Cent ausgewiesen und mögliche Verluste beim Anbieterwechsel und einer vorzeitigen Kündigung deutlich gemacht werden. Beträge und mögliche Wertentwicklungen sollen in Euro genannt werden. Einheitliche gestalterische Vorgaben sollen die Informationen strukturieren. Die Maßgaben sollen verschiedene Darstellungsformen für eine bessere kognitive Informationsverarbeitung nutzen und Texte und Grafiken vereinfachen, um die Vergleichbarkeit zu verbessern.

Der Vorschlag von Tiffe et al. (2012) wird – zusammengefasst – in den politischen Fachdiskussionen kaum noch aufgegriffen, obwohl alle Akteure sich für mehr Transparenz im Allgemeinen und ein Produktinformationsblatt im Besonderen aussprechen. Die Angabe von Euro und Cent entsprechen der vom vzbv geforderten „Laientransparenz" (vzbv 2011: 3).

4 Politische Reaktionen auf die verbraucherpolitischen Reformvorschläge

Der vorliegende Artikel setzt sich mit der verbraucherpolitischen Kritik zur Riester-Rente auseinander. Die staatliche Förderung von Riester-Produkten ist an verbraucherfreundliche Kriterien wie die Rentenzahlung bis zum Tod, den Beitragserhalt, die Verteilung der Abschlusskosten oder die Hinterbliebenenabsicherung gebunden. Bis heute haben sich die Regulierungskriterien allerdings verschlechtert. Wie oben gezeigt, wird Reformbedarf im Hinblick auf die gesetzlichen Kalkulationsvorgaben, die Kosten und die zur Verfügung stehenden Informationen gesehen.

Ansätze für Reformen, die die Riester-Rente effizienter und verständlicher machen solle, liegen – wie gezeigt – vor, werden aber kaum wahrgenommen oder stoßen auf heftigen Widerstand der Anbieter und Desinteresse in Politik und Verwaltung. Beispielhaft dafür ist die Bearbeitung der Produktinformationsblätter. Der Diskussionsentwurf des BMF gibt teilweise nebensächliche Informationen vor, die zwar in den Vertrag, nicht jedoch zwingend in eine Entscheidungshilfe gehören. Wenn zum Beispiel die Kostenangaben erst an zehnter Stelle, nicht in Euro und Cent, sondern in Prozentzahlen angegeben werden sollen, bleiben Zweifel an dem Aufklärungswillen des Gesetzgebers. Ausdruck für die Gleichgültigkeit der Bundesregierung ist auch der Verschiebebahnhof für die angekündigten verbraucherfreundlichen Maßnahmen für die Riester-Rente. Verwies das BMAS zunächst auf die Federführung des Bundesministeriums für Finanzen, das die neuen Regelungen beraten und „für die Gesetzgebung vorbereitet", ist dieses Vorhaben mit der Veröffentlichung des neuen Rentenpakets des BMAS im August 2012 auf eine parallele „Fraktionsinitiative für ein (steuerrechtliches) Altersvorsorgeverbesserungs-Gesetz" abgeschoben (BMAS 2012c). Damit scheint das Bundesfinanzministerium den eigenen Diskussionsentwurf aus dem Jahr 2011 mit Muster-Informationsblättern für zertifizierte Altersvorsorge- und Basisrentenverträge nicht weiterzuverfolgen.

In dieser Situation würde helfen, wenn die weiteren Beratungen in den Fachausschüssen des Bundestages dazu genutzt werden würden, Renditekriterien zu entwickeln und für die Riester-Produkte eine Folgenabschätzung vorzunehmen. Auch wäre es weiterführend, wenn die Beratungen im Bundestag von einer Expertenanhörung begleitet werden würden. Schließlich ist es nicht verständlich, dass bei Riester-Renten einseitig nur die Beitragsgarantie gesetzlich geregelt wurde, nicht jedoch auch die kalkulatorischen Grundlagen und eine Mindestrendite. Dies kann heute als Geburtsfehler angesehen werden. Wenn Kosten die staatlichen Zulagen aufzehren, muss der Rahmen neu gesteckt werden – verbraucherfreundlich und damit sozial fair. Die einzelnen Kostenbestandteile sind angemessen zu deckeln.

Der breite Konsens für standardisierte Produktinformationsblätter bei Riester-Produkten sollte nach Meinung der Autorin umgehend für eine gesetzliche Initiative genutzt werden. Gut gemacht wäre das Produktinformationsblatt, wenn es zuvor durch eine unabhängige Verbraucherbefragung auf Verständlichkeit und Vergleichbarkeit getestet werden würde. Hilfreich wäre es, wenn das Bundesverbraucherministerium, wie bereits bei den Produktinformationsblättern für Finanzinstrumenten, sein bestehendes Initiativrecht praktizieren würde.

Die Vertragsinhaber eines Riester-Vertrages haben ein Recht darauf, dass ihre (wirtschaftlichen) Interessen auf Augenhöhe mit der Anbieterseite vertreten und wahrgenommen werden. In der privaten Altersversorgung sind Sicherheit, Rendite und Verfügbarkeit im Alter die wichtigsten Leistungskriterien, die Glaubwürdigkeit schaffen. Entscheidungsfehler der Verbraucherinnen und Verbraucher aufgrund unzureichender und missverständlicher Informationen können bei diesen auf Jahrzehnte angelegten Vertragskonstruktionen in der Regel nicht mehr ohne Verluste ausgeglichen werden. In staatlichem Interesse liegt eine stabile Marktentwicklung mit einem hohen Verbraucherschutzniveau. Nicht den Gewinnerwartungen der Aktionäre, sondern den Kundeninteressen muss ein gesetzlicher Vorrang eingeräumt werden. Eine faire Rendite soll kein Lotterie- und kein Suchspiel sein, sondern Ergebnis der gesetzlichen Regulierung.

5 Ausblick

In naher Zukunft werden weitere Fragen im Kontext der (privaten) Altersversorgung zu klären sein, die über die untersuchten Aspekte hinausgehenden:

- Bei einem Vertrauensgut wie der Riester-Rente geht es vorrangig um Vertrauensschutz. Das politische Versprechen, das 2001 gegeben wurde, soll gehalten werden:

Wer vier Prozent seines Einkommens aufbringt, hält im Alter den Lebensstandard aus der Erwerbstätigkeit und gleicht die Kürzung von 67 auf 63 Prozent Nettorentenniveau aus. Kann dieses Versprechen auf Grund hoher Kosten und schlechter Renditen der geförderten Produkte nicht gehalten werden, ist damit zu rechnen, dass Verbrauchervertrauen in die Anbieter privater Altersvorsorgeprodukte und in die Rentenpolitik allgemein verloren geht.

- Auch für die „Wechselfälle des Lebens" sind Produktangebote erforderlich, die entwickelt werden sollten. Für unterbrochene Erwerbsbiografien und zunehmende Teilzeitarbeit und dadurch entstehende Vorsorgelücken hat das deutsche Rentensystem bislang noch keine ausreichende Antwort. Dabei werden diese Lebenswege zum Regelfall. Die hohe Quote an ruhenden Verträgen könnte einen Hinweis darauf liefern, dass das Marktsortiment der Riester-Produkte hierfür noch keine adäquate Antwort gefunden hat.

- Um die Zurückhaltung beim Vorsorgesparen zu überwinden und Verbraucher stärker zur vorbeugenden Altersvorsorge zu motivieren, ist die Reduktion von Komplexität erforderlich. Die verschiedenen Produkttypen und die Förderwege über Zulagen oder Steuererstattung überfordern viele Menschen. Angesichts der Dominanz versicherungsförmiger Verträge verdienen Überlegungen, die Förderwege auf zwei oder drei Möglichkeiten zu beschränken, Sympathie.[2]

- Die regelmäßigen, zum Teil jährlichen Kundeninformationen der gesetzlichen, betrieblichen und privaten Rentenversicherungen schärfen das Verbraucherbewusstsein für die eigene Vorsorgesituation. Sie sollten standardisiert und vereinheitlicht werden, um die Zusammenschau von gesetzlichen, betrieblichen und privaten Ansprüchen und Anwartschaften zu vereinfachen.

- Viele Bürgerinnen und Bürger haben eine hohe Meinung von staatlich getragenen Dienstleistungen und fürchten das Insolvenzrisiko eines privaten Anbieters. Außerdem sprechen die demokratischen Kontrollmöglichkeiten, kostengünstige Verwaltungsverfahren und der fehlende Gewinnzwang für staatliche Träger. Auch trägen „Vorsorgesparern", „Staatsgläubigen" und „Finanzmarktskeptikern" unterstellt die Autorin Interesse an einem passenden Vorsorgeprodukt. Diesem könnte mit einem von einem öffentlich-rechtlichen Träger verwalteten Basisprodukt Rechnung getragen werden. Die Konzeption eines entsprechenden Basisprodukts könnte von der Bundesregierung in Form einer Machbarkeitsstudie in Auftrag gegeben werden.

- Eine unabhängige und bedarfsorientierte Verbraucherberatung zur Altersvorsorge sollte politisch stärker unterstützt und gefördert werden. Der Aufbau eines systemübergreifenden Beratungssystems, das allen Ratsuchenden wie bei der Pflege einen Rechtsanspruch auf eine unabhängige Beratung sichert, ist überfällig[3].

---

2 Um die Teilnahmequoten zu erhöhen, schlägt die OECD (2012) eine „automatische Mitgliedschaft" in der Altersvorsorge vor wie sie 2007 erstmals in Neuseeland eingeführt wurde. Jeder nimmt dort automatisch an der Altersvorsorge teil und erhält gleichzeitig die Möglichkeit, innerhalb eines gewissen Zeitraums wieder aus dem System auszutreten.

3 Gemäß § 7a SGB XI gibt es seit dem 1. Januar 2009 einen gesetzlichen Rechtsanspruch auf individuelle Pflegeberatung. Die private Alterssicherung hat für die Bürgerinnen und Bürger eine gleich hohe Bedeutung und ähnlich unübersichtliche Marktentwicklungen.

Einige systemische Fragen wurden in diesem Artikel überhaupt nicht diskutiert, zum Beispiel, ob die angestrebte Risikomischung in der Altersvorsorge optimal ist und die demografische Entwicklung ausgleichen oder ob die Systemrisiken der Kapitalmärkte die Altersvorsorge nicht noch zusätzlich belasten? Nicht angesprochen wurden auch ökologische und ethische Aspekte der Geldanlage. Auch diesen Fragen wird sich die Gesellschaft künftig stellen müssen.

Literaturverzeichnis

— BaFin (2011): Bericht über die Prüfergebnisse der Bundesanstalt für Finanzdienstleistungsaufsicht zu den von Kredit- und Finanzdienstleistungsinstituten verwendeten seit Juli 2011 gesetzlich vorgeschriebenen Informationsblättern nach § 31 Abs. 3a WpHG vom 5. Dezember 2011. www.bafin.de/SharedDocs/Veroeffentlichungen/DE/Pressemitteilung/2011/pm_111205_bericht_produktinformationsblaetter.html?nn=2819230#doc2676650bodyText2 (Stand vom 4.8.2012)

— Blank, Florian (2011): Die Riester-Rente – Überblick zum Stand der Forschung und sozialpolitische Bedeutung nach zehn Jahren. *Sozialer Fortschritt, Unabhängige Zeitschrift für Sozialpolitik*, 6, 109–115.

— BMAS (2012a): Entwicklung der privaten Altersvorsorge, Stand 31.12.2011. www.bmas.de/DE/Service/Presse/Pressemitteilungen/riester-rente-viertes-quartal-2011.html (Stand vom 4.8.2012).

— BMAS (2012b): Presseinformation vom 8. April 2012. www.bmas.de/SharedDocs/Downloads/DE/PDF-Pressemitteilungen/rentendialog-gesamt-pdf.pdf?__blob=publicationFile (Stand vom 7.8.2012).

— BMAS (2012c): Das Rentenpaket: Stichwort Verbraucherfreundliches Riestern. www.bmas.de/SharedDocs/Downloads/DE/PDF-Pressemitteilungen/rentendialog-riester.pdf?__blob=publicationFile (Stand vom 24.8.2012).

— BMF (2011): Diskussionsentwurf zur Einführung eines Produktinformationsblatts für zertifizierte Altersvorsorge- und Basisrentenverträge. Berlin.

— Börsch-Supan, Axel, Martin Gasche, Marlene Haupt, Sebastian Kluth und Johannes Rausch (2012): Ökonomische Analyse des Rentenreformpakets der Bundesregierung. MEA Discussion Paper 256-2012, Munich Center for the Economics of Age (MEA) am Max-Planck-Institut für Sozialrecht und Sozialpolitik, München.

— Braun, Reiner und Ulrich Pfeiffer (2011): Riesterrente: Wer nutzt sie und warum? Typisierung der Sparer und Auswirkungen auf die Vermögensbildung. Deutsches Institut für Altersvorsorge, Köln.

— Coppola, Michaela und Martin Gasche (2011): Die Riester-Förderung – Mangelnde Information als Verbreitungshemmnis. *Wirtschaftsdienst, Zeitschrift für Wirtschaftspolitik*, 11/2011, 792–799.

— Deutscher Bundestag (2000): Gesetzentwurf der Fraktionen SPD und Bündnis 90/Die Grünen. Entwurf eines Gesetzes zur Reform der gesetzlichen Rentenversicherung und zur Förderung eines kapitalgedeckten Altersvermögens (Altersvermögensgesetz – AvmG), Bundestagsdrucksache 14/4595 vom 14.11.2000.

— Deutscher Bundestag (2001a): Stenographischer Bericht 147. Sitzung, Plenarprotokolle 14/147 vom 26. Januar 2001.

— Deutscher Bundestag (2001b): Bericht des Ausschusses für Arbeit und Sozialordnung (11. Ausschuss), Bundestagsdrucksache 14/5150 vom 25.1.2001.

— Deutscher Bundestag (2012):, Stenographischer Bericht 184. Sitzung, Plenarprotokolle 17/184 vom 14. Juni 2012.
— Finanztest (2011): Die Riester-Bilanz. *Finanztest*, Heft 11/2011, 24–29.
— Finanztest (2012): Es geht auch besser. Riester-Rente. *Finanztest*, Heft 5/2012, 30–32.
— GDV (2012): Warum der Sparstrumpf nicht taugt. www.gdv.de/2012/07/warum-der-sparstrumpf-nicht-taugt/ (Stand vom 7.8.2012).
— Gesellschaft für Konsumforschung (GfK) (2012): Süddeutscher Verbrauchermonitor 2012. Studienteil Baden-Württemberg. Im Auftrag des Ministeriums für Ländlichen Raum und Verbraucherschutz Baden-Württemberg.
— Geyer, Johannes (2011): Riester-Rente: Rezept gegen Altersarmut? *DIW Wochenbericht*, Nr. 47, 16–21.
— Geyer, Johannes und Viktor Steiner (2009): Zahl der Riester-Renten steigt sprunghaft an – aber Geringverdiener halten sich noch zurück. *Wochenbericht des DIW Berlin*, Nr. 32, 534–541.
— Habschick, Marco, Oliver Gaedecke, Elena Lausberg, Martin Eibisch und Jan Evers (2012): Evaluation von Produktinformationsblättern für Geldanlageprodukte. Studie im Auftrag des Bundesministeriums für Ernährung, Landwirtschaft und Verbraucherschutz (Az. 514-06.01-2810HS015). Hamburg/Köln.
— Hagen, Kornelia und Axel Kleinlein (2011): Zehn Jahre Riester-Rente: Kein Grund zum Feiern. *DIW Wochenbericht*, Nr. 47, 3–14.
— Hagen, Kornelia und Lucia A. Reisch (2010): Riesterrente: Politik ohne Marktbeobachtung. *Wochenbericht des DIW Berlin*, Nr. 8, 2–14. DIW Berlin.
— imug – Institut für Markt-Umwelt-Gesellschaft (2004): Was Verbraucher wissen wollen, Ergebnisse einer empirischen Studie zum Informationsbedarf der Verbraucher. Studie im Auftrag des Verbraucherzentrale Bundesverbandes e. V. Hannover.
— Jaeger, Klaus (2008): Wer profitiert von den staatlichen Subventionen der Riester-Rente? Versicherungswirtschaft, Heft 22/2008, 1874–1884.
— Kleinlein, Axel (2011): Zehn Jahre Riester-Rente. Bestandsanalyse und Effizienzanalyse. Expertise im Auftrag der Abteilung Wirtschafts- und Sozialpolitik der Friedrich-Ebert-Stiftung. Bonn.
— Maisch, Nicole (2012): Riester-Rente: Intransparenz beenden. Pressemitteilung vom 15. Mai 2012. www.gruene-bundestag.de/presse/pressemitteilungen/2012/mai/riester-rente-intransparenz-beenden.html (Stand vom 15.5.2012).
— OECD Pensions Outlook (2012): Deutschsprachige Zusammenfassung. 2–4. www.oecd.org/dataoecd/25/5/50554293.pdf (Stand vom 4.7.2012).
— Oehler, Andreas (2011): Bei Abschluss: Verlust? – Das Ende vom Anfang einer Vorsorge: Milliardenschäden durch fehlgeleitete Abschlüsse von Kapitallebens- und Rentenversicherungen. Studie im Auftrag der Verbraucherzentrale Hamburg e. V. Bamberg.
— Oehler, Andreas und Daniel Kohlert (2009): Alles Riester? Die Umsetzung der Förderidee in der Praxis. Gutachten im Auftrag der Verbraucherzentrale Bundesverband e. V. Bamberg.
— Tiffe, Achim, Michael Feigl, Jürgen Fritze, Veruschka Götz, Claudia Grunert, Lena Jaroszek und Ilonka Rohn (2012): Ausgestaltung eines Produktinformationsblatts für zertifizierte Altersvorsorge- und Basisrentenverträge. Endbericht zu Forschungsvorhaben fe 8/11 des Bundesministeriums für Finanzen. Hamburg.
— vzbv (2011): Regierungsdialog Rente: Vorschläge zur Stärkung der kapitalgedeckten Altersvorsorge, Positionspapier des vzbv zum Rentendialog. Berlin.

— vzbv (2012): Angemessene Gewinnbeteiligung in der Lebensversicherung gefordert. www.vzbv.de/5204.htm (Stand vom 7.8.2012).
— Westerheide, Peter, Michael Feigl, Lena Jaroszek, Johannes Leinert und Achim Tiffe (2010): Transparenz von privaten Riester- und Basisrentenprodukten. ZEW, Mannheim.

„Riester-Rente: Grundlegende Reform dringend geboten!?“

Die Riester-Produkte und die Riester-Rente werden in verschiedenen Studien recht kritisch beurteilt. Diagnostiziert werden unter anderem unzureichende Transparenz und Verständlichkeit der Produkte, ungewisse und hohe Kosten und zu wenig Zielgenauigkeit. Der Wochenbericht des DIW Berlin 47/2011 „Riester-Rente: Grundlegende Reformen dringend geboten“ urteilt zudem auf der Grundlage der Berechnung einer Renditekennziffer für Modellpersonen: Erstens, Sparer, die heute einen Riester-Vertrag abschließen, haben weniger Leistungen aus dem Sparvertrag zu erwarten als vergleichbare Sparer, die in den ersten Jahren der Riester-Förderung einen Riester-Vertrag abgeschlossen haben. Zweitens, viele Sparer können nicht damit rechnen, mehr an Rentenleistungen ausgezahlt zu bekommen als sie selbst eingezahlt haben und als ihnen im Rahmen der staatlichen Förderung auf ihr Sparkonto während der Ansparphase gutgeschrieben wurde. Gründe dafür sieht das DIW Berlin in den von den Lebensversicherern sehr hoch kalkulierten Lebenserwartungen, in einer Veränderung der Überschussverteilung zuungunsten der Riester-Sparer, in Senkungen des Garantiezinses sowie in unzureichenden Zertifizierungsvorgaben. Schlussfolgerung im DIW-Wochenbericht ist daher: *„‚Riestern‘ ist oft nicht besser, als das Geld in den Sparstrumpf zu stecken“*. Ein weiterer Befund ist, dass Geringverdiener, Personen mit niedrigem Bildungsabschluss und Migrationshintergrund seltener „riestern“ als der Durchschnitt der Bevölkerung (DIW Wochenbericht Nr. 47/2011: Riester-Rente: Rezept gegen Altersarmut?).

Der Wochenbericht hat eine breite, zum Teil durchaus hitzig geführte Diskussion über den Zustand des Riester-Sparens ausgelöst. Die im Wochenbericht vorgestellten Berechnungen blieben nicht unwidersprochen. Ein Anlass für das DIW Berlin im Rahmen der vom Institut in loser Folge zu kontrovers diskutierten Themen aus der Verbraucherpolitik und -forschung veranstalteten Workshops Verbraucher- und Rentenexperten aus Politik, Wissenschaft und Wirtschaft einzuladen, sich über die Riester-Rente engagiert, offen und nach der Chatham-House-Rule auszutauschen.

Impulsvorträge umfassen die Marktorganisation der Riester-Rentenversicherung und die Auswirkungen auf Riester-Sparer. Abgesteckt werden sollen zudem Chancen und Grenzen von Politikmaßnahmen, die sich auf die Riester-Produkte, das Riester-Sparen und die kapitalgedeckte private Altersvorsorge beziehen. Walter Riester selbst wird zur Kritik an der Riester-Rente Stellung nehmen und auf Reformvorschläge eingehen.

Termin und Ort der Veranstaltung:

1. Juni 2012
Schumpeter Saal (1. OG)
Deutsches Institut für Wirtschaftsforschung – DIW Berlin
Mohrenstraße 58, 10117 Berlin

Programm

Eröffnung und Impulsbeiträge

Riester: Gut gedacht, schlecht gemacht?
Prof. Dr. Gert G. Wagner, Vorstandsvorsitzender des DIW Berlin

Die Riester-Reformen (2001) - Genese, Wunsch und Wirklichkeit
Prof. Dr. Dr. h.c. Bert Rürup, Vorsitzender des Kuratoriums des DIW Berlin

Kritische Befunde zur Marktorganisation des Riester-Sparens

Transparenz von Riester-Produkten - Befunde einer Anbieterbefragung
Dr. Johannes Leinert, Projektleiter beim infas Institut für angewandte Sozialwissenschaft, Bonn

Inanspruchnahme der Riester-Förderung durch Geringverdiener
Dr. Johannes Geyer, Wissenschaftler am DIW Berlin

Die Renditekennziffer für Riester-Rentenversicherungen - Neue Modellfälle, alte Ergebnisse
Axel Kleinlein, Vorstandsvorsitzender des Bundes der Versicherten (BdV), Hamburg

Gegenreden auf die Riester-Kritik

Die Riester-Kritik - fachlich fundiert oder vor allem Stimmungsmache?
Dr. Peter Schwark, Mitglied der Hauptgeschäftsführung des Gesamtverbandes der Deutschen Versicherungswirtschaft (GDV), Berlin

Was der Erfinder der Riester-Rente mit ihrer Einführung gewollt hat, wie er die Kritik an der Riester-Rente beurteilt, was er ändern würde an der Riester-Rente!
Walter Riester, Bundesminister a. D.

Diskussion der kritischen Befunde und der Gegenreden zur Riester-Kritik

Replik auf die Gegenreden zur Riester-Kritik: Riester-Produkte sind reformbedürftig
Kornelia Hagen, Wissenschaftlerin am DIW Berlin

Reform der privaten kapitalgedeckten Altersvorsorge dringend geboten!? Vorschläge zur Stärkung der kapitalgedeckten Altersvorsorge
Gerd Billen, Vorstand der Verbraucherzentrale Bundesverband (vzbv), Berlin

Erwartungen an die Riesterrente aus Verbrauchersicht
MinDir Dr. Christian Grugel, Leiter der Abteilung Verbraucherpolitik des Bundesministeriums für Ernährung, Landwirtschaft und Verbraucherschutz (BMELV), Berlin

Kurzstatements und Schlusswort

Vortragende und Prof. Dr. Gert G. Wagner, Vorstandsvorsitzender des DIW Berlin

Moderation

Dr. Markus Grabka, Wissenschaftler am DIW Berlin und
Dirk Schuchardt, Chefredakteur, Rentenfernsehen.de

DIE AUTOREN

Eva Bell, Diplom-Oecotrophologin, geb. 1963. Studium der Ernährungswissenschaften mit dem Schwerpunkt Verbraucherpolitik an der Friedrich-Wilhelm-Universität Bonn. Studium des Wirtschafts- und Arbeitsrechts an der Fernuniversität Hagen mit dem Schwerpunkt Wettbewerbsrecht. Von 1989 bis 2003 berufspraktische Tätigkeiten für die Verbraucherzentralen Rheinland-Pfalz, Thüringen und Nordrhein-Westfalen. Seit 2003 Verbraucherpolitische Referentin in der Bundestagsfraktion von Bündnis 90/Die Grünen. Arbeits- und Forschungsgebiete: Verbraucherpolitik, Beratung und Information. Ab Oktober 2012 Vorstand der Verbraucherzentrale Berlin.

Gerd Billen, geb. 1955. Studium der Sozial- und Ernährungswissenschaften sowie Haushaltswissenschaften an der Rheinischen Friedrich-Wilhelms-Universität Bonn. Zunächst freier Journalist und Pressesprecher im Bundesverband Bürgerinitiativen Umweltschutz (BBU). 1985 Mitgründer der Verbraucher Initiative e. V. und deren Bundesvorsitzender. Gerd Billen machte sich unter anderem als Fürsprecher tausender Holzschutzmittelgeschädigter einen Namen. Er war erster Bundesvorsitzender des Neuland-Programms für Fleisch aus artgerechter Haltung. Von 1993 bis 2005 Bundesgeschäftsführer des Naturschutzbundes Deutschland NABU e. V. Vom NABU wechselte er 2005 in die Otto Group als Leiter des Bereiches Umwelt- und Gesellschaftspolitik und baute maßgeblich das Projekt „Cotton made in Africa" auf. Seit August 2007 Vorstand der-Verbraucherzentrale Bundesverband.

Thomas Dommermuth, Professor Dr., Diplom-Kaufmann, Steuerberater, geb. 1958. Seit 1996 Lehrbereich Steuerlehre an der Fachhochschule Amberg-Weiden. Promotion 1990 über Tilgungsaussetzung durch Lebensversicherungen an der Universität Regensburg. Autor zahlreicher Publikationen (u. a. Kommentar zum EStG und KStG: Herrmann/Heuer/Raupach, § 4d, § 4e, § 6a; über 30 Fachaufsätze zu Themen der Steuer und Altersvorsorge in Fachzeitschriften wie Deutsches Steuerrecht, Der Betrieb, Neue Wirtschaftsbriefe; regelmäßige Veröffentlichungen im Praxishandbuch betriebliche Altersversorgung). Lehraufträge an der European Business School in Oestrich-Winkel, den Fachhochschulen Regensburg und Aschaffenburg. Mitgründer des Instituts für Vorsorge und Finanzplanung. Forschungsgebiet: Staatlich geförderte Altersvorsorge.

Lars Gatschke, geb. 1971. Studium der Rechtswissenschaften an der Humboldt-Universität zu Berlin. Nach dem Referendariat in Berlin seit 2002 beim Verbraucherzentrale Bundesverband, zunächst mit Tätigkeitsschwerpunkt auf Abmahnungen und Unterlassungsklagen bei Finanzdienstleistungen, seit 2007 als Referent für Versicherungen.

Johannes Geyer, Dr. rer. pol., Diplom-Volkswirt, geb. 1978 in Helmstedt. Studium der Volkswirtschaftslehre an der Humboldt-Universität und der Freien Universität zu Berlin. Zwischen 2006 und 2012 Doktorand im DIW Berlin Graduate Center. 2012 Promotion über Arbeitsmarktrisiken und Einkommenssicherung im Alter an der Freien Universität zu Berlin am Lehrstuhl für Volkswirtschaftslehre, insbesondere empirische Wirtschaftsforschung. Seit 2007 wissenschaftlicher Mitarbeiter der Abteilung Staat des DIW Berlin. Arbeits- und Forschungsgebiete: Sozialpolitik, Rentenversicherung, Sparverhalten und Arbeitsmarkt, Mikroökonometrie und Mikrosimulation.

Christian Grugel studierte bis zum Diplom 1974 an der Universität Dortmund Chemie, 1977 promovierte er dort auch mit einer Arbeit auf dem Gebiet der metallorganischen Chemie. Nach einer Tätigkeit als Leiter des Wasser- und Waschmittellabors im Staatlich Chemischen Untersuchungsamt Oldenburg von 1978 bis 1983 wechselte er als Chemiedezernent in die Bezirksregierung Weser-Ems. Im Januar 1987 übernahm er die Leitung des Referats für gesundheitsbezogenen Verbraucherschutz im Niedersächsischen Ministerium für Ernährung, Landwirtschaft und Forsten. Von 2002 bis 2007 war er zunächst als Leiter, später als Präsident mit dem Aufbau des Bundesamtes für Verbraucherschutz und Lebensmittelsicherheit befasst. Seit November 2007 leitet er die Abteilung für „Verbraucherpolitik" im Bundesministerium für Ernährung, Landwirtschaft und Verbraucherschutz.

Kornelia Hagen, Diplom-Volkswirtin, Diplom-Wirtschaftspädagogin, geb. 1953. Seit 1979 Wissenschaftlerin am DIW Berlin in der Abteilung Wettbewerb und Verbraucher. Arbeitsgebiete seit 2005: Verbraucherforschung und -politik und Verbraucherverhalten mit Schwerpunkt auf empirischer Verbraucherforschung, Verbraucher auf Vorsorgemärkten, insbesondere auf dem Markt der privaten geförderten Altersvorsorge (Riester), Instrumente der Verbraucherpolitik, spezifisch Riester und Ernährung. Mitglied im Wissenschaftlichen Beirat Verbraucher- und Ernährungspolitik beim Bundesministerium für Ernährung, Landwirtschaft und Verbraucherschutz (BMELV), Mitglied im vom BMELV initiierten Netzwerk Verbraucherforschung sowie Mitglied im Koordinierungsgremium des Netzwerkes Verbraucherforschung, Mitglied im Forschungsbeirat des Forschungszentrums „Verbraucher, Markt und Politik" an der Zeppelin Universität Friedrichshafen.

Marlene Haupt, Master of Arts (European Studies), Diplom-Kauffrau (FH), geb. 1982. Studium der Betriebswirtschaftslehre und European Studies an der Hochschule Bochum und den Universitäten Breslau, Frankfurt (Oder) und Linköping. Von 2009 bis 2011 wissenschaftliche Mitarbeiterin der Abteilung Wirtschaftswissenschaft am Institut für Sozialwissenschaften, Universität Koblenz-Landau. Seit Mai 2011 Researcher der Abteilung Alterssicherung und Sozialpolitik am Mannheim Research Institute for the Economics of Aging (MEA) der Universität Mannheim beziehungsweise des Munich Center for the Economics of Aging (MEA) am Max-Planck-Institut für Sozialrecht und Sozialpolitik in München. Forschungsschwerpunkte: Alterssicherung, Altersvorsorgeinformationen, Verbraucherpolitik, Sozialpolitik der skandinavischen Wohlfahrtsstaaten.

Axel Kleinlein, Diplom-Mathematiker. Von 1998 bis 1999 arbeitete er im Aktuariat der Allianz Lebensversicherung und betreute Risiko-, Renten- und Berufsunfähigkeitsversicherungen. Von 2000 bis 2002 war er Projektleiter bei der Stiftung Warentest für den Bereich Lebensversicherung und Altersvorsorge, Abteilung Finanzdienstleistung. Ergebnisse seiner Untersuchungen wurden in der Zeitschrift Finanztest veröffentlicht. 2003 erfolgte ein Wechsel zur Assekurata Assekuranz Rating-Agentur in Köln. Dort leitete er mehrere Branchenuntersuchungen zu Lebensversicherungen und betreute die Öffentlichkeitsarbeit der Rating-Agentur. 2004 gründete er das versicherungsmathematische und fachjournalistische Büro math concepts und bot dort aktuarielle und fachjournalistische Dienstleistungen an. Schwerpunkt war das Prüfen von Finanzdienstleistungsverträgen im Auftrag von geschädigten Verbrauchern. Der Fokus lag dabei auf dem deutschen und britischen Versicherungsmarkt. Zusätzlich erstellte Axel Kleinlein Studien zu Fragen der Altersvorsorge und zur Sozialversicherung. 2007 unterstützte er auch den Verbraucherzentrale Bundesverband (vzbv) als Referent für den Bereich Altersvorsorge und Kapitalanlagen. Im Finanzausschuss des Deutschen Bundestages vertrat er als Sachverständiger verbraucherpolitische Positionen. Seit dem 1. November 2011 ist Axel Kleinlein Vorstandsvorsitzender des Bundes der Versicherten, Deutschlands größte unabhängige und gemeinnützige Verbraucherschutzorganisation für Versicherte.

Sebastian Kluth, Diplom-Volkswirt, geb. 1984. Studium der Volkswirtschaftslehre an den Universitäten Freiburg und Sevilla und der Simon Fraser University, Vancouver. Seit Mai 2011 Researcher der Abteilung Alterssicherung und Sozialpolitik am Mannheim Research Institute for the Economics of Aging (MEA) der Universität Mannheim bzw. des Munich Center for the Economics of Aging (MEA) am Max-Planck-Institut für Sozialrecht und Sozialpolitik in München. Forschungsschwerpunkte: Staatliche und private Altersvorsorge, Riester-Renten und Lebenserwartungen, individuelle Präferenzen und Renteneintrittsentscheidungen.

Tim Köhler-Rama, Dr. rer. pol., Diplom-Volkswirt, geb. 1967 in Freiburg i. Br. Studium der Volkswirtschaftslehre an der Goethe-Universität Frankfurt und Humboldt-Universität zu Berlin. 2003 Promotion an der TU Darmstadt zum Thema Invaliditätssicherung in der Sozialversicherung. Seit 2005 Tätigkeit im Forschungsnetzwerk Alterssicherung (FNA) der Deutschen Rentenversicherung Bund mit den Forschungsschwerpunkten „System der gesetzlichen Rentenversicherung“ und „Invaliditätssicherung“.

Johannes Leinert, Dr. rer. oec., Diplom-Volkswirt, geb. 1972. Seit 2006 Senior Projektleiter beim infas Institut für angewandte Sozialwissenschaft. Zuvor wissenschaftlicher Mitarbeiter beim Wissenschaftlichen Institut der AOK (WidO), beim Statistischen Bundesamt und bei der Bertelsmann Stiftung. Berufsbegleitende Promotion an der TU Berlin über die Förderung freiwilligen Vorsorgesparens. Arbeits- und Forschungsschwerpunkte: Gesundheitsversorgung, Sozialversicherungssysteme, private und betriebliche Altersvorsorge, finanzielle Bildung.

Volker Meinhardt, Dr., Diplom-Volkswirt, Diplom-Kaufmann. Wissenschaftlicher Mitarbeiter am DIW Berlin bis 2005. Lehrtätigkeit Evangelische Hochschule (1989 bis 2011), Clark University (2002) Worcester (Mass./USA). Heute selbständiger Wissenschaftler und Politikberater mit den Arbeitsschwerpunkten Finanzierung der Sozialpolitik, Alterssicherung, Grundsicherung.

Annabel Oelmann, Dr. rer. pol., Diplom-Wirtschaftsjuristin, Bankkauffrau, geb. 1978. Seit 2009 Leiterin der Gruppe Finanzdienstleistungen der Verbraucherzentrale Nordrhein-Westfalen. Zuvor 2008 Promotion über Direktinvestitionen der deutschen Automobil- und Maschinenbauindustrie. Berufspraktische Tätigkeiten als wissenschaftliche Mitarbeiterin beim Forschungsinstitut betriebliche Bildung gGmbH in Nürnberg, als Mitarbeiterin und Lehrbeauftragte an der Fachhochschule Osnabrück sowie als Bankkauffrau bei der Vereins- und Westbank Hamburg und Osnabrück. Arbeits- und Forschungsgebiete: Zahlungsverkehr, Geldanlage, Altersvorsorge, Immobilienfinanzierung und Versicherungen.

Christian Pfarr, Diplom-Volkswirt, geb. 1983. Studium der Volkswirtschaftslehre mit den Schwerpunkten Finanzwissenschaft, Ökonometrie sowie Geld und Kredit an der Universität Bayreuth. Seit 2009 Wissenschaftlicher Mitarbeiter am Lehrstuhl für Volkswirtschaftslehre III, insb. Finanzwissenschaft, Universität Bayreuth. Im August 2012 Abschluss der Promotion an der Universität Bayreuth zum Thema „Einkommen, Mobilität und individuelle Präferenzen für Umverteilung – Ein Discrete-Choice-Experiment“. Arbeits- und Forschungsgebiete: Angewandte Ökonometrie, Präferenzmessung, private Altersvorsorge, soziale Sicherungssysteme, Gesundheitsökonomie.

Walter Riester, geb. 1943 in Kaufbeuren. Er machte eine Ausbildung zum Fliesenleger. Erst 14-jährig trat er in die Gewerkschaft IG Bau-Steine-Erden ein. 1969 legte er seine Meisterprüfung ab und besuchte danach die Akademie der Arbeit in Frankfurt am Main und war anschließend bis

1977 als Jugendsekretär beim DGB-Landesbezirk Baden-Württemberg tätig. 1993 wurde er Zweiter Vorsitzender der IG-Metall, zwischen 1976 und 1998 war er zudem Aufsichtsratsmitglied verschiedener deutscher Unternehmen. 1998 übernahm er das Amt des Bundesministers für Arbeit und Sozialordnung im Kabinett von Gerhard Schröder. In seiner Amtszeit konzipierte er die nach seinem Namen benannte Riester-Rente, eine staatlich bezuschusste private Altersvorsorge. 2002 schied er aus diesem Amt aus und zog über die Landesliste in den Deutschen Bundestag ein. Als Abgeordneter beschäftigte er sich mit Entwicklungspolitik. 2009 kandidierte er nicht mehr für den Bundestag. Vom 1. Oktober 2009 bis Ende Juni 2012 war Riester Aufsichtsrat des Finanzdienstleisters Union Asset Management Holding. 2004 erschien seine Autobiografie „Mut zur Wirklichkeit".

Bert Rürup, Professor Dr. Dr. h. c., war bis zu seiner Emeritierung im März 2009 Professor für Finanz- und Wirtschaftspolitik an der TU Darmstadt. Er war in vielen Ländern beratend tätig und hat in zahlreichen Regierungskommissionen zu Fragen der Weiterentwicklung der sozialen Sicherungssysteme mitgearbeitet. Von September 2000 bis März 2009 war Rürup Vorsitzender des Sozialbeirats der Bundesregierung, von März 2000 bis Februar 2005 zunächst Mitglied und danach bis Februar 2009 Vorsitzender des Sachverständigrates zur Begutachtung der gesamtwirtschaftlichen Entwicklung. Er ist Vorstandsmitglied der MaschmeyerRürup AG, einem unabhängigen Analyse- und Beratungshaus und seit März 2010 Vorsitzender des Kuratoriums des Deutschen Instituts für Wirtschaftsforschung, Berlin.

Ralf Scherfling, Dr. rer. pol., Diplom-Ökonom, Bankkaufmann, geb. 1970. Seit 2009 wissenschaftlicher Mitarbeiter in der Gruppe Finanzdienstleistungen der Verbraucherzentrale Nordrhein-Westfalen. Zuvor 2005 Promotion über Determinanten betrieblicher Fort- und Weiterbildung. Berufspraktische Tätigkeiten als wissenschaftlicher Mitarbeiter in Forschung und Lehre an der Ruhr-Universität Bochum und an der Universität Ulm sowie als Bankkaufmann und Finanzmakler. Arbeits- und Forschungsgebiete: Geldanlage, Altersvorsorge, Phishing.

Udo Schneider, Privatdozent Dr. rer. pol., Diplom-Volkswirt, geb. 1971. Nach dem Studium der Volkswirtschaftslehre an der Universität Mannheim promovierte er 2002 an der Ernst-Moritz-Arndt-Universität Greifswald über Anreize in der Arzt-Patienten-Beziehung. Von 2002 bis 2012 war er an der Universität Bayreuth als wissenschaftlicher Assistent beziehungsweise akademischer Oberrat im Bereich Volkswirtschaftslehre tätig. Im Rahmen dieser Tätigkeit beschäftigte er sich mit der Informationsbeziehung zwischen Arzt und Patient, den Determinanten des gesundheitsrelevanten Verhaltens oder der Einschätzung des Gesundheitszustandes. 2008 Habilitation für Volkswirtschaftslehre und Finanzwissenschaft mit einer Arbeit über Staatsausgaben und Sozialtransfers. Seit 2012 Fachreferent für Gesundheitsökonomie am Wissenschaftlichen Institut der TK für Nutzen und Effizienz im Gesundheitswesen (WINEG), Hamburg. Arbeits- und Forschungsgebiete: Gesundheitsökonomie, ökonometrische Methoden, Analyse von Sozialausgaben.

Peter Schwark, Dr. rer. pol., Diplom-Volkswirt, geb. 1968 in Westfalen. Studium der Volkswirtschaftslehre in Osnabrück. 1995 bis 1999 im Bundesverband der Deutschen Industrie (BDI) e. V., zunächst in der Abteilung für Allgemeine Wirtschaftspolitik, dann im Büro des BDI-Präsidenten. 1999 Wechsel zum Gesamtverband der Deutschen Versicherungswirtschaft e.V. (GDV), zunächst Leiter Sozialpolitik, dann Leiter Kommunikation. 2007 Promotion mit einer Arbeit zur betrieblichen Altersversorgung an der TU Darmstadt zum Dr. rer. pol. Seit 2008 Mitglied der

Hauptgeschäftsführung im Gesamtverband der Deutschen Versicherungswirtschaft zuständig für das Ressort Lebensversicherung/Pensionsfonds.

Barbara Sternberger-Frey, Finanzjournalistin. Seit 2001 Mitarbeiterin und wissenschaftliche Beraterin (Geldanlage, Altersvorsorge) ÖKO-TEST. Zuvor 1983 nach journalistischer Ausbildung und Volkswirtschaftsstudium Geldanlageredakteurin der Zeitschrift „Management Wissen". 1991 Wechsel zum Gründungsteam der Zeitschrift FINANZtest von der Stiftung Warentest, verantwortlich für den Bereich Geldanlage. 1999 bis 2000 freie Mitarbeiterin der Zeitschriften „DM", „Telebörse", „Stern" mit Themenschwerpunkt Geldanlage, Finanzdienstleistungen. Fachbuchautorin u. a. für Stiftung Warentest, die Verbraucherzentralen, den Deutschen Gewerkschaftsbund und die Hans-Böckler-Stiftung. Seit 2003 Mitglied der Netzwerkgruppe „Altersvorsorge, Geldanlage" beim Verbraucherzentrale Bundesverband e. V. (vzbv). Projektleiterin mehrerer Studien des vzbv zum Verbraucherschutz in der staatlich geförderten privaten und betrieblichen Altersvorsorge. Mitarbeit am Projekt und der Referentenschulung von „Altersvorsorge macht Schule". Weitere Forschungsschwerpunkte: Nachhaltige Geldanlage und Altersvorsorge.

Gert G. Wagner, Universitäts-Professor Dr. rer. oec. habil., geb. 1953. 2011–2013 Vorstandsvorsitzender des Deutschen Instituts für Wirtschaftsforschung (DIW Berlin). 1989–2011 verantwortlich für die Langzeitstudie Sozio-oekonomisches Panel (SOEP) am DIW Berlin. Seit 2008 Max Planck Fellow am MPI für Bildungsforschung, Berlin und seit 2002 Lehrstuhlinhaber für Empirische Wirtschaftsforschung und Wirtschaftspolitik an der TU Berlin, zuvor ab 1992 Professor an der Ruhr-Universität Bochum und ab 1997 an der Europa Universität Viadrina Frankfurt/Oder. 2010–2013 sachverständiges Mitglied der Enquete-Kommission „Wachstum, Wohlstand, Lebensqualität – Wege zu nachhaltigem Wirtschaften und gesellschaftlichem Fortschritt in der Sozialen Marktwirtschaft" des Deutschen Bundestags. Seit 2009 Vorsitzender des Rats für Sozial- und Wirtschaftsdaten, seit 2007 Vorsitzender der Kommission zur wissenschaftlichen Beratung der amtlichen Statistik und der Bundesregierung zum Zensus 2011 (Zensuskommission). Seit 2001 Mitglied des „Statistischen Beirats" beim Statistischen Bundesamt sowie von 2007 bis 2011 Mitglied im Methodology and Infrastructure Committee (MIC) des britischen Economic and Social Research Councils (ESRC). Arbeits- und Forschungsgebiete: Forschungsbasierte Politikberatung, Verhaltenswissenschaften und Surveymethodologie.

Rudolf Zwiener, Dr., Diplom-Volkswirt. Wissenschaftler am IMK (Institut für Makroökonomie und Konjunkturforschung) Düsseldorf seit 2005. Zuvor Wissenschaftler am DIW Berlin. Lehrtätigkeit an der TU Berlin (1994 bis 1996). Vielfältige Beratertätigkeiten in Afrika, Lateinamerika, im Nahen und im Fernen Osten und in Ländern der ehemaligen Sowjetunion. Arbeitsschwerpunkte: Makroökonomische Modellierung, Prognosen und Politikberatung in den Bereichen Finanzpolitik und soziale Sicherung.

BUCHREZENSION

Staatsverschuldung in Deutschland nach der Föderalismusreform II - eine Zwischenbilanz

Herausgegeben von C. Hetschko, J. Pinkl, H. Pünder und M. Thye
Schriften der Bucerius Law School. Band I/II. 2012. Bucerius Law School Press, Hamburg[1]

Die im Jahr 2009 im Rahmen der Föderalismusreform II umgestaltete Staatsschuldenregelung in Deutschland sieht als ein neues Element eine sogenannte Schuldenbremse vor. Gemäß Artikel 109 (3) Grundgesetz sind nunmehr die Haushalte von Bund und Ländern grundsätzlich ohne Krediteinnahmen auszugleichen. Für diese Regelungen gilt eine Übergangszeit für den Bund bis 2016 und die Länder bis 2020. In diesem Buch werden die Änderungen im Hinblick auf Staatsverschuldung anhand von zehn Beiträgen aus juristischer und ökonomischer Perspektive analysiert. Dabei konzentrieren sich die Ausführungen auf die Bereiche „Schuldenbremse" auf Landesebene, Konjunkturbereinigung, potentielle Umgehungsmöglichkeiten und den Stabilitätsrat.

Zu Beginn des Bandes erläutern *Kastrop* und *Marklein* (1–7) die Entwicklung der Staatsverschuldung in Deutschland, die seit den 1970er Jahren im Verhältnis zum Bruttoinlandsprodukt (BIP) einen positiven Trend aufweist. Vor diesem Hintergrund werden die Anforderungen an eine wirksame Schuldenregel dargestellt, die unter anderem die Aspekte der Rechtsverankerung, Kontrolle und Flexibilität vorsehen. Anschließend wird deren Berücksichtigung in der deutschen Regelung erläutert. Sie weisen darauf hin, dass nun ein (haushalts-)politisches Bekenntnis und entsprechendes Handeln für eine dauerhaft wirksame Umsetzung der Schuldenregel erforderlich ist.

Für die Betrachtung der Schuldenbremse auf Landesebene beginnt *Bravidor* (11–34) mit einer Bestandsaufnahme der individuellen (umgesetzten) Landesregelungen. Die Einteilung nach Rechtsrang der implementierten Maßgaben ergibt drei Gruppen von Ländern. Ferner verdeutlicht Bravidor Aspekte, die die bundesrechtlichen Vorgaben und landesrechtliche Gestaltung betreffen. Hierfür wird besondere Bedeutung dem Übergangszeitraum beigemessen. Während für Länder, die Konsolidierungshilfen erhalten,[2] präzise Defizitabbaupfade gelten, besteht für die anderen Länder ein relativ großer Entscheidungsspielraum für die Umsetzung der Schuldenbremse, insbesondere bezogen auf die zeitliche Dimension und die Gestaltungsart. Im Anschluss erläutert *Buscher* (35–58) das Instrument der Konsolidierungshilfen näher. Er legt die detaillierten Vorschriften und Aspekte im Zusammenhang mit diesen Konsolidierungszahlungen dar und geht auch auf den Kontrollmechanismus und Konsequenzen durch Sanktionsmöglichkeiten ein. Dabei zeigt er die Probleme in Bezug auf die bestehende Regelung auf und weist insbesondere auf die Altschuldenproblematik hin. Buscher diskutiert verschiedene Lösungsansätze, wobei ihm

1 Die folgenden autorenbezogenen Verweise mit Seitenzahlen beziehen sich auf diesen Band.

2 Fünf Länder (Berlin, Bremen, Saarland, Sachsen-Anhalt und Schleswig- Holstein) mit prekärer Haushaltslage erhalten für die Jahre 2011 bis 2019 Transferzahlungen in Höhe von insgesamt 800 Millionen Euro jährlich, da sie selbstständig einen Haushaltsausgleich ohne Krediteinnahmen bis 2020 nicht erzielen können, vgl. zum Beispiel Buscher (36 f.).

eine Vollentschuldung, im Rahmen eines Altschuldentilgungsfonds, vielversprechend erscheint um eine dauerhafte Stabilisierung der öffentlichen Finanzen zu erreichen.

Hinsichtlich der Konjunkturbereinigung analysiert *Hetschko* (61–73) aus grundsätzlicher Perspektive deren Eignung und Gestaltung auf Landesebene. Er arbeitet zentrale Aspekte heraus, die von einem Konjunkturbereinigungsverfahren gefordert werden: Es soll die Möglichkeit antizyklischer Ausgabenpolitik berücksichtigen. Ferner sind Anreizkompatibilität und Nachvollziehbarkeit von Bedeutung. In der Praxis sind diese Anforderungen schwierig zu realisieren und Hetschko kommt zu der Einschätzung, dass mit der derzeitigen Regelung Verschuldungsspielräume möglich sind. Er empfiehlt für die Konjunkturbereinigung sowohl den Verfahrensaufbau als auch die Berechnungsmethode bindend für alle Länder ins Haushaltsgrundsätzegesetz aufzunehmen. Auch *Truger* und *Will* (75–100) betrachten in ihren Ausführungen die Probleme der Schuldenbremse aus technischer Sicht. Mittels eigener Berechnungen und Simulationsstudien gehen sie insbesondere auf die Gestaltungsanfälligkeit im Rahmen der Konjunkturbereinigung und Aspekte der Prozyklik ein. Sie heben Effekte der Methoden- und Variablenmodifikation hervor, die zu deutlich unterschiedlichen Ergebnissen der strukturellen Defizitkomponente führen können. Mit der Simulation eines Konjunkturabschwungsszenarios verdeutlichen sie mögliche Auswirkungen in Bezug auf die Schuldenregelung und weisen auf das Risiko krisenverschlimmernder Haushaltspolitik hin.

Pinkl (103–144) befasst sich mit der Problematik potentieller Umgehungsmöglichkeiten der Schuldenbremse anhand von drei Bereichen. Zunächst konzentriert er sich auf die Interpretation neuer Rechtsbegriffe hinsichtlich der Ausnahmetatbestände und widmet sich insbesondere dem Aspekt der „Normallage". Ferner diskutiert er die Bedeutung von Extrahaushalten, also Sondervermögen und Nebenhaushalten, für die Verschuldung und die neuen Regelungen. Schließlich berücksichtigt er die kommunale Ebene und erörtert die mögliche Belastung der Kommunen durch Aufgabenübertragung und Finanzmittelkürzung seitens der übergeordneten Gebietskörperschaft, im Wesentlichen die Länder. Er gibt insgesamt zu bedenken, dass das Verhalten in Bezug auf Schlupflöcher die Wirksamkeit der neuen Regelung bestimmt. In ihrem Beitrag erläutert *Herrmann* (145–165) die Schwierigkeiten der Kassenkreditfinanzierung, einer kurzfristigen Verschuldungsart mit dem Ziel der Liquiditätssicherung auf kommunaler Ebene in Verbindung mit den rechtlichen Gegebenheiten. Sie beschreibt die Entwicklung der kommunalen Kreditfinanzierung, bei der sich langfristige Verschuldung vermehrt zu kurzfristiger Kreditaufnahme verschiebt, und geht auf mögliche Ursachen ein. In Bezug auf die Schuldenbremse, die Kommunen nicht explizit berücksichtigt, zeigt sie potenzielle Probleme auf und empfiehlt als Lösung eine kommunale Schuldenbremse für Kassenkredite. Anschließend widmet sich *Simon* (167–185) dem Aspekt der Justiziabilität und untersucht, inwieweit die reformierten Kreditaufnahmeregelungen diese verbessern und ausreichend für eine wirksame Schuldenbegrenzung sind. Er beschreibt die Problematik nach alter Rechtssituation, stellt die Änderungen im Zuge der Föderalismusreform II dar und diskutiert prozessuale Gesichtspunkte sowie die Reichweite der Kontrollkompetenz der Verfassungsgerichte. Insgesamt sieht er in Bezug auf die Schuldenbremse für das strukturelle Element eine bessere Justiziabilität gegeben als für die Ausnahmeregelungen, da letztere unpräzise Begriffe enthalten, zum Beispiel bei der Konjunkturberücksichtigung.

Thomasius (189–222) erläutert in seinem Beitrag den neu eingeführten Stabilitätsrat, ein Gremium zur Vermeidung des Entstehens von Haushaltsnotlagen, und die von ihm wahrgenommenen Aufgaben. Er schätzt dabei auch die bereits getroffenen Entscheidungen ein und berücksichtigt den davor bestehenden Finanzplanungsrat. Seine Beurteilung erfolgt anhand von eingangs aus der Literatur herausgearbeiteten Anforderungsmerkmalen an ein erfolgreiches Fiskalgremium. Insgesamt kommt er zu der Bewertung, dass mit dem Stabilitätsrat einige Elemente gegenüber der bisherigen Institution verbessert wurden, zum Beispiel im Sinne eines klaren, präventiven Mandates oder der Publikation von Beschlüssen. Allerdings weist er auch auf noch problematische Aspekte hin, wie zum Beispiel dass im Sanierungsverfahren keine Sanktionsmöglichkeiten vorgesehen sind. Auch *Thye* (223–244) verdeutlicht, dass mit dem Stabilitätsrat in seiner jetzigen Form Fehlanreize verbunden sind, und untersucht den Reformvorschlag, dieses Gremium mit unabhängigen Sachverständigen zu besetzen. Er betrachtet insbesondere dessen demokratische Legitimation anhand des Konzepts des politikfeldbezogenen Demokratieverständnisses und einer anschließenden Grundgesetzprüfung. Dabei schlussfolgert er, dass eine Gestaltung des Gremiums als unabhängiger Stabilitätsrat durchaus möglich ist, und formuliert Vorschläge für Gesetzesänderungen, um dieses umzusetzen.

Dieses Buch ist sowohl wegen seines Aktualitätsbezugs als auch wegen der interdisziplinären, detaillierten Analysen zur Thematik der Staatsverschuldung und Föderalismusreform interessant. Die Mischung aus vielfältigen Fachbereichsstudien bietet einen informativen Überblick, der gerade in Zeiten wie diesen – und wohl auch zukünftig – relevant ist.

Bielefeld im Juli 2012, Bettina Fincke

Kontakt:
Bettina Fincke
Universität Bielefeld
Fakultät für Wirtschaftswissenschaften
Universitätsstraße 25
33615 Bielefeld

E-Mail: bfinke@wixi.uni-bielefeld.de

HINWEISE FÜR AUTOREN DER VIERTELJAHRSHEFTE

Die Vierteljahrshefte zur Wirtschaftsforschung werden seit 1927 vom DIW Berlin herausgegeben. Sie veröffentlichen Aufsätze zu aktuellen wirtschaftspolitischen Fragestellungen und wenden sich an Wissenschaft, Politik und Wirtschaft.

Zwischen Abgabetermin des Manuskripts und Erscheinen des Beitrags in den Vierteljahrsheften liegen im Allgemeinen weniger als drei Monate. Alle Beiträge werden begutachtet. Die Themen der nächsten Schwerpunkthefte und ausführliche Hinweise für Autoren können der DIW-Internetseite entnommen werden (www.diw.de).

Beiträge sind an die Redaktion, an das jeweils zuständige Redaktionsmitglied oder z. H. Ellen Müller-Gödtel einzusenden. Berücksichtigt werden nur Originalbeiträge, die im Falle der Annahme auch tatsächlich zur Veröffentlichung in den Vierteljahrsheften zur Verfügung stehen.

Die Beiträge sind in deutscher Sprache zu verfassen. Beiträge von englischsprachigen Autoren können nur Eingang finden, wenn sie vorher übersetzt wurden. Es gilt die neue deutsche Rechtschreibung. Eine Zusammenfassung des Beitrags ist in deutscher und in englischer Sprache gesondert zu erstellen. Diese soll jeweils nicht mehr als 150 Wörter umfassen. Außerdem müssen dem Manuskript mindestens drei Begriffe der JEL-Klassifikation (www.aeaweb.org/journal/jel_class_system.html) und mindestens drei englischsprachige Keywords beigefügt werden.

Das Manuskript ist in Schriftgröße 12 pt im Zeilenabstand von 1,5 zu erstellen und mit einem linken und rechten Rand von 2,5 cm zu versehen. Der Umfang des Manuskripts sollte 15 Seiten (ca. 30 000 Zeichen, ohne Tabellen und Abbildungen) nicht überschreiten. Die Zitierweise ist den Aufsätzen des Vierteljahrsheftes bzw. der o. g. Internetseite zu entnehmen.

Der Textteil ist in MS Word zu liefern. Tabellen und Abbildungen sind als separate Dateien (Tabellen in MS Excel, Abbildungen zusammen mit den zugrunde liegenden Daten – entweder ebenfalls in Excel oder einem anderen gängigen Grafikprogramm) zu liefern. Die Stellen, an denen sie im Text erscheinen sollen, müssen im Manuskript markiert werden. Die maximale Breite von Tabellen und Abbildungen beträgt 12,6 cm. Bei Tabellen die Zeilen- und Spaltenmerkmale bitte übersichtlich aufteilen. Anmerkungen und Fußnoten sowie Quellenangabe(n) bitte unter dem Tabellenfeld bzw. der Grafik positionieren.

Wichtiger Hinweis: Falls Sie Abbildungen o. Ä. aus dem Internet entnehmen, bitten wir um Mitlieferung einer Kopie der Druckgenehmigung.